U0863291

民法典公安工作指引与案例精解

吴才毓　编著

中国人民公安大学出版社
·北　京·

图书在版编目（CIP）数据

民法典公安工作指引与案例精解/吴才毓编著．—北京：中国人民公安大学出版社，2020. 9

ISBN 978-7-5653-4074-1

Ⅰ．①民…　Ⅱ．①吴…　Ⅲ．①民法—法典—应用—公安工作—研究　Ⅳ．①D923②D631

中国版本图书馆 CIP 数据核字（2020）第 184359 号

民法典公安工作指引与案例精解

吴才毓　编著

出版发行：中国人民公安大学出版社
地　　址：北京市西城区木樨地南里
邮政编码：100038
经　　销：新华书店
印　　刷：三河市荣展印务有限公司

版　　次：2020 年 9 月第 1 版
印　　次：2022 年 7 月第 3 次
印　　张：12. 5
开　　本：880 毫米×1230 毫米　1/32
字　　数：336 千字

书　　号：ISBN 978-7-5653-4074-1
定　　价：48. 00 元

网　　址：www. cppsup. com. cn　　www. porclub. com. cn
电子邮箱：zbs@ cppsup. com　　zbs@ cppsu. edu. cn

营销中心电话：010-83903254
读者服务部电话（门市）：010-83903257
警官读者俱乐部电话（网购、邮购）：010-83903253
法律图书分社电话：010-83905745

本社图书出现印装质量问题，由本社负责退换
版权所有　侵权必究

前　言

十三届全国人大三次会议表决通过的《中华人民共和国民法典》是我国民法的集大成者，通过编订纂修，在一部法典中建立起了我国民事法律规范体系，将民事部门法和司法解释统合起来，调整所有平等主体之间的财产关系、人身关系。民法典反映市民社会中的各类型法律关系，是社会生活的百科全书、市民社会的基本法，以民为本，回应社会现实。在促进国家治理体系现代化方面，民法典是一部治国之典，为共建共治共享的社会治理制度提供了大量规则，夯实了社会主义法律体系，为守信践诺、尊重权利、公序良俗等法治文化的建立奠定了基础。民法典中有一百多条直接关于行政机关的规定。针对公安工作，民法典中关于高空抛物、拾得遗失物、收养登记等条款直接规定了公安机关的职责范围，另有紧急救助职责、信息保密义务、自助行为、宣告失踪、宣告死亡、出生登记、死亡登记等十余处条文与公安工作密切相关，而好意同乘、禁止高利贷等数十条规定直接有利于民间纠纷的解决，共有超过二百条法律条文与公安工作有或多或少的联系。

长期以来，公安工作存在重刑轻民的现象，在公安规范性文件制定、公安行政执法、刑事执法工作、警察政务服务、警务监督工作、公安教育科研工作、招警考试、执法资格考试等公安工作中，民法处于相对弱势的地位。然而，公安工作应当在理解市民社会的基础上开展，除了在民刑交叉问题上公安侦查应当明晰民事责任与刑法入罪的区分；在户政工作上公安行政管理也要依靠民法学知识理解公民姓名权的行使、收养登记等；在群众工作、信访工作中还需要具备民法知识以理解基础的民事法律关系；而在报警占比最大、出警最多的矛盾纠纷调解方面，基层公安工作更是与民法深度关联。对于公安实践而言，深入学习民法典的重大意义具体体现在四个方面：帮助解决民间纠纷、区分民事与刑事案件、治理能力现代化、规范性文件清理。本书从民法典对于公安工作的重大意义、民法典的主要修改内容、公安工作适用民法典相关案例解读三个方面，阐释民法典对于公安工作的指引作用。

民法典是赋权法，是私权利的宣言书，是规范公权、保障私权的人民法典。现代社会中，行使民事权利，无论是人身权还是财产权，都需要公权力的介入，需要政府机构保障这些民事权利的实现。市民社会中、生活中有很多侵权现象，不仅来自于其他的社会民事主体，也会有来自公权力的侵犯，比如因民事纠纷被非法限制人身自由、企业财产被非法扣押等。公安工作应当深入贯彻学习民法典，将民法典精神融汇到工作方法中。一方面是帮助民事主体保障私权，另一方面是规范公权。公权力设置的终极目的是保障市民社会中的私权利能够实现和被享有，以依法维护人民权益和保障人民群众幸福生活。彰显民法典的地位，其实是在彰显民事权利的地位，更是在彰显人民的权利。为人民服务应当以在公安工作中贯彻民法典为先，引领全社会重视民法。公安队伍是一支普及民法典的重要力量，在公安工作中应当凸显民法典在中国特色社会主义法律体系中的重要地位，以保障稳定可期的人之尊严，保障国家和社会秩序的长治久安。

目录 Contents

附录

第一章　民法典绪论

第一节　民法典的内涵和外延

一、民法典的含义

对于自然人与企业而言，民法是市场关系的基本法，也是公平正义的权利保障法。民法对于现代社会的权利冲突，设置有一整套权益平衡的规则，有权利必有救济。当事人在民事活动中的地位平等。民法保护自然人的人格权、身份权、所有权、担保物权、用益物权、债权等人身权利和财产权利，保障企业法人、个体工商户、个人合伙像自然人一样享有民事法律关系的股权等财产性权利与荣誉权、名称权等非财产性权利。自然人、法人、非法人组织的合法的民事权益受法律保护，任何组织和个人不得侵犯。

十三届全国人大三次会议表决通过的《民法典》是我国民法的集大成者，通过编订纂修，在一部法典中建立起我国民事法律规范体系，在2017年《民法总则》的基础上，将如下几个部分的民事部门法和司法解释统合起来：一是作为民法基本法律的《民法通则》，以及《物权法》《合同法》《侵权责任法》《担保法》《婚姻法》《收养法》《继承法》；二是作为民法司法解释体系的《最高人民法院关于贯彻执行〈中华人民共和国民法通则〉若干问题的意见》《最高人民法院关于适用〈中华人民共和国合同法〉若干问题的解释（一）》《最高人民法院关于适用〈中华人民共和国合同法〉若干问题的解释（二）》《最高人民法院关于审理买卖合同纠纷案件适用法律问题的解释》《最高人民法院关于审理人身损害赔偿案件适用法律若干问题的解释》《最高人民法院关于适用〈中华人民共和国婚姻法〉若干问题的解释（一）》《最高人民法院关于适用〈中华人民共和国婚姻法〉若干问题的解释（二）》《最高人民法院关于适用〈中华人民共和国婚姻法〉若干问题的解释（三）》等。基于此，民法典调整所有平等主体之间的财产关系、人身关系，人身关系包括婚姻家庭关系、继承法律关系等。

值得注意的是，民法典并非推倒重来、重起炉灶，而是将分散在各部门法的个别问题汇总到一部法典，吸收物权法、合同法、婚姻家庭继承法、侵权责任法等法律领域的有益经验，进行整体的编纂，梳理原先各部门法之间可能存在矛盾冲突的条文，使民事法律规则和制度符合逻辑，构成一个条理分明、更易于理解的法典体系。总体而言，作出实质性修改的部分仅占少数篇幅，本书第二章具体梳理了民法典中较为关键的实质性修改。

《民法典》自2021年1月1日起施行，施行之后，《婚姻法》《继承法》《民法通则》《收养法》《担保法》《合同法》《物权法》《侵权责任法》《民法总则》同时废止。

民法典反映市民社会中的各类型法律关系，是社会生活的百科全书、市民社会的基本法，是私人生活法律规范的总和，是私法的代表。其是一部以民为本、回应社会现实的法典，以私法为主，也有一些涉及行政机关的规定。其中，3处直接涉及公安工作的规定，10余处与公安工作密切相关，数十条直接有利于民间纠纷的解决，共200余处与公安工作有或多或少的联系。

公安工作应当在理解市民社会的基础上开展。侦查工作应当明晰民事案件与刑事案件的区分。在户政业务中，公民姓名的更改、收养登记均与民法典相关。在群众工作、信访工作中，需要具备民法知识以理解民事法律关系。在报警占比最大、出警最多的矛盾纠纷调解方面，基层公安工作更是与民法深度关联。深入学习民法典，对于公安实践而言意义重大。

二、民法典的体系

《民法典》共设 7 编、加附则共 1260 条，是我国目前条文最多的、唯一以“典”命名的法律。民法典分为总则和分则，分则包括物权、合同、人格权、婚姻家庭、继承、侵权责任，以及附则。民法典是系统编纂的民事立法，是调整平等主体的自然人、法人、其他组织之间的人身关系和财产关系的法律规范的汇总编订。

在民法典的体系中，总则提纲挈领，规定整个法典的基本原则等，共 10 章。

第一编 总则
- 基本规定
- 自然人
- 法人
- 非法人组织
- 民事权利
- 民事法律行为
- 代理
- 民事责任
- 诉讼时效
- 期间计算

物权编调整财产支配关系，其中最重要的是财产所有关系。人们的生活和生产都离不开对财产的支配，在社会生活中，人们通过占有和控制财产满足自身生活和生产的需要。为了避免人们在支配财产时相互之间发生冲突，法律必须明确界定当事人所能够支配财产的具体界限，明确其支配的财产的具体范围和内容。物权编分为 5 个分编。

- 第二编 物权
  - 通则
    - 一般规定
    - 物权的设立、变更、转让和消灭
    - 物权的保护
  - 所有权
    - 一般规定
    - 国家所有权和集体所有权、私人所有权
    - 业主的建筑物区分所有权
    - 相邻关系
    - 共有
    - 所有权取得的特别规定
  - 用益物权
    - 一般规定
    - 土地承包经营权
    - 建设用地使用权
    - 宅基地使用权
    - 居住权
    - 地役权
  - 担保物权
    - 一般规定
    - 抵押权
    - 质权
    - 留置权
  - 占有

合同编调整财产流转关系，其中最重要的是商品交换关系。为更好地享用财产所带来的利益，满足各种不同的物质需求，满足生产和生活的需要，财产占有人必须经常进行商品交换。例如，以工资购买消费品、将生产的商品拿到市场上出售以及借贷金钱、租赁房屋等。财产流转伴随着风险，风险伴随着责任，责任伴随着争议与纠纷，合同编提供大量风险分担、分配的纠纷解决规则。合同编包括 3 个分编。

- 第三编 合同
  - 通则
    - 一般规定
    - 合同的订立
    - 合同的效力
    - 合同的履行
    - 合同的保全
    - 合同的变更和转让
    - 合同的权利义务终止
    - 违约责任
  - 典型合同
    - 买卖合同
    - 供用电、水、气、热力合同
    - 赠与合同
    - 借款合同
    - 保证合同
    - 租赁合同
    - 融资租赁合同
    - 保理合同
    - 承揽合同
    - 建设工程合同
    - 运输合同
    - 技术合同
    - 保管合同
    - 仓储合同
    - 委托合同
    - 物业服务合同
    - 行纪合同
    - 中介合同
    - 合伙合同
  - 准合同
    - 无因管理
    - 不当得利

人格权编调整民事主体的各类人格权和人格利益。人格权独立成编是我国民法典的一大创新，人格权包括民事主体享有的生命权、身体权、健康权、姓名权、名称权、肖像权、名誉权、荣誉权、隐私权、性自主权、生活安宁权等权利，民事主体还享有人格信息受保护等权益。人格权编很好地回应了时代发展，更加凸显民法典是私权保障的宣言书，其颁布标志着一个权利保护崭新时代的到来。人格权编保障每个人享有人格尊严，是人们从吃饱穿暖变为人格全面发展的最好体现。人格权编的体系包括6章。

第四编 人格权
- 一般规定
- 生命权、身体权和健康权
- 姓名权和名称权
- 肖像权
- 名誉权和荣誉权
- 隐私权和个人信息保护

婚姻家庭编调整配偶关系与亲子关系。婚姻家庭编以婚姻法、收养法为基础，在婚姻自由、一夫一妻、禁止家庭暴力、未成年子女利益最大化等基本原则的指引下，展示中国人对于婚姻家庭关系的理解。民法典规定18周岁以上的人具备完全民事行为能力和侵权责任能力，这意味着对于家庭编中的亲子关系而言，民法典设定的目标是培养子女的社会独立性。配偶关系、亲子关系应建立在人格独立平等的基础上。婚姻家庭编的体系包括5章。

第五编 婚姻家庭
- 一般规定
- 结婚
- 家庭关系
  - 夫妻关系
  - 父母子女关系和其他近亲属关系
- 离婚
- 收养
  - 收养关系的成立
  - 收养的效力
  - 收养关系的解除

继承编调整遗产继承关系。经济发展后，自然人的合法财产无论从数量上还是种类上都日益增多，同时继承观念、继承方式、继承习惯发生新变化，保障自然人可以按照自己的意愿分配遗产，实现继承人的继承权、受遗赠人的受遗赠权以及债权人的债权。继承编的体系包括4章。

第六编继承
- 一般规定
- 法定继承
- 遗嘱继承和遗赠
- 遗产的处理

侵权责任编调整因侵害民事权益产生的民事关系。在交通肇事、饲养动物咬伤他人、打架斗殴等警情中，责任人需要在民法上承担侵权责任。责任归属、损害赔偿的确定有几种模式，具体分为过错责任（其中包括过错推定责任）、无过错责任，还有双方都没有过错情况下补偿的公平责任。侵权责任编的体系包括10章。

第七编侵权责任
- 一般规定
- 损害赔偿
- 责任主体的特殊规定
- 产品责任
- 机动车交通事故责任
- 医疗损害责任
- 环境污染和生态破坏责任
- 高度危险责任
- 饲养动物损害责任
- 建筑物和物件损害责任

三、民法典的时代特色

制定于不同时期的民法通则、物权法、合同法、担保法、婚姻法、收养法、继承法、侵权责任法和人格权方面的民事法律规范，分别反映了不同时期人们对于安全、稳定、祥和的市民社会关系的需求。各法之间年份跨度大，立法目标存在些许不同，具体条文之间有协调衔接的必要性，因此，有必要根据现今的时代特点进行编订纂修。编纂一部符合我国国情的民法典，以充分反映人民在当代的利益诉求，最大化地谋求人民的利益，全面保障人民的权利，是几代中国人一直致力完成的目标。20世纪50年代以来，我国先后启动过5次民法典编纂的工作。2014年10月23日，党的十八届四中全会审议通过《中共中央关于全面推进依法治国若干重大问题的决定》，明确提出了“加强市场法律制度建设，编纂民法典”的目标，正式启动民法典的立法工作。民法典不是从无到有的重新起草，而是对我国现行的各单行民法规范进行全面系统的编订纂修，使之具有中国特色、体现时代特点、反映人民意愿。

民法典的时代特色首先在于“以民为本”。民法典坚持了以人民为中心的发展思想，从人格权、物权、合同、婚姻家庭、继承、侵权责任各种社会生活的维度依法维护人民权益，在个人生活安宁、性骚扰、声音权等方面新设规定，规范人体基因、人体胚胎相关研究，推动我国人权事业发展。民事主体从实现经济发展目标的主体转变为民法典中追求自身全面发展的主体。国家在民法典中承担了两种角色：一种是“主动避免”，即不得动用国家公权力干涉民事活动；一种是“主动出场”，特别是在弱势群体保护问题上的国家出场，如由民政在监护人发生紧急情况时兜底监护、由公安机关等负责调查高空抛物。

民法典的时代特色还体现为从工业时代向信息时代的转型。民法典回应了时代，对当今社会的热点问题一一回应：对于“好人难做”现象，新设见义勇为免责；回应信息社会，增加对数据、网络虚拟财产的规定；回应住房问题，设立居住权，保障“以房养老”；小区电梯广告等收益归业主共有；增设私生活安宁权；适用肖像权规定回应人脸深度伪造；回应“卖肾”现象，确立器官捐献基本规则；回应基因编辑婴儿事件，增加基因、胚胎等医学科研活动不得违背伦理道德的规定；新增国家机关及其工作人员对隐私和个人信息的保密义务；等等。

民法典是民族精神、时代精神的立法表达，民法典精神包括规范公权、保障私权、自由平等、诚实信用、民主友爱、和谐法治等，是社会主义核心价值观融入市民社会的集中体现。

四、民法在公安工作中的运用

（一）公安工作中民法运用的现状

长期以来，公安工作存在重刑轻民的现象，在公安规范性文件制定、公安行政执法、刑事执法、警察政务服务、警务监督、公安教育科研、招警考试、执法资格考试等公安工作中，民法处于相对弱势的地位。

实际上，由于人民群众权利保障意识的提高，社会生活中需要民警帮助解决纠纷的请求只增不减。

有群众提出，民警面对一般民间纠纷时总感觉在“和稀泥”，调解、教育、“各打五十大板”，急于让双方分担损失，安抚双方当事人，而不是查清事实真相依法办事。与刑事、行政执法的规范化相比较，民警在处理民间纠纷时随意性很强，没有一套严格的法定流程。

基层民警工作任务重，学好民法典，规范化处理纠纷对于公安工作效率具有促进作用。多数民间矛盾纠纷及处理方式在民法典中都已经分门别类列好，足够日常直接适用，初步得出结论，让双方当事人快速信服。按照民法典各分编的精神，适时引导、分流消费纠纷到工商行政管理局、消费者协会，邻里纠纷、家庭纠纷至居委会，债务和经济纠纷至法院，让“各退一步，协商解决”更加有理有据。

民法典普法工作绝不是单靠宣传资料、讲座就能够完成的，需要在人民生活的具体实践中普及开来。公安队伍是一支普及民法典的重要力量，在民法典时代的节点，应当着力防止与民法典精神相左的纠纷解决方法。

在公安教育训练之中可以看到，民警的个人调解能力、经验、知识储备相差比较大，有的不能化解矛盾，有的甚至激化矛盾。基层民警主要由三类群体构成：警校毕业生、社会招警人员、转业军人。从三类人不同的知识、阅历背景来看，系统接受法律专业训练者并不占据多数，而系统学习民法典，可以拉齐民法训练的标准。

相较之下，还有一类比因民警欠缺民法知识而调解能力不足更加可怕的情形，即部分公安机关民警出于定性失误或故意以刑事案件名义插手民间纠纷，侵害人民群众的人身自由、人格尊严，甚至肆意扣押“涉案”财物，导致特定民营经济体濒临崩溃。民刑不分，是欠缺民法典精神的具体表现，与民法典规范公权、保障私权的宗旨相背离。

对民法概念、精神、方法的准确理解，以及民法典的教育训练，有助于民警在执法过程中对案件作出精准的定性处理，明确罪与非罪的区别。在行政执法时，人民警察应当熟记、领会公民姓名权等民事权利类型，保障民事主体人身权利、财产权利以及其他合法权益的实现。对于人民群众向公安机关提出的解决纠纷的请求，人民警察应当掌握必要的民法典知识，培养分析民间纠纷的能力。

（二）公安工作中适用民法典的必要性

党的十九届四中全会强调坚持和发展新时代“枫桥经验”，作为坚持和完善共建共治共享的社会治理制度的重要方面，提出“完善社会矛盾纠纷多元预防调处化解综合机制，努力将矛盾化解在基层”。新时代“枫桥经验”强调“小事不出村，大事不出镇，矛盾不上交，就地化解”，公安基层单位对于民法知识进行学习愈加凸显必要性。

通过学习民法，能够知晓公权力与私权利的边界。公安工作利用民法可以更新户政警务管理知识，明晰姓名权的实践运用，了解旅馆等特种行业中的民事运行规则，针对共享住宿、网约车等新兴业态探索新型治理模式或应对措施，针对刑满释放人员依法进行帮扶，帮助其顺利回归市民社会。其中，民法对于公安基层队伍至关重要的两点是：第一，明晰刑民之间的界限，禁止以刑事案件名义插手民间纠纷；第二，大量民间纠纷流入公安机关，基层民警成为解决民间纠纷、适用民法典引导社会风气的中坚力量。此外，适用民法典能够促进调解规范化。

（三）公安工作中民法方法的吸纳

1.“讲后果”代替“和稀泥”

在矛盾双方面前，民警不能根据自己的道德直觉来判断谁是谁非，或者以“各打五十大板”让双方都觉得没那么委屈，或者以谁受到损害就由对方来补偿的惯性思维解决民间纠纷。以直觉、损害平分、损害补偿来解决纠纷，在侵权案件中不问是非、保护弱者，谁是受害者谁就有理，“和稀泥”，和谐第一等，是解决纠纷的常见方法，却都不是科学方法。民警应当根据民法典学会一整套基础民法知识，了解民法典为整个社会制定的规则、设定的秩序，在裁量、调解时应当以权利、规则、后果定对错。这里的“讲后果”不是指哪一方当事人伤势重的事实后果，而是调解方案对于社会治理产生什么影响的“后果”，是调解、裁量后果能够符合社会主义核心价值观中的公正、平等、诚信等要求，对于社会风尚具有正向引领作用。

一个违法行为因不遵守法律产生不利后果，同时也会触发社会责任、社会道德方面的不利评价。民法典作为行为规范的指导，使“识法”“执法”的共同体扩大到所有公民。警察帮助化解民间纠纷，是执法者将民法典精神、社会主义核心价值观代入社会的重要关口。在南京彭宇案中，裁判者预设了一个人性本恶的推理前提，按照这个前提，得出了如果彭宇不是肇事者为什么要救被害人的结论，因此，救了被害人就说明彭宇是肇事者。这样的案件推理过程产生了恶化、劣化社会风尚的错误导向，一时间人人感叹“好人难做”，谁也不敢不开摄像头就去帮扶他人。这无疑是证据证明推理过程中的重大失误，表面上看是个别法律工作者没有妥当适用法律，实质上是裁判者在判断时没有妥善考虑案件的影响和后果。

2. 以民法典权利作为判断的规则

面对案件，民警如何快速判断孰是孰非、如何解决纠纷，这样的“法感觉”不是天生的，而是需要通过训练获得“判断力”。警察作为纠纷的处理者，应当了解在民法典中，这些纠纷主体有没有对应的权利、有什么样的权利。

以小区中晒被子的现象为例。有老人在小区花园里自己搭晾晒绳晒被子，与物业或小区其他居民产生争议。物业提出，晒被子是陋习，有碍美观；晒被业主认为，晒被子是健康的生活习惯，不会对小区环境产生实质影响。物业又提出，晒被子妨碍其他业主；晒被业主反驳，称晒被子不妨碍其他业主。物业称，晒被子未经其他业主同意；晒被业主又辩驳，称晒被子不需要经过其他业主同意。这样一来一往的辩论，无法得出确定性结论。应对该类纠纷的社区民警，应当先依据民法典的规定，思考双方当事人分别在民法典中享有什么权利，小区业主是否有利用小区公共空间的权利。

根据《民法典》第 271 条关于建筑物区分所有权的规定，业主对建筑物内的住宅、经营性用房等专有部分享有所有权，对专有部分以外的共有部分享有共有和共同管理的权利。公共空间为业主共有，如果本案中的老人要在小区公共空间晒被子，应当征求全体或多数业主同意。物业公司作为全体业主委托的管理机构，有权利出面禁止违反社区公约的事项。

由此可见，争议的解决依赖于民法典中设定的权利，以“谁有权，谁无权”的法律思维切入判案，比起“晒被子是陋习”“晒被子妨碍他人”这样的说法更有说服力。晒被子老人错误地将建筑物区分所有权中的共有权认定为专有权，没有考虑到社区公约对于共有权的限制。

3. 用效率成本意识完成利益平衡

民法典的相关规定构成了一套科学有效地处理事宜的方式方法。效率和成本是民法典设定的秩序框架中的重要因素之一，民法典中的诉讼时效制度，司法中的两审终审、一裁终局等制度都在提示我们，对于个案投入资源，应当讲求效率与成本。第一，避免久调不决，避免强行调解，将无法当场调解的纠纷分流到其他解决途径。第二，解决民间民事纠纷，意味着避免在后续治安纠纷上消耗警力。第三，针对长期缠讼、缠诉的当事人，个案错案要坚决纠正，浪费警力、司法资源者，应当对其讲透法律原理，做好服判息纷工作。

五、民法典涉及的公安工作

（一）公安民警帮助解决民间纠纷时关联的民法典条文

民间纠纷的具体分类包括：人身权益纠纷，主要有家庭纠纷、婚姻纠纷、收养纠纷、继承纠纷等；财产权益纠纷，主要有债务纠纷、买卖纠纷、租赁纠纷、劳资纠纷、运输纠纷、中介纠纷、交通事故纠纷、医疗损害纠纷、动物损害纠纷、物件损害纠纷、相邻纠纷、土地宅基地纠纷等；其他日常生活中发生的纠纷，主要有邻里口角纠纷、斗殴纠纷、同居关系引发的依法参照家庭暴力解决并需要民警出警的纠纷，以及好意施惠、情谊行为、戏谑行为等引发的其他纠纷等。

公安机关帮助公民解决民间纠纷的形式有 4 种，即调解、告知当事人解决纠纷的途径、直接联系或移交相关部门、帮助当事人固定证据。特别是民事纠纷中涉及权利正在遭遇侵害的、刚刚遭遇侵害的，人民群众经常会求助于公安机关。此类民事纠纷主要包括以下几种情况：

第一，没有达到刑事定罪程度的人身损害赔偿纠纷。例如，打架斗殴造成轻微伤，不构成刑事案件，以治安处罚承担行政责任或民事赔偿责任。轻微伤可以由民警进行调解，调解达成协议后不再处罚。若调解不成功，可处罚款或 15 天以下行政拘留，并告知当事人可以就民事争议依法向人民法院提起民事诉讼。

第二，意外伤害事故纠纷。餐厅、运动场馆、商场等公共场所没有尽到安全保障义务，高空抛物导致意外伤害，醉酒者、无民事行为能力的儿童、精神病人导致伤害，饲养动物导致意外伤害等，均能报警求助，以确定责任。

第三，交通事故赔偿纠纷。交警负责在交通事故责任认定中作出全部责任、主要责任、同等责任、无责任的责任认定。应当注意的是，交警部门的责任划分是民事赔偿的参照，但不是终极依据，民事赔偿的认定严格按照民事侵权责任的构成要件，区分按份责任和连带责任。

第四，权利妨碍纠纷。相邻邻居妨碍通行、占据他人空间、噪音污染等案件，上法院起诉较为烦琐，可能会先报警求助，寄希望于民警解决矛盾。

第五，民事纠纷中的紧急固定证据。为取证或者诉讼时效中断需要，发现失踪的债务人，宣告死亡、宣告失踪的人，自力救济霸王餐等行为之后，可报警求助。

（二）民法典中规定的典型公安工作内容

第一，户政管理工作中的收养、姓名权、出生登记、死亡登记问题。对于姓名权，《民法典》第 1012 条规定，自然人享有姓名权，有权依法决定、使用、变更或者许可他人使用自己的姓名，但是不得违背公序良俗。第 1015 条规定，自然人应当随父姓或者母姓，也可以选取其他直系长辈血亲、扶养人姓氏或者不违背公序良俗的其他正当理由下的其他姓氏。第 1016 条规定，自然人决定、变更姓名的，应当依法向有关机关办理登记手续。

除姓名权外，《民法典》在第 1106 条直接规定了被收养人户口登记。收养关系成立后，公安机关应当按照国家有关规定为被收养人办理户口登记。

《民法典》第 15 条的规定更改了原先民法中对自然人出生、死亡时间的认定规则，具体是：自然人的出生时间和死亡时间，以出生证明、死亡证明记载的时间为准；没有出生证明、死亡证明的，以户籍登记或者其他有效身份登记记载的时间为准。

第二，高空不明抛掷物、坠落物致害责任由公安等机关依法及时调查，查清责任人。《民法典》第 1254 条规定了不明抛掷物、坠落物致害责任：禁止从建筑物中抛掷物品。从建筑物中抛掷物品或者从建筑物上坠落的物品造成他人损害的，由侵权人依法承担侵权责任；经调查难以确定具体侵权人的，除能够证明自己不是侵权人的外，由可能加害的建筑物使用人给予补偿。可能加害的建筑物使用人补偿后，有权向侵权人追偿。物业服务企业等建筑物管理人应当采取必要的安全保障措施防止前款规定情形的发生；未采取必要的安全保障措施的，应当依法承担未履行安全保障义务的侵权责任。公安等机关应当依法及时调查，查清责任人。

第三，拾得遗失物，应当返还权利人。《民法典》第 314 条规定："拾得遗失物，应当返还权利人。拾得人应当及时通知权利人领取，或者送交公安等有关部门。"《民法典》第 315 条至第 317 条规定，公安机关收到拾得人送交的遗失物后，对于知道权利人的，应当及时通知其领取；对于不知道的，应当及时发布招领公告。在遗失物被领取前，应当妥善保管遗失物。在保管过程中，因故意或者重大过失致使遗失物毁损、灭失的，应当承担民事责任。权利人领取遗失物时，应当向拾得人或者有关部门支付保管遗失物等支出的必要费用。

第四，公安机关承担法定救助义务，自然人的生命权、身体权、健康权受到侵害或者处于其他危难情形的，负有法定救助义务的组织或者个人应当及时施救。《民法典》第 3 条规定，民事主体的人身权利、财产权利以及其他合法权益受法律保护，任何组织或者个人不得侵犯。《民法典》第 1005 条规定了法定救助义务：自然人的生命权、身体权、健康权受到侵害或者处于其他危难情形的，负有法定救助义务的组织或者个人应当及时施救。

第五，公安机关的隐私与个人信息保密义务。《民法典》第 1039 条规定，国家机关、承担行政职能的法定机构及其工作人员对于履行职责过程中知悉的自然人的隐私和个人信息，应当予以保密，不得泄露或者向他人非法提供。

第六，侵权自力救济后，可能求助于公安机关处理。《民法典》第 1177 条规定，合法权益受到侵害，情况紧迫且不能及时获得国家机关保护，不立即采取措施将使其合法权益受到难以弥补的损害的，受害人可以在保护自己合法权益的必要范围内采取扣留侵权人的财物等合理措施；但是，应当立即请求有关国家机关处理。

第七，侵害行动自由和非法搜查身体者承担民事责任。《民法典》第1011条规定，以非法拘禁等方式剥夺、限制他人的行动自由，或者非法搜查他人身体的，受害人有权依法请求行为人承担民事责任。

第二节　民法典对于公安工作的重大意义

民法典在中国特色社会主义法律体系中具有重要地位，民法典的完成意味着中国特色社会主义法律体系的构建基本完成。民法典系统整合了新中国成立以来长期实践形成的民事法律规范，汲取了中华民族优秀法律文化，借鉴了人类法治文明建设有益成果，融入了社会主义核心价值观。彰显民法典的意义，实际上就是彰显民事权利的地位，彰显人民的权利，彰显社会主义先进文化内涵，如人格尊严、生命尊严、人身自由、主体平等、尊重隐私、英烈保护、绿色环保等。认识民法典的重大意义，一是从以民为本的角度学习贯彻民法典，二是站在社会治理的高度看待这部治国之典。公安队伍各项有关工作应当根据民法典精神进行调适，依法保障民法典开具的权利清单和利益清单，保障人民的美好幸福生活。

一、通过民法典更好履行为人民服务宗旨

（一）依法维护人民权益

民法典是以“民”命名的法典，立法定位是以民为本，以人民为中心，体现中共十九届四中全会精神中一切为了人民的初心与使命。作为个体的人有无人格尊严，不但关系着每个人的生活品质和前途命运，更关系着整个国家的发展前景。人格尊严与整个社会风气存在关联，也由此联系着所有行业领域的敬业精神，民法典赋予创新发展所必需的内在创造动力及外部公序良俗的保障机制。民法典提供了一系列基本问题的中国方案，表达了中国人是如何看待

家庭生活的——家庭成员之间的关系不是尊卑控制，而是从法律层面承认每个家庭成员的平等地位。民法典强化了自愿原则优先的规则，保障了私人主体以自己意思进行市民社会活动的权利。民法典扩张了业主自治权，鼓励业主参与对自身利益攸关的公共事务，激发业主的社会责任感。

习近平总书记在党的十九大报告中指出："中国特色社会主义进入新时代，我国社会主要矛盾已经转化为人民日益增长的美好生活需要和不平衡不充分的发展之间的矛盾。"这一重要论断反映了我国社会发展的巨大进步，反映了发展的阶段性特征，对党和国家的工作提出了新要求。人类文明史的经验充分证明，如何对待人，尤其是能否确保人之尊严，才是衡量一个国家文明发展与发达程度的核心标准。而在确保人之尊严方面，人类社会所能发明的最好方式莫过于法治。以民法典的框架实施良法善治，建立起法治秩序，保障稳定可期的人之尊严，保障国家和社会秩序的长治久安。党的十九届四中全会提出，要坚持和完善共建共治共享的社会治理制度，保持社会稳定、维护国家安全。民法典是人民法典，也是治国之典，为自然人、法人、非法人组织、政府之间的合作共治提供大量规则，通过公平分配和价值引领，塑造自治、自主、自律的现代化社会治理模式。公权力机关通过学习民法典，应当树立保障民事权利、平等对待民事主体、守信践诺的施政理念。公安机关在行政和刑事执法过程中，应当牢记民法典以民为本的立法本意，在办案过程中，慎重采用人身财产强制措施，严格区分违法所得和合法财产，尽可能减少对正常生产经营的不利影响。

习近平总书记在集体学习以及《求是》杂志上发表的《充分认识颁布实施民法典重大意义　依法更好保障人民合法权益》中再次强调，民法典在中国特色社会主义法律体系中具有重要地位，是一部固根本、稳预期、利长远的基础性法律，对推进全面依法治国、加快建设社会主义法治国家，对发展社会主义市场经济、巩固社会主义基本经济制度，对坚持以人民为中心的发展思想、依法维护人民权益、推动我国人权事业发展，对推进国家治理体系和治理能力现代化，都具有重大意义。

“固根本”中的根本，指的是各种政治制度都是为了人民的利益，以民为本，人民的利益体现为民法典上的各种权利，各级行政机关必须熟知、学习、领会民法典，以明确人民的合法权益。“稳预期”“利长远”中的“预期”和“长远”，指的是人民对国家、社会制度和运行有信心、有预期。民法典的使命是解决人际纠纷、维护社会秩序。如果社会生活失去了法律中的种种秩序，人们会丧失对生活的稳定预期，行为无法预测，产权没有制度保护，就没有人持续投入劳动、智力、资本去积累文明的成果。

（二）民法典为公安机关提供案件的解决思路

民事案件同人民群众权益联系最直接最密切，公安机关应当通过民法典更好履行为人民服务宗旨：一是公安机关绝不能在民事纠纷中动用刑事武器，对当事人的人身财产权益进行限制；二是公安机关要回应人民群众解决矛盾纠纷的需求。受到商家、他人不公正待遇甚至欺诈、胁迫，遭遇性骚扰，个人信息权益受到侵害等各式各样的情形发生时，人民群众都渴望有公权力机关为其伸张正义。由于公安回应群众的即时性、快速性，以及公安具有调解民间纠纷的这一职能，人民群众的矛盾纠纷很多都是找公安进行调解解决。公安应当通过民法典理解群众合法权益的边界，以更好实现为人民服务的职能。

法学学科依赖于法律人对社会生活的观察和理解。法谚有云，“法学不出神童”，意味着如果缺乏丰富的生活经验和阅历，就难以掌握法学。警察执法以追求公平正义为特征，其对于社会矛盾的理解贯穿在执法活动及其相应教育训练过程中。社会矛盾主要是利益的冲突、权利的冲突，应当采用民法典中法益平衡的思考方法，以权利本位、社会本位的角度对个案进行判断。例如，权利不得滥用原则是诚实信用原则的延伸，如果只看到权利，所有权的权利人本可以依从自己决定对物进行占有、使用、收益、处分。权利人将自家围墙建到两层楼高，意图遮挡邻居采光，看似是在自由行使权利，但其行使权利的方式违反了权利的社会性质，构成权利滥用。针对这样的情形，民警可以适用诚实信用原则衍生出的权利不得滥用原则，告知当事人构成权利滥用，对事件直接予以处置。作为一名合格的执法警察，其需要理解市民社会，形成对市民社会基本价值观、秩序的自我思考。而民法典作为市民社会的百科全书，提供了检验裁判后果的答案。无论是刑侦、经侦、治安、社区民警，均需要对民法典中各种具有代表性的法律关系予以明晰掌握。

在涉及公共利益的社会生活中，公权力在民法典规定的范围内积极出场，承担保护弱势群体的角色。例如，民法典中规定，从建筑物中抛掷物品，公安等机关应当依法及时调查，查清责任人。《民法典》第 1177 条规定，合法权益受到侵害，情况紧迫且不能及时获得国家机关保护，不立即采取措施将使其合法权益受到难以弥补的损害的，受害人可以在保护自己合法权益的必要范围内采取扣留侵权人的财物等合理措施；但是，应当立即请求有关国家机关处理。这里的“有关国家机关”，可以是任何适合处理该事件的国家机关，典型的是公安机关，还包括其他司法行政机关等。

民法典作为社会生活的百科全书，将被纳入国民教育体系。学习民法典有助于提高职业素养，开展新时期公安群众工作，实行“一切为了群众，一切依靠群众，从群众中来，到群众中去”的工作路线，在公安工作上服务群众、保护群众、宣传群众、组织群众、依靠群众，其特性在于工作对象的广泛性、工作内容的复杂性、工作时间的随机性、工作方式的多样性、工作结果的双向性，这些特性都与民法典的包罗万象相互联系。公安队伍学习民法典，意味着学习各类工作对象可能遇到的各类复杂情景，依靠法律将各类生活场景对应到民法典相应的标签中去。从这一层面而言，民法典将成为法治能力绩效评价、个案舆情处置的一本方向性指南。

二、行政决策、行政管理、行政监督的重要标尺

（一）民法典推进治理体系和治理能力现代化

民法典是一部问题导向的法典，不是纯粹的学理上的私法法典，为了回应具体问题，民法典中有不少条文直接涉及公权力机关，有100余条有关行政机关的规定。全国人民代表大会常务委员会副委员长王晨指出，编纂民法典是推进全面依法治国、推进国家治理体系和治理能力现代化的重大举措。这是除了宪法以外，第一次将部门法的意义上升到全民治国的高度。民法典是社会公器，长期对所有社会成员普遍适用，不仅解决个案的纠纷，还要调整长期的公序良俗及和谐社会风气。民法典接纳了社会主义核心价值观，基于此确立了民法平等、公平、自愿、诚信、公序良俗、绿色等基本原则。民法典在处理某一个具体事件时，必然考虑到整体、全局的合理与公平，考虑到个案的裁判结果对于社会风气、国家治理存在怎样的影响。

学习民法典、运用民法典可以让纠纷尽快走向终局，防止无休止的诉讼。民法典的使命之一是提升国家治理能力，以更好地维护社会秩序。“终审不终”意味着没有彻底解决纠纷，会让案件当事人和利益相关方处于不确定的状态，损害法律的权威性。应用民法典，可以让裁判者快速定位法条、确定权利、公正裁判，引领社会效果与法律效果的统一。

民法典是赋权法，是私权利的宣言书，是规范公权、保障私权的人民法典。在现代社会中行使民事权利，无论是人身权还是财产权，都需要公权力的介入，需要政府机构保障这些民事权利的实现。市民社会生活中有很多的侵权现象，不仅来自于其他的社会民事主体，也会有来自公权力的侵犯，如因民事纠纷被非法限制人身自由、企业家的财产被非法扣押等。公权力设置的目的是保障市民社会中的私权利能够实现和享有。我们建立国家机器是为了人民的福祉和安宁。公权力存在的正当性的唯一依据是私权利。与其说是

行政机关具有公权力，不如说是行政机关具有公共职责。[1]

有关于公权力的权力冲突有两类，一类是公权力和公权力的冲突，一类是公权力与私权利的冲突。后者是社会生活中更广泛的冲突形式。宪法、行政法为公权力的行使设置了红线，法律规定做什么才能做什么，法无规定则禁止。而民法则是法律规定不能做什么才不做什么，法无规定则允许。民法典对于国家治理能力的推进，在于民法典精神体现了国家治理的本质是为了保障私权，其具体条文为国家治理提供了刑事法、行政法之外的私法思路，不是重刑轻民，而是先民后刑，让刑法保持谦抑性，将市民社会的纠纷交由市民社会的民法典来解决。

国家治理能力现代化意味着以治理效果为终极的衡量目标，引入多层次、多元化的治理手段，包括民事、刑事、行政、文化、伦理、道德、舆情等多方面的现代治理手段。对民法典学习掌握的程度和水平将成为治理能力集中体现的重要内容。

（二）民法典是公安行政行为的重要标尺

民法典是行政决策、行政管理、行政监督的重要标尺，规范了治安、消防、网安、交通等警种的行政许可、行政处罚、行政强制、行政检查、行政收费等活动，使其能严肃处理侵犯群众合法权益的行为与人员。民法典是国家的重要治理工具，颁布实施民法典的重大意义之一在于推进治理能力现代化。公安在执法过程中，一定要借助民法典这本治国之典，考虑到长远，考虑到后果，在行政决策作出过程中，充分论证这样的行政决策会达成怎样的社会治理效果，而不是追求一文终局、一调终局、一禁终局、一拘终局或“和稀泥”。

有效推进国家治理能力和治理体系现代化反映在公安工作上，是将民法与刑法、治安管理处罚法、道路交通安全法、网络安全法等常用法律法规等量齐观，多样化地作为社会治理手段。民法典精神是以民为本的法治思维，要求行政法、公共政策、公共管理思维以人民的幸福生活为纲。在大量法律没有规制到的新型业态中，要秉持私法优先于公法原则，优先考虑适用私法进行规范，配套以管理标准、行业标准，应当问需于民；无论是沿用既往相似事物的监管方法，还是创新监管方法，都应当问计于民。

1. 新型业态的行政监管应当问需于民、问计于民。例如，共享汽车解决出行困难，提升出行效率，激活交通经济，创造就业岗位。交通运输部、工业和信息化部、公安部、商务部、国家市场监督管理总局、国家互联网信息办公室颁布了《网络预约出租汽车经营服务管理暂行办法》，实施一城一策，制定《厦门市网约车运营服务管理标准（DB3502/T）》等考虑到当地实际出行需求、出行规律、地理情况等条件的规范标准。社会发展带来的人工智能、区块链、大数据等新智能、新技术、新问题、新现象，应当问计于法学、管理学、政治学、经济学等社会科学乃至大数据分析等自然科学，合作分析解决问题，平衡人民安居乐业需求、商业发展需求与政府、社会与城市监管政策的互动关系。

党的十九届四中全会提出，要坚持和完善共建共治共享的社会治理制度。行政管理是社会生活秩序不可或缺的一部分，涉及民法典中与人民福祉和公共利益相关的规定时，需要行政管理机关主动论证监管模式，兼顾利益平衡，尽量降低对私法自治产生损害。如果一种创新的经营行为在民法典中不存在违法性，难以论证其违法性，那么这样的经营行为在刑法上就难以给予违法性评价。非法经营罪等的违法性判断需要在代表市民社会的民法典中寻找依据。

基于社会科学的任何分类模式，包括旅馆业、印章业等特种行业的分类模式，都是为了通过分类化的细致规则调整、控制各类主体的行为，形成良好的秩序。人工智能产业、网络互助平台等所有新兴业态的监管之道，应当考虑新兴业态在哪些方面提升了人民的福祉，在哪些方面损害了人民的福祉，从而明确行政机关应当对该行为作出何种评价。在公安工作中，对于违反民法典精神的规范性文件，应当及时予以清理。规范性文件是抽象行政行为，无法通过复议或诉讼进行纠正，因此应当由作出规范性文件的公安机关主动清理。

2. 行政政策应当提前论证，避免“钻空子”。近年来，婚姻工具化现象出现在拆迁、生育、户口、买房、购车摇号、逃债等领域。通过结婚手段更改人头数量捞取拆迁补偿政策利益的事件屡有发生。当事人希望通过结婚、离婚，以几元钱的证件成本、若干好处费换取拆迁利益、落户利益、逃债利益；为了规避计划生育，生三胎，找人假结婚。当身份关系有利可图时，就难以避免有人伪造、虚构、出卖身份关系。“假离婚”这一社会公众生活现象愈演愈烈，动摇了千百年来“家庭”的基础，婚姻工具化导致婚姻如同儿戏，可以随时根据需要而缔结、解除，这将导致治国齐家的治理根基受到影响。最根本的办法并不是应用刑罚进行事后处罚，而是各项政策的制定者应当思考政策的价值导向、取向是否正确，如何在一开始填补政策中存在的可钻空子的地方。

在行政管理、政策制定上，让身份关系与财产利益脱钩，让婚姻关系与社会福利脱钩。例如，在拆迁中采纳“数砖头”的政策而不是“数人头”的政策，或是细化家庭人数增加的相关规定；不限制生育增加的人口数量，而是限制以婚姻或收养等方式增加的人口可赔偿数量。以民法典的价值引导，反思政策价值导向，在具体施政过程中注入诚信、和谐、自由、平等、公正、法治等社会主义核心价值观，引导社会治理向自治、自主、自律的理想状态前进。

三、严禁以刑事案件名义插手民间民事纠纷、经济纠纷

公安民警应当深入学习民法典以民为本的理想信念，将市民社会中自然人的人身自由、人格尊严放在一切执法行为的首位。对民法典概念的准确理解与适用，有助于警察在执法过程中对案件作出精准的定性处理，明确罪与非罪的区别。在行政执法时，人民警察应当熟记、领会公民姓名权等民事权利类型，保障民事主体人身权利、财产权利以及其他合法权益的实现。

民刑交叉、罪与非罪始终是公安实践、公安训练、公安教育的重点之一。长期以来，关注民刑交叉问题的专家学者多出身于刑法领域，学习民法典可以让刑侦民警、法制民警在民刑交叉领域更好地理解刑事政策，理解罪与非罪的区别。

公安部于 1989 年、1992 年、1995 年发布多项通知，针对干预经济纠纷、民事纠纷作出规定。1989 年《关于公安机关不得非法越权干预经济纠纷案件处理的通知》指出，公安机关插手经济纠纷有几种现象：第一，以查处诈骗等经济犯罪案件为名，直接插手干预一些经济纠纷案件的处理，搞地方保护主义，偏袒本地当事人或擅自冻结款项；第二，强行收审、扣押一方当事人做人质，替另一方逼索款物；第三，按比例从争议金额中提成取利。

应当明确，插手经济纠纷“是一种严重的违法行为，既干扰经济纠纷案件的依法公正处理，侵犯法人和公民的合法权益，又损害公安机关的形象，必须坚决加以纠正”。

第一，在管辖的问题上，应当把握原则，必须划清经济犯罪和经济纠纷的界限，严格依法办事。对经济纠纷问题，应由有关企事业及其行政主管部门、仲裁机关和人民法院依法处理。遇到前往公安机关投诉的经济纠纷事项，应当告知当事人到有关主管机关去解决，或及时移送有关主管机关处理。

第二，在人身自由强制措施的问题上，难以界分的案件须慎重请示报告，研究清楚后再依法恰当处理，不可轻易采取限制人身自由的强制措施。禁止非法动用强制措施，侵害经济纠纷当事人的合法权益。

第三，在充当“讨债公司”的问题上，文件明确禁止用非法手段提成牟利。有关罚没款提成问题，应严格依照财政部、公安部及地方政府财政部门的有关规定处理，不得随意超越职权范围，以查处诈骗罪为名，干预经济纠纷，替当事人追索欠债，从中提成牟利。依法严肃处理借机中饱私囊的行为。

1992 年，公安部发布《关于严禁公安机关插手经济纠纷违法抓人的通知》，继续总结了几类以刑事案件名义干预民事纠纷、经济纠纷的问题，主要有以下几类：（1）超越公安机关权限，插手合同、债务等经济纠纷案件；（2）乱用收审手段拘禁企业法人代表和有关经办人作“人质”，强行索还款物；（3）到外地抓人追赃不办法律手续，也不通过当地公安机关，搞“绑架式”行动，非法搜查住宅、侵犯公民人身权利；（4）对当事人拷打虐待、逼迫“退赃”和承认“诈骗”；（5）有的公安机关袒护本地犯罪分子，对外地来人正常办案不予配合，以种种借口设置障碍，横加阻扰，不让依法拘留逮捕本地的犯罪分子，不让追赃；（6）对明显的诈骗、投机倒把案件，不认真侦查调查，只追赃罚款，甚至与犯罪分子谈判“私了”“退款放人”；（7）向受害单位和当事人索取“办案费”、要款要物等。

文件中强调：

（1）各地公安机关承办经济犯罪案件，必须严格执行最高人民法院、最高人民检察院、公安部关于案件管辖的规定。要正确区分诈骗、投机倒把、走私等经济犯罪与经济合同纠纷的界限，准确定性。凡属债务、合同等经济纠纷，公安机关绝对不得介入。

（2）严禁滥用收容审查手段。在办理经济犯罪案件中，对于不符合国务院和公安部规定的收审条件的人，不得使用收审手段。对来华的外国人中犯诈骗罪或有重大经济犯罪嫌疑者，应依法采取刑事强制措施，不得采用收容审查手段。

（3）坚决杜绝强行抓捕收审经济纠纷当事人作“人质”，逼债索要款物，彻底纠正“以收代侦”“退款放人”的非法做法。

（4）各地公安机关不得以任何借口向报案单位和当事人索要办案经费，不准截留缴获的赃款用作办案经费和其他经费，不允许搞“办案提成”。

（5）公安机关派人到外地执行办案任务，要依照规定持完备的法律手续，并同当地公安机关取得联系，在其协助下开展工作，严禁超越管辖区，避开外地公安机关自行抓捕案犯。对外地公安机关来本地办案的，要积极支持，热情配合协助；对依法执行调查取证、拘留逮捕案犯和追缴赃款赃物任务的，不得以任何理由推延阻挠。

1995 年，公安部再次发布《关于严禁越权干预经济纠纷的通知》，指出“仍有一些地方公安机关和少数民警有令不行、有禁不止，我行我素，为了本地方或某部门的经济利益而置国家法律和党纪政纪于不顾，越权办案”，主要体现为：第一，把不属公安机关管辖的经济纠纷、债务纠纷立为诈骗案件，为一方当事人追款讨债；第二，故意混淆经济纠纷与诈骗案件的界限，谋取私利；第三，采取违法收审、扣押人质、非法拘禁等手段强行抓人，长期关押，“还款放人”；第四，个别地方以已经检察机关批捕来转嫁责任，应付上级公安机关追查，严重侵犯了公民人身权利和合法权益，造成严重后果和极坏的社会影响。

《公安部关于严禁越权干预经济纠纷的通知》强调，侦办诈骗案件及办案中采取强制措施，必须严格执行有关法律和公安部有关规定，完善办理案件的程序。加强监督和制约，建立、健全办案协作配合制度，努力提高办案人员的政治素质、执法水平和办案能力。对于继续把经济纠纷当成诈骗案件办理的，上级公安机关应予警告纠正；对不予改正者，要追究主管领导的责任，并通过新闻媒体予以曝光。对因越权干预经济纠纷造成行政或刑事赔偿的，按《国家赔偿法》的规定，应当责令有故意或者重大过失的民警承担部分或者全部赔偿费用。对未经批准，擅自抓人、扣人或以种种借口拒不执行有关法律和规定，拒不执行上级公安机关依法纠正的指令，严重违法违纪的民警，特别是有关领导，要坚决处理，直至撤销职务；情节特别严重、构成犯罪的，要依法追究刑事责任。

2016 年 11 月 27 日中共中央、国务院公布的《关于完善产权保护制度依法保护产权的意见》指出，充分考虑非公有制经济特点，严格区分经济纠纷与经济犯罪的界限、企业正当融资与非法集资的界限、民营企业参与国有企业兼并重组中涉及的经济纠纷与恶意侵占国有资产的界限，准确把握经济违法行为入刑标准，准确认定经济纠纷和经济犯罪的性质，防范刑事执法介入经济纠纷，防止选择性司法。对于法律界限不明、罪与非罪不清的，司法机关应严格遵循罪刑法定、疑罪从无、严禁有罪推定的原则，防止把经济纠纷当作犯罪处理。严禁党政干部干预司法活动、介入司法纠纷、插手具体案件处理。对民营企业在生产、经营、融资活动中的经济行为，除法律、行政法规明确禁止外，不以违法犯罪对待。对涉及犯罪的民营企业投资人，在当事人服刑期间依法保障其行使财产权利等民事权利。该意见还指出，利用公权力侵害私有产权、违法查封扣押冻结民营企业财产等现象时有发生，公安工作对此必须严肃看待。产权制度是社会主义市场经济的基石，保护产权是坚持社会主义基本经济制度的必然要求。有恒产者有恒心，经济主体财产权的有效保障和实现是经济社会持续健康发展的基础。

2017 年 11 月 24 日，最高人民检察院和公安部联合发布了《关于公安机关办理经济犯罪案件的若干规定》，其中第 2 条规定，“公安机关办理经济犯罪案件，应当坚持惩罚犯罪与保障人权并重、实体公正与程序公正并重、查证犯罪与挽回损失并重，严格区分经济犯罪与经济纠纷的界限，不得滥用职权、玩忽职守”。第 3 条、第 4 条、第 5 条规定，公安机关办理经济犯罪案件，应当坚持平等保护公有制经济与非公有制经济，坚持各类市场主体的诉讼地位平等、法律适用平等、法律责任平等，加强对各种所有制经济产权与合法利益的保护；应当严格依照法定程序进行，规范使用调查性侦查措施，准确适用限制人身、财产权利的强制性措施；应当既坚持严格依法办案，又注意办案方法，慎重选择办案时机和方式，注重保障正常的生产经营活动顺利进行。

中共中央政治局于 2020 年 5 月 29 日下午就“切实实施民法典”举行第二十次集体学习。习近平总书记在主持学习时强调，全党要切实推动民法典实施，以更好推进全面依法治国、建设社会主义法治国家，更好保障人民权益。习近平总书记在集体学习以及

《求是》杂志上发表的《充分认识颁布实施民法典重大意义 依法更好保障人民合法权益》中均强调，“保护公民、法人和其他组织合法权益，坚决防止以刑事案件名义插手民事纠纷、经济纠纷”。这意味着需要严格区分经济案件中罪与非罪的界限，严禁非法侵犯公民合法的人身、财产权益。

屡次的重申证明了党中央、公安部对于坚决防止以刑事案件名义插手民事纠纷、经济纠纷的坚定主张，禁止公安机关滥用行政权力、干涉经济案件，禁止采用刑事手段侵犯自然人、法人或其他组织的合法权益。这样三令五申也是为了避免公安机关沦为“讨债公司”或某一民事主体“打手”的角色，避免不应当立案而立案，从而严重损害人民警察以及政府的形象、声誉与权威。极个别公安机关经常性插手民事纠纷，滥用公权力，涉黑涉恶，通过非法吸收公众存款、非法高利放贷、暴力及“软暴力”讨债、强迫交易、非法采矿、贪污、受贿等违法犯罪手段以及开发房地产、经营酒店、承揽工程等经营活动持续敛财，组织成员以暴力、威胁等手段，有组织地实施多次违法犯罪活动，侵害民事主体权益，损害国家利益，所行所为触目惊心。[2] 坚决防止以刑事案件名义插手民事纠纷，是严防公安涉黑涉恶的必要举措。

公安机关以刑事案件名义插手民间纠纷，一类是明知是民事、经济纠纷，一类是不确定是否是民事、经济纠纷。在明知这一类中，还分为两种类型：第一，受一方当事人请托等各种私利原因，滥用职权；第二，认为法律存在漏洞，对于有社会危害性的行为，认为法律具有滞后性，以行政处罚惩罚不充分、不到位。不确定是否是民事、经济纠纷的情况，主要是法律知识与专业本领有短板，对于民事法不了解，不能区分民事、刑事案件，存在侥幸心理，认为检察机关可以监督发现纠正，以刑事案件侦办；或是社会经济发展变化之后，经济关系也复杂化，对于新事物的新型经济纠纷没有妥善论证，案件定性错误。无论是哪一种情况，都必须强化公安队伍的民法教育训练，通过民法典让公安队伍中人人都知晓公民的合法权益，知晓各种民事法律关系，使民间纠纷和刑事案件的区隔更加清晰。

公安机关应当时刻将惩罚犯罪与保障人权、刑事司法与产权保护、维护市场秩序与激发社会活力这三组平衡关系谨记于心，更改“重刑轻民”的理念，审慎把握处理产权和经济纠纷的政策，准确界定经济纠纷与经济犯罪的性质，防范下列不当执法行为。

（一）充当讨债公司，介入民间纠纷

公安机关充当讨债公司，介入民间纠纷的现象多发生在地方公安特别是经侦部门中，且多发于立案环节。由于企业家、合同当事人一经刑事立案，股价、经营、出境、信用等均会受到影响，个别民警以此施压，非法插手经济纠纷，以涉嫌生产、销售伪劣产品罪对民营企业财产进行查封、扣押、冻结。《人民日报》对此发文指出，应当明确界定“涉案财产”的范围，避免扩大查封和扣押，规范司法拍卖，禁止经侦部门自行处置涉案财物。[3]

公安机关应当谨记以民法典、刑法守护的万众创新、井然有序的法治环境为目标，以《中共中央　国务院关于完善产权保护制度依法保护产权的意见》为行动纲领，充分考虑非公有制经济特点，严格区分经济纠纷与经济犯罪的界限、企业正当融资与非法集资的界限、民营企业参与国有企业兼并重组中涉及的经济纠纷与恶意侵占国有资产的界限，准确把握经济违法行为入刑标准，准确认定经济纠纷和经济犯罪的性质，防范刑事执法介入经济纠纷，防止选择性司法。

针对经侦的初查等侦查手段，《最高人民检察院　公安部关于公安机关办理经济犯罪案件的若干规定》第 4 条规定，公安机关办理经济犯罪案件，应当严格依照法定程序进行，规范使用调查性侦查措施，准确适用限制人身、财产权利的强制性措施。条文中提出的“调查性侦查措施”指公安机关在办理经济犯罪案件过程中，依照法律规定进行的专门调查工作和有关侦查措施，但是不包括限制犯罪嫌疑人人身、财产权利的强制性措施，意在要求各地公安机关既要依法履行立案打击犯罪的职责，又要慎重选择侦查手段，最大限度地减少对经济社会正常秩序的干扰。

（二）介入消费者（过度）维权纠纷

在哈尔滨某一食品店，某顾客发现在该店所买蛋糕上有包装绳，遂退货。店主于是打电话给生产商说明情况，并要求 10 万元赔偿，否则在媒体上曝光，制造对生产商不利的舆论，使其商誉造成损害。食品厂假意同意付钱，然后向公安局报案。在店主到约定的地址取钱时，将其抓获。一审法院以敲诈勒索罪判处店主有期徒刑 10 年，二审改判无罪。[4]

大学生黄某于 2006 年 2 月 9 日购买了一台华硕笔记本电脑，在使用过程中多次出现异常现象。经过华硕售后几次检修后，黄某发现该笔记本电脑内的原装正式版 Pentium－m760 2.0G CPU 被更换为工程测试样品 ES 2.13G CPU，而英特尔公司明确规定其不能用于最终用户产品。黄某发现之后，委托代理人与华硕公司进行多次和解谈判。谈判中，其代理人周某提出，要求华硕公司按照其年营业额的 0.05%进行惩罚性赔偿，数额为 500 万美元。此后，华硕公司向警方报案称其受到敲诈勒索。2006 年 3 月 7 日，黄某及周某被刑事拘留并被批准逮捕。报案记录显示，华硕公司宣称从来没有用工程样品处理器 CPU 更换消费者黄某笔记本计算机中的原装正式版处理器 CPU，黄某属于恶意敲诈行为。[5]

刑法分则中除了危害国家安全之外的所有犯罪，都是广义的民事违法。[6] 这也就意味着，理解刑事案件与民事案件的区分，必须认识到，除危害国家安全犯罪外，民事违法是刑事违法的前提。在大多数案件中，如果行为人的行为在民法典中不构成违法，其在刑法上就不能予以定罪。在这层意义上，民法典提供了区分民刑案件的检测素材。

在以上个案中，消费者维权的时候提出的赔偿数额巨大，但考虑其行为本质在民法上的性质均属于行使权利，不可能因为索赔金额与市场赔偿标准不符，就改变了行为的性质。如果当事人没有歪曲、虚构、伪造商品存在瑕疵、缺陷的事实，没有采用暴力等不正当手段，而是采用诉讼仲裁、通知媒体、网络发帖等寻求救济的正当手段，即使索要大量金钱赔偿，也不可能构成刑事犯罪，不能认定为财产犯罪。企业如果认为赔偿数额过高，可以通过民事诉讼等途径解决纠纷。

（三）为企业打击批评意见

当企业遇到批评评价，第一时间应当考虑危机公关等企业运营常见策略，而非“民事纠纷刑事化”。在有的案件中，公安机关对损害商品声誉罪论证不足，基于地方保护主义的目的跨省追捕发帖批评商品者，造成了不良的社会影响，损害了公安执法权威。消费者、专业人士基于自身的专业知识对商品作出评论，没有捏造不实事实，属于一种常见的意见表达，明显不属于损害商业信誉、商品声誉罪的典型行为。损害商品声誉罪的典型行为，如通过发布对比性广告、声明性广告，散发公开信或召开新闻发布会等形式散布捏造的虚伪事实；组织人员以客户或消费者的名义向市场监管部门、消费者协会或新闻单位等虚假投诉；在业务洽谈等公开场合故意向竞争对手的客户或消费者散布捏造的虚伪事实；在商品包装或说明书上，贬低和诋毁他人生产、销售的同类商品；恶意诉讼等。可以见得，损害商品声誉罪主要针对恶意、不正当竞争等扰乱市场秩序的行为。企业的商誉在民法上属于名誉权范畴，按照《民法典》第 110 条第 2 款的规定，法人享有名誉权。企业如果认为其生产经营因网络发帖评论导致商誉受损，可以回帖对观点进行反驳，或依据民法典提起名誉权诉讼。公安民警应当谨记民法典保障私权、规范公权的理念，平等地对待各类民事主体。

四、以民法典为根据科学划分民刑案件、公正定罪量刑

民法典以民为本，一方面意味着，禁止以刑事案由插手民事纠纷，非法限制民事主体人身自由；另一方面意味着，应当由刑事案由出面的地方也绝不能姑息。上文已述，除危害国家安全犯罪外，

刑事案件的违法性需要以民事违法性作为判断基础。民法典针对社会热点问题作出了回应，对于严重影响到人民安居乐业的社会现象，在民法上构成违法行为的，有可能在符合刑法构成要件时适用刑罚。

(一) 重新认识高空抛物的社会危害性

对于高空抛物事件，《侵权责任法》规定，找不到高空抛物具体责任人的，往往将事发地一面带窗二楼以上住户作为排查对象，除非有相反证据，否则一律推定整个楼面住户中有可能抛掷物品造成受害人受伤等级的住户承担公平责任，在绝大部分人均没有过错的情况下，分担受害人的损失。而深圳某法院的裁判方法遵循了“凡事讲预期”的原则，将物业服务公司纳入赔偿主体，令其承担了一定的责任比例。[7] 判决之后，物业在频繁发生高空抛物的楼栋下加装了监控设备，自此高空抛物再未发生。这样的判决有非常好的社会治理效果，最终，物业被纳入高空抛物事件责任主体，成为民法典正式条文。

《民法典》第 1254 条规定禁止从建筑物中抛掷物品，并且规定由公安等机关调查责任人。为了遏制高空抛物事件，守护人民头顶上的安全，2019 年 11 月最高人民法院印发了《关于依法妥善审理高空抛物、坠物案件的意见》，规定高空抛物不再是只有产生严重后果才能入罪，尚未造成严重后果的也可能入罪。从而在法律上建立了“民事+刑事+治安”对于高空抛物行为的规制。

城市中高楼林立，高空抛物实际上属于极具社会危害性的行为，应当根据行为人的动机、抛物场所、抛掷物的情况以及造成的后果等因素，全面考量行为的社会危害程度，准确判断行为性质，正确适用罪名，准确裁量刑罚。

故意从高空抛掷物品，尚未造成严重后果，但足以危害公共安全的，依照《刑法》第 114 条规定的以危险方法危害公共安全罪定罪处罚；致人重伤、死亡或者使公私财产遭受重大损失的，依照《刑法》第 115 条第 1 款的规定处罚。为伤害、杀害特定人员实施上述行为的，依照故意伤害罪、故意杀人罪定罪处罚。具有下列情形之一的，应当从重处罚，一般不得适用缓刑：（1）多次实施的；（2）经劝阻仍继续实施的；（3）受过刑事处罚或者行政处罚后又实施的；（4）在人员密集场所实施的；（5）其他情节严重的情形。

2019 年 8 月 1 日 17 时许，被告人蒋某因家庭矛盾，将手机、平板电脑、水果刀等物从 14 楼的高处扔出窗外，砸落在小区公共道路及楼下停放的 3 辆轿车上。11 月 29 日，上海市闵行区人民法院以以危险方法危害公共安全罪判处蒋某有期徒刑 1 年。[8] 这样的判决结果，对未来的高空抛物行为形成威慑，不让错误行为者心存侥幸，广大网友对公安、法院的定罪量刑表示支持。

（二）积极应对套路贷等违法行为

《民法典》第 680 条第 1 款规定禁止高利放贷，借款的利率不得违反国家有关规定。民法典合同编借款合同部分的条文禁止高利贷和“砍头息”，即借款利息不得预先在本金中扣除。2019 年 10 月 21 日，全国扫黑办召开新闻发布会，最高人民法院、最高人民检察院、公安部、司法部联合发布了《关于办理非法放贷刑事案件若干问题的意见》，明确规定：“违反国家规定，未经监管部门批准，或者超越经营范围，以营利为目的，经常性地向社会不特定对象发放贷款，扰乱金融市场秩序，情节严重的，依照刑法第二百二十五条第（四）项的规定，以非法经营罪定罪处罚。”高利贷正式在民法典上成为违法行为，也正式入刑。这印证了刑事违法性需要以民事违法性作为判断基础。

近年来，发生了大量套路贷案件。此类案件假借民间借贷之名，诱使或迫使被害人签订“借贷”或变相“借贷”“抵押”“担保”等相关协议，通过虚增借贷金额、恶意制造违约、肆意认定违约、毁匿还款证据等方式形成虚假债权债务，并借助诉讼、仲裁、公证或者采用暴力、威胁以及其他手段非法占有被害人财物，[9] 严重损害市场秩序，挑战司法权威。此时，民法和刑法应携手拉起一道防线，抗击此种伤害人民权益的不法行为。

（三）对于性骚扰行为不再息事宁人

《民法典》第1010条规定，违背他人意愿，以言语、文字、图像、肢体行为等方式对他人实施性骚扰的，受害人有权依法请求行为人承担民事责任。机关、企业、学校等单位应当采取合理的预防、受理投诉、调查处置等措施，防止和制止利用职权、从属关系等实施性骚扰。该条文在民法上认定了性骚扰行为是对性自主权的侵害，坐实了这种行为的违法性。

对于这类侵犯人格权的不法行为，不论其因民事责任入民法典还是因刑法责任入刑，都表达了国家对其的一种零容忍的态度。在保障人格权问题上民警应当严格执法，满足新时代人民对于幸福生活的新定义、新要求。

五、解决民间纠纷的重要方案

多项文件反复强调防止公安机关以刑事案件名义插手民间纠纷，但人民群众在实践中一方面需要公安机关在保护弱势群体时积极出手，另一方面需要公安机关以调解者、矛盾化解者的身份“插手”民间纠纷。

习近平总书记在党的十九大报告《决胜全面建成小康社会夺取新时代中国特色社会主义伟大胜利》中明确指出，“加快社会治安防控体系建设，依法打击和惩治黄赌毒黑拐骗等违法犯罪活动，保护人民人身权、财产权、人格权”。对于公安教育工作者与公安业务学习者而言，理解人格权即理解执法的限度。对人格权概念的强调有助于执法机关的执法活动进一步规范化。党的十九大报告以人为本，以人民为本。人格权是实现“人的发展”的基础。中华民族每个个体的全面发展将为实现中华民族伟大复兴作出贡献。报告指出，“加快社会治安防控体系建设，依法打击和惩治黄赌毒黑拐骗等违法犯罪活动”。对于公安机关，应当学习理解并明晰民法中的人格权，明确掌握基本的民事权利与义务关系，以适用于具体执法活动。2018年的招警考试大纲增加了民法总则的内容，强调民警在一线调解群众民事纠纷中的基本知识储备，这样的调整符合《人民警察法》中人民警察“对公民提出解决纠纷的要求，应当给予帮助”的立法设定。

民法知识的重要性不仅在于知识，还在于方法论。法治国家的蓝图要求民警具有法治的思维模型，形成凡事讲规则、凡事讲权利、凡事讲程序、凡事讲终局、凡事讲预期、凡事讲权威[10]的思维定式。刑事程序法的普及塑造了公安队伍凡事讲程序的法治素养，刑事法给予人民警察凡事讲终局的部分素材，人民警察法框定了警察职业的行事规则，民法典将为公安队伍普及“凡事讲权利”“凡事讲预期”“凡事讲规则”的终极职业技能，让公安队伍在履行职责方面依法更好保障人民合法权益。

在民间纠纷处理过程中，无论是一线民警或者基层法官，在调解或裁判时，均要“凡事讲预期”，除了对法条要熟悉和理解，还要推理到调解之后对未来的案件有什么影响。例如，河南郑州一医生在电梯里劝阻老人吸烟，老人突发心脏病离世，医生被老人家属起诉至法院，法院一审曾判医生补偿老人家属 1.5 万元。在二审中，郑州市中级人民法院判决撤销原判决，驳回老人家属的诉讼请求，一审、二审受理费共计 14616 元由老人家属承担。二审法院认定医生劝阻吸烟“合法正当，是自觉维护社会公共秩序和公共利益的行为”，如果让劝阻者分担损失，“让正当行使劝阻吸烟权利的公民承担补偿责任，将会挫伤公民依法维护社会公共利益的积极性，既是对社会公共利益的损害，也与民法的立法宗旨相悖，不利于促进社会文明，不利于引导公众共同创造良好的公共环境”。[11]在该案件中，裁判者考虑到弘扬社会主义核心价值观是民法的立法宗旨，司法裁判对维护社会公共利益的行为应当依法予以支持和鼓励，从而对案件进行改判，坚持了民法维护公序良俗、保护生态环境的基本原则，得到了公众舆论的好评。

（一）警察承担帮助公民解决纠纷的法定义务

社区民警是民法定分止争的第一道关卡，《人民警察法》第 21

条即规定，人民警察遇到公民人身、财产安全受到侵犯或者处于其他危难情形，应当立即救助；对公民提出解决纠纷的要求，应当给予帮助；对公民的报警案件，应当及时查处。在我国，基层公安由于其解决纠纷的即时性，在许多情形下处在社会纠纷解决的第一前线。民间纠纷调解需要民法等法学基础知识作为支撑。特别是涉及治安的民间纠纷调解，按照《公安机关办理行政案件程序规定》（公安部令第149号）第10章治安调解中第178条的规定，对于因民间纠纷引起的殴打他人、故意伤害、侮辱、诽谤、诬告陷害、故意损毁财物、干扰他人正常生活、侵犯隐私、非法侵入住宅等违反治安管理行为，情节较轻，且具有下列情形之一的，可以调解处理：（1）亲友、邻里、同事、在校学生之间因琐事发生纠纷引起的；（2）行为人的侵害行为系由被侵害人事前的过错行为引起的；（3）其他适用调解处理更易化解矛盾的。对不构成违反治安管理行为的民间纠纷，应当告知当事人向人民法院或者人民调解组织申请处理。对情节轻微、事实清楚、因果关系明确，不涉及医疗费用、物品损失或者双方当事人对医疗费用和物品损失的赔付无争议，符合治安调解条件，双方当事人同意当场调解并当场履行的治安案件，可以当场调解，并制作调解协议书。由上可见，对于人民警察而言，从民法意义上理解各类纠纷类型以及其中的“过错”，极其重要。

《人民警察法》第21条规定，对公民提出解决纠纷的要求，应当给予帮助。这里的“纠纷”主要是以民法典为主要依据的民间纠纷和以治安管理处罚法为主要依据的治安纠纷。

对于治安纠纷，公安工作比较熟悉的是如何构成行政处罚、如何治理：第一，行为人的行为违反治安管理处罚法，符合法定要件，具有违法性；第二，行为不属于法律规定的合法行为，不属于正当防卫、紧急避险等；第三，行为人具有责任能力，同样的情形下，行为人有可能避免实施违法行为而实施其他合法行为。

对于民间纠纷的解决，思路是类似的：第一，行为人具有哪些权利，是否损害了对方的权利，是否符合某一侵权责任法律关系的构成要件，在民法典中找寻纠纷所属的条文；第二，是否具有免责事由，如不可抗力、过失相抵、受害人过错、正当防卫、紧急避险、自甘风险、自助行为等；第三，行为人是否具有民事行为能力，是否在年龄和心智水平上达到作出相应行为的能力，是否是限制民事行为能力人或完全无民事行为能力人。

民警对于民间纠纷的“帮助”作用非常大，是一支化解民间矛盾、保障弱势群体权益的重要力量，对于民事纠纷后续的走向，是否升级为治安甚至犯罪，起到关键性作用。对于离婚等看似家长里短的民事案件，特别是家庭暴力案件，对弱势一方起到保护作用，对整个案件起到极其重要的固定证据的作用。《反家庭暴力法》第 15 条规定，公安机关接到家庭暴力报案后应当及时出警，制止家庭暴力，按照有关规定调查取证，协助受害人就医、鉴定伤情。无民事行为能力人、限制民事行为能力人因家庭暴力身体受到严重伤害、面临人身安全威胁或者处于无人照料等危险状态的，公安机关应当通知并协助民政部门将其安置到临时庇护场所、救助管理机构或者福利机构。

民警对于民间纠纷的“帮助”作用主要包括调解、移交、告知途径、固定证据 4 种方式。[12] 这 4 种“帮助”，都或多或少要求民警具备民法基础知识，在调解中能够运用民法典的常见原理劝导当事人自行解决或当场进行调解，在矛盾复杂时移交派出所解决；如果在规定的时间里没有达成调解协议，告知当事人向人民法院起诉、向劳动等仲裁机构申请仲裁等；在特定类型的案件中如何固定证据等。近年来，河南鹤壁一瓜农西瓜被偷还倒赔 300 元、青岛大虾案、肺栓塞抢救剪衣裤医护人员赔偿案等，都在为公安队伍的民法教育训练工作敲响警钟，民警如果不具有必要的民法知识，提出的调解方案脱离民法典的条文，将使双方当事人的权利义务关系显著失衡，个案可能无法达到结果公正、说理充分的适法效果。

（二）治理能力现代化对于民警调解民间纠纷提出要求

社会治理能力现代化，已然对民警提出了更高层次的要求。民法典是民间纠纷的重要解决方案，基层社区（基础）、治安等警种应当运用民法典维护人民权益，提高调解矛盾纠纷、促进社会和谐稳定的能力和水平。警察始终处于处理社会矛盾的第一线，也是社会公平正义元素的主要参与者与构成者。民警应当通过对民法典的学习，理解市民社会中物权权利人、买受人、侵权行为人等各方参与者，认识到民法公平、平等、诚实信用、合法权益受保障等各项基本原则，以形成相应的民法典精神、私权观，能够在基层矛盾面前合法合理、有理有据地进行评判。

民法典是一套社会生活的百科全书，也是一套解决民间纠纷矛盾的规范。民间纠纷调解面临在短时间内、证据可能不明朗的情况下快速做决定的问题。民法典和配套的民事程序法构建了一整套制度，以及案例、纪要、裁判宗旨，甚至是法官、公安教育训练规范化培训制度，这些措施都是为了让不同水平的裁判者，在时间和信息有限的情况下，通过规范理解、加工有限的证据确定法律上认定的事实，规范地去处理问题。虽没办法保证最优，但能使整个人群得到基本保障。否则，对于民间纠纷的调解，每位警官都有自己的"秘方"，矛盾解决效果参差不齐，当事人对于自己的矛盾解决方案没有达到预期，特别是如果警察的处理方案与法院司法裁判路径大相径庭，将损害警察作为民间纠纷解决者的权威。另外，学习民法典有助于警察对治安管理处罚法的理解，民事纠纷常常是治安纠纷的根源，应当通过解决民间纠纷解开治安纠纷的根结。

注释：

[1]《实录·刘凯湘教授详解民法典中私权利与公权力的关系》，载 https://www.sohu.com/a/404171387_671251。

[2] 胡玲：《涉案资产价值逾 14 亿！内蒙古乌拉特前旗公安

局原局长贾净博涉黑案依法侦查终结》，载 https://www.sohu.com/a/403475930_115362？_trans_=000014_bdss_dkygcbz。

[3] 陈代东：《经侦乱象该治治了》，载《人民日报》2015 年 2 月 11 日第 18 版。

[4] 陈兴良：《论财产犯罪的司法认定——在北京德恒律师事务所的演讲》，载《东方法学》2008 年第 3 期。

[5]《勒索华硕案》，载 https://baike.baidu.com/item/%E5%8B%92%E7%B4%A2%E5%8D%8E%E7%A1%95%E6%A1%88/5719965？fr=aladdin。

[6] 张明楷：《财产罪的认定》，载 https://www.sohu.com/a/402871388_120067504。

[7] 参见谢罗群：《深圳"高空抛物案"一审判决引发物业管理行业关注》，载《中国物业管理》2008 年第 3 期，第 40 页。

[8]《为发泄不满将水果刀等从 14 楼扔下　上海高空抛物入刑首案宣判》，载 https://baijiahao.baidu.com/s？id=1651599360416421224&wfr=spider&for=pc。

[9] 余东明、高远：《套路贷与一般高利贷有何不同》，载 https://news.china.com/news100/11038989/20170829/31215636_all.html。

[10] 参见刘晗：《想点大事：法律是种思维方式》，上海交通大学出版社 2020 年版。

[11]《郑州医生"劝阻吸烟致死"案改判：一审判补 1.5 万二审撤销》，载 http://hn.ifeng.com/a/20180123/6327609_0.shtml。

[12] 李植：《定纷止争：公安行政调解实务研究》，中国人民公安大学出版社 2018 年版。

第二章　民法典各编主要修改要点

第一节　民法典总则编主要修改要点

【要点提示】

民法典彰显时代特色与权利保障特征，回应当下社会的热点问题。总则编更新了胎儿权利能力，修改了限制民事行为能力与无民事行为能力的年龄界限，新增紧急情况民政兜底监护的规定，采用营利法人与非营利法人的概念区分，新增宗教活动场所和捐助法人的相关规定，新增特别法人概念，新增对个人信息、数据、网络虚拟财产的保护，新增真意保留民事法律行为，新增自己代理，新增正当防卫、紧急避险、见义勇为，诉讼时效期间等，在以上方面作出重点修订。

【主要修改】

我国民法典的编订纂修采用了两步走的策略与步骤：2017 年先颁布施行《民法总则》，随后在《民法总则》的基础上制定总则编。

总则编分为 10 章，完全延续了《民法总则》的体例，分为基本规定、自然人、法人、非法人组织、民事权利、民事法律行为、代理、民事责任、诉讼时效、期间计算，共 204 条。在内容上，也延续了《民法总则》绝大部分的内容。除了个别不影响意思的字词、标点变动，实质内容的变动包括以下三处：

第一处是最大的变化，是在第34条回应了新冠肺炎疫情期间，因紧急被隔离，监护人暂时无法履行监护职责的情况。

由于家人被隔离，湖北17岁的鄢某因为脑瘫全身无法动弹，独自在家6天后死亡。鄢某的父亲担心儿子没人照顾曾发微博求助。鄢父24日被隔离后，村委会称鄢某在24日、26日吃过东西，28日村医曾喂他两杯氨基酸。29日，村委找到隔离酒店要把鄢某送往酒店，但鄢某却在当日下午死亡。[1]《民法典》总则编第34条增加第4款规定，“因发生突发事件等紧急情况，监护人暂时无法履行监护职责，被监护人的生活处于无人照料状态的，被监护人住所地的居民委员会、村民委员会或者民政部门应当为被监护人安排必要的临时生活照料措施”，以避免类似情况再次发生。

第二处较大变化，是将《民法总则》中1个月、3个月等短期期间改为以日计算，避免因为不同月份的天数不同，增加纠纷争议的可能。

第三处较大变化，是总则编第110条将原先《民法总则》第110条中的“法人、非法人组织享有名称权、名誉权、荣誉权等权利”删去了“等权利”，修改为“法人、非法人组织享有名称权、名誉权、荣誉权”。这就意味着，法人、非法人组织在民事案件中可以主张的人格权只有这三种，没有额外的解释空间。

这是总则编较《民法总则》改进的地方，与《民法总则》之前的《民法通则》代表的民法时代相比较，总则编的修改创新之处可圈可点。

一、第一章“基本规定”的修改要点

（一）基本原则体系形成

规定了民事权利及其他合法权益受法律保护，分别在不同条文中确立了合法权益受保护、平等、自愿、公平、诚信、公序良俗、节约资源等民法基本原则，便于裁判者引用。

（二）贯彻落实社会主义核心价值观（《民法典》第1条）

《民法典》第1条就将“弘扬社会主义核心价值观”作为一项重要的立法目的。习近平总书记强调，“社会主义核心价值观是当代中国精神的集中体现，凝结着全体人民共同的价值追求”，“核心价值观，承载着一个民族、一个国家的精神追求，体现着一个社会评判是非曲直的价值标准”。将社会主义核心价值观提升至《民法总则》乃至民法典的立法目的层面，意味着社会主义核心价值观已经足以成为我国市民社会的价值共识，在解决各类民间纠纷时，应当以弘扬社会主义核心价值观为准绳，进行民法的解释和理解。社会主义核心价值观在民法领域的调整范围是全视域的，民法基本原则中的合法权益受保护、平等、自愿、公平、诚实信用、公序良俗和绿色原则，都是社会主义核心价值观的表达。

（三）明确习惯的法源地位（《民法典》第10条）

《民法典》第10条规定，“处理民事纠纷，应当依照法律；法律没有规定的，可以适用习惯，但是不得违背公序良俗”。《人民警察法》第21条规定，人民警察对公民提出解决纠纷的要求，应当给予帮助。民警在帮助解决纠纷、进行调解的过程中，如果遇到法律没有规定的情况，可以适用当地习惯，同时注意调解方案及可能产生的后果，不与主流价值观相违背。

（四）新增绿色原则（《民法典》第9条）

为贯彻习近平总书记生态文明思想，牢固树立绿水青山就是金山银山理念，将绿色原则确立为民法的基本原则，规定民事主体从事民事活动，应当有利于有效率地利用资源、保护环境和生态。绿色原则作为基本原则影响民法典、市民生活的方方面面，如合同编第558条就规定了债权债务终止后的义务：债权债务终止后，当事人应当遵循诚信等原则，根据交易习惯履行通知、协助、保密、旧物回收等义务。

二、第二章“自然人”的修改要点

(一) 民事主体从“公民”变为“自然人”(《民法典》第2条)

自然人是私法上的民事主体概念，公民指的是有一国国籍的主体，是公法概念。民法典采用自然人作为民事主体，也彰显民法典不以国籍作出区别对待，力图构建人类命运共同体的期望。

享有权利或者承担义务的当事人被称为民事主体，主要包括自然人、法人、非法人组织。自然人是最基本的民事主体。民法典规定了自然人的民事权利能力和民事行为能力制度、监护制度、宣告失踪和宣告死亡制度，并对自然人的特殊形式“个体工商户”和“农村承包经营户”作了规定。

(二) 调整自然人出生和死亡时间的判断标准(《民法典》第15条)

自然人的出生时间和死亡时间，以出生证明、死亡证明记载的时间为准；没有出生证明、死亡证明的，以户籍登记或者其他有效身份登记记载的时间为准。有其他证据足以推翻以上记载时间的，以该证据证明的时间为准。出生证明书、死亡证明书、身份证不具有绝对的、不可推翻的证明力，其作为证据的效力只是推定性的。其他证据足以推翻这些书证所记载的出生时间的，则以该证据证明的时间为准。其他证据，既可以是书证也可以是证人证言，如助产士关于出生时间的证言。

(三) 降低了限制民事行为能力年龄门槛(《民法典》第19条)并修改了精神状态的表述(《民法典》第21条、第22条)

《民法典》第19条修改了限制民事行为能力与无民事行为能力的年龄界限，从10周岁下调至8周岁。8周岁以上的未成年人为限制民事行为能力人，实施民事法律行为由其法定代理人代理或者经其法定代理人同意、追认；但是，可以独立实施纯获利益的民事法律行为或者与其年龄、智力相适应的民事法律行为。对于无法认知到行为后果的身心障碍人士，以“不能辨认”和“不能完全辨认”自己行为后果这种更为人性化的表述来替代以往“精神病人”的表述，来确定其民事行为能力的状态。

（四）强调胎儿利益的特殊保护（《民法典》第16条）

涉及遗产继承、接受赠与等胎儿利益保护的，胎儿视为具有民事权利能力。但是，胎儿娩出时为死体的，民事权利能力自始不存在。胎儿有权继承遗产、接受赠与，被侵权时享有损害赔偿请求权。胎儿娩出时为死体的，则否定其权利曾经存在过，认为民事权利能力一直不存在，而不是自娩出时不存在。胎儿已经继承的遗产、接受的赠与等，相关人可主张返还。

（五）增加了行为能力认定制度中的国家干预（《民法典》第24条）

被人民法院认定为无民事行为能力人或者限制民事行为能力人的，经本人、利害关系人或者有关组织申请，人民法院可以根据其智力、精神健康恢复的状况，认定该成年人恢复为限制民事行为能力人或者完全民事行为能力人。这里规定的有关组织包括：居民委员会、村民委员会、学校、医疗机构、妇女联合会、残疾人联合会、依法设立的老年人组织、民政部门等。

（六）新增遗嘱监护、成年监护等监护类型，完善监护撤销制度（《民法典》第29条、第30条、第33条、第36条）

为回应当前社会严重的人口老龄化、留守儿童问题，《民法典》第29条、第30条、第33条规定了遗嘱监护、协议监护、意定监护等新的监护形式，并且《民法典》第36条就撤销监护的情形作出规定：实施严重损害被监护人身心健康的行为；怠于履行监护职责，或者无法履行监护职责且拒绝将监护职责部分或者全部委托给他人，导致被监护人处于危困状态；实施严重侵害被监护人合法权益的其他行为。其他依法具有监护资格的人，居民委员会、村民委员会、学校、医疗机构、妇女联合会、残疾人联合会、未成年人保护组织、依法设立的老年人组织、民政部门等组织，可以向法院申请撤销监护人资格。最高人民法院、最高人民检察院、公安部、民政部《关于依法处理监护人侵害未成年人权益行为若干问题的意见》第 29 条规定，有关单位和人员向公安机关、人民检察院申请出具相关案件证明材料的，公安机关、人民检察院应当提供证明案件事实的基本材料或者书面说明。第 35 条第 5 项规定，“胁迫、诱骗、利用未成年人乞讨，经公安机关和未成年人救助保护机构等部门三次以上批评教育拒不改正，严重影响未成年人正常生活和学习的”，人民法院可以判决撤销其监护人资格。

三、第三章“法人”的修改要点

（一）法人分类创新，分为营利法人、非营利法人、特别法人（《民法典》第 96 条）

根据《民法典》第 96 条的规定，特别法人包括：机关法人、农村集体经济组织法人、城镇农村的合作经济组织法人、基层群众性自治组织法人。凡县级以上公安机关都是有独立法人地位的执法机关，是有独立经费的机关和承担行政职能的法定机构，属于特别法人中的机关法人，从成立之日起具有机关法人资格，可以从事为履行职能所需要的民事活动。派出所属于法人的分支机构，不具有独立法人资格。居委会具有法人资格，意味着为履行公共职能、开展活动参与购买、建造等民事法律关系时，具有独立法律地位，更有助于活动的开展。

（二）新规定宗教活动场所法人（《民法典》第 92 条）

宗教活动场所法人的规定解决了长期以来宗教财产不知道如何归属的问题，《民法通则》《物权法》对于宗教财产权的归属均未作出规定。基于宗教财产的性质，宗教财产权的归属主体应当为寺院、道观、教堂、清真寺等宗教活动场所法人，而非宗教协会、宗教神职人员抑或信教群众、社会等模糊的归属对象。

（三）法人人格否认（《民法典》第 83 条）

在《民法通则》中没有规定法人人格否认制度，《民法典》第

83 条吸收了《公司法》第 20 条的规定，营利法人的出资人不得滥用出资人权利损害法人或者其他出资人的利益；滥用出资人权利造成法人或者其他出资人损失的，应当依法承担民事责任。以防止借“皮包公司”的“壳”，法人和成员的财产发生混同，滥用独立法人人格的行为，以此保护公司债权人利益及社会公共利益。

四、第四章“非法人组织”的修改要点

（一）非法人组织的成立要件（《民法典》第 102 条、第 103 条）

《民法通则》中没有专门规定非法人组织的细节。在民法典中，规定了非法人组织是不具有法人资格，但是能够依法以自己的名义从事民事活动的组织。非法人组织包括个人独资企业、合伙企业、不具有法人资格的专业服务机构等。非法人组织应当依照法律的规定登记。设立非法人组织，法律、行政法规规定须经有关机关批准的，依照其规定。

（二）明确了设立人的无限责任（《民法典》第 104 条）

非法人组织的财产不足以清偿债务的，其出资人或者设立人承担无限责任。法律另有规定的，依照其规定。

（三）非法人组织参照适用法人设立的规则（《民法典》第 108 条）

非法人组织除适用非法人组织的民法典规定外，参照适用法人的有关规定。

五、第五章“民事权利”的修改要点

（一）强调禁止权利滥用原则（《民法典》第 132 条）

民法典规定了自愿行使原则、权利义务一致原则、禁止权利滥用原则，以彰显权利法典的特征。在市民社会中，权利义务代表着典型的社会关系。民事主体享有权利意味着国家、社会与公众对其社会性的承认。民事主体通过权利的行使与对应义务的负担与其他

民事主体产生联系。民事主体应当在法律规定或公序良俗的范围内行使权利，不得滥用权利而妨碍他人的权利领地。禁止权利滥用原则是由民法诚实信用基本原则衍生的，权利的滥用，即外观上看好像是行使权利，但结合实际案情，行为违反权利的社会性，从而无法作为正当权利行使而被认可。

（二）强调保护个人信息、数据、网络虚拟财产（《民法典》第111条、第127条）

随着信息网络的普及，人民群众的线上活动越来越多，涉及网络虚拟财产、数据的相关案件逐渐增多。民法典明确保护个人信息，宣示保护数据和网络虚拟财产。网络虚拟财产具有财产价值，不能因为网络虚拟财产与现实财物的属性有所区别，而否认对其进行法律保护。

（三）将法人、非法人组织人格权限制为三种（《民法典》第110条）

民法典区分自然人、法人所享有的人格权类型，法人、非法人组织享有名称权、名誉权和荣誉权。

六、第六章“民事法律行为”的修改要点

（一）规定通谋虚伪表示、隐藏行为（《民法典》第146条）

《民法典》第146条规定了虚假表示与隐藏行为的效力，具体规定为：行为人与相对人以虚假的意思表示实施的民事法律行为无效。以虚假的意思表示隐藏的民事法律行为的效力，依照有关法律规定处理。这一条文通常被称为“通谋虚伪表示”，典型的法律行为是阴阳合同，即一个真合同、一个假合同。此类行为有的是为了规避政策对自己有利，有的是诈害他人（目的违法），或是避免舆论争论。

（二）以违反法律、行政法规的效力性强制性规定，违背公序良俗作为民事法律行为无效的兜底性规定（《民法典》第143条）

民事法律行为有效的条件是同时具备下列条件：行为人具有相

应的民事行为能力；意思表示真实；不违反法律、行政法规的强制性规定，不违背公序良俗。

（三）新增第三人欺诈、第三人胁迫（《民法典》第149条、第150条）

《民法典》第149条规定了“受第三人欺诈的民事法律行为”的效力。第三人实施欺诈行为，使一方在违背真实意思的情况下实施的民事法律行为，对方知道或者应当知道该欺诈行为的，受欺诈方有权请求人民法院或者仲裁机构予以撤销。

第150条规定了“以胁迫手段实施的民事法律行为”的效力。一方或者第三人以胁迫手段，使对方在违背真实意思的情况下实施的民事法律行为，受胁迫方有权请求人民法院或者仲裁机构予以撤销。

（四）删除欺诈、胁迫、重大误解情形中法律行为“可变更”（《民法典》第147条至第151条）

民法典从重大误解、欺诈、胁迫、显失公平民事法律行为的规定中删除“变更”效力的情形，统一规定其法律效果为可撤销。《民法总则》在制定时，总结裁判实践经验，注意到当事人主张变更，很难得到相对方的同意，也很难获得法院的支持，绝大多数当事人均选择主张撤销，而不选择主张变更。

（五）将乘人之危和显失公平合并为一个条文的两个要件（《民法典》第151条）

一方利用对方处于危困状态、缺乏判断能力等情形，致使民事法律行为成立时显失公平的，受损害方有权请求人民法院或者仲裁机构予以撤销。主观上利用了对方的危困状态、缺乏判断能力等，客观上造成显失公平的后果，主客观结合使得法律行为可撤销。

七、第七章“代理”的修改要点

（一）删除了书面委托授权不明时代理人的连带责任（《民法典》第165条）

《民法典》第165条规定，委托代理授权采用书面形式的，授权委托书应当载明代理人的姓名或者名称、代理事项、权限和期间，并由被代理人签名或者盖章。与《民法通则》相比较，删除了书面委托授权不明时代理人的连带责任，由此，委托书授权不明的法律风险将完全由被代理人承担。

（二）无权代理的代理人意思认定规则（《民法典》第171条）

《民法典》第171条规定，行为人没有代理权、超越代理权或者代理权终止后，仍然实施代理行为，未经被代理人追认的，对被代理人不发生效力。相对人可以催告被代理人自收到通知之日起30日内予以追认。被代理人未作表示的，视为拒绝追认。行为人实施的行为被追认前，善意相对人有撤销的权利。撤销应当以通知的方式作出。行为人实施的行为未被追认的，善意相对人有权请求行为人履行债务或者就其受到的损害请求行为人赔偿，但是，赔偿的范围不得超过被代理人追认时相对人所能获得的利益。相对人知道或者应当知道行为人无权代理的，相对人和行为人按照各自的过错承担责任。

无论合同行为或单方行为，无权代理时被代理人的沉默一律视为拒绝追认。

（三）完善职务代理的规则（《民法典》第170条）

《民法典》第170条规定，执行法人或者非法人组织工作任务的人员，就其职权范围内的事项，以法人或者非法人组织的名义实施的民事法律行为，对法人或者非法人组织发生效力。法人或者非法人组织对执行其工作任务的人员职权范围的限制，不得对抗善意相对人。

另外，延伸到工作人员在执行用人单位的授权指示内容时发生的侵权行为，其工作单位承担侵权责任，即使工作人员并未按照用人单位的意思行事或者超出了授权范围，但该行为与执行工作任务有着内在关联或者是为了用人单位的利益的，均应认定为职务行为。

八、第八章“民事责任”的修改要点

(一) 新增见义勇为免责条款(《民法典》第 183 条、第 184 条)

因保护他人民事权益使自己受到损害的,由侵权人承担民事责任,受益人可以给予适当补偿。没有侵权人、侵权人逃逸或者无力承担民事责任,受害人请求补偿的,受益人应当给予适当补偿。因自愿实施紧急救助行为造成受助人损害的,救助人不承担民事责任。

见义勇为是广义的无因管理行为,见义勇为不仅仅是指对自然人财产权利和人身权利的保护和求助,在紧急情况下,协助公安、司法机关追捕嫌疑人、被告人或者在逃罪犯等,均属于见义勇为行为。

(二) 新增英烈条款(《民法典》第 185 条)

侵害英雄烈士等的姓名、肖像、名誉、荣誉,损害社会公共利益的,应当承担民事责任。

九、第九章“诉讼时效”的修改要点

(一) 普通诉讼时效期间延长为 3 年(《民法典》第 188 条)

诉讼时效是权利人在法定期间内不行使权利,权利不受保护的法律制度,其功能主要是促使权利人及时行使权利、维护交易安全、稳定法律秩序。《民法典》第 188 条规定普通诉讼时效从 2 年改为 3 年,最长权利保护期间为 20 年。

向人民法院请求保护民事权利的诉讼时效期间为 3 年。法律另有规定的,依照其规定。诉讼时效期间自权利人知道或者应当知道权利受到损害以及义务人之日起计算。法律另有规定的,依照其规定。但是,自权利受到损害之日起超过 20 年的,人民法院不予保护,有特殊情况的,人民法院可以根据权利人的申请决定延长。

（二）删除了短期时效的相关规定

《民法通则》第 136 条规定的人身伤害、出售质量不合格商品未声明、延付或拒付租金、寄存财物丢失或损毁这四种情况，特殊诉讼时效过短，不利于受害人权利保护。根据新法优于旧法适用原则，适用 3 年诉讼时效。民法典删除了短期时效的相关规定。

（三）规定了特殊诉讼时效的计算方式（《民法典》第 189 条、第 190 条、第 191 条）

第一，分期履行债务的诉讼时效。当事人约定同一债务分期履行的，诉讼时效期间自最后一期履行期限届满之日起计算。第二，对法定代理人请求权的诉讼时效。无民事行为能力人或者限制民事行为能力人对其法定代理人的请求权的诉讼时效期间，自该法定代理终止之日起计算。第三，受性侵未成年人赔偿请求权的诉讼时效。未成年人遭受性侵害的损害赔偿请求权的诉讼时效期间，自受害人年满 18 周岁之日起计算。

（四）规定不适用诉讼时效的情形（《民法典》第 196 条）

下列请求权不适用诉讼时效的规定：请求停止侵害、排除妨碍、消除危险；不动产物权和登记的动产物权的权利人请求返还财产；请求支付抚养费、赡养费或者扶养费；依法不适用诉讼时效的其他请求权。

（五）以抗辩权是否提出作为适用诉讼时效的依据（《民法典》第 192 条、第 193 条）

诉讼时效期间届满的，义务人可以提出不履行义务的抗辩。诉讼时效期间届满后，义务人同意履行的，不得以诉讼时效期间届满为由抗辩；义务人已经自愿履行的，不得请求返还。人民法院不得主动适用诉讼时效的规定。

第二节 民法典物权编主要修改要点

【要点提示】

物权编中的主要更新内容包括：小区电梯广告等收益归业主共有；征用组织、个人的不动产或者动产的事由中增加“疫情防控”；住宅建设用地使用权期限届满的，自动续期，续期费用的缴纳或者减免，依照法律、行政法规的规定办理。民法典物权编增设了一种新的用益物权“居住权”，以多渠道保障住房供给，居住权原则上无偿设立，居住权人有权根据合同或遗嘱，经居住权登记占有、使用他人的住宅。居住权不得转让、继承。设立居住权的住宅不得出租，但是当事人另有约定的除外。居住权期限届满或者居住权人死亡的，居住权消灭，应当及时办理注销登记。

【主要修改】

一、第一分编“通则”的修改要点

（一）关于社会主义基本经济制度与社会主义市场经济的更新（《民法典》第206条、第207条）

通则部分规定了物权制度的基础性规范，包括平等保护等物权基本原则，物权变动的具体规则以及物权保护制度。党的十九届四中全会通过的《中共中央关于坚持和完善中国特色社会主义制度 推进国家治理体系和治理能力现代化若干重大问题的决定》对社会主义基本经济制度有了新的表述，为贯彻十九届四中全会会议精神，《民法典》物权编第206条在通则部分修改了有关基本经济制度的规定，改为“国家坚持和完善公有制为主体、多种所有制经济共同发展，按劳分配为主体、多种分配方式并存，社会主义市场经济体制等社会主义基本经济制度”。

（二）不动产登记资料的合理使用（《民法典》第219条）

权利人、利害关系人可以申请查询、复制不动产登记资料，登记机构应当提供。《民法典》第219条规定，利害关系人不得公开、非法使用权利人的不动产登记资料。

（三）删去遗赠物权变动效力的规定（《民法典》第230条）

《民法典》第230条规定了因继承取得遗产物权的时间："因继承取得物权的，自继承开始时发生效力。"与原《物权法》第29条相比，原先的条文规定"因继承或者受遗赠取得物权的，自继承或者受遗赠开始时发生效力"，新条文删除了因受遗赠的情况。

遗产的遗赠，需要受遗赠人作出接受遗赠的意思表示，在接受遗赠、被继承人死亡之间，存在一段遗产权利的空白期。只有在受遗赠人作出接受遗赠的表示并交付或者登记后，才能够确定遗赠的遗产的物权转移给受遗赠人。

二、第二分编"所有权"的修改要点

（一）征用事由中增加"疫情防控"（《民法典》第245条）

《民法典》第245条在征用组织、个人的不动产或者动产的事由中增加"疫情防控"。该条规定，因抢险救灾、疫情防控等紧急需要，依照法律规定的权限和程序可以征用组织、个人的不动产或动产。被征用的不动产或者动产使用后，应当返还被征用人。组织、个人的不动产或动产被征用或者征用后毁损、灭失的，应当给予补偿。

（二）规定无居民海岛的所有权（《民法典》第248条）

《民法典》第248条规定，无居民海岛属于国家所有，国务院代表国家行使无居民海岛所有权。物权编对于国家所有权、集体所有权、个人所有权作了详细的规定，在第247条"矿藏、水流、海域属于国家所有"的基础上，特别单独强调无居民海岛的所有权。

（三）强化规定业主权利（《民法典》第 277 条、第 278 条、第 282 条、第 285 条）

第一，《民法典》第 277 条第 2 款明确规定，地方人民政府有关部门、居民委员会应当对设立业主大会和选举业主委员会给予指导和协助。

第二，《民法典》第 278 条适当降低了业主共同决定事项，特别是使用建筑物及其附属设施维修资金的表决门槛，并增加规定紧急情况下使用维修资金的特别程序。调整不同决策事项的最低表决同意比例，促进业主权利的行使。将选聘、解聘物业服务者等一般事项的决策人数比例降低，“参与表决专有部分面积过半数的业主且参与表决人数过半数”即可。对于特殊事项，如筹集建筑物及其附属设施的维修资金，改建、重建建筑物及其附属设施，改变共有部分的用途或者利用共有部分从事经营活动，应当经参与表决专有部分面积 3/4 以上的业主且参与表决人数 3/4 以上的业主同意。其中，增设“改变共有部分的用途或者利用共有部分从事经营活动”作为一项新的重要决策事项。

第三，结合疫情防控工作，《民法典》第 285 条明确了物业服务企业和业主的相关责任和义务，增加规定物业服务企业或者其他管理人应当执行政府依法实施的应急处置措施和其他管理措施，积极配合开展相关工作，业主应当依法予以配合。

第四，共有部分收益归业主共有。《民法典》第 282 条规定，建设单位、物业服务企业或者其他管理人等利用业主的共有部分产生的收入，在扣除合理成本之后，属于业主共有。这是新编入条文。电梯广告、外墙广告或者有约定的公共区域停车位等共有部分收益归业主共有，符合业主共有权的本质，维护了业主的共同利益。

第五，《民法典》第 285 条新增规定物业服务企业或者其他管理人应当及时答复业主对物业服务情况提出的询问。业主对建设单位、物业服务企业或者其他管理人以及其他业主侵害自己合法权益的行为，有权请求其承担民事责任。

（四）住改商征求一致同意（《民法典》第279条）

业主不得违反法律、法规以及管理规约，将住宅改变为经营性用房。业主将住宅改变为经营性用房的，除遵守法律、法规以及管理规约外，应当经有利害关系的业主一致同意。

这是物权法的新编入条文，吸收了司法解释的规定。《物权法》第77条曾规定，“业主将住宅改变为经营性用房……应当经有利害关系的业主同意”。但是该“同意”究竟是全部同意还是多数同意，存在争议，民法典将其确认为全部同意。

（五）明确添附的所有权（《民法典》第322条）

《民法典》第322条规定，因加工、附合、混合而产生的物的归属，有约定的，按照约定；没有约定或者约定不明确的，依照法律规定；法律没有规定的，按照充分发挥物的效用以及保护无过错当事人的原则确定。因一方当事人的过错或者确定物的归属造成另一方当事人损害的，应当给予赔偿或者补偿。

（六）将遗失物认领期从“六个月”变更为“一年”（《民法典》第318条）

之前，《物权法》规定，遗失物自发布招领公告之日起6个月内无人认领的，归国家所有。《民法典》第318条将遗失物认领期限由“六个月”调整为“一年”，规定遗失物自发布招领公告之日起一年内无人认领的，归国家所有。

拾得遗失物，应当返还权利人。拾得人应当及时通知权利人领取，或者送交公安等有关部门。有关部门收到遗失物，知道权利人的，应当及时通知其领取；不知道的，应当及时发布招领公告。拾得人在遗失物送交有关部门之前，有关部门在遗失物被领取前，应当妥善保管遗失物。因故意或者重大过失致使遗失物毁损、灭失的，应当承担民事责任。权利人领取遗失物时，应当向拾得人或者有关部门支付保管遗失物等支出的必要费用。权利人悬赏寻找遗失物的，领取遗失物时应当按照承诺履行义务。拾得人侵占遗失物的，无权请求保管遗失物等支出的费用，也无权请求权利人按照承诺履行义务。

三、第三分编“用益物权”的修改要点

（一）新增居住权规定（《民法典》物权编第14章）

为贯彻党的十九大提出的加快建立多主体供给、多渠道保障住房制度的要求，增加规定“居住权”这一新型用益物权，明确居住权原则上无偿设立，居住权人有权按照合同约定或者遗嘱，经登记占有、使用他人的住宅，以满足其稳定的生活居住需要。

《民法典》第366条规定，居住权人有权按照合同约定，对他人的住宅享有占有、使用的用益物权，以满足生活居住的需要。第369条规定，居住权不得转让、继承。设立居住权的住宅不得出租，但是当事人另有约定的除外。

居住权可以依照合同、遗嘱设立；以无偿为原则；居住权不得转让、继承，原则上设立居住权的住宅不得出租等。居住权是住房制度多主体供给、多渠道保障、租购并举政策的制度产物，体现物权编物尽其用的立法宗旨。

《民法典》第368条规定，居住权无偿设立，但是当事人另有约定的除外。设立居住权的，应当向登记机构申请居住权登记。居住权自登记时设立。因此，往后购房人在进行房屋交易时应当审慎调查房屋登记信息，不仅包括房屋产权信息、抵押登记信息，还应查阅居住权相关登记信息。

（二）住宅建设用地使用权续期费用的缴纳或者减免由法律、行政法规规定（《民法典》第359条）

《物权法》第149条规定“住宅建设用地使用权期限届满的，自动续期”，除此之外没有进一步规定。《民法典》第359条在此基础上补充规定“续期费用的缴纳或者减免，依照法律、行政法规的规定办理”，将续期费用的缴纳或减免问题留待此后的法律、行政法规予以解决。

（三）放开经营权流转限制（《民法典》第339条、第342条）

为完善农村集体产权相关制度，落实农村承包地“三权分置”改革的要求，对土地承包经营权的相关规定作了完善，增加了土地经营权的规定，并删除耕地使用权不得抵押的规定，以适应“三权分置”后土地经营权入市的需要。

《民法典》第339条规定，土地承包经营权人可以自主决定依法采取出租、入股或者其他方式向他人流转土地经营权。《民法典》第342条规定，通过招标、拍卖、公开协商等方式承包农村土地，经依法登记取得权属证书的，可以依法采取出租、入股、抵押或者其他方式流转土地经营权。流转的方式增加了“出租”，为农民提供了多元化的收益方案。流转的对象不再限于荒山、荒沟、荒丘、荒滩“四荒地”。

四、第四分编“担保物权”的修改要点

（一）扩大担保合同的范围（《民法典》第388条）

明确融资租赁、保理、所有权保留等非典型担保合同的担保功能，增加规定担保合同包括抵押合同、质押合同和其他具有担保功能的合同。

（二）删除有关担保物权具体登记机构的规定

删除有关担保物权具体登记机构的规定，为建立统一的动产抵押和权利质押登记制度留下空间。

（三）简化抵押合同和质押合同的一般条款（《民法典》第400条、第427条）

《民法典》第400条规定，抵押合同一般包括下列条款：（1）被担保债权的种类和数额；（2）债务人履行债务的期限；（3）抵押财产的名称、数量等情况；（4）担保的范围。

《民法典》第427条规定，质押合同一般包括下列条款：（1）被担保债权的种类和数额；（2）债务人履行债务的期限；（3）质押财产的名称、数量等情况；（4）担保的范围；（5）质押

财产交付的时间、方式。

（四）明确实现担保物权的统一受偿规则（《民法典》第 414 条）

《民法典》第 414 条规定了数个抵押权的清偿顺序。其中规定，同一财产向两个以上债权人抵押的，拍卖、变卖抵押财产所得的价款依照下列规定清偿：（1）抵押权已经登记的，按照登记的时间先后确定清偿顺序；（2）抵押权已经登记的先于未登记的受偿；（3）抵押权未登记的，按照债权比例清偿。

（五）流押不再绝对无效（《民法典》第 401 条）

抵押权人在债务履行期限届满前，与抵押人约定债务人不履行到期债务时抵押财产归债权人所有的，只能依法就抵押财产优先受偿。必须再经过清算程序，以避免债权人滥用其优势地位贱价取得担保物，获取暴利。

（六）明确抵押财产可以转让（《民法典》第 406 条）

《民法典》第 406 条规定，抵押人可以转让抵押财产，且抵押财产转让的，抵押权不受影响。法条规定原则上可以转让，除非当事人另有约定。

基于此，在抵押物发生转让后，只需要及时通知抵押权人即可，抵押权将追及至新的所有人。这样有利于抵押人提高资产的利用效率。

五、第五分编“占有”

占有是指对不动产或者动产事实上的控制与支配。第五分编对占有的调整范围、无权占有情形下的损害赔偿责任、原物及孳息的返还以及占有保护等作出规定，此部分无修改。

第三节 民法典合同编主要修改要点

【要点提示】

合同编中的主要更新内容包括：限制乘客霸座，增加保证合同、保理合同、物业服务合同、合伙合同等；在住房方面，民法典合同编增加规定房屋承租人的优先承租权，以回应租购同权的要求。为回应疫情防控，民法典合同编中完善了国家订货合同制度，国家根据抢险救灾、疫情防控或者其他需要下达国家订货任务、指令性计划的，有关民事主体之间应当依照有关法律、行政法规规定的权利和义务订立合同。民法典合同编明确规定禁止高利放贷，借款的利率不得违反国家有关规定，最高不得超过银行同类贷款利率的4倍（包含利率本数）。无因管理新增要件“符合受益人真实意思，但受益人真实意思违反法律或公序良俗的除外”；规定不当得利的除外情形“为履行道德义务进行的给付”“债务到期之前的清偿”“明知无给付义务而进行的债务清偿”。

【主要修改】

一、第一分编“通则”的修改要点

（一）完善国家订货合同制度（《民法典》第494条）

结合新冠肺炎疫情防控工作，完善国家订货合同制度，规定国家根据抢险救灾、疫情防控或者其他需要下达国家订货任务、指令性计划的，有关民事主体之间应当依照有关法律、行政法规规定的权利和义务订立合同。

（二）引入司法解释的情势变更（《民法典》第533条）

合同成立后，合同的基础条件发生了当事人在订立合同时无法预见的、不属于商业风险的重大变化，继续履行合同对于当事人一方明显不公平的，受不利影响的当事人可以与对方重新协商；在合理期限内协商不成的，当事人可以请求人民法院或者仲裁机构变更或者解除合同。人民法院或者仲裁机构应当结合案件的实际情况，根据公平原则变更或者解除合同。

（三）完善合同订立制度（《民法典》第495条、第496条）

第一，完善格式条款订立合同的规定，《民法典》第496条规定，格式条款是当事人为了重复使用而预先拟定，并在订立合同时未与对方协商的条款。采用格式条款订立合同的，提供格式条款的一方应当遵循公平原则确定当事人之间的权利和义务，并采取合理的方式提示对方注意免除或者减轻其责任等与对方有重大利害关系的条款，按照对方的要求，对该条款予以说明。提供格式条款的一方未履行提示或者说明义务，致使对方没有注意或者理解与其有重大利害关系的条款的，对方可以主张该条款不成为合同的内容。

第二，增加预约合同的规定。《民法典》第495条规定，当事人约定在将来一定期限内订立合同的认购书、订购书、预订书等，构成预约合同。当事人一方不履行预约合同约定的订立合同义务的，对方可以请求其承担预约合同的违约责任。

（四）明确违反报批义务的法律后果（《民法典》第502条）

针对实践中一方当事人违反义务不办理报批手续影响合同生效的问题，民法典明确了当事人违反报批义务的法律后果，健全合同效力制度。

《民法典》第502条第2款规定，依照法律、行政法规的规定，合同应当办理批准等手续的，依照其规定。未办理批准等手续影响合同生效的，不影响合同中履行报批等义务条款以及相关条款的效力。应当办理申请批准等手续的当事人未履行义务的，对方可以请求其承担违反该义务的责任。

《民法典》第502条第3款规定，依照法律、行政法规的规定，合同的变更、转让、解除等情形应当办理批准等手续的，适用前款规定。

（五）完善合同履行制度（《民法典》第509条）

落实绿色原则，规定当事人在履行合同过程中，应当避免浪费资源、污染环境和破坏生态。

（六）完善代位权、撤销权等合同保全制度（《民法典》第536条、第538条）

债权人的债权到期前，债务人的债权或者与该债权有关的从权利存在诉讼时效期间即将届满或者未及时申报破产债权等情形，影响债权人的债权实现的，债权人可以代位向债务人的相对人请求其向债务人履行、向破产管理人申报或者作出其他必要的行为。

债务人以放弃其债权、放弃债权担保、无偿转让财产等方式无偿处分财产权益，或者恶意延长其到期债权的履行期限，影响债权人的债权实现的，债权人可以请求人民法院撤销债务人的行为。

（七）吸收担保法中的定金规则（《民法典》第586条、第587条）

《民法典》第586条规定，当事人可以约定一方向对方给付定金作为债权的担保。定金合同自实际交付定金时成立。定金的数额由当事人约定；但是，不得超过主合同标的额的20%，超过部分不产生定金的效力。实际交付的定金数额多于或者少于约定数额的，视为变更约定的定金数额。

《民法典》第587条规定，债务人履行债务的，定金应当抵作价款或者收回。给付定金的一方不履行债务或者履行债务不符合约定，致使不能实现合同目的的，无权请求返还定金；收受定金的一方不履行债务或者履行债务不符合约定，致使不能实现合同目的的，应当双倍返还定金。

二、第二分编“典型合同”的修改要点

（一）典型合同种类增加

合同法规定了15种有名合同，民法典合同编规定了19种有名合同，增加了保证合同、保理合同、物业服务合同、合伙合同。对

于实践中争议较大并且有现实需要的合伙合同等作出规定。

（二）规制“霸座”“强夺方向盘”“逃票”等违法乘运行为（《民法典》第 815 条）

针对公共交通工具上“霸座”“霸铺”的事件，以及公交车上攻击司机强夺方向盘的恶性事件，合同编明确规定，旅客应当按照有效客票记载的时间、班次和座位号乘坐。承运人应当按照有效客票记载的时间、班次和座位号运输旅客，并严格履行安全运输义务，及时告知旅客安全运输应当注意的事项。旅客对承运人为安全运输所作的合理安排应当积极协助和配合。

民法典针对“逃票”违法乘运行为进行规定。民法典规定，旅客无票乘坐、超程乘坐、越级乘坐或者持不符合减价条件的优惠客票乘坐的，应当补交票款，承运人可以按照规定加收票款；旅客不支付票款的，承运人可以拒绝运输。实名制客运合同的旅客丢失客票的，可以请求承运人挂失补办，承运人不得再次收取票款和其他不合理费用。

兰州铁路公安处查获一起恶意逃票案，一名女子多次通过买短乘长的方式恶意逃票 82 次。通过分段计算，张某逃票的涉案金额为 1100 多元。兰州铁路公安处根据《治安管理处罚法》第 49 条的规定，依法给予该女子行政拘留 7 日的处罚。“买短乘长”的恶意逃票行为是一种违法行为，在民法典中，应当补交票款，承运人可以按照规定加收票款。逃票行为严重影响铁路运输秩序，轻者将被纳入铁路严重失信人员名单，重者进行治安处罚，情节严重的还将追究刑事责任。

（三）禁止高利放贷（《民法典》第 670 条、第 680 条）

为了回应民间借贷领域频发的高利放贷现象，抵制“套路贷”，《民法典》第 680 条明确规定，禁止高利放贷，借款的利率不得违反国家有关规定。

套路贷是假借民间借贷名义实施的违法犯罪行为，不法分子利用一整套伪造、掩饰合同及转账资料请求司法机关确认债权，谋取不法利益。借款人以为其利率是正常利率，不高于银行同期贷款利率的 4 倍，但是，不法分子可能以阴阳合同的方式，和受害人签署利率为 24%的合同，实际使利息超过 1000%甚至 2000%。

套路贷中的常见套路是“砍头息”，如合同中借款 10 万元，实际到手不到 2 万元，以服务费、手续费名义先行扣除所谓的“利息”。鉴于此，《民法典》第 670 条规定，借款的利息不得预先在本金中扣除。利息预先在本金中扣除的，应当按照实际借款数额返还借款并计算利息。

（四）规范和保护业主权利（《民法典》第 942 条）

民法典合同编增设物业服务合同。《民法典》第 942 条明确规定了物业服务人的一般义务，物业服务人应当按照约定和物业的使用性质，妥善维修、养护、清洁、绿化和经营管理物业服务区域内的业主共有部分，维护物业服务区域内的基本秩序，采取合理措施保护业主的人身、财产安全。对物业服务区域内违反有关治安、环保、消防等法律法规的行为，物业服务人应当及时采取合理措施制止、向有关行政主管部门报告并协助处理。

基于此，在物业管理范围内发生的治安事件，物业有义务采取措施制止并且报警求助。

（五）增加规定房屋承租人具有优先承租权（《民法典》第 726 条）

出租人出卖租赁房屋的，承租人享有优先购买权，但是房屋按份共有人行使优先购买权或者出租人将房屋出卖给近亲属的除外。

三、第三分编“准合同”的修改要点

（一）新增不适用不当得利的情形（《民法典》第 985 条）

《民法典》第 985 条规定，得利人没有法律根据取得不当利益的，受损失的人可以请求得利人返还取得的利益，但是有下列情形之一的除外：为履行道德义务进行的给付；债务到期之前的清偿；明知无给付义务而进行的债务清偿。不当得利之债的构成要件包括：没有合法根据，一方受损，他方受益，一方受损与他方受益存在因果关系。

（二）善意得利人免除返还义务（《民法典》第986条）

《民法典》第986条规定，得利人不知道且不应当知道取得的利益没有法律根据，取得的利益已经不存在的，不承担返还该利益的义务。

（三）第三人返还义务（《民法典》第988条）

《民法典》第988条规定，得利人已经将取得的利益无偿转让给第三人的，受损失的人可以请求第三人在相应范围内承担返还义务。

第四节　民法典人格权编主要修改要点

【要点提示】

人格权编中的主要更新内容包括：自然人的生命安全和生命尊严受法律保护，增加规定基因、胚胎等医学科研活动不得违背伦理道德，增设针对性骚扰行为的权利保护和职场保护条款，增设私生活安宁权，扩大肖像权内涵，规定声音权参照肖像权保护，确立器官捐献基本规则，新增国家机关及其工作人员对隐私和个人信息的保密义务。

【主要修改】

一、第一章“一般规定”的修改要点

（一）采用人格权的开放式保护范围（《民法典》第990条）

《民法典》第990条规定，人格权是民事主体享有的生命权、身体权、健康权、姓名权、名称权、肖像权、名誉权、荣誉权、隐私权等权利。除前款规定的人格权外，自然人享有基于人身自由、人格尊严产生的其他人格权益。

该条文以“等权利”的兜底方式，为未来具体人格权利种类的扩充留下空间。根据时代发展的需要，以最大限度地实现人格尊严、人身自由为目标，探索新类型的人格权益。

（二）人格权不得放弃、转让或继承（《民法典》第 991 条、第 992 条）

民事主体的人格权受法律保护，任何组织或者个人不得侵害。人格权不得放弃、转让或者继承。

民事主体不得放弃或允许他人剥夺自己的人格权，如合同中造成对方人身损害的免责条款不具有法律效力。

（三）救济人格权的请求权不受诉讼时效限制（《民法典》第 995 条）

《民法典》第 995 条规定了人格权请求权，具体规定：人格权受到侵害的，受害人有权依照本法和其他法律的规定请求行为人承担民事责任。受害人的停止侵害、排除妨碍、消除危险、消除影响、恢复名誉、赔礼道歉请求权，不适用诉讼时效的规定。

这些人格权请求权属于《民法典》第 196 条规定的“依法不适用诉讼时效的其他请求权”。

（四）追究违约可同时要求精神损害赔偿（《民法典》第 996 条）

《民法典》第 996 条规定，因当事人一方的违约行为，损害对方人格权并造成严重精神损害，受损害方选择请求其承担违约责任的，不影响受损害方请求精神损害赔偿。

（五）针对侵害人格权的行为人可申请行为禁令（《民法典》第 997 条）

《民法典》第 997 条规定：“民事主体有证据证明行为人正在实施或者即将实施侵害其人格权的违法行为，不及时制止将使其合法权益受到难以弥补的损害的，有权依法向人民法院申请采取责令行为人停止有关行为的措施。”

2016 年《反家庭暴力法》与公安工作密切相关。公安接到家庭暴力报警后应当出警，根据当事人的要求出具告诫书。人民法院可以依据申请向被家暴者颁发人身安全保护令，禁止家暴者作出一定行为。

（六）部分人格权侵权责任基于个体情况进行差异化计算（《民法典》第998条）

《民法典》第998条规定："认定行为人承担侵害除生命权、身体权和健康权外的人格权的民事责任，应当考虑行为人和受害人的职业、影响范围、过错程度，以及行为的目的、方式、后果等因素。"自然人的生命权、身体权、健康权平等，但是，以肖像权、姓名权、名称权为代表的部分人格权可以商业化。因此，确定侵害这些类型人格权的民事责任时，应当综合考虑双方的职业、影响范围、过错程度、行为目的、损害后果等多种因素，确定具体的赔偿金额。

（七）公益性舆论报道中的人格权"合理使用"（《民法典》第999条）

为公共利益需要，可以合理使用民事主体的姓名、名称、肖像、个人信息等，或对他人作非正面的评论报道。

二、第二章"生命权、身体权和健康权"的修改要点

（一）纳入人体或人体组成部分、遗体的捐献规则（《民法典》第1007条）

为促进医疗卫生事业的发展，鼓励遗体捐献的善行义举，民法典吸收行政法规的相关规定，确立器官捐献的基本规则。人体或人体组成部分、遗体可以依规则捐献，但不得进行任何形式的买卖。禁止"卖卵""卖血""卖肾""卖尸"。

（二）从事与人体基因、人体胚胎等有关的医学和科研活动时的义务（《民法典》第1009条）

规范与人体基因、人体胚胎等有关的医学和科研活动，明确从事此类活动应遵守的规则。具体而言，是对于以医疗援助为名进行

非法人体药物试验、“基因编辑婴儿”等案件进行了回应，以人的尊严、生命尊严为前提，守护伦理底线。民法典规定，从事与人体基因、人体胚胎等有关的医学和科研活动，应当遵守法律、行政法规和国家有关规定，不得危害人体健康，不得违背伦理道德，不得损害公共利益。

来自中国深圳南方科技大学的贺建奎团队，在第二届国际人类基因组编辑峰会召开前一日突然宣布，一对名为露露和娜娜的基因编辑婴儿于 11 月在中国健康诞生。这对双胞胎的一个基因经过修改，使她们出生后即能天然抵抗艾滋病，这是世界首例免疫艾滋病基因编辑婴儿。消息一经传出，立刻引起了业内的相关伦理质疑，百余名科学家联合声明强烈谴责。[2] 民法典对以此事件为代表的基因、胚胎医学科研活动进行了规范。

（三）规范人体捐献（《民法典》第 1006 条）

《民法典》第 1006 条认可完全民事行为能力人“自主”“无偿”地捐献其身体组成部分或去世后的遗体，但限定了捐献的两种方式：一是自然人生前以书面形式表达意愿；二是在其生前未明示拒绝捐献的前提下，自然人死亡后，其配偶、成年子女、父母可以用书面形式共同作出捐献决定。

受我国传统殡葬文化、风俗观念、宗教信仰等许多方面的影响，在现实中，子女捐赠父母遗体，有的招致其他亲人的强烈反对；而在有些案件中，因家属中突然有人反对，或要求角膜捐献付费等，引发很多争议，导致捐献工作难以开展。民法典据此作出回应，规定此条。

（四）增设性骚扰条款（《民法典》第 1010 条）

性骚扰问题引起社会较大的关注，民法典在总结既有立法和司法实践经验的基础上，规定了性骚扰的认定标准，以及机关、企业、学校等单位防止和制止性骚扰的义务。《民法典》第 1010 条规定：“违背他人意愿，以言语、文字、图像、肢体行为等方式对他人实施性骚扰的，受害人有权依法请求行为人承担民事责任。机关、企业、学校等单位应当采取合理的预防、受理投诉、调查处置等措施，防止和制止利用职权、从属关系等实施性骚扰。”

2005年，《妇女权益保障法》增加了“禁止对妇女实施性骚扰”的规定，但将骚扰对象限定为妇女，并且没有对如何界定性骚扰行为给出参照。民法典完善了这一规定，规定了机关、企业、学校等单位都需要承担防止和制止性骚扰的义务。

（五）侵害行动自由和非法搜查身体的民事责任（《民法典》第1011条）

《民法典》第1011条规定，以非法拘禁等方式剥夺、限制他人的行动自由，或者非法搜查他人身体的，受害人有权依法请求行为人承担民事责任。

在公安工作中，尤其要防止以刑事案件名义介入民间纠纷，非法拘禁、限制民事纠纷当事人的自由。

三、第三章“姓名权和名称权”的修改要点

（一）自然人选取姓氏的规则（《民法典》第1015条）

《民法典》第1015条规定，自然人应当随父姓或者母姓，但是有下列情形之一的，可以在父姓和母姓之外选取姓氏：选取其他直系长辈血亲的姓氏；因由法定扶养人以外的人扶养而选取扶养人姓氏；有不违背公序良俗的其他正当理由。少数民族自然人的姓氏可以遵从本民族的文化传统和风俗习惯。

公安机关户政部门对于公民姓名权的行使需要参照本条规定，理解公序良俗的内涵，回应改姓、取名、多语种取名现象。

（二）笔名等参照适用姓名权和名称权保护的有关规定（《民法典》第1017条）

明确对具有一定社会知名度，被他人使用足以造成公众混淆的笔名、艺名、网名等，参照适用姓名权和名称权保护的有关规定。

四、第四章“肖像权”的修改要点

（一）明确禁止利用信息技术手段侵害他人的肖像权（《民法典》第1019条）

针对利用信息技术手段“深度伪造”他人的肖像、声音，侵害他人人格权益，甚至危害社会公共利益等问题，规定禁止任何组织或者个人利用信息技术手段伪造等方式侵害他人的肖像权。《民法典》第1023条明确对自然人声音的保护，参照适用肖像权保护的有关规定。

（二）肖像权的合理使用规则（《民法典》第1020条）

为了合理平衡保护肖像权与维护公共利益之间的关系，结合司法实践，规定肖像权的合理使用规则。为公共利益实施新闻报道、舆论监督等行为的，可以合理使用民事主体的姓名、名称、肖像、个人信息等；使用不合理侵害民事主体人格权的，应当依法承担民事责任。合理实施下列行为的，可以不经肖像权人同意：为个人学习、艺术欣赏、课堂教学或者科学研究，在必要范围内使用肖像权人已经公开的肖像；为实施新闻报道，不可避免地制作、使用、公开肖像权人的肖像；为依法履行职责，国家机关在必要范围内制作、使用、公开肖像权人的肖像；为展示特定公共环境，不可避免地制作、使用、公开肖像权人的肖像；为维护公共利益或者肖像权人合法权益，制作、使用、公开肖像权人的肖像的其他行为。

（三）肖像许可使用合同的解除规则（《民法典》第1022条）

从有利于保护肖像权人利益的角度，对肖像许可使用合同的解释、解除等作了规定。当事人对肖像许可使用期限没有约定或者约定不明确的，任何一方当事人可以随时解除肖像许可使用合同，但是应当在合理期限之前通知对方。当事人对肖像许可使用期限有明确约定，肖像权人有正当理由的，可以解除肖像许可使用合同，但是应当在合理期限之前通知对方。因解除合同造成对方损失的，除不可归责于肖像权人的事由外，应当赔偿损失。

五、第五章“名誉权和荣誉权”的修改要点

（一）民事主体的信用评价规则（《民法典》第1029条）

《民法典》第1029条规定：“民事主体可以依法查询自己的信用评价；发现信用评价不当的，有权提出异议并请求采取更正、删除等必要措施。信用评价人应当及时核查，经核查属实的，应当及时采取必要措施。”该条文建立“查询—异议—核实—更正”规则，民事主体有权依法维护有关自身的信用评价。

（二）名誉权的限制（《民法典》第1025条）

为了平衡个人名誉权保护与新闻报道、舆论监督之间的关系，民法典对行为人实施新闻报道、舆论监督等行为涉及的民事责任承担，以及行为人是否尽到合理核实义务的认定等作了规定。民法典规定，行为人为公共利益实施新闻报道、舆论监督等行为，影响他人名誉的，不承担民事责任，但是有下列情形之一的除外：（1）捏造、歪曲事实；（2）对他人提供的严重失实内容未尽到合理核实义务；（3）使用侮辱性言辞等贬损他人名誉。

（三）媒体报道内容失实侵害名誉权的补救（《民法典》第1028条）

民事主体有证据证明报刊、网络等媒体报道的内容失实，侵害其名誉权的，有权请求该媒体及时采取更正或者删除等必要措施。

六、第六章“隐私权和个人信息保护”的修改要点

（一）定义隐私的内涵并列举侵害隐私权的常见方式（《民法典》第1032条、第1033条）

《民法典》第1032条规定：“自然人享有隐私权。任何组织或者个人不得以刺探、侵扰、泄露、公开等方式侵害他人的隐私权。隐私是自然人的私人生活安宁和不愿为他人知晓的私密空间、私密活动、私密信息。”第1033条列举了隐私权侵害行为，具体规定：“除法律另有规定或者权利人明确同意外，任何组织或者个人不得

实施下列行为：（一）以电话、短信、即时通讯工具、电子邮件、传单等方式侵扰他人的私人生活安宁；（二）进入、拍摄、窥视他人的住宅、宾馆房间等私密空间；（三）拍摄、窥视、窃听、公开他人的私密活动；（四）拍摄、窥视他人身体的私密部位；（五）处理他人的私密信息；（六）以其他方式侵害他人的隐私权。”

在社会生活中，因手机号码、购房信息、电子邮箱信息等被非法收集、盗取、转卖，垃圾广告、诈骗电话不断滋扰，损害了自然人的隐私安宁。还有偷拍房客视频、在网络出售观看账号、贩售隐私视频的黑色产业链，多地公安均抓获过这一类严重侵害隐私权的不法分子。[3]

民法典的规定扩大了隐私和个人信息的范围，有助于应对信息时代背景下互联网、大数据、人工智能发展对隐私和个人信息保护带来的挑战。

（二）定义个人信息的范围，不得过度处理他人个人信息（《民法典》第 1034 条）

《民法典》第 1034 条第 2 款规定：“个人信息是以电子或者其他方式记录的能够单独或者与其他信息结合识别特定自然人的各种信息，包括自然人的姓名、出生日期、身份证件号码、生物识别信息、住址、电话号码、电子邮箱、健康信息、行踪信息等。”《民法典》在第 1035 条规定：“处理个人信息的，应当遵循合法、正当、必要原则，不得过度处理，并符合下列条件：（一）征得该自然人或者其监护人同意，但是法律、行政法规另有规定的除外；（二）公开处理信息的规则；（三）明示处理信息的目的、方式和范围；（四）不违反法律、行政法规的规定和双方的约定。”民法典确定了“合法、正当、必要”的处理信息的原则及“不过度处理”。

（三）国家机关、承担行政职能的法定机构及其工作人员的保密义务（《民法典》第 1039 条）

《民法典》第 1039 条规定，国家机关、承担行政职能的法定机构及其工作人员对于履行职责过程中知悉的自然人的隐私和个人信息，应当予以保密，不得泄露或者向他人非法提供。例如，对于公安工作而言，在未成年人犯罪案件中，未成年人姓名是一项法定的应当保密的个人信息。《未成年人保护法》第 58 条规定，对未成年人犯罪案件，新闻报道、影视节目、公开出版物、网络等不得披露该未成年人的姓名、住所、照片、图像以及可能推断出该未成年人的资料。《未成年人保护法》第 69 条规定，侵犯未成年人隐私，构成违反治安管理行为的，由公安机关依法给予行政处罚。

第五节　民法典婚姻家庭编主要修改要点

【要点提示】

婚姻家庭编中的主要更新内容包括：增设 30 日离婚冷静期（协议离婚），经人民法院判决不准离婚后再起诉期间为分居满 1 年，禁婚疾病改为可撤销婚姻的事由，骗取结婚登记的婚姻无效，夫妻一方因受到人身损害获得的赔偿和补偿为个人财产，明确夫妻共同债务的认定规则，婚内分割共同财产请求权的事由包括转移共同财产、求医不得，离婚夫妻共同财产分割协议不成时照顾子女、女方和无过错方权益，离婚后祖父母、外祖父母享有探望权，离婚时付出较多义务一方对对方享有补偿请求权，等等。

【主要修改】

一、第一章"一般规定"的修改要点

（一）婚姻家庭的倡导性规定（《民法典》第 1043 条）

为贯彻落实习近平总书记有关加强家庭文明建设的重要讲话精神，更好地弘扬家庭美德，规定家庭应当树立优良家风，弘扬家庭美德，重视家庭文明建设。《民法典》第 1043 条规定：家庭应当树立优良家风，弘扬家庭美德，重视家庭文明建设。夫妻应当互相

忠实，互相尊重，互相关爱；家庭成员应当敬老爱幼，互相帮助，维护平等、和睦、文明的婚姻家庭关系。

（二）确定收养的基本原则（《民法典》第 1044 条）

为了更好地维护被收养的未成年人的合法权益，将联合国《儿童权利公约》关于儿童利益最大化的原则落实到收养工作中，增加规定了最有利于被收养人的原则。《民法典》第 1044 条规定了收养的基本原则，即“收养应当遵循最有利于被收养人的原则，保障被收养人和收养人的合法权益。禁止借收养名义买卖未成年人”。

（三）删除实行计划生育的基本原则（《民法典》第 1041 条）

《民法典》第 1041 条在婚姻家庭法的基本原则中，删除了“实行计划生育”的内容。

（四）界定了亲属、近亲属、家庭成员的范围（《民法典》第 1045 条）

《民法典》第 1045 条规定，亲属包括配偶、血亲和姻亲。配偶、父母、子女、兄弟姐妹、祖父母、外祖父母、孙子女、外孙子女为近亲属。配偶、父母、子女和其他共同生活的近亲属为家庭成员。

二、第二章“结婚”的修改要点

（一）特定疾病结婚从无效婚姻转变为可撤销婚姻（《民法典》第 1051 条、第 1053 条）

不再将“患有医学上认为不应当结婚的疾病”作为禁止结婚的情形，并相应增加规定一方隐瞒重大疾病的，另一方可以向人民法院请求撤销婚姻。《民法典》第 1051 条明确婚姻无效的情形只有三个，分别为重婚、有禁止结婚的亲属关系、未到法定婚龄，将疾病婚这一情形排除在外。

《民法典》第 1053 条规定，“一方患有重大疾病的，应当在结婚登记前如实告知另一方；不如实告知的，另一方可以向人民法院请求撤销婚姻。请求撤销婚姻的，应当自知道或者应当知道撤销事由之日起一年内提出”。

（二）放宽请求撤销胁迫婚姻的起算时间（《民法典》第1052条）

《民法典》第1052条规定：“因胁迫结婚的，受胁迫的一方可以向人民法院请求撤销婚姻。请求撤销婚姻的，应当自胁迫行为终止之日起一年内提出。被非法限制人身自由的当事人请求撤销婚姻的，应当自恢复人身自由之日起一年内提出。”条文将受胁迫一方请求撤销婚姻的期间起算点由“自结婚登记之日起”修改为“自胁迫行为终止之日起”，删除了《婚姻法》第11条规定的“可以向婚姻登记机关请求撤销”的内容，统一由法院行使撤销权。

（三）无效婚姻与可撤销婚姻中无过错方可以请求损害赔偿（《民法典》第1054条）

根据《婚姻法》第46条的规定，婚姻过错方仅在存在重婚，有配偶者与他人同居，实施家庭家暴，虐待、遗弃家庭成员等情形导致离婚时，无过错方才有权请求损害赔偿。《民法典》在第1054条中新增规定，“婚姻无效或者被撤销的，无过错方有权请求损害赔偿”。

三、第三章“家庭关系”的修改要点

（一）明确夫妻共同债务的认定（《民法典》第1064条）

《民法典》吸纳司法解释的规定，在第1064条规定了夫妻共同债务，具体包括：夫妻双方共同签名或者夫妻一方事后追认等共同意思表示所负的债务，以及夫妻一方在婚姻关系存续期间以个人名义为家庭日常生活需要所负的债务，属于夫妻共同债务。夫妻一方在婚姻关系存续期间以个人名义超出家庭日常生活需要所负的债务，不属于夫妻共同债务；但是，债权人能够证明该债务用于夫妻共同生活、共同生产经营或者基于夫妻双方共同意思表示的除外。

例如，李某和张某是夫妻，李某婚后欠下百万外债，张某却从来不知道李某在外面借了钱，也从来没有用过这些钱。李某认为婚后的财产和债务均属于夫妻双方共有共担。按照民法典的新规定，如果这些外债属于夫妻共同债务，应当满足三重认定标准：一是“共签共债”，二是“共需共债”，三是“共用共债”。

（二）规范亲子关系确认与否认诉讼（《民法典》第1073条）

在婚姻关系中，可能涉及一方请求确认亲子关系存在或不存在。《民法典》吸收司法解释规定，在第1073条规定：对亲子关系有异议且有正当理由的，父或者母可以向人民法院提起诉讼，请求确认或者否认亲子关系。对亲子关系有异议且有正当理由的，成年子女可以向人民法院提起诉讼，请求确认亲子关系。

四、第四章“离婚”的修改要点

（一）新增离婚冷静期（《民法典》第1077条）

《民法典》第1077条规定：“自婚姻登记机关收到离婚登记申请之日起三十日内，任何一方不愿意离婚的，可以向婚姻登记机关撤回离婚登记申请。前款规定期限届满后三十日内，双方应当亲自到婚姻登记机关申请发给离婚证；未申请的，视为撤回离婚登记申请。”离婚冷静期适用于协议离婚。

（二）增设应当准予离婚的情形（《民法典》第1079条第5款）

针对离婚诉讼中出现的“久调不判”问题，增加规定：经人民法院判决不准离婚后，双方又分居满一年，一方再次提起离婚诉讼的，应当准予离婚。

（三）离婚后未成年子女的抚养遵循最有利于未成年子女以及尊重未成年子女真实意愿（《民法典》第1084条）

关于离婚后子女的抚养，《民法典》第1084条规定，夫妻离婚后对未成年子女的抚养必须遵循最有利于未成年子女以及尊重未成年子女真实意愿的原则，确认父母与子女间的关系，不因父母离婚而消除，子女无论由父母哪一方直接抚养，仍是父母双方的子女。离婚后，父母对于子女仍有抚养、教育和保护的权利和义务。不满2周岁的子女，以由母亲直接抚养为原则。已满2周岁的子女，父母双方对抚养问题协议不成的，由人民法院根据双方的具体情况，按照最有利于未成年子女的原则判决。子女已满 8 周岁的，应当尊重其真实意愿。

（四）离婚经济补偿制度的完善（《民法典》第 1088 条）

将夫妻采用法定共同财产制的，纳入适用离婚经济补偿的范围，以加强对家庭负担较多义务一方权益的保护。《民法典》第 1088 条规定了离婚经济补偿制度，夫妻一方因抚育子女、照料老年人、协助另一方工作等负担较多义务的，离婚时有权向另一方请求补偿，另一方应当给予补偿。具体办法由双方协议；协议不成的，由人民法院判决。

（五）增加离婚损害赔偿的适用情形（《民法典》第 1091 条）

除了重婚，与他人同居，实施家庭暴力，虐待、遗弃家庭成员这四项情形之外，增加"有其他重大过错"作为兜底条款。作为离婚损害赔偿，条文规定："有下列情形之一，导致离婚的，无过错方有权请求损害赔偿：（一）重婚；（二）与他人同居；（三）实施家庭暴力；（四）虐待、遗弃家庭成员；（五）有其他重大过错。"

五、第五章"收养"的修改要点

（一）收养人须无不利于被收养人健康成长的违法犯罪记录（《民法典》第 1098 条）

按照《民法典》第 1098 条的规定，收养人应当同时具备下列条件：无子女或者只有一名子女；有抚养、教育和保护被收养人的能力；未患有在医学上认为不应当收养子女的疾病；年满 30 周岁。在此基础上新设条件，即无不利于被收养人健康成长的违法犯罪记录，并且在第 1105 条增加规定民政部门应当依法进行收养评估。

（二）放宽收养人收养子女的数额（《民法典》第 1099 条、第 1100 条）

根据计划生育政策的变化，《民法典》第 1100 条的规定由

“收养人只能收养一名子女”修改为“无子女的收养人可以收养两名子女；有子女的收养人只能收养一名子女”。限制收养子女数额，可以保证收养人有足够的能力照顾收养子女，同时避免借收养之名义拐卖人口的风险。

《民法典》第1099条作出收养三代以内旁系同辈血亲子女的特殊规定，收养三代以内旁系同辈血亲的子女，不必满足生父母有特殊困难无力抚养的条件。“华侨收养三代以内旁系同辈血亲的子女，还可以不受本法第一千零九十八条第一项规定的限制。”

《民法典》第1100条规定：“无子女的收养人可以收养两名子女；有子女的收养人只能收养一名子女。收养孤儿、残疾未成年人或者儿童福利机构抚养的查找不到生父母的未成年人，可以不受前款和本法第一千零九十八条第一项规定的限制。”

（三）符合条件的未成年人均可被收养（《民法典》第1093条）

删除被收养的未成年人仅限于不满14周岁的限制，修改为符合条件的未成年人均可被收养。

（四）无配偶者收养异性子女的年龄差距应为40周岁以上（《民法典》第1102条）

《民法典》第1102条规定，无配偶者收养异性子女的，收养人与被收养人的年龄应当相差40周岁以上。《收养法》第9条只限制男性无配偶者收养女性子女的年龄差应当在40岁以上，《民法典》第1102条的规定体现了男女平等的原则，也防止女性收养人对异性被收养人的不法行为。

第六节　民法典继承编主要修改要点

【要点提示】

继承编中的主要更新内容包括：遗产范围的界定从列举式转变为概括式，所有合法财产均为遗产，欺诈胁迫被继承人进行遗嘱变动，丧失继承权，增设宽宥制度，兄弟姐妹的子女增设为代位继承人，增加打印遗嘱形式，删除公证遗嘱效力优先规则，增设遗产管理人、转继承制度，扩大遗赠扶养协议中扶养人的范围等。

【修改要点】

一、第一章“一般规定”的修改要点

（一）设立继承宽恕制度（《民法典》第1021条、第1125条）

继承中的宽恕制度，是指当继承人因为法律规定的几种情况丧失继承权时，因得到被继承人的原谅而又恢复继承权。继承法规定，继承人有下列行为之一的，丧失继承权：故意杀害被继承人的；为争夺遗产而杀害其他继承人的；遗弃被继承人的，或者虐待被继承人情节严重的；伪造、篡改或者销毁遗嘱，情节严重的。前两款涉及刑事犯罪，是继承权绝对丧失的情形，不能适用宽宥制度，后面两种情形可以适用宽恕制度。

《民法典》第1125条在继承法条文的基础上，新设“以欺诈、胁迫手段迫使或者妨碍被继承人设立、变更或者撤回遗嘱，情节严重”的行为。同时，特别规定“继承人有前款第三项至第五项行为，确有悔改表现，被继承人表示宽恕或者事后在遗嘱中将其列为继承人的，该继承人不丧失继承权”。

（二）完善继承开始的时间及死亡先后的推定（《民法典》第1121条）

《民法典》第1121条规定，继承从被继承人死亡时开始。相互有继承关系的数人在同一事件中死亡，难以确定死亡时间的，推定没有其他继承人的人先死亡。都有其他继承人，辈份不同的，推定长辈先死亡；辈份相同的，推定同时死亡，相互不发生继承。

二、第二章“法定继承”的修改要点

增加规定被继承人的兄弟姐妹先于被继承人死亡的，由被继承人的兄弟姐妹的子女代位继承。代位继承是指被继承人的子女先于被继承人死亡，则被继承人的晚辈直系血亲可以代位继承被继承人的遗产，原先代位继承权只有晚辈直系血亲范围，就是孙子女、外孙子女。《民法典》第1128条第2款规定，“被继承人的兄弟姐妹先于被继承人死亡的，由被继承人的兄弟姐妹的子女代位继承”，扩大了代位继承权主体范围。法定继承中第一顺位、第二顺位的范围并没有发生变化，仅当被继承人没有第一顺位继承人时，第二顺位继承人中被继承人的兄弟姐妹先于被继承人去世的，由被继承人的兄弟姐妹的子女代位继承其应继承的部分。

按照《继承法》的规定，侄甥不享有代位继承权。深圳罗湖区村民蔡某某，膝下无儿无女，年老后投奔侄女，由侄女为他养老送终。蔡某某生前签订了拆迁赔偿协议，其名下拥有一套回迁房，该回迁房在其去世后才建成安置。蔡某某侄女向法院提起诉讼，要求分配该房产。考虑到蔡某某侄女对蔡某某生前尽了扶助义务，并为他办理丧葬事宜，深圳市中级人民法院审理判定蔡某某侄女获得回迁房30%的房产份额，剩余70%的房产份额无主。[4] 侄女非直系亲属，但是能够为老人养老送终，应当得到法律与道德的褒奖，不能因为老人未立遗嘱而无效。因此，民法典增设了侄甥代位继承的规定，以回应此类案件。

三、第三章“遗嘱继承和遗赠”的修改要点

（一）新增打印遗嘱、录音录像遗嘱的法定遗嘱形式（《民法典》第1136条、第1137条）

现代社会主流书写方式逐步从手写转换为键盘输入。《民法典》第1136条新增规定：“打印遗嘱应当有两个以上见证人在场见证。遗嘱人和见证人应当在遗嘱每一页签名，注明年、月、日。”第1137条规定：“以录音录像形式立的遗嘱，应当有两个以上见证人在场见证。遗嘱人和见证人应当在录音录像中记录其姓名或者肖像，以及年、月、日。”

《继承法》中仅有5种法定遗嘱形式，即公证遗嘱、自书遗嘱、代书遗嘱、录音遗嘱和口头遗嘱。现今社会，手写习惯被打印习惯取代，打印遗嘱顺应社会的需要进入到民法典立法中。打印遗嘱易于伪造，难以查清遗嘱人立遗嘱时的神志状态，因此，打印遗嘱需要两个以上见证人在场，还需要遗嘱人和所有见证人在每一页上签名并标明日期。

（二）公证遗嘱不再具备优先效力（《民法典》第1142条）

《民法典》第1142条第3款规定，“立有数份遗嘱，内容相抵触的，以最后的遗嘱为准”，删除了公证遗嘱的优先效力。公证遗嘱效力不再具有优先性，也就意味着遗嘱效力的判断标准是以被继承人的最后意思表示为准，不再考虑遗嘱是否属于公证遗嘱。遗嘱人可以通过其他遗嘱形式变更、撤销公证遗嘱，防止遗嘱人因行动不便等原因无法去公证机关修改遗嘱，没有办法按照真实的遗嘱意思处理遗产。

四、第四章“遗产的处理”的修改要点

（一）确立遗产管理人制度（《民法典》第1145~1149条）

增加遗产管理人制度。为确保遗产得到妥善管理、顺利分割，更好地维护继承人、债权人利益，民法典增加规定了遗产管理人制度，明确了遗产管理人的产生方式、职责、权利、报酬取得等内容。

（二）完善遗赠扶养协议制度（《民法典》第1158条）

适当扩大扶养人的范围，明确继承人以外的组织或者个人均可以成为扶养人，以满足养老形式多样化的需求。

（三）完善无人继承遗产的归属制度（《民法典》第1160条）

明确归国家所有的无人继承遗产应当用于公益事业。

第七节　民法典侵权责任编主要修改要点

【要点提示】

侵权责任编中的主要更新内容包括：增加自甘风险、自助行为两个免责事由；高空抛物物业防治，公安查清责任人；明确侵害特定物的精神损害赔偿责任；严格委托监护下监护人的侵权责任；顺风车好意同乘，造成乘客损害，减轻责任；动物饲养损害责任不能减免的情形包括未采取安全措施、危险动物。还规定有用人单位承担雇主责任后的追偿权，完善了个人劳务关系中的赔偿责任划分；完善生产者、销售者召回缺陷产品的责任；加强对患者隐私和个人信息的保护。

【主要修改】

一、第一章“一般规定”的修改要点

（一）补齐过错责任原则的构成要件（《民法典》第 1165 条）

过错责任原则，是以行为人主观上的过错作为责任认定的准则，其成立要件包括 4 个，即过错、侵害行为、损害后果、因果关系。《民法典》第 1165 条完善了侵权责任法的不足，增加了“造成损害”这一构成要件。

（二）明确损害扩大的责任（《民法典》第 1173 条）

相比较《侵权责任法》第 35 条规定的过失相抵和《民法典》第 1173 条之规定，民法典中规定的是被侵权人对同一损害的发生或者扩大有过错的，可以减轻侵权人的责任。增加了“或者扩大”，赋予被侵权人防止损害扩大的义务，体现了责任承担上的利益平衡。这一修改主要是考虑到，在实践中有的被侵权人或其家属为索取较高的赔偿，放任损害结果扩大，不当地加重了侵权人的责任。

（三）确立文体活动的自甘风险规则（《民法典》第 1176 条）

《民法典》第 1176 条新设“自甘风险”规则，规定自愿参加具有一定风险的文体活动，因其他参加者的行为受到损害的，受害人不得请求没有故意或者重大过失的其他参加者承担侵权责任。

（四）增设自助行为制度（《民法典》第 1177 条）

《民法典》第 1177 条规定，合法权益受到侵害，情况紧迫且不能及时获得国家机关保护，不立即采取措施将使其合法权益受到难以弥补的损害的，受害人可以在保护自己合法权益的必要范围内采取扣留侵权人的财物等合理措施；但是，应当立即请求有关国家机关处理。受害人采取的措施不当造成他人损害的，应当承担侵权责任。

二、第二章“损害赔偿”的修改要点

（一）取消人身损害赔偿数额确定时的损失优先规则（《民法典》第 1182 条）

《侵权责任法》第 20 条对于人身损害赔偿采“损失填平”规则，如果被侵权人的损失难以确定，则按照侵权人获得的利益为标准进行赔偿。《民法典》第 1182 条规定，侵害他人人身权益造成财产损失的，按照被侵权人因此受到的损失或者侵权人因此获得的利益赔偿；被侵权人因此受到的损失以及侵权人因此获得的利益难以确定，被侵权人和侵权人就赔偿数额协商不一致，向人民法院提起诉讼的，由人民法院根据实际情况确定赔偿数额。

根据以上条文，如何赔偿损失由被侵权人自行选择。对于实践中损失小、获利大的侵权行为，能够更好保障被侵权人的人身权益。

（二）明确侵害特定物的精神损害赔偿责任（《民法典》第 1183 条）

关于特定物受到侵害能否主张精神损害赔偿，《民法典》第 1183 条借鉴了 2001 年施行的《最高人民法院关于确定民事侵权精神损害赔偿责任若干问题的解释》第 4 条之规定。《民法典》的表述“具有人身意义的特定物”的内涵比上述司法解释的表述“具有人格象征意义的特定纪念物品”更为宽泛，且强调“故意或者重大过失”，排除了一般过失与轻微过失的精神损害赔偿责任，侵权结果的认定不再要求物品“永久性灭失或者毁损”，而是以“造成严重精神损害”来认定。

三、第三章“责任主体的特殊规定”的修改要点

（一）严格委托监护下监护人的侵权责任（《民法典》第 1189 条）

《民法典》第 1189 条规定，无民事行为能力人、限制民事行为能力人造成他人损害，监护人将监护职责委托给他人的，监护人应当承担侵权责任；受托人有过错的，承担相应的责任。

该条文不再承认监护人与被委托人就委托监护期间侵权责任的约定，仍然由监护人承担责任。

（二）明确用人单位承担雇主责任后的追偿权（《民法典》第 1191 条）

在《侵权责任法》中，职务侵权行为明确由用人单位对外承担责任，但未明确用人单位可否对内追偿。《民法典》第 1191 条明确用人单位对外承担责任后，对内可向有故意或重大过失的工作人员追偿，结合职务侵权人的过错程度、用人单位的教育与预防制度、损失的大小等因素综合确定。

（三）明确网络侵权纠纷中的各方责任（《民法典》第 1194~1197 条）

为了更好地保护权利人的利益，平衡好网络用户和网络服务提供者之间的利益，民法典细化了网络侵权责任的具体规定，完善了权利人通知规则和网络服务提供者的转通知规则。网络服务提供者应当及时转送通知并采取措施。对权利人错误通知的侵权责任予以明确，以避免权利人恶意举报造成的损害。

四、第四章“产品责任”的修改要点（《民法典》第1206条）

完善生产者、销售者召回缺陷产品的责任，增加规定，依照相关规定采取召回措施的，生产者、销售者应当负担被侵权人因此支出的必要费用。在补救措施的列举情形中增加了“停止销售”，及时制止损害结果的扩大，对于损失扩大的责任也作出相应规定。

五、第五章“机动车交通事故责任”的修改要点

（一）明确机动车挂靠时被挂靠人的侵权连带责任（《民法典》第1211条）

车辆挂靠分为实质挂靠与形式挂靠。实质挂靠中被挂靠人会向挂靠人提供服务与管理；而形式挂靠没有服务与管理，都是以被挂靠人名义从事运输服务活动，挂靠人向被挂靠人支付一定管理费用。此次，《民法典》第1211条完全吸收了2012年施行的《最高人民法院关于审理道路交通事故损害赔偿案件适用法律若干问题的解释》第3条之规定，明确被挂靠人的侵权连带责任。

（二）新增好意同乘的侵权责任（《民法典》第1217条）

《民法典》第1217条专门规定了搭乘“顺风车”这种情谊施惠行为，采用“轻过失减轻责任”“无过错乘客自负风险”“故意或重大过失不减轻责任”的特殊模式，条文具体为，“非营运机动车发生交通事故造成无偿搭乘人损害，属于该机动车一方责任的，应当减轻其赔偿责任，但是机动车使用人有故意或者重大过失的除外”。在道路交通安全这样的风险环境中，仍为驾驶者设定了对人的生命健康权的注意义务，注意义务本身不因好意施惠而减轻。采无过错责任说，搭乘者应当与有偿的乘客享有同等的权利，施惠者应当承担同样的注意义务，但一般应当减轻施惠者的赔偿责任。

（三）明确交通事故损害赔偿的顺序（《民法典》第1213条）

先由机动车强制保险理赔，不足部分由机动车商业保险理赔，仍不足的由侵权人赔偿。《民法典》第1213条规定，机动车发生

交通事故造成损害，属于该机动车一方责任的，先由承保机动车强制保险的保险人在强制保险责任限额范围内予以赔偿；不足部分，由承保机动车商业保险的保险人按照保险合同的约定予以赔偿；仍然不足或者没有投保机动车商业保险的，由侵权人赔偿。

六、第六章“医疗损害责任”的修改要点

（一）加强对患者隐私和个人信息的保护（《民法典》第 1226 条）

《侵权责任法》第 62 条规定了对患者隐私的保密责任，《民法典》第 1226 条在吸收这一规定的同时，增加了对于个人信息的保密责任，个人信息“包括自然人的姓名、出生日期、身份证件号码、生物识别信息、住址、电话号码、电子邮箱、健康信息、行踪信息等”。同时，对于泄露和未经同意的公开行为，不再以损害结果来认定是否侵权，而是以行为本身来认定，以更好地保护患者的合法权益。

在疫情防控期间，有医院出入人员名单信息、疑似新冠肺炎阳性名单在微信群中流传，内容涉及姓名、住址、联系方式、身份证号码等个人身份信息，造成了不良社会影响。有人将工作中接触的个人信息资料转发到家人微信群，家人转发继而传播失控，严重侵犯公民的个人隐私。针对此类行为，民法典、治安管理处罚法、刑法共同建立了民事责任、行政责任、刑事责任的防线，防控此类侵权行为的发生。

（二）进一步保障患者的知情同意权（《民法典》第 1219 条）

《民法典》第 1219 条明确了医务人员的相关说明义务，加强医疗机构及其医务人员对患者隐私和个人信息的保护，进一步保障患者的知情同意权。医务人员在诊疗活动中应当向患者说明病情和医疗措施。需要实施手术、特殊检查、特殊治疗的，医务人员应当及时向患者具体说明医疗风险、替代医疗方案等情况，并取得其明确同意；不能或者不宜向患者说明的，应当向患者的近亲属说明，

并取得其明确同意。医务人员未尽到前款义务，造成患者损害的，医疗机构应当承担赔偿责任。

医疗行为涉及对自然人身体权的干预甚至减损。医疗机构在需要实施手术、特殊检查、特殊治疗时，应当告知病情和医疗措施、手术等医疗风险等情况，必须征得患者及其家属的同意并签字，否则医疗机构无权进行相应的诊疗行为。在医患纠纷中，有患者提出手术结束后缴费才知道不可以使用医保，需要全部自费承担医疗费用。医疗机构对于患者支付的诊疗费用是否属于医保范围等与医疗合同费用相关的重大事项，也应当履行一定的告知义务。

七、第七章“环境污染和生态破坏责任”的修改要点

为贯彻落实习近平生态文明思想，民法典增加规定生态环境损害的惩罚性赔偿制度，并明确规定了生态环境损害的修复和赔偿规则，较《侵权责任法》第 8 章环境污染责任而言细化、新设了多项规定。侵权人违反法律规定故意污染环境、破坏生态造成严重后果的，被侵权人有权请求相应的惩罚性赔偿。违反国家规定造成生态环境损害，生态环境能够修复的，国家规定的机关或者法律规定的组织有权请求侵权人在合理期限内承担修复责任。侵权人在期限内未修复的，国家规定的机关或者法律规定的组织可以自行或者委托他人进行修复，所需费用由侵权人负担。

《民法典》第 1235 条规定了公益诉讼的赔偿范围，违反国家规定造成生态环境损害的，国家规定的机关或者法律规定的组织有权请求侵权人赔偿下列损失和费用：（1）生态环境受到损害至修复完成期间服务功能丧失导致的损失；（2）生态环境功能永久性损害造成的损失；（3）生态环境损害调查、鉴定评估等费用；（4）清除污染、修复生态环境费用；（5）防止损害的发生和扩大所支出的合理费用。

企业偷排污水，原先的惩罚机制是损害填平，补偿损害部分即可，与高额利润相比较赔偿额较低。长此以往，没有遏制部分企业

的侥幸心理。将惩罚性赔偿引入环境公益诉讼，大幅度增加企业超标排污的经济成本，从根本上对超标排污行为进行控制。

八、第八章“高度危险责任”的修改要点

《民法典》第 1239 条扩充了高度危险物的范围，完善了《侵权责任法》第 72 条的高度危险责任在高度危险物的列举方面，将“放射性”修改为“高放射性”，增加了“强腐蚀性、高致病性”两种高度危险物。占有或者使用易燃、易爆、剧毒、高放射性、强腐蚀性、高致病性等高度危险物造成他人损害的，占有人或者使用人应当承担侵权责任；但是，能够证明损害是因受害人故意或者不可抗力造成的，不承担责任。被侵权人对损害的发生有重大过失的，可以减轻占有人或者使用人的责任。

学校、科研院所中常见的高度危险物主要集中在各种化学和物理实验器材。在相关事故中，主要表现为违规开展试验、冒险作业，违规购买、违法储存危险化学品，对实验室和科研项目安全管理不到位，未有效履行实验室安全巡视职责，未采取有效安全防护措施，未告知试验的危险性等。利用高度危险物开展实验，无论占有或使用高度危险物一方是否有过错，其占有或使用的高度危险物造成他人损害的，都应当承担侵权责任。

九、第九章“饲养动物损害责任”的修改要点

民法典对于未对动物采取安全措施的情形，增加了“被侵权人故意”的免责事由，但仅是“可以减轻责任”，以回应恶意挑衅动物的问题。《民法典》第 1246 条规定了违反规定未对动物采取安全措施致害责任：违反管理规定，未对动物采取安全措施造成他人损害的，动物饲养人或者管理人应当承担侵权责任；但是，能够证明损害是因被侵权人故意造成的，可以减轻责任。

一般而言，饲养人、管理人未对动物采取安全措施或者饲养禁止饲养（未经批准）的烈性犬等危险动物致人损害的，认定无

免责事由，致受害人受伤的，承担全部责任。饲养人、管理人主张受害人存在挑逗行为或者过失，但未能提供证据证明的，承担全部责任。被侵权人自己挑逗或存在故意或者重大过失，属于受害人自身过错，承担部分责任，体现侵权责任编中过失相抵的制度设计。

十、第十章“建筑物和物件损害责任”的修改要点

为守护民众头顶上的安全，《民法典》第 1254 条在《侵权责任法》第 87 条的基础上，吸收了 2019 年施行的《最高人民法院关于依法妥善审理高空抛物、坠物案件的意见》的相关规定，认为应当充分认识高空抛物、坠物行为的社会危害性。高空抛物、坠物行为损害人民群众人身、财产安全，极易造成人身伤亡和财产损失，引发社会矛盾纠纷。

例如，卜某骑电动车时被高空坠落的红砖砸中后身亡。由于一直找不到肇事者，受害人亲属将整栋楼除一层外的 32 层 96 户业主以及物业方共 176 人告上法庭。法院对“高空坠物致死案”一审宣判，全部 176 名被告中，有 15 户提供不在场证明被采纳，无须承担责任，剩余 81 户共 134 名被告和物业方，共需赔偿 50 余万元。[5]

《民法典》第 1254 条规定了不明抛掷物、坠落物致害责任，具体规定：“禁止从建筑物中抛掷物品。从建筑物中抛掷物品或者从建筑物上坠落的物品造成他人损害的，由侵权人依法承担侵权责任；经调查难以确定具体侵权人的，除能够证明自己不是侵权人的外，由可能加害的建筑物使用人给予补偿。可能加害的建筑物使用人补偿后，有权向侵权人追偿。物业服务企业等建筑物管理人应当采取必要的安全保障措施防止前款规定情形的发生；未采取必要的安全保障措施的，应当依法承担未履行安全保障义务的侵权责任。发生本条第一款规定的情形的，公安等机关应当依法及时调查，查清责任人。”

实践中，有责任人因家庭矛盾发泄情绪，从位于高楼层的家中将花盆等物品抛出窗外，或因不愿下楼倒垃圾，直接将垃圾往楼下抛撒。即便未造成人员受伤，也可能因涉嫌以危险方法危害公共安全被公安机关依法刑事拘留。公安机关要高度重视高空抛物、坠物行为的现实危害，深刻认识运用刑罚手段惩治情节和后果严重的高空抛物、坠物行为的必要性和重要性，对于情节和后果无法构成刑事定罪的高空抛物、坠物行为，也要根据民法典的规定依法严肃及时调查，查清责任人，避免因难以查清责任人，令可能加害的业主一起进行补偿。共同补偿是民法典分配社会风险的一种方案，本质上，依法调查、处理、惩治高空抛物行为，是有效防范、坚决遏制此类行为发生的根本之道。

注释：

[1] 张月朦：《家人被隔离湖北 17 岁脑瘫儿在家 6 天死亡 当地成立调查组》，载 http://news.sina.com.cn/c/2020-01-30/doc-iimxxste7589173.shtml。

[2]《国内修改双胞胎婴儿基因遭百余名科学家强烈谴责》，载 https://www.sohu.com/a/278209887_755034。

[3]《山东打掉一偷拍产业链：宾馆客房装摄像头，十万余部视频被查》，载 https://baijiahao.baidu.com/s?id=1627442763709821230&wfr=spider&for=pc。

[4]《深圳罗湖老人由其侄女养老送终，其房产 70%却被收归国有》，载 https://new.qq.com/omn/20190419/20190419A0N387.html。

[5]《芜湖高空坠落砖头砸死老人事件　81 户同物业被判赔 50 余万》，载 http://ah.ifeng.com/a/20171231/6269687_0.shtml，2017 年 12 月 31 日。

第三章　民法典公安工作案例精解

第一节　民法典总则编公安工作案例精解

【法条】第五条【自愿原则】民事主体从事民事活动，应当遵循自愿原则，按照自己的意思设立、变更、终止民事法律关系。

【案例】刘某驾驶的大型货车在湖南潭衡西高速公路发生故障，拨打高速救援官方电话，却等来了“来路不明”的湖南贺氏吊装公司，其工作人员以协助救援为名开价20万元。接到施救指令后，该路段当时值班工作人员肖某严重违反湖南省有关高速公路车辆救援制度规定的流程和价格标准，私自联系没有签订高速公路救援合同、没有协作关系的湖南贺氏吊装公司进入现场施救。刘某虽未接受吊装服务，仍被索要数万元，不同意给钱的刘某夫妇被围困数日。[1]

【分析】自然人、法人等任何民事主体在市场交易和民事活动中都必须遵守自愿协商的原则，都有权按照自己的真实意愿独立自主地选择、决定交易对象和交易条件，建立和变更民事法律关系，并同时尊重对方的意愿和社会公共利益，不能将自己的意志强加给对方或任何第三方。只要进行交易或其他民事活动双方的行为不违反法律规定，其他任何机关、团体、个人等第三方都不能干涉。以欺诈、强迫、威胁等违背交易主体意志的行为，让当事人的意思处于“不真实”或“不自由”的状态，均属于意思表示有瑕疵，可将法律行为撤销。公安机关对湖南贺氏吊装公司以涉嫌强迫交易罪立案侦查，对媒体反映的民警辅警在出警过程中的问题进行调查。湖南贺氏吊装公司员工罗某、业务联系人杨某因涉嫌强迫交易罪被刑事拘留。

【法条】第十条【法律适用】处理民事纠纷，应当依照法律；法律没有规定的，可以适用习惯，但是不得违背公序良俗。

【案例】桐柏县公安局固县派出所接到报警称：本组村民曹某的父亲去世了，曹某硬要将其父亲的棺椁葬在梁某家的山上，由于梁某坚决不同意，两家僵持着，要打群架。副所长闫永接警后，立即赶到事发地点。其获悉，沈楼村一小组南侧有一片山地，本组人称为“南山”，原为本组集体所有，曹某家祖坟就在这片山地。后来分给本组人赵某所有，由于本组人梁某是一名民间风水师，两年前他相中该片山地的风水，用自己的山地与赵某置换，并将自己母亲的坟从别处迁到曹家祖坟下边十多米处。两日前，曹某父亲病故，曹某要将其父亲葬在祖坟所在地，去开挖墓穴时被梁某获知，在梁某制止时，双方发生争执。梁某声称该片山地现在已经属于他，且他的母亲也已经迁坟到此处，曹某开挖墓穴是在他的山地上，且北方高南边低，正对着其母亲的坟头，曹某把其父亲安葬在梁某母亲的北方，且是上方位，对梁家不吉利。曹某的理由是该片山地有曹家的祖坟，并且多年前其亡母也葬在此处，按照习俗将其父亲与母亲合葬是天经地义的事。双方因此僵持不下，眼看次日清晨曹某父亲即将出殡，而梁某极力阻止，并扬言宁肯喊上弟兄同曹家打一架也不会同意。曹家亲友都聚集在一起，群情激愤，有转化为斗殴事件的可能。

民警听取双方意见后，首先制止双方的过激行为，安抚众人情绪，告知双方待其调查了解清楚情况后解决。随后，快速联系相关村组干部，由双方当事人领路，进行实地查看，现场踏查结果与双方描述情况基本相符。民警向双方当事人积极讲解国家土地管理法的相关规定，由村组干部为双方分析本地墓葬传统习俗，共同教导双方各让一步，既尊重法律规定，肯定梁某的山地所有权，又尊重当地的传统风俗，让曹某开挖的其亡父墓穴紧靠之前其亡母墓穴，从别处予以取土，最大限度地节约土地，不动该片山地的土，同时曹某向梁某予以礼节性道歉。通过民警和村组干部近三个小时的劝解，最终当事双方达成了一致意见，化解了一起可能引起群体性事件的矛盾纠纷，双方均对民警的积极作为主动介入解决问题表示感谢。[2]

【分析】在本案中，民警的调解有若干亮点：第一，由村组干部讲解分析本地墓葬传统习俗，实质上运用了本条规定，对于法律上没有明确规定的墓葬纠纷，由村组干部出面，适用当地的墓葬传统习惯解决纠纷；第二，契合民法典物权编中确定物权归属的思路，确定梁某是山地的权利人，定性正确；第三，准确运用了民法典总则编中赔礼道歉的民事责任，收到良好的调解效果。

《最高人民法院关于建立健全诉讼非诉讼相衔接的矛盾纠纷解决机制的若干意见》第17条规定：有关组织调解案件时，在不违反法律、行政法规强行性规定的前提下，可以参考行业惯例、村规民约、社区公约和当地善良风俗等行为规范，引导当事人达成调解协议。

这一条文中的“行业惯例、村规民约、社区公约和当地善良风俗”可以是“习惯”的来源。进行调解工作的民警应当熟悉民法典的基本规定，在法律没有规定的地方，尽可能多打听、多确认，熟悉当地的风俗习惯或请权威人士作相应解释。

注意依靠民法典的基本原则、社会主义核心价值观、自由、安全、正义、效率等基本价值，区分“良俗”与“恶俗”，恶俗绝不能作为调解依据。例如，闹伴娘的行为。近年来，多处网络曝光有男子借闹伴娘的所谓“习俗”对婚礼伴娘进行猥亵，对于情节恶劣的，公安机关可以按照《治安管理处罚法》第44条的规定，对行为人处以拘留。如果情节更为严重的，还涉嫌构成犯罪。

【法条】第十五条【自然人出生和死亡时间的判断标准】自然人的出生时间和死亡时间，以出生证明、死亡证明记载的时间为准；没有出生证明、死亡证明的，以户籍登记或者其他有效身份登记记载的时间为准。有其他证据足以推翻以上记载时间的，以该证据证明的时间为准。

【案例1】北京市公安局公交分局抓获了10余名犯罪嫌疑人，这些人中的大多数屡次在扒窃他人财物时被公安机关抓获，但他们不会讲普通话，又拒不如实交代姓名、住址及年龄，或者一律称自己不满14岁。无法迅速核实这些人的真实身份，使公交分局民警非常头疼。为了严厉打击扒窃团伙的嚣张气焰，公交分局请公安部物证鉴定中心为这些犯罪嫌疑人做骨龄鉴定。经过逐一鉴定，绝大多数人的年龄已超过了14周岁，有些甚至已满18周岁。公交分局以此为追究其刑事责任的依据，向检察院提起公诉，很快使这些人受到了法律的惩罚。[3]

【案例2】2014年12月15日，小宋因犯抢劫罪，被西安市碑林区人民法院判处有期徒刑11年零6个月，并处罚金2万元。刑罚执行期间，小宋称自己的出生日期与身份证记载不符，以书面方式向西安市沙坡地区人民检察院提出申诉。小宋称，父母为了方便他早日出来打工，在申办户籍登记时，将他的年龄报大了2岁。他真实的出生日期是1998年，而不是身份证上记载的1996年，因此犯罪时是未成年人，依法应当从轻或减轻处罚。检察院根据小宋提供的线索，先后走访了有关单位及相关知情人士，调取了原始的书证材料。检察院立案复查后，专门委托技术鉴定机关对书证材料进行笔迹鉴定，并对当事人的骨骼进行骨龄鉴定。骨龄鉴定结果显示，小宋年龄确实与其身份证记载不符。2018年10月15日，依据法律程序，西安市中院指定碑林区人民法院对小宋抢劫案中涉及其年龄认定部分进行再审。根据宋八某、伍某等人的证人证言，小宋母亲伍某在医院住院分娩的病历档案等多份书证材料以及笔迹鉴定结论、骨龄鉴定等证据资料，认定申诉人小宋为1998年7月5

日出生，2014 年 4 月实施抢劫犯罪时未满 16 周岁。[4]

【分析】《最高人民法院关于贯彻执行〈中华人民共和国民法通则〉若干问题的意见（试行）》对此的相关规定是“户籍证明效力大于出生证明”，具体规定：公民的民事权利能力自出生时开始。出生的时间以户籍证明为准；没有户籍证明的，以医院出具的出生证明为准。没有医院证明的，参照其他有关证明认定。然而，户口簿、身份证上出生日期的准确率会因各种原因受到影响，如提早、延迟就学，尽快工作、结婚，逃征计划生育社会抚养费，领取补贴，农历生日误为公历生日，父母登记错误、记错出生日期甚至篡改等各种人为或历史原因。

在民法典中，“出生证明效力大于户籍证明”，这是对自然人出生时间、死亡时间的证明顺序作出的实质性修改。在效力上，亲眼见证出生、死亡过程的医护人员的证言和住院记录是第一手材料，户籍登记属于事后登记，派出所户籍民警并不是自然人出生的见证者，报户口属于事后登记。因此，在效力上，助产士、产婆的证人证言、分娩住院记录>出生证明>户口本、身份证。该条文对公安工作具有重大影响，这是因为：

第一，在个案中，可能有当事人提出其未满或达到一定年龄，不具有刑事责任能力，或依照法律的特殊规定不适用行政拘留等行政处罚措施。值得特别注意的是，如果当事人年龄处于 14、16、18、60、70 周岁临界点附近的，对于当事人提出的与年龄相关的不同意见，应当认真查验出生证明或其他能够辅证其说法的证据，认定其是否达到相应法定年龄，以在行政拘留处罚、人身强制措施时准确适用法条。第二，在调解过程中，对案外人可能也要查证其出生时间，比如在调解事故损害赔偿中，发现案外有当事人的被抚养人的，就应当对被抚养人的出生时间予以查证，因为这会涉及抚养费的计算年限等问题。[5]

该条文中的出生证明包括 1996 年后的《出生医学证明》，以及 1996 年以前各地医疗机构出具的各式出生证明材料。1996 年 1

月1日，我国开始使用《出生医学证明》，1996年后出生的公民通常应当持有《出生医学证明》。有的当事人没有出生证明，因超生没有登记户籍，应当调查取得当事人出生时的医疗记录材料、亲历出生过程的证人证言等，必要时还要委托做骨龄鉴定。

2000年2月21日颁布的《最高人民检察院关于"骨龄鉴定"能否作为确定刑事责任年龄证据使用的批复》指出：犯罪嫌疑人不讲真实姓名、住址，年龄不明的，可以委托进行骨龄鉴定或其他科学鉴定，经审查，鉴定结论能够准确确定犯罪嫌疑人实施犯罪行为时的年龄的，可以作为判断犯罪嫌疑人年龄的证据使用。如果鉴定结论不能准确确定犯罪嫌疑人实施犯罪行为时的年龄，而且鉴定结论又表明犯罪嫌疑人年龄在刑法规定的应负刑事责任年龄上下的，应当依法慎重处理。

骨龄鉴定不能作为修改年龄的证明。从司法的角度出发，只有在提出的证据足以证明出生医学证明、户籍证明等材料确实存在作假的前提下，才以骨龄鉴定判定年龄。

【法条】第十六条【胎儿利益的特殊保护】涉及遗产继承、接受赠与等胎儿利益保护的，胎儿视为具有民事权利能力。但是，胎儿娩出时为死体的，其民事权利能力自始不存在。

【案例】在王某钦诉杨某胜、泸州市汽车二队交通事故损害赔偿纠纷案中，原告王某钦称：在一次交通事故中，原告之父王某强被挂靠在被告泸州市汽车二队的被告杨某胜驾驶的汽车轧死。交警部门认定：杨某胜负此次交通事故的主要责任。依照《民法通则》第119条、《继承法》第28条的规定，原告必要的生活费、教育费，应当由杨某胜赔偿，泸州市汽车二队应当承担连带赔偿责任。由于杨某胜的反对，此项赔偿在原交通肇事一案的刑事附带民事判决中未解决。请求判令：（1）被告给原告支付生活费、教育费18458元；（2）被告给原告支付精神抚慰金10000元；（3）本案诉讼费由被告负担。

被告杨某胜向四川省泸州市公安局蓝田派出所提交1份常住人口登记表，用以证明王某强未婚，其与牟某不存在夫妻关系。被告泸州市汽车二队辩称：即使能证明原告王某钦是被害人王某强的遗腹子，也只能按《道路交通事故处理办法》进行赔偿。1岁的孩子不懂得精神损害，无须支付精神抚慰金，不能满足原告的全部诉讼请求。

本案证据包括：泸州市江阳区蓝田镇上坝村凤凰山农业合作社的证明2份，对证人毛某华、王某林的调查笔录各1份，用以证明王某强和牟某自由恋爱多年，二人一起同居生活，以及王某强在与牟某办理结婚手续的过程中死亡，当时牟某已怀孕。出生医学记录1份、医疗发票15张，用以证明牟某于2002年10月22日在四川省泸州市中医院生育王某钦，为此支出医疗费3238元。证人牟某、唐某丽、邓某华、高某红、牟甲的证言各1份，四川华西医学鉴定中心物2003-077号法医学鉴定报告书1份，鉴定发票2张，用以证明牟甲从王某强身上提取血样交民警保存，以及经亲子鉴定，王某钦确系王某强亲生儿子。

法院认为，由于被告杨某胜的加害行为，致王某强在王某钦出生前死亡，使王某钦不能接受其父王某强的抚养。本应由王某强负担的王某钦的生活费、教育费等必要费用的1/2，理应由杨某胜赔偿。生活费按泸州市2002年最低生活保障每月130元标准，教育费按每年444元标准，计算至王某钦18周岁时止。[6]

【分析】法官在该案裁判要旨中说明：《民法通则》第119条规定的“死者生前扶养的人”，既包括死者生前实际扶养的人，也包括应当由死者抚养，但因为死亡事故发生，死者尚未抚养的子女，对被害人死亡时尚未出生的非婚生子女，加害人负有赔偿责任。

在民法典该条文中，明确胎儿在继承、接受赠与等方面视为具有民事权利能力。也就意味着，胎儿在继承、接受赠与的情形中取得了民事主体的地位，可以在损害赔偿案件中作为一方当事人。例如，民警在处理交通事故时，如果发现孕妇受伤，可以将胎儿作为一方当事人。确认胎儿的时候，应当取得正规医疗机构的诊断证明材料。

如果有孕妇受伤，特别是经医院检查胎儿已经受到伤害，或者孕育条件已经受到破坏的，应当将孕妇腹中的胎儿列为一方当事人，[7] 以免漏掉当事人，导致损害赔偿不充分。遗腹子不仅享有获得死者死亡赔偿金应得份额的权利，还有权向肇事者索赔出生后至 18 周岁成年期间的抚养费等。

【法条】第十八条【完全民事行为能力人】成年人为完全民事行为能力人，可以独立实施民事法律行为。

十六周岁以上的未成年人，以自己的劳动收入为主要生活来源的，视为完全民事行为能力人。

【知识点链接】《公安机关办理行政案件程序规定》第 156 条规定，当事人中有未成年人的，调解时应当通知其父母或者其他监护人到场。但是，当事人为年满 16 周岁以上的未成年人，以自己的劳动收入为主要生活来源，本人同意不通知的，可以不通知。

违反治安管理的行为对他人造成损害的，行为人或监护人应当依法承担民事责任。

【案例】方某系被告陈某兴理发店中的理发师。某日下班后，方某将被告陈某兴放在理发店内抽屉中的摩托车钥匙拿去，并开走为陈某兴所有的摩托车去接在幼儿园上班的林某盈（未满 18 周岁）到 KTV 唱歌。当晚先后来到 KTV 唱歌的还有陈某兴及其女友等人。之后，方某送被告林某盈回家。在途中，林某盈要求学骑摩托车，方某同意并坐在她后面教。当车开至一 T 形路口时，与其他车辆相剐碰发生交通事故，造成方某和林某盈 2 人受伤。后方某经送医院抢救无效死亡。事故发生后，与林某盈所驾驶的摩托车发生剐碰的车辆逃离现场。

死者方某的父母遂将林某盈、陈某兴告上法庭，认为被告林某盈无证驾驶导致事故发生，应对方某的死亡承担赔偿责任。由于被告林某盈肇事时未成年，其民事赔偿责任应由其法定监护人林某途承担，含死亡赔偿金、丧葬费、医药费、精神抚慰金等共计近26万元。被告陈某兴作为肇事车所有人，明知死者无驾驶资质而将肇事车交给其驾驶，对事故的发生应承担连带责任。

被告林某盈辩称，根据交巡警大队的道路交通事故认定书，肇事逃逸车辆负主要责任。为此，肇事逃逸车辆的驾驶人应负赔偿的主要责任。另外，死者方某明知被告林某盈是未成年人，且无驾驶证，却放任由她驾驶。死者方某存在一定的过错，应当减轻被告林某盈的责任。被告陈某兴还辩称，肇事摩托车是死者方某擅自从其店铺开走的，其不应承担连带赔偿责任。

法院经审理认为，方某虽没有通过陈某兴将摩托车从其店内开走，但在KTV中被告陈某兴与方某等一起唱歌，之后方某用摩托车送林某盈回家，被告陈某兴是默认的。其明知方某没有驾驶资质仍予以出借为其所有的摩托车，故应当承担连带责任。

诉讼中，被告林某盈提出，死者方某明知被告林某盈为未成年人，且无驾驶证，而将二轮摩托车交其学习驾驶，从而造成交通事故，有一定的过错，应承担相应责任。原告的该诉讼请求应予以支持，但死者方某以承担10%的责任为宜。

被告林某盈在幼儿园工作，有固定的月收入，依照《民法通则》第11条第2款之规定，“十六周岁以上不满十八周岁的公民，以自己的劳动收入为主要生活来源的，视为完全民事行为能力人”。因此，本起交通事故造成的经济损失的赔偿责任，应由被告林某盈自己承担。

交警部门的交通事故认定书认定，逃逸车辆的驾驶人负主要责任，依照《最高人民法院关于审理人身损害赔偿案件适用法律若干问题的解释》第3条之规定，被告林某盈应先向原告赔偿，待公安机关侦破该案后，可以向逃逸车辆的驾驶人追偿。综上，法院一审判决被告林某盈赔偿原告17万余元，被告陈某兴负连带责任。[8]

【分析】本案中林某盈是16周岁以上的未成年人，以自己的劳动收入为主要生活来源，视为完全民事行为能力人，可以独立实施民事法律行为，也可独立为侵权行为承担法律责任。因此，即便林某盈父母的赔偿能力强于林某盈，林某盈的父母仍不承担责任，因其父母不再是其监护人。

在侵权责任编中，过错相抵规则又称过失相抵规则，指在加害人依法应承担损害赔偿责任的前提下，如果受害人对于损害事实的发生或扩大也有过错，则可以减轻加害人的赔偿责任。本案中，方某作为成年人，应当明知林某盈无证驾驶的风险，亦应当承担一定的责任。

【法条】第十九条【限制民事行为能力的未成年人】八周岁以上的未成年人为限制民事行为能力人，实施民事法律行为由其法定代理人代理或者经其法定代理人同意、追认；但是，可以独立实施纯获利益的民事法律行为或者与其年龄、智力相适应的民事法律行为。

【关联法条】《民法典》第一百四十五条【限制民事行为能力人实施的民事法律行为的效力】限制民事行为能力人实施的纯获利益的民事法律行为或者与其年龄、智力、精神健康状况相适应的民事法律行为有效；实施的其他民事法律行为经法定代理人同意或者追认后有效。

相对人可以催告法定代理人自收到通知之日起三十日内予以追认。法定代理人未作表示的，视为拒绝追认。民事法律行为被追认前，善意相对人有撤销的权利。撤销应当以通知的方式作出。

【案例】沙坪坝区民警接到报警称：家中小孩私自购买游戏手机，请民警帮助处理。报警人吴先生介绍说，他的儿子小吴偷拿他的手机，利用手机网上转账购买了2部手机，价值6598元。吴先生责骂了小吴，同时认为商场将手机卖给未成年人存在过错，当天带着儿子去商场退手机时与营业员发生纠纷。

民警现场调查得知：小吴和同学都是12岁，目前是某小学6年级学生。其在父亲用手机支付时偷偷记下了手机密码，于前段时间专门到该店，与营业员乐某谈好手机价钱并约定网上转账，顺利买走1部手机，几天后又用同一方法为同学购买1部。后吴某发现了小吴的手机，追问手机来历，小吴才向父亲吐露实情。吴先生立即带着儿子及其同学小王来到店内，在与店员乐某沟通中，乐某声称自己只管卖手机，只要买者有钱，不管他多少岁都可以卖。双方为此争吵不休。

民警现场进行了调解。吴先生认为商场不应卖手机给未成年人，要求退全款；而商场认为手机已经使用一段时间，无法再次售卖，而且家长也有责任，所以只愿承担每部手机400元的损失来回收。民警指出：依据民法"十周岁以上的未成年人是限制民事行为能力人，可以进行与他的年龄、智力相适应的民事活动；其他民事活动由他的法定代理人代理，或者征得他的法定代理人的同意"之规定，可以认定此次交易属于效力待定合同，监护人可依法撤销；同时，吴先生作为未成年人小吴的监护人，实施监护措施不力，也应承担相应责任。因此，吴先生要求经营者退货，经营者要求监护人承担相应损失，都是合情合理的。通过民警对法规进行耐心解读，双方最终达成一致：由乐某以5600元的价格回收2部手机，双方对此表示满意。[9]

【分析】本次事件是一起典型的未成年人消费纠纷案例。限制民事行为能力人实施与其智力精神状况相当的行为有效，如何认定其是否"相当"：按照常理推断即可。9岁的小学生，可以自己购买文具、零食等，购买手机、电脑等上千元大件物品必定为效力待定。不符合大多数9岁儿童通常可以实施的行为，则为效力待定。在本案中，12岁的未成年人消费价格高昂的手机，明显与其年龄和阅历不相适应，买卖手机的合同属于效力待定的法律行为。法定代理人拒绝追认合同的，效力待定的合同为无效合同，因合同造成的损失由行为人承担责任。在本案中，吴某拒绝追认该合同，合同无效。因商品开封造成的损失折价处理。

民事行为能力代表着一种资格，行为能力指的是民事主体可以以自己的行为享有权利、承担义务的资格。依照个体年龄、心智发展与健康状况，民事行为能力可以分为如下三个类别：

第一，完全行为能力。在个体年龄方面，根据民法典的规定，18 周岁以上的公民是成年人，具有完全民事行为能力，可以独立进行民事活动，是完全民事行为能力人。16 周岁以上不满 18 周岁的公民，以自己的劳动收入为主要生活来源的，视为完全民事行为能力人。在心智发展与健康状况方面，满足上述年龄条件的人并不一定成立完全行为能力，还需要具备精神正常的条件。不能辨认或不能完全辨认自己行为的精神障碍者的行为能力并不是完全的。

第二，限制行为能力。8 周岁以上、18 周岁以下（16 周岁即以自己的劳动收入为主要生活来源的，视为完全民事行为能力人）以及不能完全辨认自己行为的精神障碍者为限制行为能力人。可以进行与他的精神健康状况相适应的民事活动，其他民事活动由他的法定代理人代理，或者征得他的法定代理人的同意。

在能够从事法律行为的范围内从事的行为（如小孩子上街打酱油、中学生买了一本字典等）、纯获利益的行为、间歇性精神障碍者在精神状况稳定时的行为等一般都归于有效。超过行为能力的范围而实施的合同行为效力待定：如果通过法定代理人的追认来确认效力，则该合同行为有效；反之，如果法定代理人拒绝行使追认权或沉默，则合同无效。限制行为能力人纯获利益的行为并不因为其受限的行为能力而无效，如大人赠与小孩（10 岁）100 元钱，此纯获利益赠与合同有效，而小孩花费其中 10 元钱购买一个铅笔盒这一类事件，直接视为限制民事行为能力人的有效行为。

第三，无行为能力。根据民法典的规定，不满 8 周岁的自然人与完全不能辨认自己行为的精神障碍者是无民事行为能力人，由其法定代理人代理民事活动。

【法条】第二十七条【未成年人的监护人】父母是未成年子女的监护人。

未成年人的父母已经死亡或者没有监护能力的，由下列有监护能力的人按顺序担任监护人：

（一）祖父母、外祖父母；

（二）兄、姐；

（三）其他愿意担任监护人的个人或者组织，但是须经未成年人住所地的居民委员会、村民委员会或者民政部门同意。

【案例】2018年10月2日，北京市丰台区大红门某商场“抢孩子”事件引发社会高度关注。李某及老伴因儿子与媳妇关系不合，一直见不到孙子，便纠集其他3人将疑似“儿媳”张某婴儿车内的孩子强行抱走，终被商场工作人员制止并报警，李某4人被民警带回派出所询问。刑警队2个重案队参与案件调查工作，法制部门提前介入，在24小时内收集大量证据，其中包括向所有嫌疑人原籍公安机关、民政部门等机构核实嫌疑人的背景，向所有案件的有关人员取证，调取1年之前李某和自己的儿媳关于孩子抚养问题发生纠纷的报警记录和出警音视频录像等。李某等人后被警方处以行政拘留5日的处罚。[10]

【分析】未成年人的监护人首先是父母，只有父母死亡或者丧失监护能力，才由祖父母、外祖父母、成年兄、姐等主体按顺序担任监护人。认定监护人的监护能力，应当根据监护人的身体健康状况、经济条件，以及与被监护人在生活上的联系状况等因素确定。综合考察年龄、品行、职业、文化水平、生活习惯、对未成年人的照管经验等其他影响因素，以及监护人是否有意愿履行监护职责。[11] 丧失监护能力的情况主要包括被依法撤销监护人资格且未恢复、受监禁刑处罚限制人身自由、从完全民事行为能力人变为限制民事行为能力人或无民事行为能力人等。

在本案中，不论李某等人是否抢对孩子，均侵犯了孩子父母的监护权。只要孩子的父母在世，并且具有监护能力，包括祖父母在内的任何人非经法定程序都不能剥夺父母对未成年子女的监护权。本案中孩子的父母尚未离婚，李某主观上是不是抢自己的孙子，仅是影响到刑法上拐骗儿童罪的成立与否。刑法规定，拐骗不满14周岁的未成年人，脱离家庭或者监护人的，处5年以下有期徒刑或者拘役。

【延伸案例】之前，一段上海警察绊摔抱娃女子的视频在网上热传。当天下午，上海市公安局松江分局官方微博发出通报称：经调查，当日10时30分许，松江公安分局交警支队民警带领辅警在九杜路涞坊路附近对违法停车开展日常执法整治时，遭到一名违停女性车主的无理纠缠和推搡阻挠。民警在制止其纠缠的过程中，未顾及女子手中怀抱儿童的安全，将该女子摔倒在地，导致其怀中儿童跌落。事后，警方即将儿童和女子送医，经医生全面检查，儿童手臂表皮擦伤，女子面部、颈部软组织挫伤[12]。

【分析】针对有未成年人相随的监护人执法，公安部交通管理局《常见阻碍和妨害交通民警执行职务行为现场处置规程》第10条规定，对有未成年人随行的当事人阻碍交通民警执行职务行为的现场处置，应及时取证、耐心劝说、依法告知、妥善处置。对于继续实施阻碍执法行为的当事人，劝说制止无效，确需带离现场的，交通民警可徒手或使用警械将其制服后带离。当事人未成年子女在场时，应确保其安全，要安排民警照看，温言安抚，避免其惊吓跑动造成交通意外。

【法条】第二十八条【无、限制民事行为能力的成年人的监护人】无民事行为能力或者限制民事行为能力的成年人，由下列有监护能力的人按顺序担任监护人：

（一）配偶；

（二）父母、子女；

（三）其他近亲属；

（四）其他愿意担任监护人的个人或者组织，但是须经被监护人住所地的居民委员会、村民委员会或者民政部门同意。

【案例】宗某弟（1926 年 12 月 6 日出生）和吴某凤（1938 年 7 月 22 日出生）系夫妻关系，被告宗某红、宗某田、宗某苏、宗某铨系宗某弟和吴某凤的子女，宗某弟、吴某凤与各子女已分家独立生活。2012 年 9 月 7 日 5 时许，宗某弟和吴某凤在义亭镇新西河村将被害人吴某兰（1944 年 8 月 5 日出生，系宗某菊之丈夫）殴打致死。义乌市公安局即日将宗某弟和吴某凤抓获归案。经鉴定，吴某凤系精神障碍者，无刑事行为能力。宗某弟被取保候审，于 2013 年 3 月 2 日因病死亡。2012 年 9 月 12 日，经义乌市义亭镇人民调解委员会调解，宗某红、宗某田替其母亲付给被害人吴某兰的家属 50000 元，并约定其余部分通过诉讼程序解决。宗美菊与吴某兰的子女吴某晓、吴某君、吴某芳均同意，由宗某菊单独就吴某兰被害案提起民事赔偿诉讼。

法院认为，吴某凤系精神障碍者，案发时属无民事行为能力人，根据《侵权责任法》第 32 条的规定，其造成的损害应由监护人承担侵权责任。根据《最高人民法院关于贯彻执行〈中华人民共和国民法通则〉若干问题的意见（试行）》第 159 条的规定，“被监护人造成他人损害的，有明确的监护人时，由监护人承担民事责任；监护人不明确的，由顺序在前的有监护能力的人承担民事责任”，吴某凤在侵害吴某兰之前，关于吴某凤的监护人问题并无明确的约定、指定或者经过裁决，应视为当时吴某凤的监护人并不明确。双方当事人的主要争点在于，宗某弟对吴某凤是否具有监护能力。认定监护能力应当根据有监护资格的人的身体健康状况、经济条件，以及与被监护人在生活上的联系状况等因素确定。吴某凤自 2006 年、2007 年左右开始出现精神异常，当时宗某弟已年逾 80，自身年高体弱，对于小其 12 岁且患有精神疾病的吴某凤的监护，实为力所不及。此从宗某弟不能劝服吴某凤服药，村民反映吴某凤的滋扰行为而宗某弟难以有效约束，宗某弟在对公安机关的供述中讲到“我不听她（吴某凤）话的时候，她就要打我”，以及吴某凤与吴某兰发生纠纷后宗某弟不仅难以制止反而共同侵害吴某兰，公安局因宗某弟患有严重疾病而变更强制措施为监视居住等事实中可以得到印证。精神疾病需要住院或者长期服药治疗，而宗某弟本身并无足以负担该支出的经济能力。故宗某弟虽与吴某凤共同生活，但因年龄、健康状况及经济能力所限，难以承担监护职责。而宗某红等子女正值壮年，与吴某凤同村居住，平日也有来往和照料，经济能力与宗某弟相比也有优势，故应认定宗某红等子女为顺序在前的有监护能力的人，应对吴某凤造成的损失承担赔偿责任。[13]

【分析】因患有精神类疾病使得全部或部分丧失行为能力的人，其监护人可能为配偶、父母、成年子女、其他近亲属。关系密切的其他亲属、朋友愿意承担监护责任，经精神障碍者的所在单位或者住所地的居民委员会、村民委员会同意的也可以成为监护人。没有上述规定的监护人的，由精神障碍者的所在单位或者住所地的居民委员会、村民委员会或者民政部门担任监护人。法院案例要旨认为，监护人应同时具备监护资格和监护能力，仅有监护资格而不具备监护能力的，不能认定为监护人；监护能力的认定，应当根据监护资格人的身体健康状况、经济条件及与被监护人在生活上的联系状况等因素确定，以有效照护被监护人权益为根本考量，应高于民事行为能力标准。[14]

在接警时遇到有精神异常人士侵权的警情，需要确定侵权责任的承担者。对于无民事行为能力或限制民事行为能力的身心障碍人士造成的损害，参照《民法典》第 1188 条监护人责任的有关规定，无民事行为能力人、限制民事行为能力人造成他人损害的，由监护人承担侵权责任。监护人尽到监护职责的，可以减轻其侵权责任。有财产的无民事行为能力人、限制民事行为能力人造成他人损害的，从本人财产中支付赔偿费用；不足部分，由监护人赔偿。在本案中，由于吴某凤的配偶年逾 80，已经年老体弱，对于被监护人难以有效管束，并且经济条件也不足以承担被监护人长期治疗费用、侵权后产生的赔偿责任。吴某凤的配偶虽然是第一顺位监护人，但因为不具备监护能力，因此，由其子女承担监护责任，从而承担侵权责任。

【法条】第三十条【协议确定监护人】依法具有监护资格的人之间可以协议确定监护人。协议确定监护人应当尊重被监护人的真实意愿。

【案例1】8年前，时任武汉市公安局水上分局王家巷派出所副所长的刘继平与抢劫罪犯龚某签订了一份“特殊协议”，抚养其14岁的女儿珍珍（化名）直至大学毕业找到工作独立生活为止。8年后，珍珍最终以优异的成绩成功考取新加坡南洋理工大学硕士研究生。刘继平信守诺言，使这份特殊协议有了完美结局。

2002年，汉口江滩连续发生10余起麻醉抢劫案件，时任武汉市公安局水上分局王家巷派出所副所长的刘继平通过侦查，成功抓获抢劫犯罪嫌疑人龚某。当时，龚某的女儿珍珍只有14岁，学习成绩优异，放不下女儿的龚某多次企图撞墙自杀。为了让龚某安心入狱改造，也为了让珍珍能健康成长，刘继平与龚某签了一份关于珍珍的监护权委托协议，承担起一名“父亲”的责任。协议内容是：刘继平负责抚养珍珍，照顾其生活起居，履行法律监护义务，直到她大学毕业找到工作独立生活为止。这也是我国公安史上，第一份由警察与犯罪嫌疑人签下的监护协议。[15]

【案例2】一个涉嫌诈骗的苏州女子朱某被南京警察抓获后，说出了自己的担忧：自己早年离异，12岁的女儿是自己收养的，无人照顾，希望警察帮忙寻找监护人。雨花台警方接下这个托付，假扮女子的好友，带着她和还被蒙在鼓里的12岁女孩，下苏州、上盐城，往返奔波近千公里，终于为孩子找到了监护人。民警在盐城找到了朱某的朋友。当着女孩的面，朱某对朋友说：“我要在南京待一段时间，没时间照顾她，你帮帮我吧。”这时，女孩似乎明白了什么，但这个懂事的小姑娘默默地接受了与母亲分别的事实。当天，民警押着朱某连夜赶回南京。在车上，朱某哭着感谢南京警察，表示一定配合调查，好好改造。[16]

【分析】监护权是监护人对于未成年人和精神障碍者等无民事行为能力人和限制行为能力人的人身权益、财产权益所享有的监督、保护的身份权。监护人对于无民事行为能力和限制民事行为能力的未成年人和成年精神障碍者的合法权益实施管理和保护。未成年人的监护人首先为父母。在案例1中，龚某被判无期徒刑，长期无法履行监护职责，丧失监护能力，可以通过法定程序协议变更监护人。在案例2中，由于女孩的监护人将接受刑事处罚，无法履行监护职责，需要将监护职责委托给他人。

监护人可以在保留监护法律关系的前提下，将监护职责部分或全部委托给他人，从《民法典》第36条“（二）怠于履行监护职责，或者无法履行监护职责且拒绝将监护职责部分或者全部委托给他人，导致被监护人处于危困状态”的规定可以看出，民法典将这种情形视为监护人履行监护职责的一种方式。在案例2中，并不存在因为无限期委托、限制女子领回被监护人的情形，但也属于需要变更监护人的情形，因为从比较法的相关经验来看，因正在接受刑事处罚而被拘禁，是缺失监护能力的一种情况，这种情况下不能担任监护人。

【法条】第三十四条【监护人的职责与权利及临时生活照料措施】监护人的职责是代理被监护人实施民事法律行为，保护被监护人的人身权利、财产权利以及其他合法权益等。

监护人依法履行监护职责产生的权利，受法律保护。

监护人不履行监护职责或者侵害被监护人合法权益的，应当承担法律责任。

因发生突发事件等紧急情况，监护人暂时无法履行监护职责，被监护人的生活处于无人照料状态的，被监护人住所地的居民委员会、村民委员会或者民政部门应当为被监护人安排必要的临时生活照料措施。

【案例】 成都市新都区人民法院公开审理新都区人民检察院起诉原金堂县民警王某、黄某涉嫌玩忽职守一案。而这两人正是轰动全国的“3 岁幼女饿死”惨案主要责任人。6 月 21 日，成都青白江警方在辖区九千小区一住宅内发现一死亡多日的幼女，尸体已经开始腐烂。随后的调查结果令人意想不到：孩子的母亲李某有多年吸毒史，早在 6 月 4 日就因偷窃被金堂警方抓获并被送去强制戒毒，其间李某曾告诉办案民警家中还留有幼女。然而，涉案民警只是通过电话与李家亲属进行联系，在电话无人接听后虽向青白江团结村派出所转告了此事，但却未按法律规定给李某的家属、所在单位和户籍所在地公安派出所送达《强制戒毒通知书》。而团结村派出所距离李某的二姐家不过 100 米，却没人上门通知此事，结果造成小女孩身亡多日后才被发现。事后的法医鉴定表明，排除了暴力和中毒因素，幼女是饥渴交加而死。

事件经多家媒体披露后在全国引起轰动，成都市警方在事发 3 天后就对与此案相关的 10 名责任人予以停职或刑事拘留，但这次为何只有 2 人被送上法庭？成都市公安局宣传处长就此问题答复：“在小思怡这个案子上涉案民警责任有大有小，其余责任人在事发后已经受到了相关处理，而这次法院开庭则针对的是主要责任人。”[17]

【分析】 有监护人的违法、犯罪嫌疑人，根据《治安管理处罚法》《刑事诉讼法》的规定进行处理，如果构成违法、犯罪的，不影响司法部门对违法、犯罪嫌疑人的侦查、调查工作的处理。但是，应当对被监护人做好妥善安排，如委托其他家人、朋友进行监护等。

《治安管理处罚法》第 21 条规定，违反治安管理行为人有下列情形之一，依照本法应当给予行政拘留处罚的，不执行行政拘留处罚：（1）已满 14 周岁不满 16 周岁的；（2）已满 16 周岁不满 18 周岁，初次违反治安管理的；（3）70 周岁以上的；（4）怀孕或者哺乳自己不满 1 周岁婴儿的。《刑事诉讼法》第 74 条规定，人民法院、人民检察院和公安机关对符合逮捕条件，有下列情形之一的犯罪嫌疑人、被告人，可以监视居住：（1）患有严重疾病、生活不能自理的；（2）怀孕或者正在哺乳自己婴儿的妇女；（3）系生活不能自理的人的唯一扶养人；（4）因为案件的特殊情况或者办理案件的需要，采取监视居住措施更为适宜的；（5）羁押期限届满，案件尚未办结，需要采取监视居住措施的。对符合取保候审条件，但犯罪嫌疑人、被告人不能提出保证人，也不交纳保证金的，可以监视居住。监视居住由公安机关执行。

【法条】第三十六条【撤销监护人资格】监护人有下列情形之一的，人民法院根据有关个人或者组织的申请，撤销其监护人资格，安排必要的临时监护措施，并按照最有利于被监护人的原则依法指定监护人：

（一）实施严重损害被监护人身心健康的行为；

（二）怠于履行监护职责，或者无法履行监护职责且拒绝将监护职责部分或者全部委托给他人，导致被监护人处于危困状态；

（三）实施严重侵害被监护人合法权益的其他行为。

本条规定的有关个人、组织包括：其他依法具有监护资格的人，居民委员会、村民委员会、学校、医疗机构、妇女联合会、残疾人联合会、未成年人保护组织、依法设立的老年人组织、民政部门等。

前款规定的个人和民政部门以外的组织未及时向人民法院申请撤销监护人资格的，民政部门应当向人民法院申请。

【案例】卢某某系卢某一的父亲，卢某某明知卢某一未满 14 周岁且精神发育迟滞，仍与其发生性关系并导致卢某一怀孕。2015 年 12 月 14 日，四川省泸州市纳溪区人民法院以强奸罪判处卢某某有期徒刑5年6个月。现卢某某在监狱服刑。该刑事案件进入审理阶段后，法院认为应当依法撤销卢某某的监护权，遂向泸州市纳溪区民政局发出的司法建议，建议泸州市纳溪区民政局申请撤销卢某某的监护权资格。泸州市纳溪区民政局接受法院的司法建议，向法院申请撤销卢某某监护权。卢某一的母亲饶某某患有重度精神发育迟滞，卢某一的祖父母、外祖父母均已去世，而现在唯一有能力照顾卢某一的姑姑已经60多岁。

四川省泸州市纳溪区人民法院经审理认为，被申请人卢某某作为卢某一的监护人，对被监护人卢某一实施性侵，严重损害了卢某一的身心健康，已经不适合再担任卢某一的监护人，故对申请人泸州市纳溪区民政局的申请，依法予以支持。卢某一的母亲患重度精神发育迟滞，无独立生活能力，不能尽到监护责任，其祖父母、外祖父母均已去世，其姐姐系未成年人，无监护能力。另外，综合卢某一的其他亲属的经济条件及身体状况等因素，亦不适合担任卢某一的监护人。依照《民法通则》（2009年修正）及《最高人民法院　最高人民检察院　公安部　民政部关于依法处理监护人侵害未成年人权益行为若干问题的意见》相关规定，依法判决撤销被申请人卢某某对卢某一的监护人资格，指定泸州市纳溪区民政局担任卢某一的监护人。[18]

【分析】撤销监护人资格，未成年人有其他监护人的，应当由其他监护人承担监护职责。没有合适人员和其他单位担任监护人的，人民法院应当指定民政部门担任监护人，由其所属儿童福利机构收留抚养。

《最高人民法院　最高人民检察院　公安部　民政部关于依法处理监护人侵害未成年人权益行为若干问题的意见》明确了公安机关及时干预处置监护人侵害未成年人人身权益行为的职责。公安机关应当采取措施，及时制止在工作中发现以及单位、个人举报的监护侵害行为，情况紧急时将未成年人带离监护人。学校、医院、村（居）民委员会、社会工作服务机构等单位及其工作人员，发现未成年人受到监护侵害的，应当及时向公安机关报案或者举报。其他单位及其工作人员、个人发现未成年人受到监护侵害的，也应当及时向公安机关报案或者举报。

公安机关接到涉及监护侵害行为的报案、举报后，应当立即出警处置，制止正在发生的侵害行为并迅速进行调查。符合刑事立案条件的，应当立即立案侦查。公安机关在办理监护侵害案件时，应当依照法定程序，及时、全面收集固定证据，保证办案质量。询问未成年人，应当考虑未成年人的身心特点，采取和缓的方式进行，防止造成进一步伤害。未成年人有其他监护人的，应当通知其他监护人到场。其他监护人无法通知或者未能到场的，可以通知未成年人的其他成年亲属、所在学校、村（居）民委员会、未成年人保护组织的代表以及专业社会工作者等到场。

监护人的监护侵害行为构成违反治安管理行为的，公安机关应当依法给予治安管理处罚，但情节特别轻微不予治安管理处罚的，应当给予批评教育并通报当地村（居）民委员会；构成犯罪的，依法追究刑事责任。对于疑似患有精神障碍的监护人，已实施危害未成年人安全的行为或者有危害未成年人安全危险的，其近亲属、所在单位、当地公安机关应当立即采取措施予以制止，并将其送往医疗机构进行精神障碍诊断。

公安机关在出警过程中，发现未成年人身体受到严重伤害、面临严重人身安全威胁或者处于无人照料等危险状态的，应当将其带离实施监护侵害行为的监护人，就近护送至其他监护人、亲属、村（居）民委员会或者未成年人救助保护机构，并办理书面交接手续。未成年人有表达能力的，应当就护送地点征求未成年人意见。负责接收未成年人的单位和人员应当对未成年人予以临时紧急庇护和短期生活照料，保护未成年人的人身安全，不得侵害未成年人合法权益。公安机关应当书面告知临时照料人有权依法向人民法院申请人身安全保护裁定和撤销监护人资格。

对身体受到严重伤害需要医疗的未成年人，公安机关应当先行送医救治，同时通知其他有监护资格的亲属照料，或者通知当地未成年人救助保护机构开展后续救助工作。监护人应当依法承担医疗救治费用。其他亲属和未成年人救助保护机构等垫付医疗救治费用的，有权向监护人追偿。

公安机关将受监护侵害的未成年人护送至未成年人救助保护机构的，应当在5个工作日内提供案件侦办查处情况说明。监护侵害行为可能构成虐待罪的，公安机关应当告知未成年人及其近亲属有权告诉或者代为告诉，并通报所在地同级人民检察院。未成年人及其近亲属没有告诉的，由人民检察院起诉。

有关单位和人员向公安机关、人民检察院申请出具相关案件证明材料的，公安机关、人民检察院应当提供证明案件事实的基本材料或者书面说明。

【法条】第四十六条【宣告死亡的条件】 自然人有下列情形之一的，利害关系人可以向人民法院申请宣告该自然人死亡：

（一）下落不明满四年；

（二）因意外事件，下落不明满二年。

因意外事件下落不明，经有关机关证明该自然人不可能生存的，申请宣告死亡不受二年时间的限制。

【案例】 1998年5月25日上午，江苏省兴化市公安局警察王某与治安联防队员仇某赴浙江省德清市武康镇，将涉嫌犯抢劫罪已经批准刑事拘留的犯罪嫌疑人吴某洪抓获。押解吴某洪回兴化途中，押解民警将吴某洪戒具（手铐）打开让其吃午饭，此后未再给吴某洪带上戒具。16时左右，在镇江开往扬州的汽渡船上，吴某洪为脱逃乘隙跳江，至今生死未卜。

事发后，吴某洪之父吴某德认为，其子吴某洪在被押解过程中跳江，且吴某洪跳江后押解人员未采取任何措施。目击证人反映，吴某洪沉入江后未看到其浮出江面。至今杳无音信，必已死亡，故要求兴化市公安局赔偿。兴化市公安局认为，吴某洪为脱逃乘隙跳江，不能证实其业已死亡，公安机关仍在追捕，故拒绝赔偿。

事发4年之后，吴某洪之父吴某德以利害关系人的身份，向江苏省兴化市人民法院申请宣告吴某洪死亡。犯罪嫌疑人或被告人逃匿后，下落不明满4年，公安机关仍在追捕，是否能申请宣告死亡，成为法庭争议焦点。[19]

【分析】宣告死亡是在私法上拟制的一种制度，主要是为了清理失踪人与亲属的配偶关系、亲子关系等，清结失踪人的债务等财产关系，结束民事法律关系不确定的状态。只要其符合被申请宣告死亡的实质要件，其利害关系人提出宣告死亡申请，人民法院应当依法受理判决。宣告逃犯死亡不会导致无法追究其刑事责任，在公法上，逃匿的犯罪嫌疑人、犯人仍然应当承担刑事责任。在本案中，逃匿的犯罪嫌疑人归案后，如果利害关系人不愿意撤销死亡宣告，人民法院可以通过审判监督程序予以撤销。

【法条】第五十七条【法人的定义】法人是具有民事权利能力和民事行为能力，依法独立享有民事权利和承担民事义务的组织。

【案例】2016年11月24日，A公司工作人员周某英报警称“公司公章和营业执照被公司合伙人陈某胜、彭某民拿走”。民警出警后，告知报案人此属于民事纠纷，如有必要可以向法院起诉。之后在2018年，A公司第二次、第三次报警，向原广德县公安局递交书面报案材料，载明：2016年11月24日11时许，陈某胜、彭某民纠集10余人至该公司办公室，暴力控制该公司工作人员，抢走营业执照、公章、会计凭证等重要资料，该公司依法及时报警，但原广德县公安局桃州派出所处警后，至今没有依法处理；陈某胜、彭某民等人在抢走营业执照、公章、会计凭证等重要资料后，占据该公司的A国际大酒店，进行对外出租等营利性活动，致使该公司无法正常经营，给该公司造成严重损失；陈某胜、彭某民既非该公司股东，亦非该公司工作人员，其无任何事实和法律依据侵犯该公司正常的生产和经营秩序，对其违法行为希望依法予以调查处理。第二次报警后，原广德县公安局当日予以受案，随后对报案人张某报称的“陈某胜、彭某民等人于2016年11月24日到A国际大酒店滋事”，即“强取公章、营业执照”一事，通过询问张某光、周某英、黄某华、郑某萌、俞某兵等人以及从广德县市场监督管理局调取A公司、B公司相关工商登记资料等形式展开调查，且在经调查认为此系公司内部纠纷的情形下，于2018年8月16日作出终止案件调查的决定，并将决定书送达当事人，即原广德县公安局已经履行相应的治安管理职责。陈某胜、彭某民为A公司、B公司的股东，其二人强取A公司公章、营业执照的目的在于取得对A国际大酒店相关事务的掌控权，即此行为实质为A公司2名股东即C集团与B公司之间的争议，属公司内部争议，依法不属于公安机关治安管理的范畴。据此，原广德县公安局决定终止对本案的调查，于法有据，行政程序合法。[20]

【分析】本案属于公司内部控制权的争议，民警可以建议当事人向法院起诉。最高人民法院《关于印发修改后的〈民事案件案由规定〉的通知》第252款规定了“公司证照返还纠纷”，公章纠纷实质是公司控制权纠纷，往往表现为公司公章、证照被他人占有，公司现有股东无法控制公司，从而产生纠纷。这一类纠纷报警的主要目的是固定证据，借出警记录记载争议的关键情节，希望在法庭上起到认定事实的作用。此外，也可能是一方当事人想借助公安力量对争夺控制权的相对方形成威慑。因此，接处警民警应当做好相应的事实认定工作、调查工作，以证实该内部争议是民商法争议，而非治安管理处罚法上的扰乱单位秩序行为。治安管理处罚法上的“扰乱法人秩序”既可以是暴力性的扰乱，也可以是非暴力性的扰乱。例如，在机关、单位门前、院内哄闹、大肆喧嚣，强占或者封锁机关、单位的办公室、会议室、实验室、生产车间、营业所、教室，辱骂、威胁、殴打负责人或者其他工作人员等，干扰正常工作，且尚未造成严重损失。造成严重损失的，有可能按照聚众扰乱社会秩序罪追究行为人的刑事责任。

【法条】第五十八条【法人成立的条件】法人应当依法成立。

法人应当有自己的名称、组织机构、住所、财产或者经费。法人成立的具体条件和程序，依照法律、行政法规的规定。

设立法人，法律、行政法规规定须经有关机关批准的，依照其规定。

【案例】派出所民警在中北镇某快捷酒店进行检查时发现，该快捷酒店存在未获公安许可擅自经营的情况，遂将其负责人武某某（男，32岁，西青区人）传唤至公安机关接受调查。经询问，武某某供述了在未获得公安机关旅游业特种行业许可证的情况下擅自经营旅馆的违法事实。经民警处理，该人被依法行政拘留。[21]

【分析】法人应当具备下列条件：依法成立；有必要的财产或者经费；有自己的名称、组织机构和场所；能够独立承担民事责任。法人的组成部分不能够独立承担民事责任。例如，某公司的风险管理组织体系包括总经理办公会、风险管理委员会、风险管理部门、成员企业等，有些是法人的内部机构如总经理办公会，不能登记为法人，有些机构如成员企业，在具备了上述法人条件的情况下，可以申请登记为法人。

法人民事权利能力的范围受到法律和行政法规、法人目的的限制。例如，需要由公安机关许可，核发《特种行业许可证》的旅馆业、公章刻制业和保安培训业等，这几类法人需要经过行政许可，才有完全的民事权利能力。随着党中央和国务院“放管服”改革的深入推进，公安部不断深化特种行业和保安行业许可、备案事项改革工作，取消和简化旅馆业、保安业、娱乐业等许可、备案手续，实行旅馆业特种行业许可和保安培训许可告知承诺制，娱乐场所、回收生产性废旧金属等企业提交备案材料，企业依法履行相关程序后即可开业经营，不用再等公安机关进行实质性审核。

【法条】第七十四条【法人分支机构及其责任承担】法人可以

依法设立分支机构。法律、行政法规规定分支机构应当登记的，依照其规定。

分支机构以自己的名义从事民事活动，产生的民事责任由法人承担；也可以先以该分支机构管理的财产承担，不足以承担的，由法人承担。

【案例】2000年7月15日，桐柏县公安局的派出机构吴城派出所因购买微机向张某借款20000元，约定定期给付利息，并向张某出具“收条”，内容为“吴城派出所今收到张某微机款20000元，大写贰万元整。按定期付利息，每月付张某工资叁佰元整”。后经张某追要，吴城派出所未偿还本息，张某起诉桐柏县公安局。[22]

【分析】在民法典中，法人主要分为营利法人、非营利法人、特别法人。机关法人属于特别法人，因此公安局属于特别法人。凡县级以上公安机关都是执法机关，具有独立法人资格，对外依法以自己的名义从事执法活动和民事活动。在我国公安系统中，在编制上能称为公安分局的一般是县级以上公安机关（也是县级以上人民政府的工作部门），公安分局是法人单位，具有独立法人资格，派出所为特别法人的分支机构，不具有独立法人资格。在本案中，派出所以自己名义进行借贷，产生的民事责任由县公安局承担。

【法条】第一百零九条【人身自由、人格尊严受法律保护】自然人的人身自由、人格尊严受法律保护。

【案例】1992年，福建省泉州A有限公司与河北省B酿酒厂签订了合作营销B酿酒厂某一系列产品的合同。此后，酒厂向A公司供酒80余吨，价值160余万元。A公司虽经多方努力，但销路不畅，提出退货要求，酒厂也表示可以退回。但1993年6月25日，B县数名公安民警及检察院人员未与当地公安机关联系，也未出示任何法律手续，突然将A公司总经理吴某康（泉州市政协委员）押至该县看守所。A公司派员赶到该县了解事情的缘由，县公安局以“此事是县委、县政府交办的”为由不予正面解释，继续以诈骗罪拘押吴某康。直到全国人大及公安部领导明确批示、河北省委下令责成该县委立即放人后，该县公安局才出具证明书，宣告吴某康无罪释放。[23]

【分析】《公安部关于严禁越权干预经济纠纷的通知》中附有以上案例。极个别公安机关为了本地方或某部门的经济利益而置国家法律和党纪政纪于不顾，越权办案，把不属公安机关管辖的经济纠纷、债务纠纷立为诈骗案件，为一方当事人追款讨债；有的故意混淆经济纠纷与诈骗案件的界限，谋取私利。

自然人的人身自由、人格尊严受法律保护。在人身自由方面，禁止公安民警以刑事案件名义以违法收审、扣押人质、非法拘禁等手段强行抓人，长期关押，还款放人。在人格尊严方面，杜绝侦查行为不文明现象。严禁以侮辱人格、变相体罚、刑讯逼供等非法手段，对待违法犯罪人员或拘留逮捕羁押人员。

对于严重侵犯了公民人身权利和合法权益的违法办案、越权办案行为，应当坚决查处，坚决维护国家法律的统一和尊严。

【法条】第一百二十二条【不当得利】因他人没有法律根据，取得不当利益，受损失的人有权请求其返还不当利益。

【案例】施先生在晋江做化工生意，通过电脑网银转账支付货款。在备选收款客户中，贵州收款人和福州收款人的两个名字只差一个字，他匆忙之中勾选了福州收款人汇出 250 万元。汇错钱后，福州收款人不还。施先生报警求助。核实情况后，晋江民警快速介入调查，联系了收款人，但对方口头答应退款，却迟迟没有行动。民警数次催促无果，决定找福州警方协助。福州警方也迅速行动，派出民警找到收款人，当面晓以利害。第二天上午，施先生收回 250 万元。[24]

【分析】福州收款人构成不当得利，应当全额返还。不当得利的构成要件是一方取得财产利益，一方受有损失，取得利益与所受损失间有因果关系，并且没有法律上的根据。在本案中，应当审慎认定福州收款人构成侵占罪或敲诈勒索罪。侵占罪的犯罪对象为他人的交给自己保管的财物、遗忘物和埋藏物，汇错款是典型的不当得利，不属于以上犯罪对象。所谓他人的交给自己保管的财物即代为保管的他人财物，是指通过他人委托或依照契约或有关规定而为他人收藏、管理的财物。所谓他人的遗忘物，是指出于自己的本意，本应带走却因遗忘没有带走的财物，如买东西将物品忘在柜台上，到他人家里玩将东西遗忘在人家家里，乘坐出租车把财物遗忘在车里等。

【法条】第一百二十七条【数据、网络虚拟财产的保护】法律对数据、网络虚拟财产的保护有规定的，依照其规定。

【案例】2007 年 4 月 29 日 23 点 49 分前后，陈某静的游戏账号中包括编码为 1139546893 的复活戒指、编码为 3068 的麻痹戒指在内的共 11 个游戏装备几乎被同时转出。30 日，原告从案外人于尚处购买了上述编号的复活戒指和麻痹戒指，共花费人民币 2 万元，由原告的游戏角色水“≈统一天下”持有并使用。陈某静发现装备丢失后，即向被告盛大公司电话求助。被告建议陈某静报案。陈某静遂于 2007 年 5 月 8 日向温州市公安局鹿城区分局报案，鹿城区公安局网监大队接到报案后即于当日向被告发出协查函，该协查函列明了陈某静的游戏账号、角色名、失窃装备的清单，要求被告核对账号并将有关游戏装备交易资料传真至公安局。被告接到协查函后，确认陈某静报案丢失的复活戒指、麻痹戒指在原告的账户内，遂于 2007 年 5 月 10 日冻结了该 2 个装备。2007 年 5 月 31 日，被告将陈某静报案丢失的所有装备自 2007 年 4 月 29 日以后的流转详情记录传真给了鹿城区公安局网监大队。案件审理中，涉案的 2 个游戏装备均处在被冻结的状态，被告并未将之发还给陈某静。

上海市浦东新区人民法院经审理认为，《热血传奇》最终用户使用许可协议、关于维护在线游戏运行环境和公平性的补充条款、用户服务条款、用户须知、玩家守则等是被告与原告间关于服务合同权利义务的约定，同时也是被告与其他玩家关于服务合同的约定。被告负有根据诚实信用原则努力维护游戏的公平环境和平等保护不同玩家利益的义务。案外人陈某静游戏账户中的包括本案所涉复活戒指、麻痹戒指在内的11个游戏装备几乎在同一时间被转出属于异常情况。在陈某静向温州市公安局鹿城区分局网监大队报案游戏装备失窃、公安部门也向被告发出了协查函的情况下，为了避免系争游戏装备再行流转造成玩家不必要的损失，也为了公安部门顺利调查，被告在涉案麻痹戒指、复活戒指权属尚不明朗的情况下，对之采取暂时冻结措施属于合理的措施，并不违反诚实信用原则。原告在目前的情况下诉请被告解除对涉案装备的冻结，难以支持。因此，根据《合同法》第6条之规定，判决原告的诉讼请求不予支持。[25]

【分析】民法典的新规定确认了自然人个人信息、数据、网络虚拟财产的权益价值属性。游戏运营商对玩家的虚拟财产保护负有保障协助义务。值得采用虚拟财产概念保护的对象，包括虚拟有形财产（如网络游戏中的游戏装备）、虚拟无形财产（如域名、游戏等级、论坛上的分值）、虚拟集合性财产（如由服务器、软件、域名、网页及其提供的内容等共同构成的网站）。[26]

虚拟财产是具有以电磁数据为载体、以财产价值为内容、以互联网为空间的一种特殊财物。[27] 网络虚拟财产虽然与一般的现实财产性状有所不同，但并不影响将窃取虚拟财产的行为评价为财产类犯罪。

【法条】第一百三十二条【不得滥用民事权利】民事主体不得滥用民事权利损害国家利益、社会公共利益或者他人合法权益。

【案例】原告冯某海系原告冯某栋之子，被告冯某生家与冯某海、冯某栋家的住房相邻，冯某生家在东侧。2017年5月24日，在二原告家盖门房和厢房过程中，冯某生将车牌号为×××的黑色轿车停在原告家施工现场阻挠建筑施工，经原告多次和被告协商，被告拒不将车挪走，无奈之下原告拨打110报警。警察出警后劝被告将车开走，别阻挠原告家施工，但被告拒不将车开走，致使原告家无法继续施工，给原告家造成了较大经济损失。以上事实由双方当事人的陈述、法院调取派出所的询问笔录等证据证实。双方自行协调未果，二原告提起诉讼。原告请求：判令被告排除妨碍，将汽车开离原告家施工现场；判令被告赔偿因妨碍原告施工造成的经济损失共计人民币3万元；诉讼费、保全费由被告负担。在诉讼过程中，冯某生于2017年7月12日将轿车自行开走，对二原告家的建房妨碍自此解除，二原告撤回对本案排除妨碍的诉讼请求。

被告冯某生辩称：(1) 原告建房行为，因未取得规划手续而违法。原告虽然是在自己的宅基地范围内建设房屋，但仍需履行相关批准手续，未经村委会同意及乡镇政府批准，即使在原有宅基地内建房，仍违反《城乡规划法》第41条第2款之规定、《河北省城乡规划条例》第56条之规定，属于行为违法。(2) 原告将住宅用地用于建设生产豆芽菜的厂房，改变了宅基地用途，属于违法。原告将住宅用地用于修建厂房，用于生产豆芽，厂房内有2台锅炉，满地是用于泡豆芽的生产用水，其房屋生产性用途明显，属于改变宅基地用途，违反《土地管理法》第4条第4款等规定。(3) 原告建房行为侵犯被告合法权利，属于权益滥用。该权利滥用行为也属于违法行为，而被告行为属于自力救济行为。

即使是行使自己的合法权利，也不能侵犯他人的权利，否则属于权益滥用，亦构成侵权。这在《民法总则》第132条及上述《河北省城乡规划条例》第56条中均有规定。在本案中，即使原告建房合法，但其行为严重侵害了被告住宅安全，对此，有鉴定结论为证，因此原告权利滥用的行为也属于侵权行为。法院判决：被告冯某生赔偿原告冯某海、冯某栋人工费损失1000元，于本判决生效后10日内履行。驳回原告冯某海、冯某栋其他诉讼请求。[28]

【分析】在本案中，原告的建房行为没有按照公法上的相关规定办理规划许可证，被告可以请求相关公权力机关依法处罚。原告的建造行为未影响到相邻方生产及生活便利，在这种情况下，相邻方不能擅自阻止建房行为，被告应当排除妨碍，并对所造成经济损失进行赔偿。被告提出适用《民法总则》第132条（《民法典》第132条），适用法律条文错误。其没有给自己造成任何便利，旨在损害他人权利，看似在行使自己的所有权，但其行为违背了权利行使的社会性，构成权利滥用，违背权利不得滥用原则。权利不得滥用原则属于诚信原则的派生原则。原告的行为应当由公法进行调整，在民法上并未构成权利滥用。在本案中，民警劝被告将车开走，不能阻挠原告家施工，提供了合理的解决方案。对于仍然无法解决的纠纷，做好询问笔录后，可以告知其通过民事诉讼程序解决。

【法条】第一百四十六条【虚假表示与隐藏行为的效力】行为人与相对人以虚假的意思表示实施的民事法律行为无效。

以虚假的意思表示隐藏的民事法律行为的效力，依照有关法律规定处理。

【案例1】小孙于2010年出资在北京购买了一套房屋。2011年与小赵登记结婚。小赵却谎称如果小孙与自己办理离婚登记，然后再找一个北京当地人结婚，便可为小孙和孩子办理北京市户口，并介绍小孙认识案外人老姜。同时，小赵声称为防止假结婚后老姜对小孙名下的房产及其他财产主张权利，要求小孙将房屋过户登记至小赵的名下。小孙为了北京户口照办了。后来小赵以房屋归他所有为由，拒绝小孙入住，于是小孙便起诉要求判令房屋归自己所有。小孙曾到公安局刑侦大队报案，称被小赵骗取房屋。在接受公安机关讯问时，小赵承认了上述情况。法院据此认定，小孙与小赵的离婚协议书中关于房屋归小赵所有的约定，并非小孙的真实意思表示。[29]

【案例2】2018年11月，陈某和女友小米商量着要去马尔代夫旅游，陈某去旅行社咨询后发现，如果是新婚夫妻报名，还会免费得到一个蜜月套餐，包含酒店赠送的鲜花、早餐和香槟等内容。陈某暂时没有结婚的打算，为了享受到蜜月套餐，他从同事那儿联系上一个办假证的人，在把自己和女友的照片、身份证等信息发过去后，花了150元，拿到了一本逼真的结婚证。但他万万没想到，制作假证的人于之后落网，警方顺藤摸瓜找到了他。这时，陈某才意识到办理假结婚证后果竟然如此严重。人民检察院以买卖国家机关证件罪对陈某提起公诉。人民法院依法判决被告人陈某有期徒刑6个月，缓刑1年。负责该案的检察官说，在办案中，他们常常会遇到这样的嫌疑人，为点小事就到网上去买假证，根本没想到这么做是犯法，这样一来，自己的人生就留下了一个犯罪的污点。[30]

【分析】虚假表示的目的往往是规避公法义务，如以阴阳两套合同避税、逃避法院强制执行等。

为户口、买房、摇号、子女上学等虚假结婚，在法律概念上认定为通谋的虚伪结婚，它是指男女双方缔结婚姻时约定不建立婚姻共同生活的情形，特点是意思与表示不一致，属于意思表示存在瑕疵的情形，婚姻无效。

【法条】第一百四十七条【基于重大误解实施的民事法律行为的效力】基于重大误解实施的民事法律行为，行为人有权请求人民法院或者仲裁机构予以撤销。

【案例】2015年10月4日，南京的朱先生和四川的肖先生与各自的家人在青岛一家名为善德烧烤的饭店用餐时，各自点了一份虾，点餐时菜单上标价38元。在吃饭前，他们曾详细询问过菜价，并向老板确认过38元究竟是一份还是一只，肖先生称当时老板说的是38元一份。但吃完饭后，老板却称大虾价格为38元一只。结账时，店老板要按每只虾38元的价格收费。“善德活海鲜烧烤”的价目单显示，“海捕大虾38元”，旁边没有标明计价方式是按

“一个”还是“一份”，但在价目单的最下方，有“以上海鲜单个计价”的小字说明。

朱先生和肖先生拨打了110报警电话。民警来了之后就说：这事不归我们管，这事我们管不了，这个是价格方面的问题，价格方面的问题应该由物价部门进行管理，你要不就打114查询，查询物价局电话，把这个情况跟他们反映。物价局的人又说：当时是晚上，太晚了，处理不了，只能等到明天才能进行处理。

民警的离开让店老板更加得意，坚持少一分都不行，非得让朱先生付2175元，让肖先生付1338元钱。两桌客人跟烧烤店老板的不断争吵声，引来了不少围观的人，有人建议他们，不如留下正常价格的饭钱赶紧逃走，朱先生和肖先生两家人觉得这个方法可行，决定赶紧逃离这个是非之地。为了防止客人逃跑，烧烤店老板一边用棍子恐吓朱先生和肖先生两家人，一边指使手下的人打110报了警，理由是“有人吃了霸王餐，不给钱想逃跑”。这个报警电话让民警又回到了现场，趁着民警在场，朱先生和肖先生为了防止发生意外，趁机都让老婆和孩子躲进了人群，民警把他俩还有烧烤店老板一起带回了派出所。

经过协商，肖先生和朱先生分别给了烧烤店老板800元和2000元的餐费，之后才得以脱身。肖先生和朱先生在结束旅游各自返回家乡之后，把他们的遭遇发到了网上，引起了社会的极大关注。

事后，青岛市、市北区两级物价部门在检查后发现，该烧烤店提供的菜品虽已明码标价，但是极不规范，涉嫌误导消费者消费。鉴于此，根据《价格法》的有关规定，责令其退还非法所得，并按照涉嫌价格欺诈、违反明码标价及侵害消费者权益的规定，依法进行立案查处。[31]

【分析】在青岛大虾案中，当食客报警后，派出所民警将该事件定性为民事纠纷，认为应当归物价局管辖。根据《公安机关办理行政案件程序规定》第61条第1款第（3）项的规定，对不属于公安机关职责范围的事项，在接报案时能够当场判断的，应当立即口头告知报案人、控告人、举报人、扭送人、投案人向其他主管机关报案或者投案，报案人、控告人、举报人、扭送人、投案人对口头告知内容有异议或者不能当场判断的，应当书面告知。

从民法角度看，买卖合同中的物体或商品合同标的物的品种、质量、规格或者是对标的物的数量、包装、履行方式、履行期限等内容的误解，会给一方当事人造成重大损失时，也可构成重大误解。因为对大虾的品种、质量、规格、计价方式等内容的误解属于对合同重大内容的误解，会导致合同目的的落空，以至于会给合同当事人造成重大损失，也可以构成重大误解，合同可以撤销。撤销后，按照市价进行损失的补偿。对于合同的计量单位存在重大误解，计量单位口头与书面不一致的情况，按照当地、同餐饮行业的交易习惯进行确定。

公安机关有维护社会秩序、保护人民人身权和财产权的法定职责。对于复杂的民间纠纷案件，公安机关在无法与有关主管机关对接的情况下，应当依据《人民警察法》第 21 条“对公民的报警案件，应当及时查处”的规定做好调查取证工作。在本案中，民警确定其属于民间纠纷后，应响应公民提出的帮助解决纠纷的请求。民警应当积极确认 38 元一只虾的价格是否为市场行价，从而确定相应的调解方案。同时，评价餐厅方面的强迫行为是否达到暴力威胁的标准，是否构成治安处罚，等等。

即便是“霸王餐”食客不讲道理，餐厅行使自助行为，也无权以暴力威胁方法索要高额餐费或长期限制人身自由，应当协商由食客亲友前来付账，或获取身份信息，以法定诉讼等方式进行索要。

【法条】第一百五十条【以胁迫手段实施的民事法律行为的效力】一方或者第三人以胁迫手段，使对方在违背真实意思的情况下实施的民事法律行为，受胁迫方有权请求人民法院或者仲裁机构予以撤销。

【案例】夏某理、夏某云系姐弟关系，夏某云、熊某系夫妻关系。夏某理、夏某云的母亲叶某系某县经济开发区村民。2005 年 4 月，香港某公司与浙江某集团有限公司共同投资组建一旅游公司，在县开发区开发项目，其中拆迁由开发区管委会委托拆迁公司实施。2005 年 11 月中旬，因涉及叶某家房屋拆迁和坟墓迁移，叶某与拆迁公司签订了房屋拆迁协议，叶某、夏某芬（叶某的二女儿）分别收到房屋拆迁补偿费人民币 52565 元和坟墓迁移补偿费人民币 29600 元。被告人夏某理、夏某云以及熊某起初虽对叶某签订拆迁协议有过不满，但对拆迁补偿费标准并未有异议，其中夏某云还从其母亲处收到房屋补偿费人民币 42000 元，夏某理从夏某云处拿到 10000 元。2005 年 12 月中旬，夏某云因家人在迁移坟墓时未通知自己到场而感到不满，与母亲叶某和叔叔潘某等亲属发生矛盾，夏某云赶至潘某家中掀翻饭桌，引起潘某家人生气并欲动手教训。夏某云自知理亏，当场下跪，向潘某家人赔礼。夏某理得知此事后，认为是开发区管委会实施拆迁而造成他们亲属不和，加上先前因其大儿子在校猝死一事多次进京上访被开发区管委会带回，未能按其意愿得到处理，为此产生重新向开发区管委会等单位索取拆迁、迁坟相关损失赔偿费和儿子死亡精神损失费的想法。2005 年 12 月底，夏某理先后起草了一份要求开发区管委会、香港某公司与浙江某集团有限公司等单位赔偿住宅和祖坟毁坏及精神损失费计 61 万元的索赔材料，一份举报香港某公司与浙江某集团有限公司、开发区在项目开发过程中存在违规、违法行为的举报信，交由夏某云修改打印，将索赔材料交给开发区管委会，并将举报信交给县信访局。

2006 年 1 月 13 日晚，拟成立的旅游公司执行总裁唐某某得知夏某理举报该公司开发的项目后，担心对工程进展不利，通过开发区有关人员了解到联系方式，打电话约见被告人熊某，以了解夏某理等人的意图。次日，夏某理、夏某云、熊某按约与唐某某见面，并将举报信和索赔材料交给唐某某，夏某理声称“不满足我们的要求，就要举报这个项目不合法，要这个项目搞不下去”。唐某某考虑到该项目已大量投资，为不使举报行为对项目产生不利影响，答应对夏某理赔偿，并主动打电话给熊某。夏某理让夏某云陪熊某应约继续和唐某某交涉，但具体赔偿数额由夏某理决定。熊某在征得夏某理同意后，与唐某某谈妥，由唐某某方赔偿给夏某理、夏某云、熊某人民币共计25万元。1月19日，夏某理、夏某云、熊某在一份由唐某某起草的关于愿意支付人民币25万元、夏某理不再举报该项目的承诺书上分别签字后，收到唐某某首期支付的10万元。该10万元存放于夏某云处，后夏某云征得夏某理同意后取出人民币2万元偿还贷款。案发后，公安机关追回人民币8万元并已发还。[32]

【分析】区分民事胁迫与敲诈勒索罪的区别。拆迁户以举报开发商违法行为为手段索取巨额补偿款不构成敲诈勒索罪。对信访人的不当行为，不宜轻易地作犯罪处理。虽然案中以要挟为手段索赔，获取了巨额钱款，但夏某理、夏某云的索赔是基于在房屋拆迁、坟墓搬迁中享有一定的民事权利提出的，不具有民事违法性，因此，不能认定其具有敲诈勒索罪构成要件中“以非法占有为目的”的主观故意。

【法条】第一百五十三条【违反强制性规定及违背公序良俗的民事法律行为的效力】违反法律、行政法规的强制性规定的民事法律行为无效。但是，该强制性规定不导致该民事法律行为无效的除外。

违背公序良俗的民事法律行为无效。

【案例】王某创办某情感公司，号称一年为8万男性解决恋爱问题。4名学员报名培训班后发现培训内容属于PUA（Pick up artist）性质，与培训计划完全不符，几乎都是讲授如何引诱异性以及操控、玩弄异性情感，4名学员要求退费，双方起争执报警。[33]

【分析】在本案中，由于操纵玩弄异性情感的培训内容明显违背公序良俗，合同无效，应当返还全部学费。公序良俗原则与道德范畴的价值判断密切相关，如家族关系当中的道德准则、社会纽带中的根本观念，是社会性非常强的一类民法基本原则，具体包括公共秩序、善良风俗两大类内容。违反善良风俗，一般认为包括以下类型：违反性道德的行为、赌博行为、限制人身自由的行为、违反家庭伦理道德的行为、违反职业道德的行为、诱使他人违反合同的行为、暴利行为、对违反道德目的的无偿资助行为等。

【法条】第一百八十一条【正当防卫】因正当防卫造成损害的，不承担民事责任。

正当防卫超过必要的限度，造成不应有的损害的，正当防卫人应当承担适当的民事责任。

【案例】赵明（化名）酒后乘坐王亮（化名）驾驶的出租车，双方在乘车过程中因车费问题发生争执。赵明打电话让其朋友吴刚（化名）到场帮忙。吴刚赶到现场，借着酒劲拉开出租车车门并在王亮的头部和胸部打了几拳。王亮下车躲避并拨打110报警，在此过程中吴刚继续追打王亮，王亮遂打了吴刚面部一拳。随后派出所民警赶到现场，控制了事态。吴刚事后到医院检查，经诊断为下颌骨正中骨折，住院7天接受治疗。后吴刚将王亮诉至法院，因司法鉴定确认伤情构成10级伤残，故要求王亮赔偿其医疗费、残疾赔偿金、护理费等各项费用共计9万余元。

法院经审理认为，王亮的行为符合正当防卫的构成要件，且在王亮打了吴刚面部后，吴刚就停止了继续追打王亮的行为，王亮也未再采取其他防卫措施，因此不存在防卫过当，依法不应当承担赔偿责任。故判决驳回吴刚的全部诉讼请求。该判决已发生法律效力。[34]

【分析】民事权利救济方式指的是民事权利的保护，包括公力救济与自力救济。民事权利的主张，如通过诉讼使责任人返还原物，体现的是公力救济。民事权利的自力救济是民事主体的自我保护。自力救济包括正当防卫、紧急避险和自助行为。

上述案例是正当防卫作为免责事由在民事侵权案件中的适用。因正当防卫造成损害的，不承担民事责任。正当防卫超过必要限度，造成不应有的损害的，应当承担适当的民事责任。判断正当防卫或是防卫过当，可以根据事件发生当时，是否存在用较轻微方法制止不法侵害的可能性。如果除防卫行为外，再无其他轻微方法可以制止不法侵害，一般即可以认定为正当防卫。在合理的限度内反击行凶者保护自己的人身权是一种典型的正当防卫行为。

适用正当防卫应当注意如下几点：第一，正当防卫应当采取正当手段。甲为免3楼家中遭窃，在阳台上拉高压电网，小偷乙被电击掉落身亡。由于我国禁止私人架设高压电网，故该手段违法。第二，对于应依法履行的职务，不能够适用正当防卫。甲男将喝醉的乙女背回乙家，警察丙要求甲配合调查，甲认为自己是合法公民，便加快脚步，丙欲将其制服，甲还手。第三，警察在场也可能构成正当防卫。在一起群殴事件中，3名民警已经赶到现场，并鸣枪示警，甲仍然要用菜刀砍向乙的头部，乙父用玻璃酒瓶砸向甲头，甲当场死亡。乙父仍然构成正当防卫。第四，对于正当防卫的防卫不可适用正当防卫。甲被乙拦路抢劫，不料甲是散打冠军进行防卫，乙为避免受创，拼死对抗对甲造成创伤。乙的行为不能适用正当防卫。

自然人对自身生命健康权正常限度内的自力救济是正当防卫。在司法实践中，大量原本属于正当防卫的案件被错误地认定为互殴。互殴应当指的是参与者在伤害故意和斗殴意图的支配下所实施的互相伤害的行为。理解互殴概念的关键在于除了伤害故意之外，还需要有斗殴意图。斗殴意图是指基于欺凌、报复、逞强斗狠、寻求刺激等动机而去主动挑起斗殴或积极参与斗殴的主观心理态度。判断双方打斗的情形是否属于互殴，首先需要判断是否属于有事先约定的互殴。[35]

【法条】第一百八十二条【紧急避险】因紧急避险造成损害的，由引起险情发生的人承担民事责任。

危险由自然原因引起的，紧急避险人不承担民事责任，可以给予适当补偿。

紧急避险采取措施不当或者超过必要的限度，造成不应有的损害的，紧急避险人应当承担适当的民事责任。

【案例1】李先生因肺栓塞需要抢救，因疾病凶险，医护人员将其短裤和T恤分别用剪刀剪断，并把从身上扯下的衣物扔到抢救室角落。李先生的父亲找到医院，称医生抢救时不但把儿子的衣裤剪坏了，还把短裤里的500元现金、身份证、银行卡、数据线等财物弄丢了，需赔偿1500元的损失费。当时，医院相关负责人拒绝了他的要求。李先生的父亲报了警，并带着警察来到医院要求赔偿。医院相关负责人表示，当天抢救过程中的程序和手段都没有问题，而且患者所称的财物到底是遗落在发病场所或是途中都不确定。院方表示，剪衣抢救无过错，但医护人员因救治成功后情绪激动，忘记检查而是将破损衣物当作垃圾处理，确实存在失误。经警方协调，参与抢救的全体医护人员凑齐了1000元赔偿金。最后，医院全额承担这一费用。[36]

【分析】紧急避险，在刑法上体现为为了使国家、公共利益，本人或者他人的人身、财产和其他权利免受正在发生的危险，不得已采取的紧急避险行为，造成损害的，不负刑事责任。在民法上，因紧急避险造成损害的，由引起险情发生的人承担民事责任。如果危险是由自然原因引起的，紧急避险人不承担民事责任或者承担适当的民事责任。因紧急避险采取不当措施或者超过必要的限度，造成不应有的损害的，紧急避险人应承担相应民事责任。在被医生抢救剪衣裤的本案中，肺栓塞疾病凶险，为了在最短的时间内为患者插上抢救设备，剪掉贴身衣物是常见情景，因此，医护人员不应就衣物进行赔偿。李先生自己发病，是引起险情发生的人，应当自己负担衣裤损失。不过，医务人员应当妥善保管患者财物，不应随意抛弃剪下衣物。调解民警应当确证李父所描述的损失情况，对其真实性进行判断。另外，民警应当向李父说明紧急避险情况下衣裤的损失没有超过必要限度，李先生自己应当承担。

另外需要注意的是，紧急避险中对于避免本人危险的规定，不适用于职务上、业务上负有特定责任的人。在职务上、业务上负有特定责任的人，在发生与其特定责任有关的危险时，实行的和本人危险相关的避险行为，造成的损害应用职务行为原理，民警避险造成他人损害，由“雇主”即公安机关承担责任。同时，结合《人民警察法》第50条的规定：人民警察在执行职务中，侵犯公民或者组织的合法权益造成损害的，应当依照《国家赔偿法》和其他有关法律、法规的规定给予赔偿。《国家赔偿法》第2条规定：国家机关和国家机关工作人员违法行使职权侵犯公民、法人和其他组织的合法权益造成损害的，受害人有依照本法取得国家赔偿的权利。在实践中，民警在设卡检查过往车辆时导致市民的手机摔坏，属于民警在履行职责过程中导致公民财产受到损害，由公安机关负责赔偿。另外，对于紧急避险警情，民警应及时取证，核实当事人的陈述和申辩意见。

【案例2】原告田某承包的顺义区杨镇小店村的4个鱼池位于被告北京青龙公司的墙外。北京青龙公司生产车间因电路短路而发生火灾，北京市公安消防总队顺义中队接到报警后，赶到火灾现场进行扑救，因救火车所带水量不够，即用其中1辆消防车将水管直接从相邻的原告田某承包的4个鱼池北数第二个鱼池中破冰取水，至火被扑灭。从该鱼池取水持续40分钟，取水量约25立方米。2003年3月，天气逐渐转暖，冰层融化，田某在该鱼池中饲养的鲤鱼苗全部死亡，浮到水面上，造成经济损失。而未抽水的其他3个鱼池没有大量死鱼现象。原告曾多次找有关单位及被告，均未得到解决。[37]

【分析】本案是由于紧急避险引起的损害赔偿纠纷，符合紧急避险的构成要件。法院分析：第一，火灾进行过程中意味着险情正在发生，青龙公司正在遭受重大损失；第二，消防中队采取的避险措施具有必要性，由于消防车自带水量无法扑灭大火，必须从鱼池中紧急取水；第三，消防中队的避险行为具有合理性，由于附近没有其他水源，而鱼池与失火地毗邻，消防中队在统一组织和指挥火灾现场扑救选择临近水源具有合理性；第四，青龙公司是引起险情发生的人，火灾因电路短路引起，而非自然原因失火。

【法条】第一百八十三条【因保护他人民事权益受损时的责任承担与补偿办法】因保护他人民事权益使自己受到损害的，由侵权人承担民事责任，受益人可以给予适当补偿。没有侵权人、侵权人逃逸或者无力承担民事责任，受害人请求补偿的，受益人应当给予适当补偿。

【案例】2019 年 2 月 10 日 14 时许，陈某带着妻子和岳母驾车至新宁县清江桥街上时，因剐到曹某摆在店面前马路边的一把秤，双方发生口角争执，继而发生陈某与肖某刚、肖某枚（曹某的儿女）的打架事件。张某正好到此购物，恰遇陈某等人发生纠纷打成一团，张某见状极力拉架劝阻，纠纷逐渐平息后，张某在打架现场晕倒在地，并当即被送往县医院抢救治疗。42 天后，张某因脑基底节区出血并破入脑室导致呼吸系统衰竭，抢救无效死亡。

2019 年 12 月，张某的 2 个儿子向新宁县人民法院提起民事诉讼，以张某系因劝架时精神高度集中导致脑动脉血管破裂，劝架过程中的情绪激动可能为动脉破裂的诱因为由，要求陈某、肖某刚、肖某枚三被告共同赔偿各项损失共计 40.6 万元，并要求三被告向两原告赔礼道歉。考虑到张某死亡的损失可以通过其他途径及政府的奖励等得到部分保护，结合本案的实际情况，法院酌情认定参与打架的各方作为受益人各补偿原告 30000 元的经济损失。肖某刚、肖某枚作为打架一方，明确表示在人民调解委员会主持调解时预付的 66000 元系自愿赔偿或补偿，不要求原告返还，法院对该行为予以支持与鼓励。[38]

【分析】 张某上街购物恰遇被告之间发生纠纷和打架，其不顾自己的安危进行劝架，行为符合见义勇为的基本特征，体现了中华民族助人为乐的传统美德，应当予以肯定和弘扬。从法医鉴定中心的鉴定意见分析，张某本次脑右侧基底节区出血主要为脑动脉自发性破裂导致的颅内出血，张某最后因基底节区出血并破入脑室导致呼吸系统衰竭而死亡，可以看出张某的死亡后果并不必然由劝架直接造成，而是其自身疾病导致，劝架引起的情绪激动可能为动脉破裂的诱因。根据《民法典》第 183 条，对于受害人的死亡，打架双方不是直接的侵权者，但作为受益人，依法应当给予适当的补偿，受益人给予见义勇为者适当补偿，有利于社会助人为乐良好风气的形成，也符合公平正义的精神。《民法典》第 183 条吸收了侵权责任法及相关司法解释的规定及精神，裁判由受益人进行适当补偿，以弘扬传统美德，有助于形成互助友爱的和谐社会风气。

【法条】第一百七十九条【承担民事责任的方式】 承担民事责任的方式主要有：

（一）停止侵害；

（二）排除妨碍；

（三）消除危险；

（四）返还财产；

（五）恢复原状；

（六）修理、重作、更换；

（七）继续履行；

（八）赔偿损失；

（九）支付违约金；

（十）消除影响、恢复名誉；

（十一）赔礼道歉。

法律规定惩罚性赔偿的，依照其规定。

本条规定的承担民事责任的方式，可以单独适用，也可以合并适用。

【案例】几名游客在崂山海里捡到1只鲍鱼，却被附近村民索要500元。村民称这片海域被他们承包了，最后游客交了80元并报警。街道办事处和社区第一时间找到涉事村民，对其进行了严肃的批评教育，村民已向游客赔礼道歉并退还收取的费用，双方达成和解。[39]

【分析】在本案中，同时采用了2种民事责任形式，返还财产和赔礼道歉。根据民法典的相关规定，承担民事责任的方式主要有以下11种：第一，停止侵害。加害人正在实施侵害他人财产或人身的行为的，受害人可以依法请求其停止侵害行为，该责任方式即要求侵害人停止实施某种侵害行为。第二，排除妨碍。妨碍状态多为行为造成的，可能是静态的，如违章建筑物妨碍相邻一方通风、采光，也可能是动态的，譬如将有害液体泄漏在他人使用的土地上，相关责任者必须采取措施排除该妨碍。第三，消除危险。行为人的侵害行为虽未造成他人财产、人身的实际损害，但是有造成损害的现实危险时，权利人可以要求行为人采取措施排除危险。第四，返还财产。原来的财产存在才适用返还财产责任，财产不存在的则不能适用返还财产责任。如果财产已经损坏，财产权利人同时请求赔偿损失的，应当同时使用赔偿损失责任。第五，恢复原状。这种民事责任适用于财产遭到他人的损害，但是尚有恢复到原来状况的可能的情况。一般而言，造成他人财产损害的，应尽量恢复原状，只有难以恢复原状的，才对损失进行赔偿。第六，修理、重作、更换。该责任形式一般适用于一些合同关系。如一方根据买卖合同交付的标的物不符合合同的约定，则对方当事人可以要求修理、重作、更换。第七，继续履行。继续履行意味着强制实际履行，违约方根据对方当事人的请求继续履行合同规定的义务，是一种违约责任。第八，赔偿损失。作为适用范围最广的一种责任形式，赔偿损失不仅适用于侵犯财产权的场合，也适用于侵犯人身权的场合，如精神损害的赔偿。第九，支付违约金。违约金责任仅适用于合同，如果合同约定或法律规定了违约应当支付的违约金，如一方违约，就应当向另一方支付约定或法定的违约金。第十，消除影响、恢复名誉。公民和法人的名誉权受到不法侵害时，有权通过人民法院要求侵权人在影响所及之范围内以公开形式承认侵害过错，澄清事实或者解除、消除所造成的不良影响，以恢复未受损害时社会对其品行、才能和信用的良好评价的责任措施，侵权人在多大范围内造成了影响就应当在多大范围内消除影响。第十一，赔礼道歉。赔礼道歉针对的是对他人的精神造成伤害的侵权行为，由于许多种侵权行为都可能对他人造成精神损害，所以可以广泛适用于任何侵权行为，但需要从侵权人的过错程度角度控制该责任的适用。

这 11 种民事责任形式，既可以单独适用，也可以合并适用。在适用时应当注意区分不同性质的违法行为，根据责任形式的不同适用范围，正确选择责任承担的形式。需要区分违法行为的不同情节，根据责任形式之间的内在逻辑，正确地单独或合并适用责任形式。

【法条】第一百八十四条【紧急救助人不承担民事责任】因自愿实施紧急救助行为造成受助人损害的，救助人不承担民事责任。

【案例】李某和邹某酒后一同乘车到达邹某暂住处，在邹某暂住处发生争吵。“事发当晚我喝多了酒准备打车回家，李某要和我一起走。我拒绝了，但他还是跟着我上了出租车。下车后，李某提出要去我的住所，我再次拒绝。他和我保持一米左右的距离，一直尾随我上楼。我关上房门后，他就用脚踹门。”时隔多天，邹某回忆起当时的情景仍觉胆战心惊。李某将门踹开后，便提出留宿。看到屋里还有其他女子后，又提出要和邹某出去过夜。再一次遭到邹某拒绝后，李某便上前打她，还用水壶砸向邹某的头部。激烈的争吵声引来邻居围观。“我听到楼下有人在呼救，出于本能就想下去救人。当时门口站了几个人，但是没人进去帮忙。我看到屋里一个女孩被一名 50 岁左右的男人掐住脖子，脸都憋紫了。”此时，楼上正准备休息的赵宇听到呼救声，下楼看见李某正在殴打邹某，便上前制止拉拽李某，赵宇和李某一同倒地。两人起身后，李某打了赵宇两拳，赵宇随即将李某推倒在地，接着上前打了李某两拳，并朝倒地的李某腹部踹了一脚。后赵宇拿起房间内的凳子欲砸向李某，被邹某拦下，随后赵宇被自己的妻子劝离现场。经法医鉴定，李某腹部横结肠破裂，伤情属重伤二级；邹某伤情属轻微伤。而与邹某同住的闺密贺某在李某闯进房间时，因害怕就报了警。当晚，辖区派出所民警将邹某、李某和贺某带回派出所做笔录。“民警当时没有让我一起过去，我以为这事就过去了。”赵宇说。2018 年 12 月 29 日，李某报警，正在医院陪护临产妻子的赵宇因涉嫌故意伤害罪被警方刑拘。

在最高人民检察院指导下，当地检察机关对赵宇作出无罪的不起诉决定。2019 年 3 月 12 日，最高人民检察院检察长张军作最高检工作报告时称，指导福州市检察机关认定赵宇见义勇为致不法侵害人重伤属正当防卫，依法不负刑事责任。2019 年 12 月 18 日，福州市第二十六次见义勇为表彰大会上，赵宇专程从老家黑龙江赶来领奖，并获得了三等奖励金 3 万元。在颁发给赵宇的荣誉证书上，福州市见义勇为人员奖励和保护工作委员会写道：“在国家利益和人民生命财产受到危害和侵犯时，不畏危险，挺身而出，为保护国家和人民的利益，为惩治犯罪，作出了突出贡献。经研究决定，授予福州市见义勇为先进分子光荣称号。”[40]

【分析】见义勇为是社会生活中救困济民、彰显社会正气的行为。见义勇为者同违法犯罪行为做斗争或者以抢险、救灾、救人等方式保护国家、集体的利益和他人的人身、财产利益，复杂情形中可能发生误伤或者财产损失的情况。为了让见义勇为者能够毫无后顾之忧地实施见义勇为的行为，民法典作出了立法史上鲜有的规定，即在见义勇为过程中，如果过失造成受助人伤害，不区分轻过失或重过失，一律免责，显示了民法典匡正社会风气的决心。

【法条】第一百八十五条【侵害英烈等的姓名、肖像、名誉、荣誉的民事责任】侵害英雄烈士等的姓名、肖像、名誉、荣誉，损害社会公共利益的，应当承担民事责任。

【案例】2013 年 5 月 22 日，孙某在新浪微博上以名为“作业本”的账号发文称“由于邱少云趴在火堆里一动不动最终食客们拒绝为半面熟买单，他们纷纷表示还是赖宁的烤肉较好”。作为新浪微博知名博主，孙某当时已有 6032905 个“粉丝”。该文在 31 分钟后转发即达 662 次，点赞 78 次，评论 884 次，随后加多宝公司于 2015 年 4 月 16 日以该公司新浪微博账号“加多宝活动”发博文称：“多谢@作业本，恭喜你与烧烤齐名。作为凉茶，我们力挺你成为烧烤摊 CEO，开店十万罐，说到做到。”

对此，革命烈士邱少云胞弟邱少华在要求孙某、加多宝公司删除微博无果后，诉至北京市大兴区人民法院，称孙某以博文方式对邱少云烈士进行侮辱、丑化，在网络和现实社会中引起了强烈反响，使邱少云烈士亲属的精神遭受严重创伤并使其家庭生活受到了极大影响。

北京市大兴区人民法院于 2016 年 9 月 20 日判决二被告于判决生效之日起 3 日内公开发布赔礼道歉公告，向原告邱少华赔礼道歉，消除影响，该公告须连续刊登 5 日；二被告连带赔偿原告邱少华精神损害抚慰金 1 元，于判决生效后 3 日内履行。[41]

【分析】与通常的侵犯名誉权案件相比较，邱少云人格权纠纷案、“狼牙山五壮士”后人起诉侵害名誉权案中损害英雄人物名誉权的行为，涉及更广泛的法益，在法益衡量上具有复杂性。

第一，英雄人物名誉权纠纷不仅事关英雄人物的个人权益，也关系到社会公共利益。这是由于英雄人物的个人名誉、荣誉往往与其英雄事迹紧密相关，而这些英雄事迹是中华民族精神的代表，抹黑英雄事迹意味着损害全民族的广泛认同，损害了社会公共利益。

司法裁判应当引导公民共同保护英雄烈士权益，以诋毁英雄烈士为手段进行商业炒作的侵权行为应当得到制裁，以弘扬社会主义核心价值观。

第二，公民的言论自由、学术自由不得逾越宪法和法律。公民发表言论、学者发表学术观点应当遵循宪法和法律的规定，不得侵害他人合法权益，不得危害社会公共利益。在邱少云人格权纠纷案中，孙某、加多宝公司作为有影响力的网络行为主体，具有应用互联网的能力，对微博账号发布信息的行为具有相应的认识能力和审慎的注意义务，应当知晓邱少云作为英雄人物，其英雄事迹彰显民族精神，代表着主流价值观。然而，孙某与加多宝公司却发布微博，以“半边熟的烤肉”贬损英雄人物形象，削弱民族英雄的精神价值，其发布言论的行为具有主观过错。在互联网上发表不当言论，其扩散更甚，应当得到网安民警的关注。

第三，侵害英雄人物名誉权的侵权行为责任形式包括停止侵权、赔礼道歉、消除影响等。在邱少云人格权纠纷案中，原始侵权微博已经被大量转载流传，孙某与加多宝公司应当删除侵权言论，停止侵权，并且在全国性媒体刊物上正式公开道歉，以消除不良的社会影响。

第四，侵害英雄烈士相关权益并且同时损害社会公共利益，适用本条承担民事责任，和是否造成近亲属精神痛苦没有必然关系。

【法条】第一百八十八条【普通诉讼时效、最长权利保护期间】向人民法院请求保护民事权利的诉讼时效期间为三年。法律另有规定的，依照其规定。

诉讼时效期间自权利人知道或者应当知道权利受到损害以及义务人之日起计算。法律另有规定的，依照其规定。但是，自权利受到损害之日起超过二十年的，人民法院不予保护，有特殊情况的，人民法院可以根据权利人的申请决定延长。

【案例】甲因盗窃罪被判刑4年，出狱后想起入狱前有一笔借款到期了，乙还没有还给自己，遂上门讨要。乙拒绝还钱，称诉讼时效已经过了。

【分析】诉讼时效是指民事权利受到侵害的权利人在法定的时效期间内不行使权利，当时效期间届满后将失去胜诉权。民法不保护躺在权利上睡觉的人。在法定的期间内，不行使权利的权利人不得请求司法机关以强制力保障其权利实现。入狱可以委托律师、亲友对债权债务进行处理，监禁刑并不是诉讼时效中断或中止的理由，因此诉讼时效确已经过。

民法典将一般诉讼时效由“两年”延长为“三年”，并取消了原先特殊诉讼时效中人身损害诉讼时效 1 年的规定，诉讼时效的起算点是“自权利人知道或者应当知道权利受到损害以及义务人之日”，有利于保护民事纠纷的当事人。

第二节　民法典物权编公安工作案例精解

【法条】第二百三十三条【物权纠纷解决方式】物权受到侵害的，权利人可以通过和解、调解、仲裁、诉讼等途径解决。

【案例 1】老王和老李系多年邻居，某日因栽种果树越界发生争议，老王辱骂老李，老李以拳相报。经鉴定，老王构成轻微伤。公安机关受案后立即收集并固定相关证据。该案显然属于情节较轻的违反治安管理的行为，在双方自愿的前提下，民警展开调解。老李当场向老王致歉并承诺 3 日内赔偿其医疗费、误工费等共计 1000 元人民币，老王则当场原谅老李并表示不再追究其法律责任。双方在公安机关的主持下正式签订了治安调解协议书。[42]

【案例 2】邻里因拾柴发生矛盾，大打出手，民警依托“驻所民调”机制，耐心劝解，终使双方和解。11 月 13 日，湖北省竹溪县公安局丰溪派出所接到辖区居民赵某龙报警称：“我父亲赵某贵（男，73 岁，戈边河村人）被人打了，请处理。”接警后民警迅速到达现场，经查明：赵某贵与邻居马某成（男，59 岁，戈边河村人）因河坝干柴归属问题发生争论，争论中马某成对赵某贵实施了殴打。派出所了解情况后，为避免事态进一步扩大，于11月26日组织双方当事人在丰溪派出所“驻所民调”室进行调解，本着邻里和谐的原则，通过对相关法律常识和以往这类案例的分析，为双方耐心解决问题。经过近2小时的耐心劝解和调解，最终双方达成协议，握手言和。[43]

【分析】案例1采取调解途径解决物权纠纷，案例2采取和解途径解决物权纠纷。《治安管理处罚法》第9条规定，对于因民间纠纷引起的打架斗殴或者损毁他人财物等违反治安管理行为，情节较轻的，公安机关可以调解处理。经公安机关调解，当事人达成协议的，不予处罚。经调解未达成协议或者达成协议后不履行的，公安机关应当依照本法的规定对违反治安管理行为人给予处罚，并告知当事人可以就民事争议依法向人民法院提起民事诉讼。

【法条】第二百六十七条【私人合法财产的保护】私人的合法财产受法律保护，禁止任何组织或者个人侵占、哄抢、破坏。

【案例】下岗职工李某带着弟弟的生意结算款10万元，同熟人吃了午饭后闲逛到村民程某家，被邀请一起参与赌博，因其不会赌博，遂答应在一旁围观陪同，但又担心人杂不安全就将10万元货款和其随身携带的3000元钱交给程某暂为保管，并叮嘱放在另一窑洞里存放。约1个小时后，县公安局接到群众举报，遂到场查处，对在场的所有人和隔壁的几孔窑洞都进行了搜查，也一并搜走了李某委托保管在别的窑洞里的103000元。后李某被警方以涉嫌赌博罪为由刑事拘留，其后又以“为赌博提供条件”为由被处以治安处罚：没收赌资，罚款3000元。[44]

【分析】《刑法》第64条规定了犯罪物品的处理，犯罪分子违法所得的一切财物，应当予以追缴或者责令退赔；对被害人的合法财产，应当及时返还；违禁品和供犯罪所用的本人财物，应当予以没收。没收的财物和罚金，一律上缴国库，不得挪用和自行处理。

在刑法上，赃款赃物指的是“犯罪分子违法所得的一切财物”。在赌博案件中，应当区分赌场业主、聚众赌博人、职业赌徒和一般参赌群众、观赌群众。在本案中，如果李某在现场仅为围观者，并未参与赌博活动，则未构成赌博事实，所寄存在赌场外的钱款不能算作赌资，是李某弟弟的合法财产，不是违法犯罪所得，不能作为赃款赃物予以追缴没收。

【法条】第二百八十五条【业主和物业服务企业或其他管理人的关系】物业服务企业或者其他管理人根据业主的委托，依照本法第三编有关物业服务合同的规定管理建筑区划内的建筑物及其附属设施，接受业主的监督，并及时答复业主对物业服务情况提出的询问。

物业服务企业或者其他管理人应当执行政府依法实施的应急处置措施和其他管理措施，积极配合开展相关工作。

第二百八十六条【业主的相关义务及责任】业主应当遵守法律、法规以及管理规约，相关行为应当符合节约资源、保护生态环境的要求。对于物业服务企业或者其他管理人执行政府依法实施的应急处置措施和其他管理措施，业主应当依法予以配合。

业主大会或者业主委员会，对任意弃置垃圾、排放污染物或者噪声、违反规定饲养动物、违章搭建、侵占通道、拒付物业费等损害他人合法权益的行为，有权依照法律、法规以及管理规约，请求行为人停止侵害、排除妨碍、消除危险、恢复原状、赔偿损失。

业主或者其他行为人拒不履行相关义务的，有关当事人可以向有关行政主管部门报告或者投诉，有关行政主管部门应当依法处理。

【案例】2020年4月18日23时许，李某按照防疫要求在小区门口执勤，测量出入人员体温以及检查出入证。一对年轻男女试图进入小区，但不肯出示出入证，被李某拦下进行登记。李某的一名同事回忆，最初，年轻男女拒绝出示出入证，并骂骂咧咧。李某坚决拒绝其进入后，“女的说‘扔了也不给你看’，然后从包里找到出入证，直接撕毁扔进垃圾桶”。随后双方发生言语冲突，男女上前推搡李某。事发时监控拍下男女将登记的桌子掀翻。李某的儿子说，虽然父亲未被砸中，但很快便倒地不起。李某的同事也证实此说法，称随后现场人员将李某在送医的同时报警。李某被送至附近医院抢救，4 月 19 日凌晨身亡。涉事男女被警方带回派出所处理。李某儿子称，事后海淀警方告知他，年轻男女因涉嫌寻衅滋事被刑事拘留，事后被取保候审。[45]

【分析】物业服务企业或者其他管理人应当执行政府依法实施的应急处置措施和其他管理措施，积极配合开展相关工作。物业服务企业或者其他管理人执行政府依法实施的应急处置措施和其他管理措施，包括防疫抗疫管理措施，业主有义务依法予以配合。通过民法典的本条规定，业主或者其他行为人拒不履行政府依法实施布置的防疫抗疫管理相关义务，物业公司可以向有关行政主管部门报告或者投诉，有关行政主管部门应当依法处理。

【法条】第二百八十八条【处理相邻关系的原则】不动产的相邻权利人应当按照有利生产、方便生活、团结互助、公平合理的原则，正确处理相邻关系。

【案例】一民房 4 楼的老张家新装了一台空调。空调装上后，空调水却一直滴到老王家的窗台上，并渗进室内，严重影响到他家的生活。老王多次要求老张拆除空调却多次被拒绝。老张声称水是自然往下滴的，自己没法控制。随后，两人互不相让，险些大打出手。在现场，社区民警方友强实地查看了空调滴水的原因，发现问题主要是 4 楼老张家空调管线走向不够合理。于是，社区民警方友强将老张叫到一边，告诉了老张只要稍微移动下管线就能解决问题。但老张仍是赌气不服、不肯妥协，为此，民警方友强向老张普法讲理：“实际上我们国家的法律对邻里关系也有明确调整的，法律明确规定对排水管线应当尽量避免对相邻权利人造成影响，并规定了造成影响的应当予以赔偿，您看现在趁着还未对老王家造成重大损害时，您只要稍微移动空调管线就能解决了，要是老王去法院告您，您铁定是要消除影响，并可能赔偿，到时候就得不偿失了。”在民警的劝说下，老张也表示，自己只是一时赌气爱面子不愿意低头。老张最终同意移动空调管线，随后民警帮助联系了安装工人，成功化解了这次邻里纠纷。[46]

【分析】农村为了自留地、宅基地问题引发的纠纷并不少见，偷毁农作物、扔垃圾、拆篱笆等民间纠纷屡见不鲜。该案属于老百姓的邻里纠纷，在民法典中称为“相邻关系”。公安机关平时调解的邻里纠纷类型包括：用水纠纷、排水纠纷、采光纠纷、排放污染物纠纷、噪音纠纷、通行纠纷、树木越界纠纷、果实农产品窃取纠纷、建造建筑物纠纷等。民警在调解此类纠纷的过程中，应当按照有利生产、方便生活、团结互助、公平合理的原则制定调解方案，避免邻里纠纷发展为斗殴乃至家族械斗等治安纠纷、刑事案件。

【法条】第二百八十九条【处理相邻关系的法律依据】法律、法规对处理相邻关系有规定的，依照其规定；法律、法规没有规定的，可以按照当地习惯。

【案例】李某经批准与陈某相邻建房，但其房屋建成后房脊正对陈家大门。陈某反对，出面阻止却遭李某拒绝，李某执意如此建屋。但陈某并未就此罢休，持续找李某理论并扬言要上访，甚至要找亲戚朋友将李某的房屋推倒。李某报警求助。民警了解事情原委后发现，李某的房屋确按政府部门的批准手续所修建，在法律上没有问题，但当地有“屋脊不能正对别人堂屋或大门”的风俗习惯，否则会被认为不吉利。李某在建房时应当顾及风俗习惯，考虑陈某的思想顾虑，其行为存在一定过错，故建议李某对陈某作些精神补偿。李某认识到自己的错误，愿支付陈某 5000 元作为补偿。至此，该纠纷画上了圆满的句号。[47]

【分析】作为处理相邻关系依据的“习惯”，必须是当地多年实施且为当地多数人所遵从和认可的习惯，这种习惯已经具有“习惯法”的作用，在当地具有类似于法律一样的约束力。同时，这种习惯以不违背社会公共利益和善良风俗为限。

【法条】第二百九十一条【通行相邻关系】不动产权利人对相邻权利人因通行等必须利用其土地的，应当提供必要的便利。

【案例】邱某某等人的房子是几年前盖好的，当时四周还没有太多村民盖房子，他们可以自由地出入。随后，其他村民也开始盖房、砌围墙，邱某某等4户人家就完全没路出入了，只能从别人的围墙爬过出入。“只要在我家前面开出一条350米长的路，就可通到村大道，我们就不用爬围墙了，可是相关村民不肯。”4户中的关某说，去年农历五月，她的丈夫因病过世后，当天下午要抬尸体埋葬。她家左边和后面行走几十米就是公路，唯一的办法就是从左边抬出去。但是遭到某些村民的反对，认为踩到他们的地皮上会不吉利。很多村民看不过去，纷纷劝说。邱某报警求助。

最终，4户人家一纸诉状将村民邱某等5人告上法庭。请求允许原告从其使用地开出一条通道。人民法院作出一审判决，判令被告同意原告从自家的门前往东到村大道开出一条长350米、宽3米的通道。[48]

【分析】相邻关系纠纷关系直接关系着人民群众的生产、生活，影响着城乡社会安定和谐。相邻纠纷案件要按照有利生产、方便生活、团结互助、公平合理的精神处理。本案具有一定的典型性，不动产权利人对因通行必须利用其土地的相邻权利人，按照法律规定有一定的容忍义务，应提供必要的便利。

【法条】第二百九十四条【相邻不动产之间不可量物侵害】不动产权利人不得违反国家规定弃置固体废物，排放大气污染物、水污染物、土壤污染物、噪声、光辐射、电磁辐射等有害物质。

【案例 1】2019 年 5 月，深圳某派出所接到报警，报警人称其邻居每天在其休息的时间内弹钢琴，致使其睡眠质量严重下降，要求警察上门处理。警察上门后，了解了相关情况，并对双方进行了建议，双方最后达成一致，其邻居应在每天约定的时段内弹琴，不得在约定的时段以外弹琴。

【案例 2】某新建拆迁小区的一群大妈喜欢晚上在小区公用空地上跳广场舞，周边住户认为噪音扰民遂报警。民警接到报警后，通知广场舞者关闭音响，不能影响他人休息。而广场舞者则认为，她们之前在乡下多年一直如此，未见不妥。民警接到多次报警，与大妈们多次协商未果，最终协调物业增设健身器材，事件得到圆满解决。[49]

【案例 3】家住西安某小区 10 楼的尉先生报警称，楼下邻居在家安装震楼器，严重影响他们的日常生活，晚上根本无法入睡。民警晚上在尉先生家的确听到地板传来的震动声，尉先生告诉民警 9 楼用的是“震楼神器”，专门给他们家制造噪音。民警随后来到 9 楼王先生家，经过询问，民警看到了 10 楼尉先生所说的震楼器。民警从王先生那里了解到，原来 10 楼尉先生家有几个大木墩，晚上经常用石头砸木墩，吵得他们想睡也睡不了。可 10 楼的尉先生却觉得自己很冤枉，并说谁没事大晚上会在家敲敲打打，民警事后的确在尉先生家看到了王先生所说的木墩。王先生说，他之所以这么做，也是实在没办法，他已经被楼上折磨了 3 年，法院也去过了，经过调解好了一段时间，最后又恢复如初。他实在没办法，就想到用震楼器来和 10 楼对抗。由于 10 楼是整个屋子到处敲，他就索性一次安装了 2 个。尉先生在楼上被震得不爽，而王先生自己在家也不好过。他告诉民警，要是有办法解决，谁也不愿意在自己家装这个，吵别人的同时自己也不好受。他目前除了装震楼器，没有任何反抗手段来解决楼上发出的敲击声。王先生的行为违反了《治安管理处罚法》第 58 条的规定，涉嫌制造噪音干扰他人正常生活。民警没收了他的“震楼神器”，并将其带回派出所批评教育，双方的噪音对抗民警还将进一步协调。[50]

【关联法条】《治安管理处罚法》第58条【噪声干扰他人】违反关于社会生活噪声污染防治的法律规定，制造噪声干扰他人正常生活的，处警告；警告后不改正的，处二百元以上五百元以下罚款。

【分析】噪声污染是城市生活中的常见问题。对于不动产而言，不动产的相邻权利人应当按照有利生产、方便生活、团结互助、公平合理的原则，正确处理相邻关系。与地役权不同，相邻关系是不动产权利人应遵循的最低限度的要求，一旦权利人的行为对其他人产生危害，就要立即停止该行为。因此，在弹奏钢琴时，必须考虑周围住户的感受，不得在不合适的时段里造成噪声污染而干扰他人。

在噪声污染事件中，民警还可以运用民法典中“谁有权，谁无权”的思维方式进行劝解，容易使人信服。比如，在广场舞扰民事件中，可以先明确告知大妈们，物业公司有代表全体业主管理小区的权利和义务。在小区公共空间跳舞应当服从物业公司的管理，因为物业公司得到全体业主的授权，管理小区公共事务。从业主的建筑物区分所有权来看，业主对自己家中的专有部分享有完全独立的所有权，而对于小区公共空间的权利是共有权，共有权的行使应当遵循小区的公共规约。

在有的噪声相邻纠纷案件中，楼下住户用“震楼器”应对楼上的噪声问题。扰民应当通过合法途径阻止，民警在接警调解相应纠纷时，应当结合具体噪声类型、噪声时长、噪声大小、噪声发生时间，判断哪些情形属于可以容忍的范围，哪些情形属于扰民一方侵权，尽可能明确地告知双方是否构成侵权，提供调解方案。也应当明确震楼器可能损害楼体安全，可能损害建筑物内其他住户的安宁，这样的违法维权应当予以禁止，可以以海绵垫铺地板、桌椅下加装海绵垫等方式，减少楼上住户对楼下住户的噪声影响。

【法条】第三百一十一条【善意取得】无处分权人将不动产或者动产转让给受让人的，所有权人有权追回；除法律另有规定外，符合下列情形的，受让人取得该不动产或者动产的所有权：

（一）受让人受让该不动产或者动产时是善意的；

（二）以合理的价格转让；

（三）转让的不动产或者动产依照法律规定应当登记的已经登记，不需要登记的已经交付给受让人。

受让人依据前款规定取得不动产或者动产的所有权的，原所有权人有权向无处分权人请求损害赔偿。

当事人善意取得其他物权的，参照适用前两款规定。

【关联规范】《最高人民检察院　公安部关于公安机关办理经济犯罪案件的若干规定》（公通字〔2017〕25号）第五十四条　犯罪分子违法所得的一切财物及其孳息，应当予以追缴或者责令退赔。

发现犯罪嫌疑人将经济犯罪违法所得和其他涉案财物用于清偿债务、转让或者设定其他权利负担，具有下列情形之一的，应当依法查封、扣押、冻结：

（一）他人明知是经济犯罪违法所得和其他涉案财物而接受的；

（二）他人无偿或者以明显低于市场价格取得上述财物的；

（三）他人通过非法债务清偿或者违法犯罪活动取得上述财物的；

（四）他人通过其他恶意方式取得上述财物的。

他人明知是经济犯罪违法所得及其产生的收益，通过虚构债权债务关系、虚假交易等方式予以窝藏、转移、收购、代为销售或者以其他方法掩饰、隐瞒，构成犯罪的，应当依法追究刑事责任。

《最高人民法院关于刑事裁判涉财产部分执行的若干规定》（法释〔2014〕13号）第十一条　被执行人将刑事裁判认定为赃款赃物的涉案财物用于清偿债务、转让或者设置其他权利负担，具有下列情形之一的，人民法院应予追缴：

（一）第三人明知是涉案财物而接受的；

（二）第三人无偿或者以明显低于市场的价格取得涉案财物的；

（三）第三人通过非法债务清偿或者违法犯罪活动取得涉案财物的；

（四）第三人通过其他恶意方式取得涉案财物的。

第三人善意取得涉案财物的，执行程序中不予追缴。作为原所有人的被害人对该涉案财物主张权利的，人民法院应当告知其通过诉讼程序处理。

【案例】2014 年，王某付（个体工商户，住桐城市）用以物抵债的方式取得一台中联 ZE310 挖掘机。王某付取得该挖掘机后，以 80000 元的价格出售给姚某平（桐城市吕亭镇平坦村村民），姚某平以 171800 元的价格出售给李某献。李某献购得挖掘机后，将挖掘机停放位于岳西县高速路出口边祝某学的小祝挖机配件修理厂修理。挖掘机修理期间，王某付联系吴某文，让其将挖掘机拖回来。吴某文在公安机关询问时陈述，其知道这个挖掘机肯定有问题，拉出来有风险，王某付答应给 40000 元钱后，其同意拉挖掘机。随后，吴某文联系冷某芳将挖掘机运至霍山县。2015 年 3 月 6 日凌晨 2 时许，案涉挖掘机在小祝挖机配件修理厂被吴某文等人盗走，并交给王某付，王某付向吴某文支付了 38000 元。吴某文在公安机关询问时陈述向冷某芳支付了 19000 元费用。2015 年 3 月 7 日，王某付将挖掘机以 500000 元（其中包括 200000 元现金、40 公斤霍山石斛）的价格出售给王某诗。王某诗又将该挖掘机出售给张某。2015 年 3 月 9 日，张某将该挖掘机以 360000 元（其中 210000 元为现金，150000 元为债权抵款）的价格转卖给王某生。王某付因涉嫌盗窃被岳西县公安局逮捕，该案审理期间，经岳西县价格认证中心鉴定，该挖掘机价值 185000 元。在本案中，王某诗及张某、王某生购买挖掘机是否构成善意取得、是否应承担法律责任，成为争议焦点之一。[51]

【分析】善意取得制度指的是无权处分他人之物的人，依照其占有他人之物的外观，将占有物以合理的价格转让给不知情的善意第三人，则由受让的第三人终局地取得所有权，原所有权人不得请求该受让人返还原物，而只能够向无权处分人要求赔偿。

王某付、吴某文偷走涉案挖掘机，盗窃数额巨大，已构成盗窃罪，应承担民事赔偿责任。法院认定，“按照王某诗、王某生的答辩及在公安机关的陈述和张某在公安机关的陈述，王某诗是支付了500000元的对价与王某付，且在交易时明知王某付无案涉挖掘机的发票及合格证，张某对此亦知情。当即出售与张某，次日张某再以360000元的价格低价转售与王某生，两次交易购买价格远远大于正常价格即在刑事案件中的评估价格（185000元），王某诗在未审核或明知出卖方的挖掘机有问题的情况下，仍然支付远远高于实际价值的价格且在夜间交易，而且迅速以远低于买入的价格将该挖掘机转售。按照日常生活经验法则，商品交易是以获取利润为目的，而王某诗、张某和王某生的交易在极短时间内却致出让方损失巨大，严重违反了市场交易规则，可推定其交易的不真实性”。[52] 同理，王某生不是在有经营资质场所或拍卖机构购买，亦未审核原始发票单据，以远高于挖掘机的价格买入，与常理不符。可以推定其非善意。王某诗、张某及王某生应依法返还案涉挖掘机。

涉案挖掘机如果证照齐全，实属不知情取得，对于公安机关而言，不予追缴。这是因为，根据最高人民法院、最高人民检察院、公安部和国家工商行政管理局联合发布的《关于依法查处盗窃、抢劫机动车案件的规定》第12条规定，对明知是赃车而购买的，应将车辆无偿追缴；对违反国家规定购买车辆，经查证是赃车的，公安机关可以依据《刑事诉讼法》第110条、第114条之规定进行追缴和扣押。对不明知是赃车而购买的，结案后应予以退还买主。公安机关不予追缴。

但在民事法律关系上，李某献可以向法院起诉请求返还原物。

在民法上，王某诗及张某、王某生不能善意取得赃物所有权。民事司法实践认为，物权编第 311 条吸收了《物权法》第 106 条的规定，在解释上，盗赃物应当参照遗失物，也不适用善意取得制度。偷窃的车辆登记一般是基于伪造行为取得的登记证书，与车辆的实际权利人无任何联系，从本质上车辆所有权人与赃物处理者之间是利益断裂关系。而构成善意取得的情形中，无处分权人与实际财产所有权人因委托合同等合同权利义务关系联系在一起，在一般情况下，应为合法占有人对占有物无权转让适用善意取得制度。例如，在保管人擅自卖掉保管物的案件中，保管人与委托人之间有客观存在的表象事实，二者的财产利益关系存在一定的联系，因此，在民法上，从保管人处购得物品可以适用善意取得，而从盗赃者处购买盗赃物不能适用善意取得，因为盗赃物、遗失物的占有都属于占有脱离，并非有权占有。遗失物尚不能适用善意取得，可以推理得出，盗赃物经过转卖，不能改变其盗赃物的性质，在民法上更不能适用善意取得，这已经成为民事法上的共识。善意取得制度的设立旨在保护所有权安全，保持交易安全秩序，从而突破所有权保护，维护善意受让人的利益。因善意取得制度是突破性地更改了所有权的法律效果，善意取得的适用必须严格遵循民法典条文的条件。

【法条】第三百一十四条【拾得遗失物的返还】拾得遗失物，应当返还权利人。拾得人应当及时通知权利人领取，或者送交公安等有关部门。

【案例】某机场清洁工在机场“捡”到价值超过 300 万元人民币的黄金首饰，没有上交而是据为己有。这起案件引发了全社会关于盗窃罪的讨论。公安移送案卷后，检察机关认定该清洁工盗窃罪的证据不足，不构成盗窃罪，但涉嫌侵占罪。[53]

【分析】遗失物的取得方面，根据物权编的规定，拾得遗失物，应当返还权利人。拾得人应当通知权利人领取，或者送交公安等有关部门。拾得人在遗失物送交有关部门前，有关部门在遗失物被领取前，应当妥善保管遗失物。因故意或者重大过失致使遗失物毁损、灭失的，应当承担民事责任。权利人领取遗失物时，应当向拾得人或者有关部门支付保管遗失物等支出的必要费用。权利人悬赏寻找遗失物的，领取遗失物时应当按照承诺履行义务。拾得人侵占遗失物的，无权请求保管遗失物等支出的费用，也无权请求权利人按照承诺履行义务。

拾金不昧不仅仅是社会的道德准则，也由法律予以明确规定。对于遗失物，有关部门与拾得人应当妥善保管。例如，《深圳机场旅客遗失物品的管理规定》第 2 条规定："凡捡拾到旅客遗失物品原则上必须在当天（最迟不晚于次日 9 时）由捡拾物品的本人或单位相关负责人交候机楼失物招领处。"《首都机场失物招领网上公示公告》中表明，首都机场失物招领网上公示系统正式启用，在首都机场遗失的物品，可以在网上进行失物公示查询，或致电航站楼失物招领处查询。每件失物招领处收到的遗失物品自捡拾日期起，网上公示时间为 7 天，超过 7 天的致电航站楼失物招领处查询。依据民法典物权编，遗失物自发布招领公告之日起 1 年内无人认领的，归国家所有，将依法上缴国库。

拾得遗失物后进行妥善保管，在民法上是典型的无因管理行为。对于负有相应职责的机场人员而言，拾得遗失物并进行保管是履行义务的表现。机场人员捡拾到旅客财物的场合，可能是以机场工作人员的身份在行使对旅客的遗失物品的代为保管行为，也有可能是个人对该财产进行了非法占有。机场清洁工在捡拾到物品后，一直没有上交，而在其下班后，亦没有移交给他人或者进行妥善处理，而是拿回自己家中，并非为失主利益进行"代为保管"，而是基于自身利益的占有，因此不构成民法上的无因管理行为，构成了非法占有。

【法条】第三百一十六条【拾得人及有关部门妥善保管遗失物义务】拾得人在遗失物送交有关部门前，有关部门在遗失物被领取前，应当妥善保管遗失物。因故意或者重大过失致使遗失物毁损、灭失的，应当承担民事责任。

第三百一十七条【权利人在领取遗失物时应尽义务】权利人领取遗失物时，应当向拾得人或者有关部门支付保管遗失物等支出的必要费用。

权利人悬赏寻找遗失物的，领取遗失物时应当按照承诺履行义务。

拾得人侵占遗失物的，无权请求保管遗失物等支出的费用，也无权请求权利人按照承诺履行义务。

【案例】小徐丢了一部手机，联系上捡到手机的某中年妇女后，对方开口索要2000元酬谢费。双方见面后，为表达谢意，小徐送上了一筐杨梅，但说最多给500元酬谢费，对方一口回绝，无奈之下小徐报警。见小徐报警，中年妇女气愤之下，用力将手机摔在地上，手机屏幕被摔碎。这一事件引发了网友热议，中年妇女备受舆论道德谴责。警方通过官方微博发布了情况通报：经各方深入工作，“6·19”摔坏手机事件当事双方已达成和解及谅解。基于人道主义和保护弱势群体的慎重考量，当地市公安局同意公安分局对当事方及该事件细节不作公开披露的决定。在人大代表、政协委员、媒体记者、监察机关的参与见证下，经市、区两级公安机关全面调查核实，属地派出所及其民警对该警情处置合法规范。对基层公安派出所及其民警为此承担的巨大压力，以及尽职工作、秉公执法的表现，市公安局予以充分肯定，并由执法维权部门及时派员慰问。有网友认为，该警情通报没有回答舆论所关切的问题，引发舆论争议。[54]

【分析】《民法典》第314条明确规定，“拾得遗失物，应当返还权利人”，拾得人有归还义务。在小徐要求归还手机时，中年妇女首先要做的是归还手机，而不是索要酬谢费。失主要求归还，拾得者却拒不归还的，就属于不当得利，可以通过民事诉讼要求返还。在归还过程中，如果小徐愿意的话，可以给中年妇女一定的酬谢费；如果小徐不愿意，中年妇女不可强行索要。物权法也并未规定拾得人有获得酬谢金的权利。如果失主悬赏寻找遗失物，则在拿回遗失物时应按承诺支付报酬给拾得人。

【法条】第四百二十五条【动产质权的定义】为担保债务的履行，债务人或者第三人将其动产出质给债权人占有的，债务人不履行到期债务或者发生当事人约定的实现质权的情形，债权人有权就该动产优先受偿。

前款规定的债务人或者第三人为出质人，债权人为质权人，交付的动产为质押财产。

【案例】甲向乙借款10万元，同时，甲将自己的私家车质押给乙。双方签订合同后，甲趁乙不注意将私家车开走离开，甲的行为应当定性为违约责任还是构成盗窃罪？

【分析】本案与取回自己质押给债权人的质物有关。在民法上构成违约，也构成侵权，发生请求权的竞合，可以择一行使。在刑法上侵犯对方的合法占有利益，以非法占有为目的，秘密窃取他人所有的或保管的财物（车辆作为本案财物），数额较大，可以构成盗窃罪。

民法、治安管理处罚法、刑法的适用不是相互排斥的，需要从公法、私法角度分别考虑当事人需要承担的民事责任、行政责任、刑事责任。一个行为完全有可能同时需要在民事、刑事上承担责任，因此，有刑事附带民事赔偿。轻度的侵权行为可能只需要承担民事或行政责任，而触犯刑法的侵权行为都是广义的民事违法。

第三节　民法典合同编公安工作案例精解

【法条】第四百九十九条【悬赏广告】悬赏人以公开方式声明对完成特定行为的人支付报酬的，完成该行为的人可以请求其支付。

【案例 1】某地发生了一起特大持枪杀人案。为尽快破案，某市公安局在被害人家属同意后，通过市电视台发布了悬赏通告，其主要内容是：一、凡是提供线索直接破案的，被害人家属奖励人民币 50 万元人民币；二、凡是提供线索让公安机关通过侦查破获此案的，公安机关给予重奖；三、凡是提供有关枪支线索侦破此案的，公安机关给予重奖；四、凡是能提供线索破案的，即使与犯罪团伙有牵连也可以从轻或免予刑事责任；五、对提供线索者，公安机关一律严格保密。鲁某想到案发当晚，其租住房的房主汪某平曾领来两人到东侧的杂物房藏匿，形迹十分可疑，认为这两个人可能就是杀人凶手。于是，鲁某向在公安局工作的亲属说明，向前来了解情况的公安局侦查人员提供了这两名嫌疑人案发当天到该处藏匿的时间、当晚有人送来行李和食物的情况、两人的体貌特征及两人之间的对话、次日早晨又被一女人接走等重要线索，并指认了公安机关要求其辨认的部分涉案人员照片。公安机关根据鲁某提供的线索，排查了大量的犯罪嫌疑人，并经过大量的调查取证，得出结论，认定该线索确与杀人案有关，并决定按照悬赏通告的第二条奖励鲁某 10 万元人民币。鲁某在领取奖励时出具了收条。收条中写明："收到市公安局用于奖励我提供 12·12 枪杀案线索预付现金 10 万元，如果我提供的线索与此案无关，则全部返回公安机关。"此后，公安机关经过一系列的侦查工作并采取行动，抓获了犯罪嫌疑人。公安局认为侦破"12·12"特大持枪杀人案的线索及证据，并不完全是原告提供的，鲁某对于被害人家属 50 万元人民币的奖励和公安局的破案奖励，两者只能得其一。由于公安局已按通告的第二条奖励原告 10 万元人民币，鲁某就不应再要求获得被害人家属 50 万元人民币的奖励，要求精神损失赔偿也没有事实及法律依据。双方发生争议。[55]

【分析】发布悬赏广告是一种民事法律行为，即广告人以广告的方式发布声明，承诺对任何按照声明的条件完成指定事项的人给予约定的报酬。如果有人完成悬赏广告中的指定行为，可以对发布悬赏广告的人请求报酬，发布悬赏的人对于领赏人承担给付报酬的义务。如果多人先后分别完成悬赏行为，由最先完成该行为的人取得报酬请求权。如果数人共同或同时分别完成悬赏行为时，由行为人共同取得报酬请求权。

在本案中，被害人家属提供50万元悬赏，以公安局名义发布，用来奖励提供破案线索的人，有助于公安机关迅速破案。悬赏人"并没有表示可以区别举报人提供线索的不同情形，给予举报人不同数额的奖励；也没有表示可以将该报酬用于办案或奖励办案人员"。公安部门在悬赏通告中列出的多种悬赏情形，并没有得到被害人家属的授权或者委托。鲁某在本案中提供的线索，能够满足悬赏广告的要求，公安机关根据该线索及时破获特大持枪杀人案，鲁某根据悬赏广告取得被害人家属支付悬赏报酬的权利。

【案例2】上海市公安局发布《奖励群众举报违法犯罪通告》，举报期限为2009年9月21日至2010年12月31日，从通告内容上看，该通告是上海市公安局为维护社会治安秩序、严厉打击违法犯罪活动，为上海世博会安全顺利举办创造良好社会环境所作出的公务行为。2014~2015年间，蒋某在黑龙江、四川、云南、广东、湖南、福建、湖北、新疆、甘肃、陕西、辽宁、西藏等多地，以邮寄挂号信的方式向上海市公安局提交举报材料，上海市公安局未予回应，蒋某多次、多地提起要求公安机关查证、核实举报线索并支付奖金的诉讼，仅裁判文书就达到200余件。蒋某认为，上海市公安局既不向其出具查证不属实的法定通知，也不依照通告给其发送查证属实的奖金通知。故诉至法院，请求判令上海市公安局支付其悬赏报酬210万元。[56]

【分析】法院认为，上海市公安局发布的《奖励群众举报违法犯罪通告》，目的是维护社会治安秩序、打击违法犯罪活动。从蒋某所述诉讼理由来看，上海市公安局对其举报线索是否属实尚未进行查证。举报人不能仅因为其提供了犯罪线索而当然获得领取奖金的权利。对于举报人提供的违法犯罪线索，须经公安机关查证属实后视情况给予一定奖励。在本案中，虽然蒋某的诉讼请求是要求支付奖金，但其在起诉状中陈述的事实和理由主要是认为公安机关不作为，没有根据其举报进行调查核实，要求公安机关核实犯罪线索和行使侦查权，这样的主张超出了人民法院受理民事诉讼的范围。上海市公安局《奖励群众举报违法犯罪通告》规定的举报期限为2009年9月21日至2010年12月31日，蒋某提供的举报信的举报时间是2014年11月，已经远远超出了上海市公安局规定的奖励举报期限。蒋某曾先后就同一事实在多地人民法院起诉，均被裁定不予受理。最高人民法院认为，蒋某提起的诉讼明显属于滥用诉讼权利，浪费司法资源，对其要求再审本案的主张，不予支持。[57]

【法条】第六百七十五条【借款人返还借款的期限】借款人应当按照约定的期限返还借款。对借款期限没有约定或者约定不明确，依据本法第五百一十条的规定仍不能确定的，借款人可以随时返还；贷款人可以催告借款人在合理期限内返还。

【案例】2000年7月15日，桐柏县公安局的派出机构吴城派出所因购买微机向张某借款20000元，约定定期给付利息，并向张某出具“收条”，内容为“吴城派出所今收到张某微机款20000元，大写贰万元整。按定期付利息，每月付张某工资叁佰元整”。后经张某追要，吴城派出所未偿还本息，张某起诉桐柏县公安局。[58]

【分析】合法的借贷关系受法律保护。派出所与自然人之间可以形成借款合同关系，故该借款合同合法有效，应受法律保护，款项既已出借，应履行还款义务。借条上没有显示还款期限，原告随时可以向被告主张权利。派出所作为法人的分支机构，本身不具有民事主体地位，公安分局为相应借款关系的民事主体。

【法条】第六百八十条【禁止高利放贷以及对借款利息的确定】禁止高利放贷，借款的利率不得违反国家有关规定。

借款合同对支付利息没有约定的，视为没有利息。

借款合同对支付利息约定不明确，当事人不能达成补充协议的，按照当地或者当事人的交易方式、交易习惯、市场利率等因素确定利息；自然人之间借款的，视为没有利息。

【关联法条】《民法典》第六百七十条【借款利息不得预先扣除】 借款的利息不得预先在本金中扣除。利息预先在本金中扣除的，应当按照实际借款数额返还借款并计算利息。

【案例】 原告厉某称，2019 年 4 月 11 日，原告与被告索某签订《最高额抵押借款合同》，约定：原告向被告提供借款 115 万元，期限为 6 个月。自 2019 年 4 月 11 日起至 2019 年 10 月 10 日止，利息结算方式为按月结息，被告应于每月 10 日前支付，月利率为 1.5%；另外合同还约定，若被告未按照合同约定时间支付利息，月利率即为 2%，且原告有权终止合同，提前收回全部借款。为担保上述债务的履行，被告将其房产抵押给原告，上述抵押房产，已于 2019 年 4 月 11 日在杭州市房地产登记中心办理了抵押登记。合同签订后，原告依约向被告提供 115 万元借款，后被告向原告返还 17250 元，即原告向被告提供借款共计 1132750 元。被告一直未依约履行支付利息的义务，其行为已构成违约。

被告称，原告厉某在"借款"过程中多次实施"套路"行为，涉嫌以非法占有为目的的"套路贷"犯罪：

1. 自 2019 年 1 月案外人朱某介绍其亲戚蒋某向被告抵押借款 60 万元开始，每当借款期限届满被告无力偿还时，朱某、蒋某就会主动提出可介绍其关联人员为被告"借款"，继而与被告签订金额更大的虚高"借款协议"，通过"转单平账""以贷养贷"的方式不断垒高"债务"。截至 2019 年 4 月本案原告厉某向被告提供"借款"之日，短短 3 个月内，被告"债务"通过多次转单平账，已从 60 万元垒高至 115 万元，其中包括多笔以"手续费""中介费""砍头息""垫资利息"等为名目的费用。厉某提供"借款"行为即为被告被"套路贷"诈骗中多平台转单平账中环节之一，并非真实民间借贷行为。

2. 在“出借”115万元的过程中，存在虚增贷款金额、制造虚假给付痕迹等情形。被告与原告此前并不认识，原告系蒋某及蒋某朋友赵某介绍的资金出借方，虽原告向被告“出借”115万元，但被告收到原告115万元转账后，立即向蒋某及原告介绍的垫资方支付垫资款及利息1024978元，支付中介费39000元，支付前2个月“砍头息”34500元，支付之前“借款”13000元，且在人身自由被限制的情况下支付22000元，最终实际到手不到2万元。原告按照虚高的“借款”将资金转入被告账户，制造已将全部“借款”交付被告的银行流水痕迹，随后便以收取各种费用为名将其中部分资金收回，被告实际上并未取得银行流水上显示的钱款。

3. 在本案中，原告存在恶意认定违约、虚构事实隐瞒真相的主观恶意，通过诉讼手段达到骗取他人财物的目的。在起诉状中原告隐瞒被告已支付前2个月“砍头息”、并不构成协议约定违约情形等情况，虚构返还17250元且一直未履行支付利息义务事实。

法院认为，根据被告索某反映的上述情况，该院联系杭州市公安局钱塘新区公安分局，该单位确认已对索某反映厉某等人涉嫌“套路贷”情形进行核查并出具情况说明。目前该单位已将线索上报市局，建议将索某反馈的湖州地区所涉“套路贷”等线索移交湖州警方核查。本案所涉借款有涉嫌犯罪的可能，目前仍由公安机关侦查，并由公安机关先行审查处理。如果经相关职能部门认定，不能确认本案属犯罪性质的，当事人仍可依法通过民事诉讼途径解决民事权益争议。[59]

【分析】《民法典》第680条第1款规定禁止高利放贷，借款的利率不得违反国家有关规定。2019年10月21日，全国扫黑办召开新闻发布会，最高人民法院、最高人民检察院、公安部、司法部联合发布了《关于办理非法放贷刑事案件若干问题的意见》，明确规定：违反国家规定，未经监管部门批准，或者超越经营范围，以营利为目的，经常性地向社会不特定对象发放贷款，扰乱金融市场秩序，情节严重的，依照《刑法》第225条第（四）项的规定，以非法经营罪定罪处罚。高利贷正式在民法典上成为违法行为，也正式入刑，这印证了刑事违法性需要以民事违法性作为判断基础。

近年来发生了大量套路贷案件，假借民间借贷之名，诱使或迫使被害人签订“借贷”或变相“借贷”“抵押”“担保”等相关协议，通过虚增借贷金额、恶意制造违约、肆意认定违约、毁匿还款证据等方式形成虚假债权债务，并借助诉讼、仲裁、公证或者采用暴力、威胁以及其他手段非法占有被害人财物，严重损害市场秩序，挑战司法权威。此时，民法和刑法应携手拉起一道防线，抗击此种伤害人民权益的不法行为。

【法条】第八百一十五条【旅客乘运义务的一般规定】旅客应当按照有效客票记载的时间、班次和座位号乘坐。旅客无票乘坐、超程乘坐、越级乘坐或者持不符合减价条件的优惠客票乘坐的，应当补交票款，承运人可以按照规定加收票款；旅客不支付票款的，承运人可以拒绝运输。

实名制客运合同的旅客丢失客票的，可以请求承运人挂失补办，承运人不得再次收取票款和其他不合理费用。

【案例】2018年8月21日，在从济南开往北京的G334次列车上，孙某在另一名乘客上车前，先是坐在了属于该乘客的座位上，在该乘客上车后继续“霸座”，并拒绝与乘务人员的沟通，称“无法起身，不能归还座位”。经过列车长和乘警劝说无果后，被占座乘客被安排到商务车厢。[60]

【分析】尽管人们认为“霸座”行为更多是在道德层面，但是并不影响“霸座”行为本身蕴含的多重法律关系。以高铁为例，乘客与铁路公司之间通过购票订立了客运合同，“对号入座”本应该是履行合同义务。“霸座”者不按约定乘坐，就违反了合同约定，是一种侵权行为。

【法条】第八百二十二条【承运人救助义务】承运人在运输过程中，应当尽力救助患有急病、分娩、遇险的旅客。

【案例】在朱某诉某出租汽车公司、付某赔偿纠纷案中，原告朱某诉称：我在乘坐被告付某驾驶的被告某公司出租车时，癫痫病突然发作。付某把我拖下车弃于路旁后开车离去，使我的手机、钱包在我昏睡时丢失。我本身是病人，平时在生活中经常感受到被他人歧视，这一次又像物品一样被人扔下了出租车，使我的精神遭受很大的刺激。二被告没有履行基于旅客运输合同对我应尽的保护义务，不仅给我造成了财产损失，更使我遭受精神和心灵创伤。请求判令二被告公开向我赔礼道歉，赔偿我的财物和精神损失9800元。[61]

北京市公安局朝阳分局双井派出所接到朱某报案后，分别对朱某和付某进行询问并做笔录。在付某的询问笔录中，付某承认2000年8月21日23时从东环广场载客去双井，当车行至东便门桥北50米左右时，客人突然浑身哆嗦、口吐白沫、满头大汗，问她话也不回答；当行至广渠门桥东100米时，付某停车。付某称，朱某是自己下车的。

综合法庭质证、认证的情况，北京市朝阳区人民法院经审理认定：朱某乘坐上出租汽车后，癫痫病发作，又前行至100米左右时，付某自行停车。此时朱某已进入癫痫病大发作后的睡眠状态，无神志，已无自行开门下车的能力。付某遂将朱某置于车下后，驾车离去。

《合同法》第301条规定，承运人在运输过程中，应当尽力救助患有急病、分娩、遇险的旅客。付某在履行运输职责时，对突发癫痫病的朱某不仅不尽救助的法定义务，反而中途停车，将昏睡中的朱某弃于路旁，使朱某处于危险状态下。付某的行为虽未危及朱某的生命、健康，但对朱某的精神造成了一定刺激，侵犯了朱某作为旅客应当享有的合法权利。

《民法通则》第106条第1款规定：“公民、法人违反合同或者不履行其他义务的，应当承担民事责任。”被告付某不救助正在发病的原告朱某，应当承担相应的民事责任。《关于贯彻执行〈中华人民共和国民法通则〉若干问题的意见（试行）》第58条规定：“企业法人的法定代表人和其他工作人员，以法人名义从事的经营活动，给他人造成经济损失的，企业法人应当承担民事责任。”付某是被告某公司的工作人员，其在执行某公司运输任务中给他人造成的损失，应当由某公司承担民事责任。原告朱某要求被告某公司赔礼道歉，请求合理，应当支持；要求某公司赔偿其精神损失，请求虽然合理，但请求数额过高，不能全额支持；要求某公司赔偿其丢失的财物，因证据不足，不予支持。判决赔礼道歉、赔偿精神抚慰金3000元。[62]

【分析】在案例要旨中法院说明，承运人在运输过程中不履行救助的法定义务，侵犯了旅客的合法权利，给旅客的精神造成了损害，应当承担精神损害赔偿责任。本条文吸收了《合同法》中的承运人救助义务，即承运人在运输过程中，应当尽力救助患有急病、分娩、遇险的旅客。公安机关在接到此类警情时，做好询问笔录，能够起到固定证据的作用。

【法条】第八百八十八条【保管合同定义】保管合同是保管人保管寄存人交付的保管物，并返还该物的合同。

寄存人到保管人处从事购物、就餐、住宿等活动，将物品存放在指定场所的，视为保管，但是当事人另有约定或者另有交易习惯的除外。

【案例】旅客张某将其车停进首都机场航站楼的停车楼内，而提车时发现车辆前端牌照被盗。张某认为，停车楼对于停放车辆监管工作不力是导致车辆牌照丢失的原因，要求停车楼先行赔偿其相关财产损失。双方发生争议，张某报警。

【分析】停车楼为车辆停放人提供机动车停放服务并按停放时间收取停放服务费，停车楼与停车者之间就形成了保管合同关系，合同内容即为机动车停放服务的内容。在上述案件中，偷车牌者侵权造成财产损害，使得车牌失主张某、偷车牌者之间发生了侵权法律关系，张某和停车楼之间发生违约和侵权法律关系，张某可以任选一项法律关系进行维权。

张某可以适用合同编关于保管合同的条款作为停车经营单位赔偿的依据。有些地方政府通过地方政府规章的形式对此进行了明确，大多明确了停车场经营者在保管期间因保管不善造成停放车辆毁损灭失或损坏的，应当承担相应的责任。例如，《北京市机动车公共停车场管理办法》规定，公共停车场经营者如果因管理不善导致车辆丢失、损坏的，公共停车场经营者应该承担责任。

依据相关的法律，在车辆停放管理（服务）合同关系中，停车场负有保管合同义务，对车辆有保全的义务和责任。即便在车辆出入凭证上声明"只提供车位有偿使用，不负保管责任"，但根据合同编关于格式条款的有关规定，该单方声明属无效条款。

根据合同编以及相关管理办法，对于停车场内收费车辆的丢失或因航站楼停车楼原因引起的收费车辆损坏，停车楼应当承担赔偿责任。但由于是第三方侵权造成保管车辆的损失，如果受害人要求公司进行赔偿，则需要看公司在保管车辆时是否存在过错。如果存在过错且过错所造成的损失涵盖了受害人的全部损失，而直接侵权人又无法确定或无力承担责任，则停车楼可能承担全部赔偿责任。如果不足以涵盖受害人的全部损失，则停车楼应承担与自己过错相当的赔偿责任。

根据合同编，保管期间因保管人保管不善造成保管物毁损、灭失的，保管人应当承担损害赔偿责任。但保管是无偿的，保管人证明自己没有重大过失的，不承担损害赔偿责任。基于此处的有偿保管已经在失主和停车楼之间建立了合同关系，形成合同上的债权债务关系。后车牌被盗，失主与盗窃者之间形成了侵权之债的关系，失主可以根据合同向保管人进行相应的赔偿请求。

【法条】第八百八十九条【保管费】寄存人应当按照约定向保管人支付保管费。

当事人对保管费没有约定或者约定不明确，依据本法第五百一十条的规定仍不能确定的，视为无偿保管。

【案例】唐女士的车发生了交通事故，因调查需要，被交警查扣到停车场里放了 17 天，而唐女士到交警指定的停车场取车时，停车场却要求唐女士交 1050 元的停车费、代驾费（停车费 50 元/天×17 天=850 元，代驾费 200 元，共 1050 元）。唐女士对这 1050 元有疑义。唐女士说：这笔费用是国家财政拨款给行政机构，由行政机构（交警部门）来承担停车费的，不应由车主来支付。

于是唐女士拨打 110 报警，并找到记者，一起到停车场、交警中队事故科和交警大队进行投诉，对交警所指定的停车场的这种不合理、不合法的收费提出疑义。交警大队相关人员答复唐女士，一定会妥善处理这件事情。第二天唐女士顺利取到了车，没花一分钱。[63]

【分析】《行政强制法》第 25 条第 3 款规定：检测、检验、检疫或者技术鉴定的费用由行政机关承担。第 26 条规定：对查封、扣押的场所、设施或者财物，行政机关应当妥善保管，不得使用或者损毁；造成损失的，应当承担赔偿责任。对查封的场所、设施或者财物，行政机关可以委托第三人保管，第三人不得损毁或者擅自转移、处置。因第三人的原因造成的损失，行政机关先行赔付后，有权向第三人追偿。因查封、扣押发生的保管费用由行政机关承担。

发生交通事故后，如果双方当事人不能当场调解，交警部门一般会采取行政强制措施，扣押肇事车辆。因交警部门没有专门的停车场，扣押的车辆一般会停在收费的停车场。该停车费用由交警部门承担。同理，发生交通事故后，交警收集证据发生的技术鉴定费也由交警部门承担。

按照合同，交警委托第三方停车场保管车辆，是交警与停车场建立合同关系。当事人唐女士与停车场并无合同关系。事故认定书出具后，交警对被扣车辆出具放行单，停车场不能收取拖车费、施救费、停车费等费用。

公安部《道路交通事故处理程序规定》规定，因扣留车辆发生的费用由作出决定的公安机关交通管理部门承担，但公安机关交通管理部门通知当事人领取，当事人逾期未领取产生的停车费用由当事人自行承担。

第四节　民法典人格权编公安工作案例精解

【法条】第九百九十九条【人格权的合理使用】为公共利益实施新闻报道、舆论监督等行为的，可以合理使用民事主体的姓名、名称、肖像、个人信息等；使用不合理侵害民事主体人格权的，应当依法承担民事责任。

【案例】某公安分局与某实验学校联系，由班主任通知六原告前往某公安分局协助调查一起强奸（未遂）案。在某公安分局，六原告按照公安人员的安排手持编号，与犯罪嫌疑人一起列队接受了被害人指认，并被摄像。六原告事先不知晓摄像的真实情况和用意，事后提出不得公开，公安分局表示同意，但后来将摄像材料提供给新闻媒体。被告电视台《第一时间》栏目公开报道了该新闻，播放了公安分局提供的摄像材料，且未对六原告协助公安调查的真实情况作出说明，亦未对相关影像作任何技术处理。由于社会公众不明真相，纷纷谴责六原告未成年即犯下恶劣罪行，给六原告的生活学习造成负面影响，也给六原告的家庭带来巨大的精神压力。两被告的行为侵犯了六原告的肖像权、名誉权。请求判令两被告向六原告公开赔礼道歉、恢复名誉、消除影响；向六原告各支付精神抚慰金 10 万元，共计 60 万元。法院判决电视台和公安分局向原告公开赔礼道歉，以消除影响、恢复名誉（内容须经该院审查许可）。两被告如不履行，该院将在省级报刊刊登该院生效判决书主文，相关费用由电视台与公安分局共同承担；被告共同向六原告各支付精神抚慰金人民币 6000 元，合计 36000 元。[64]

【分析】在本案中，公安机关安排 6 名未成年人协助参与混合指认过程并拍照、录像，在侦查工作的必要限度范围内，可以合理使用协助者的肖像等。公安机关在安排指认过程中应当严格遵守程序性规定，保障协助者的人格权。然而，公安机关在混合指认之后，在向被告电视台提供相关新闻资料时，没有尽到必要的提醒义务和注意义务，没有对协助指认的未成年人进行图像的技术处理。电视台在播放新闻时，仅对犯罪嫌疑人的脸部做了一定程度的技术处理，对其他未成年人的隐私没有进行保障，也没有对混合指认协助调查的事实加以说明，导致 6 名未成年人被电视观众误以为是强奸犯，社会评价显著降低，产生损害后果，并且影响范围广泛。公安机关与电视台均存在明显过错，应当承担民事责任。

肖像因其身份识别的功能，属于人格权中的重要内容，也属于个人信息，国家机关、承担行政职能的法定机构及其工作人员对于履行职责过程中知悉的自然人的隐私和个人信息，应当予以保密，不得泄露或者向他人非法提供。《未成年人保护法》第 58 条规定，对未成年人犯罪案件，新闻报道、影视节目、公开出版物、网络等不得披露该未成年人的姓名、住所、照片、图像以及可能推断出该未成年人的资料。涉嫌犯罪的未成年人的图像是一项法定的应当保密的个人信息，不得披露，更何况与犯罪无关的协助调查的未成年人。

法院指出，“公安机关在向新闻媒体提供侦破案件的相关资料供新闻媒体用于新闻报道时，应尽谨慎注意义务以保护他人合法权益。未尽此义务导致他人名誉权受到侵犯的，应承担相应的民事责任。公安机关侦查行为的合法性、配合新闻媒体进行法制宣传的正当性以及新闻媒体自身在新闻报道中的过失，均不构成免除公安机关上述民事责任的法定事由”。[65]

【法条】第一千零三条【身体权】自然人享有身体权。自然人的身体完整和行动自由受法律保护。任何组织或者个人不得侵害他人的身体权。

【案例】一组温州女子行窃败露后，被店主按倒在地强行剪掉头发的照片在网上引发关注。遭窃店主32岁的女子陆某称，此前店内因失窃已损失数千元。因此，当她发现形迹可疑的李某时，便紧紧地盯着她，并在她企图行窃时，和赶来帮忙的隔壁店店员合力将李某按在地上，并剪去行窃者李某的头发。[66]

【分析】案例中剪头发的行为侵犯了嫌疑人的身体权。身体权作为一种独立的人格权，包括了自然人形式上和实质上维护身体组织完整并支配其肢体、器官和其他身体组织的完整性和有限制自由支配身体的排他性权利。头发、指甲等都属于身体部分，侵害身体权的行为还包括对尸体的损害，对身体组织、器官的非法保留、占有，实施外科手术中的不当行为等。

【法条】第一千零五条【法定救助义务】自然人的生命权、身体权、健康权受到侵害或者处于其他危难情形的，负有法定救助义务的组织或者个人应当及时施救。

【案例】在李某、杨某、尹某与原审被告芒市越玲大酒店、芒市公安消防大队、芒市公安局生命权纠纷一案中，原告即死者杨某亲属提出，被告尹某与死者杨某一起喝酒，尹某在明知死者杨某在醉酒后需要人照顾，并未将其送至家中休息，也未将其送至医院或派出所进行醒酒，而是将其送至酒店，在死者杨某发生坠楼的时候未在其身旁进行照顾。按照我国治安管理的规定，在酒店入住人员无有效身份证件登记，不得入住。杨某却在没有携带身份证的情况下，顺利入住芒市越玲大酒店。同时，越玲大酒店的房间安全防护设施存在隐患，该酒店的房间窗户没有安装防护栏或对窗户的开缝空间进行固定限制，未尽到合理安全保障义务。公安局和消防大队到达现场处置险情时未及时将安全气垫铺开。以上原因共同致使杨某从酒店楼上坠落死亡，遂起诉同饮酒者尹某、酒店、公安机关。

芒市公安局提出，芒市公安局接警及时，8分钟赶到现场展开救援，依法履行了职责。公安局两支处警队和消防大队到达现场后，首先对现场秩序进行控制并维持，同时耐心疏导情绪失控的杨某，并与杨某的姐夫李某、同学尹某共同配合劝阻杨某，并积极配合消防大队展开救援工作。当时救援消防大队官兵已将救生充气垫从院场抬上越玲大酒店后楼正门上方房檐上，就在救援消防官兵准备给救生气垫充气时，遭到杨某激烈反对，为防止其情绪失控而产生极端行为，无奈之下只能暂停充气，继续做劝阻和疏导工作。当发现杨某有爬下空调机的迹象时，锦华派出所带队民警张文和消防官兵及协警冲上4楼准备营救，同时110处警队员与其亲属、同学仍耐心呼喊杨某不要动。但在不到1分钟的时间内，杨某因醉酒神志不清、情绪失控，无法控制自己的行为，在爬下空调压缩机进入408房间窗户时坠楼。公安接到报警后派出两支处警队的处警行为合法、合情、合理，已尽到所有职责，未有任何过错和过失行为。

法院经过质证，认定事实为：2017年2月18日下午，死者杨某与其同学被告尹某等人吃饭，其间杨某饮酒。饭后，被告尹某将杨某送至被告芒市越玲大酒店入住508房间，后杨某从其入住的508房间内翻出窗外爬到4楼的空调外机上。被告芒市越玲大酒店发现后，于23时21分向芒市110指挥中心报警。芒市公安局特警大队处警二中队干警一行5人于23时29分到达事发现场。23时40分，锦华派出所一行5人到达事发现场。芒市公安消防大队一行9名消防官兵于23时38分到达事发现场进行救援。芒市公安局两支处警队到达现场后，与杨某的姐夫李某、被告尹某共同配合劝阻、疏导杨某，同时配合芒市公安消防大队开展救援工作。根据杨某所在空调外机的位置，芒市公安消防大队官兵将救生充气垫从院场抬上酒店后楼正门上方房檐上。在救援过程中，杨某情绪激动，一直责骂被告尹某。2月19日0时0分54秒，杨某在爬下空调外机进入408房间窗户时坠楼。后经救治无效于2017年7月6日死亡。

法院认为，杨某作为完全民事行为能力人，应当预见到饮酒后产生的后果，其醉酒后自行从入住的508房间内翻出窗外爬至4楼的空调外机，将自己置于危险的状况。在芒市公安局、芒市公安消防大队实施救援的过程中，不听劝阻，在醉酒情况下再次进行攀爬，导致坠楼，其应当预见而放任危险结果的发生，是事故发生的直接原因，应对事故的发生承担责任。被告尹某在杨某醉酒后将其送至酒店休息，该行为并无过错，其将杨某送至酒店休息的行为与杨某坠楼之间无直接因果关系。原告主张，被告芒市越玲大酒店在杨某没有携带身份证的情况下让其入住酒店，以及酒店的房间窗户没有安装防护栏或对窗户的开缝空间进行固定限制，致使杨某从酒店楼上坠落。本院认为，原告所述的上述两点理由不是直接导致杨某坠楼的必然原因，被告芒市越玲大酒店对事故的发生不存在过错。被告芒市公安局、芒市公安消防大队在接到报警后，及时赶赴事故现场，积极开展救援工作，在处警和救援过程中无过错和过失行为，对事故的发生不存在过错。[67]

【分析】芒市公安局和消防大队是依法履行救援职责的单位，承担法定救助义务。救援行动的成功与否取决于多方条件和因素的具备和制约，在本案中因杨某醉酒神志意识不清、不听劝阻，拒不配合救援，导致救援失败。如果仅因救援失败就起诉参与救援的单位，要求参与救援的单位承担赔偿责任，有悖于法律的公平与正义，将严重挫伤广大消防官兵和公安民警的工作积极性。[68]《民法典》第1005条明确了针对自然人的法定救助义务。条文没有明确违反法定救助义务的责任。这种法定救助义务包括公法上的，也包括私法上的。违反公法上的救助义务，承担行政赔偿责任，违反私法上的救助义务，承担民事责任。警察、医师等专业人员负有及时施救的法定义务，强化对自然人人身权的保护。

法定救助义务的规范有的来自《民法典》，有的来自《人民警察法》《执业医师法》等法律。《民法典》第26条规定了父母子女之间的法律义务，父母对未成年子女负有抚养、教育和保护的义务，成年子女对父母负有赡养、扶助和保护的义务。《民法典》第822条规定了承运人救助义务，承运人在运输过程中，应当尽力救助患有急病、分娩、遇险的旅客。

《人民警察法》第21条规定，人民警察遇到公民人身、财产安全受到侵犯或者处于其他危难情形，应当立即救助；对公民提出解决纠纷的要求，应当给予帮助；公民的报警案件，应当及时查处。人民警察应当积极参加抢险救灾和社会公益工作。人民警察在非工作时间，遇有其职责范围内的紧急情况，应当履行职责。

《民法典》第1220条规定："因抢救生命垂危的患者等紧急情况，不能取得患者或者其近亲属意见的，经医疗机构负责人或者授权的负责人批准，可以立即实施相应的医疗措施。"根据《最高人民法院关于审理医疗损害责任纠纷案件适用法律若干问题的解释》，"不能取得患者近亲属意见"的情况包括"近亲属不明的""不能及时联系到近亲属的""近亲属拒绝发表意见的""近亲属达不成一致意见的""法律、法规规定的其他情形"等情形。

【延伸案例】 王某申诉称：2009年10月23日5时40分许，刘某在阜新市新邱北部九中3号楼附近，手持斧子，无缘无故砍向买豆腐的杨某。杨某与刘某厮打时，杨的老伴和女儿闻讯赶到。在与刘某搏斗的过程中，杨的老伴白某脸部被砍开一道6厘米左右的口子，后脑也被砍了一斧子，右肋还被砍开一道15厘米左右的口子。新邱公安分局西部派出所民警接警后对该案进行调查处理。在无精神病病志、无精神疾病诊断和法医鉴定，以及未给受害人白某做伤情鉴定的情况下，西部派出所就以刘某疑似精神病、白某伤情不重为由，释放了刘某。由于西部派出所的失职和纵容，刘某于2009年10月24日0时20分许，手持铁锤砸伤赵某；6时许，砸伤武某；7时30分许，将本案申诉人王某砸成重伤。因新邱公安分局西部派出所民警不履行法定职责和纵容刘某犯罪，才造成王某现在生活不能自理、终身残疾的后果，侵害了王某的合法权益。新邛公安分局不履行法定职责行为与王某受到伤害之间具有切身的、现实的、直接的行政法律上的利害关系。王某受到伤害系刘某违法侵权行为所致。

法院认为，新邛公安分局“失职和纵容”不履行法定职责的行为发生在刘某伤害白某案件中，与刘某伤害王某的事件之间虽具有时间上的先后关系，但并不具有法律上的利害关系。因此，王某以新邛公安分局不履行法定职责为由提起本案行政诉讼，不具有适格的原告主体资格，原审裁定驳回原告起诉，并无不当。王某主张因新邛公安分局西部派出所民警不履行法定职责和纵容刘某犯罪，造成王某终身残疾，侵害了王某的合法权益，两者之间具有法律上的利害关系，缺乏事实和法律根据，法院不予支持。[69]

【分析】《最高人民法院关于公安机关不履行法定行政职责是否承担行政赔偿责任问题的批复》（法释〔2001〕23 号）规定：“由于公安机关不履行法定行政职责，致使公民、法人和其他组织的合法权益遭受损害的，应当承担行政赔偿责任。”该批复中不履行法定职责“致使”公民、法人和其他组织的合法权益遭受损害，应当是指基于具体的事由，公安机关对特定的行政相对人承担具体的作为义务，公安机关没有履行相关义务，从而造成该行政相对人人身、财产损害的情形。批复中所称“法定职责”，不是抽象、普遍意义上的法定职责、义务。否则，公安机关负有保障全社会每一个公民人身、财产安全的法定职责，每一个受到违法犯罪行为侵害的公民，均可以公安机关没有维护好社会治安、违法犯罪频发，系不履行法定职责为由，要求公安机关承担行政赔偿责任。[70]

【法条】第一千零一十条【性骚扰民事责任和单位防制义务】违背他人意愿，以言语、文字、图像、肢体行为等方式对他人实施性骚扰的，受害人有权依法请求行为人承担民事责任。

机关、企业、学校等单位应当采取合理的预防、受理投诉、调查处置等措施，防止和制止利用职权、从属关系等实施性骚扰。

【案例1】5月25日，北土城站派出所接到乘客钟女士报警，称当日9时其在地铁10号线三元桥站一扶梯处遭男子偷拍，后嫌疑人逃跑。民警接警后，立即与报警人取得联系，了解案件相关情况，通过多方查证，民警很快将嫌疑人锁定。经过2天的蹲守，当嫌疑男子季某再次出现在地铁车站时，民警及时将其抓获。经审查，季某对自己的违法行为供认不讳，并深感懊悔。后季某因侵犯他人隐私被依法行政拘留。[71]

【案例2】2019年7月1日18时23分至18时29分许，被告人王某某在上海地铁上持续触摸一未成年女子胸部等部位。18时31分许，被告人王某某以同样方法触摸另一名女子的胸部。上海静安法院以强制猥亵罪判处被告人王某某有期徒刑6个月。法院认为，被告人的行为不仅侵害被害人的人身权利，也在一定程度上扰乱了轨道交通的正常秩序，具有较大的社会危害性。[72]

【分析】我国民事立法对于性骚扰的法律规制采取权利保护主义为主、职场安全主义为辅的立场。在案例1中适用行政责任，在案例2中适用刑事责任。以刑事方法打击性骚扰行为，能够保护弱势群体特别是未成年女性的性自主权。在以往，不少性骚扰案件并不立案处理，部分民警认为这样的行为危害不大，最多处以治安处罚。殊不知，这样的行为严重影响了社会、城市的文明程度，严重损害了受害者的性自主权。对于这类侵犯人格权的不法行为，民事责任入民法典或刑法上入刑都表达了一种零容忍的态度。在保障人格权问题上，民警应当严格执法，满足新时代人民对于幸福生活的新定义、新要求。

性骚扰行为侵害的是受害者的人格尊严和性自主权，受害者可以是女性，也可以是男性。本条文第二款属于倡导性条款，在一般情况下，性骚扰侵害行为的民事责任人是性骚扰行为者，不包括单位。但是，如果机关、企业、学校等单位存在不作为行为，没有建立受理、调查、处置、防止性骚扰行为的机制、制度，设计不合理的工作制度，直接导致利用上下级关系、师生关系、医患关系等职权、从属关系的性骚扰行为极易发生，具有过错和因果关系，则需要承担相应责任。

【法条】第一千零一十二条【姓名权】自然人享有姓名权，有权依法决定、使用、变更或者许可他人使用自己的姓名，但是不得违背公序良俗。

【法条】第一千零一十四条【姓名权或名称权不得被非法侵害】任何组织或者个人不得以干涉、盗用、假冒等方式侵害他人的姓名权或者名称权。

【法条】第一千零一十五条【自然人选取姓氏】自然人应当随父姓或者母姓，但是有下列情形之一的，可以在父姓和母姓之外选取姓氏：

（一）选取其他直系长辈血亲的姓氏；

（二）因由法定扶养人以外的人扶养而选取扶养人姓氏；

（三）有不违背公序良俗的其他正当理由。

少数民族自然人的姓氏可以遵从本民族的文化传统和风俗习惯。

【案例 1】赵 C，江西省鹰潭市月湖区居民，1986 年出生。因其独特的英文字母名字和关于姓名权的争议，成为网络热门人物。鹰潭市公安局月湖分局以“C”为外文文字为由不给他换“二代证”，并表示要换“二代证”必须把这中英结合的名字改掉。为了维护姓名权，赵 C 将鹰潭市公安局月湖分局告上法庭。该案被媒体称作“全国通过诉讼捍卫姓名权第一案”。法院一审判决：责令月湖分局允许赵 C 以“赵 C”为姓名申办第二代身份证。判决后，月湖分局提出上诉。在二审过程中，双方经协商达成和解，赵 C 同意改名。赵 C 的父亲说，之所以给儿子取名“赵 C”，是想寄托自己的一种希望。据介绍，他自己的英语没学好，儿子出生后，他认为人一辈子至少要学会两种文字，首选汉语和英语，因此想在儿子的名字上做点文章。他想，在英语中，“C”是“China（中国）”的第一个字母，又有“西方”谐音的意思，希望以此告诫儿子最好能到西方国家留学并学有所成，但又不能忘掉自己是中国人。[73]

“赵C”案最终和解。二审法院终审裁定，准许鹰潭市公安局月湖分局撤回上诉，撤销月湖区人民法院一审判决，赵C更改名字。鹰潭市公安局月湖分局分管户籍的副局长表示，公安机关将尊重法院的终审裁定，在赵C提出更改姓名要求，并依法申请符合国家规范化姓名的前提下，愿意且乐意为赵C更改户籍、学籍、保险、档案、账户等提供服务。

【案例2】原告于2014年4月收到被告通过邮寄方式送达的《昭通市公安局昭阳分局强制隔离戒毒决定书》。该决定书作出决定：对违法行为人王某强制隔离戒毒2年。该决定书上违法行为人为王某，身份证号码、家庭住址等信息与原告的信息一致。原告有正当职业，决定书中所称原告吸毒被抓时间2014年4月2日原告正在上班，不可能吸毒被现场查获，且原告也从来没有吸毒史。决定书上记录“王某”吸食海洛因，而时至今日原告连海洛因是什么样的都不知道。2014年4月10日，被告经过调查，发现办案人员严重失职，于是以昭通市公安局昭阳分局南城派出所的名义出具了证明给原告，该证明还写明：“现我所正在积极办理王某吸毒信息删除工作，望相关部门予以支持配合，如因此给王某的工作生活带来不便，请联系办案民警李安银。”原告及其家人得到这个证明也感到心安，毕竟任何工作或者任何人都会出错，只要改正就好了，特别是公安机关能够知错就改，作为老百姓也感到欣慰。但在接下来的一年里，原告多次被派出所通知进行尿液检查，为了删除记录，原告也一直配合被告。2016年10月，原告用身份证在昆明办理暂住证，被昆明警方告知自己的身份证预警，因为自己是吸毒人员。原告当即回到昭通找被告问清原因，请求被告依职权删除信息。被告方领导甚至保证：这次绝对删除了，请原告放心，也请原告多理解。但2018年3月20日，昭通市公安局交警支队车管所书面通知原告，由于原告是吸毒人员，驾驶证将被注销。此时原告才知自己又一次被被告欺骗，被告其实一直没有将错误的吸毒信息删除，导致原告工作、生活处处背负着吸毒人员的枷锁。从 2014 年 4 月收到被告邮寄的强制戒毒决定书至今已经 4 年多，原告经常会接到被告方电话，要求进行尿液检查，且原告不得不请假协助检查，原告多次到外地出差身份证都会报警，被告对自身的这种错误行为一直不予改正，导致原告的工作生活都受到严重影响。这些记录不仅关系到一个人的名义，关系到原告父母、孩子及整个家族的声誉，还关系到原告自己及家族的社会伦理道德。为了维护合法权益，原告根据《行政诉讼法》起诉到人民法院，请求：一、判决被告依法履行职责，彻底将错误录入的原告吸毒的所有记录删除；二、要求被告以书面的形式对原告作出证明及道歉；三、本案诉讼费用由被告承担。

法院认为，本案的起因系因案外人徐某冒用原告王某的身份信息导致被告错误认定原告王某为吸毒人员，并将原告王某吸毒的信息错误录入公安系统所致。但从原、被告提交的证据显示，在发现录入信息错误后，被告已多次向原告出具证明，证实原告王某并非吸毒人员，且制作了《吸毒人员信息删除审批表》。从 2014 年开始，先后 3 次按照其内部流程规定，逐级上报呈请为原告删除相关吸毒信息。虽原告王某主张被告一直未履行为其删除吸毒信息的法定职责，但被告提交的证据显示，被告在发现错误后已在其职权范围内将原告王某的吸毒信息删除，并积极履行了将相关材料上报上级部门的职责。由于现代信息共享的复杂程度，导致原告王某的吸毒信息在公安部门的其他系统中仍然存在，这些信息的存在与否不是被告一个单一的部门所能左右的，也并非被告的原因所致，被告已在其力所能及的职权范围内积极履行了相应的职责并多次向原告出具了相关的证明。故原告王某的诉讼主张无事实根据，本院依法不予支持。[71]

【案例 3】 2009 年，济南市民吕某给女儿起名为“北雁云依”，在办理户口时被当地派出所拒绝。吕某以女儿的名义向法院提起诉讼，成为全国首例姓名权行政诉讼案。

法院经审理认为，该项规定设定了在父母姓氏之外选取其他姓氏的两个必备要件：一是不违反公序良俗，二是存在其他正当理由。原告“北雁云依”的父母自创“北雁”为姓氏，选取“北雁云依”为姓名给女儿办理户口登记的理由是“我女儿姓名‘北雁云依’四字，取自四首著名的中国古典诗词，寓意父母对女儿的美好祝愿”。

法院认为：此理由仅凭个人喜好和愿望并创设姓氏，具有明显的随意性，会造成对文化传统和伦理观念的冲击，既违背社会善良风俗和一般道德要求，也不利于维护社会秩序和实现社会的良性管控。[75]

【分析】从民法典人格权编的规定来看，姓名权是一种典型的标表型人格权，包括姓名专有使用权、姓名变更权、姓名决定权等权利内涵。姓名登记作为一种行政登记行为，由公安户籍部门负责。民法典姓名权相关规定对于公安工作的影响，主要体现在：第一，公安户政工作对于姓名决定权的保护，具体体现为户籍民警对于自然人提出的称姓、取名的请求如何回应的问题。第二，公安户政工作对于姓名变更权的保护，具体体现为户籍民警对于自然人提出的更改姓名的请求如何回应的问题。第三，公安工作中对于姓名专有使用权的保护，具体是冒名、盗名导致前科数据失实，应当如何处理的问题。

1. 姓名决定权的公安实践及应对

目前，各地方公安机关的姓名登记工作，主要是依据 1958 年通过施行的《户口登记条例》以及同年公安部治安管理局发布的《关于执行户口登记条例的初步意见》，以此为基础，各地出台如《四川省公安厅关于规范户口登记管理有关问题的通知》《上海常住人口管理规定》等具体指导公安机关户政业务的规范性文件。以《上海常住人口管理规定》第 26 条为例，条文中规定了 6 类可以变更姓名的情形，包括：父母离婚、再婚的；依法被收养或者收养关系变更的；在同一学校或工作单位内姓名完全相同的；名字的谐音易造成本人受歧视或伤及本人感情的；名字中含有冷僻字的；有其他特殊原因的。同时，在第二款规定了不可变更姓名的情形，对依法被剥夺政治权利，或正在被刑事处罚、劳动教养的人员，不予更改“姓名”。

该条文没有准确理解民法典姓名权的内涵，从而没有准确定性姓名登记行为。姓名登记的本质是行政登记，而非行政许可。《民法典》第1012条规定，自然人享有姓名权，有权依法决定、使用、变更或者许可他人使用自己的姓名，但是不得违背公序良俗。“公序良俗”作为姓名权行使的底线型标准，只能消极防止姓名权的滥用，而不能积极干预姓名权的行使。姓名权不得滥用，指的是《民法典》第132条的规定，民事主体不得滥用民事权利损害国家利益、社会公共利益或者他人合法权益。只要命名的称姓、取名没有损害上述利益与权益的，公安机关不应予以限制。构成姓名权滥用从而违背公序良俗的情形包括如下类型：

第一，自创姓氏。“北雁云依”诉济南市公安局历下区分局燕山派出所公安行政登记案是我国首例姓名权行政诉讼案。2009年，济南市民吕某给女儿起名为“北雁云依”，已办理出生证明和计划生育服务手册新生儿落户备查登记，但在办理户口时被当地派出所拒绝。派出所认为孩子姓氏必须随父姓或母姓，即姓“吕”或姓“张”，吕某以女儿的名义向法院提起诉讼。关于命名中姓氏的择取，《民法典》第1015条吸收了2014年《全国人民代表大会常务委员会关于〈中华人民共和国民法通则〉第九十九条第一款、〈中华人民共和国婚姻法〉第二十二条的解释》的规定，自然人应当随父姓或者母姓，但是有下列情形之一的，可以在父姓和母姓之外选取姓氏：（一）选取其他直系长辈血亲的姓氏；（二）因由法定扶养人以外的人扶养而选取扶养人姓氏；（三）有不违背公序良俗的其他正当理由。少数民族自然人的姓氏可以遵从本民族的文化传统和风俗习惯。据此，姓氏的择取应当不违反公序良俗。姓名除了身份识别的功能外，还有社会文化功能，这一功能决定了姓名权的行使需要公序良俗的限制。姓氏是自然人姓名的一个重要组成部分，是标明家族来源和血缘关系的一种文字符号，是亲情的隐形纽带。姓氏文化是一种具有民族传承的文化现象，如果仅根据父母的喜好自创姓氏，将导致中国姓氏文化的极大冲击。如果需要在命名上表达美好寓意，可以在取名时结合姓氏进行发挥。

第二，取名中用字有贬损之意。父母为子女命名具有明显贬义的，如“婊”“盗”“屁”等意象粗陋带贬义的字词，不能满足公序良俗的底线要求，也不符合未成年子女利益最大化原则。公安机关可以根据《民法典》第 1015 条拒绝受理该姓名登记。对于与当地不雅方言谐音的命名，应当作出相应解释，建议命名人修改登记信息。

姓名权的权利滥用指的是权利人看似行使姓名权，本质上却违背了权利行使的社会性原则，对于自己收效甚微，却不当地损害了国家利益、社会公共利益、他人合法权益等法益。除了触及公序良俗底线的姓名权滥用行为，其他根据自然人的自由意思更改姓名的行为，应当受理。为保障民法典全面有效实施，公安机关应当在准确把握民法典精神、掌握民法典条文要旨的基础上清理有关姓名登记的规范性文件。

2. 姓名变更权的公安实践及应对

任何机关单位或个人不得非法干涉他人决定、使用、改变姓名，公安机关在办理姓名变更登记业务时，应当特别注意以下三点：

第一，刑满释放人员行使姓名变更权不违反前科制度。在丁某某与遂宁市公安局安居区分局不履行户口登记变更姓名法定职责二审行政判决书中，原告丁某某提出，1988 年，户籍所在地的遂宁市安居区村居民委员会工作人员在为原告上报公安局户口登记上户时，误将丁某博的“博”字写成了“悼”字，要求更名，但公安局根据《四川省公安厅关于加强户政管理提高便民利民服务质量的意见》的规定，“受过刑事处罚的人员，在公安部没有出台新的规定以前，一律不予变更姓名、更改年龄”，告知原告不予办理变更登记。

该规范性文件没有准确理解公安部三局《关于执行户口登记条例的初步意见》第 9 条中“依法被剥夺政治权利的分子和正在受刑事处分的分子……一律不准变更姓名”的规定，该意见并没有提出刑满释放人员不得变更姓名。在本案中，丁某某申请姓名变更并没有改变其原身份号码，不影响对其身份的确认，不影响前科制度的运行，反而将促进丁某某更顺利地回归社会。

第二，出家人用法号来代替俗家姓名。宗教神职人员的改名申请符合宗教规约的，应当予以受理，变更登记。

第三，妥善处理离婚案件中子女姓氏变更的问题。根据最高人民法院《关于变更子女姓氏问题的复函》（［81］法民字第 11 号）的有关精神，“对于离婚双方未经协商或协商未达成一致意见而其中一方要求变更子女姓名的，公安机关可以拒绝受理；对一方因向公安机关隐瞒离婚事实，而取得子女姓名变更的，若另一方要求恢复子女原姓名且离婚双方协商不成，公安机关应予恢复”。最高人民法院《关于人民法院审理离婚案件处理子女抚养问题的若干具体意见》亦指出，父或母一方擅自将子女姓氏改为继母或继父姓氏而引起纠纷的，应责令恢复原姓氏。变更姓名的主体应当具有完全民事行为能力，即年满 18 周岁，或年满 16 周岁但以自己的收入作为主要生活来源。对于没有完全民事行为能力的未成年人子女，变更其姓名应当征得监护人的一致同意。根据《民法典》第 1084 条关于离婚后的父母子女关系的条文精神，子女已满 8 周岁的，应当尊重其真实意愿。对于年满 8 周岁的限制民事行为能力人，民警办理时，应尽可能征求其变更姓名的意见。

3. 姓名专有使用权的公安实践及应对

任何组织或者个人不得以干涉、盗用、假冒等方式侵害他人的姓名权。在陆某、龙某一般人格权纠纷二审民事判决书中，龙某利用陆某姓名逃避司法机关打击；王某与昭通市公安局昭阳分局公安行政管理纠纷一审行政判决书中，案外人徐某冒用原告王某的身份信息导致被告错误认定原告王某为吸毒人员，并将原告王某吸毒的信息错误录入公安系统。

案底或前科在社会生活中称为“不良行为记录”，将直接或间接影响政审、信用等生活场景。自然人发现信息错误录入的，有权向公安机关提出异议并请求采取更正、删除等必要措施。对于姓名专有使用权的侵害，公安机关在发现录入信息错误后，经核查属实的，应当立即出具相关证明，证实被假冒姓名人员并非涉案人员，制作《吸毒人员信息删除审批表》等相关文件，申请在系统中彻底删除错误信息。如果吸毒信息在公安部门的其他系统中仍然存在，不能以“这些信息的存在与否不是一个单一的部门所能左右”或“超越职权范围”为由拒绝协调删除。公安机关应当及时采取必要措施，协调有关部门删除错误信息，保障公民的正常生活。

【法条】第一千零一十九条【肖像权的保护】任何组织或者个人不得以丑化、污损，或者利用信息技术手段伪造等方式侵害他人的肖像权。未经肖像权人同意，不得制作、使用、公开肖像权人的肖像，但是法律另有规定的除外。

未经肖像权人同意，肖像作品权利人不得以发表、复制、发行、出租、展览等方式使用或者公开肖像权人的肖像。

【案例】孙某某事先在网上收集全国各地企业领导干部的基本信息、照片和通讯地址，再通过电脑软件合成淫秽照片，并制作敲诈勒索信件，以传播他人淫秽照片为由勒索财物。后孙某某分别于2017年10月27日、12月24日坐高铁至湖北省武汉市，于同年11月28日坐高铁至贵州省贵阳市，分别从多家邮局投递上述敲诈勒索信件（包括1张电脑软件合成的淫秽照片和1封敲诈勒索信）。被害人张某某收到信件后报案，被害人周某某、叶某某收到信后将钱款汇入孙某某要求的账户。

2017 年 12 月 26 日，上海市水上公安局民警从湖北省武汉市的 5 个邮局扣押了孙某某寄出的 133 封敲诈勒索信件。上述信件中均包括 1 张电脑软件合成的淫秽照片和 1 封敲诈勒索信，分别向 133 名被害人勒索钱款共计人民币 3487 万余元。根据查明的事实和证据，检察机关认为，孙某某的行为触犯了我国《刑法》第 274 条的规定，应当以敲诈勒索罪追究刑事责任。[76]

【分析】禁止使用“深度伪造”、PS 等技术侵害肖像权，无论是出于模仿“恶搞”还是敲诈勒索、侮辱、商业代言等目的。AI 换脸、PS 恶搞已随着各类信息技术的普及应用而展开，技术是中立的，关键是在法律上如何令不当使用技术者承担法律后果。本条文规定适应了技术进步时代的新现象，制定出了与之相配套的规则。人工智能换脸技术不仅可能造成肖像权侵权，还可能造成名誉权的损害。

【法条】第一千零二十条【肖像权阻却违法事由】合理实施下列行为的，可以不经肖像权人同意：

（一）为个人学习、艺术欣赏、课堂教学或者科学研究，在必要范围内使用肖像权人已经公开的肖像；

（二）为实施新闻报道，不可避免地制作、使用、公开肖像权人的肖像；

（三）为依法履行职责，国家机关在必要范围内制作、使用、公开肖像权人的肖像；

（四）为展示特定公共环境，不可避免地制作、使用、公开肖像权人的肖像；

（五）为维护公共利益或者肖像权人合法权益，制作、使用、公开肖像权人的肖像的其他行为。

【案例 1】黄某在医疗系统工作期间曾多次获得表彰。2014 年，其在某血站工作期间，因涉嫌非法组织卖血被逮捕并提起公诉。法院作出生效裁判前，公安机关就案件召开新闻发布会，电视台根据公安机关提供的材料制作了新闻节目并播出。节目中，个别镜头有黄某形象，个别细节因处理不当，可以显示黄某姓名，且节目描述的犯罪行为有部分细节最终未被法院作为犯罪行为采信。为此，黄某认为公安机关及电视台侵犯了其名誉权、肖像权，故诉至法院，要求公安机关、电视台承担侵权责任。[77]

【案例2】2018 年 10 月 24 日，济南时报刊发一则社会新闻《校园里猥亵女生！全城通缉“猥琐男”》，报道了济南一女生在校园内无辜遭到一男子猥亵的事件。值得注意的是，这篇报道直接放出了嫌疑人庄某下台阶时的全身高清图片，完全没有经过马赛克等后期处理。这样的做法得到多数网友的好评，《人民日报》微信公众号也以《高清正面无码大片，赞!》为题，为《济南时报》此次做法叫好。[78]

【分析】根据《民法典》1020 条第（三）项的规定，公安机关通缉犯罪嫌疑人，公布其肖像，属于依法履行职责，不成立肖像权侵权。在案例 1 中，公安机关将案件材料提供给新闻媒体制作节目，对黄某的相关报道并非恶意使用其肖像，在报道时没有“严重失实”的情节。但仍须注意，《民法典》1020 条第（二）项的规定主要保障的价值是新闻自由，为保障执法公正，公安机关在案件终审前，应按警情通报、新闻发布会等权威形式通报案情。《公安机关执法公开规定》第 10 条规定，公安机关应当向社会公开涉及公共利益、社会高度关注的重大案事件调查进展和处理结果，以及打击违法犯罪活动的重大决策和行动。公安机关提供媒体相关资料时，应当充分提示、审核媒体对嫌疑人肖像权的适当保护，杜绝“舆论审判”先入为主、未审先判的可能。在案例 2 中，曝光嫌疑人肖像应当遵循比例原则，根据各类型犯罪的恶性程度，决定曝光的范围、时间长度等。相似的案件可以参照以下规定：《公安机关办理刑事案件程序规定》第 265 条规定，应当逮捕的犯罪嫌疑人如果在逃，公安机关可以发布通缉令，采取有效措施，追捕归案。

第270条规定，为发现重大犯罪线索，追缴涉案财物、证据，查获犯罪嫌疑人，必要时，经县级以上公安机关负责人批准，可以发布悬赏通告。第271条规定，通缉令、悬赏通告应当广泛张贴，并可以通过广播、电视、报刊、计算机网络等方式发布。

【法条】第一千零二十四条【名誉权】民事主体享有名誉权。任何组织或者个人不得以侮辱、诽谤等方式侵害他人的名誉权。

名誉是对民事主体的品德、声望、才能、信用等的社会评价。

【关联法条】《民法典》第九百九十一条【民事主体的人格权不受侵害】民事主体的人格权受法律保护，任何组织或者个人不得侵害。

【案例1】2017年9月9日中午，岫岩公安局苏子沟派出所接到辖区居民石某报警，称有人在微信里骂他。根据石某描述，微信里自称“徐某”的男子从9月8日18时30分开始骂第一条，一直持续到9日9时许，在近15个小时的时间里，“徐某”发了100余条骂人微信。用石某的话说，这些微信内容极其低俗下流。石某表示，这已经严重影响了他及其家人的正常生活，无奈之下到公安机关报案。接警后，苏子沟派出所民警对此事进行了认真分析，认为这并不是一起普通的矛盾纠纷，应立案调查，并立即将案情上报。县局领导当即作出批示，违法嫌疑人行为恶劣，社会影响极坏，要求苏子沟派出所认真查破此案，依法惩处违法嫌疑人，维护好受害人的合法权益。9月15日，在进行了大量排查工作后，警方最终锁定何家堡村居民杨某，并将杨某依法传唤至派出所。最后，办案民警进一步固定证据，依法将违法嫌疑人杨某行政拘留5日。[79]

【分析】民事主体依法享有名誉权。名誉权的保护，既有公法上的保护，如《刑法》和《治安管理处罚法》当中关于侮辱、诽谤的规定，也有私法上的保护，如《民法典》中规定的民事主体享有名誉权。《民法典》第991条规定：“民事主体的人格权受法律保护，任何组织或者个人不得侵害”。此处的“法律”，不仅包括《民法典》本身，也应当包括《刑法》和《治安管理处罚法》在内，对于符合立案要求的侮辱诽谤案件，公安机关应当进行立案调查，切实保护每个人的民事权利。尤其是在人格权独立成编的时代背景下，公安机关更应该厘清职责范围，贡献出保护人格权的公安力量。

【案例2】 2011 年 3 月 22 日，吉林省前郭县公安局治安大队在调查一起案件时，在顾某电脑中发现了 95 部淫秽影片。吉林警方根据《治安管理处罚法》第 68 条的规定，对顾某处 15 日治安拘留并处罚款 3000 元。电脑作为“犯罪工具”也被没收，且警方未出具任何法律文书，顾某认为公安局对其行为处罚过重，获释后于 5 月 2 日向前郭县政府法制办提请行政复议。经调查，前郭县人民政府法制办认为，公安局对顾某作出的行政处罚决定属处罚失当，并于 6 月 16 日予以撤销。随后，前郭县公安局决定，对办案民警停止执行职务，接受调查。同时，公安局向当事人顾某道歉，退还罚款，并依法作出了赔偿。顾某对前郭县人民政府和公安局的做法表示满意，双方已达成谅解。此外，前郭县人民政府要求县公安机关应从中吸取教训，举一反三，进一步加强执法规范化教育，坚决防止此类事件再次发生。[80]

【分析】 类似的案件还有陕西延安“黄碟案”。陕西延安有一对夫妻在家中观看“黄碟”被举报，于是警察破门而入带走了当事人。该事件引发争议，被认为属于公权力明显越界的行为。未经同意、没有满足法定程序进入住宅、宾馆房间，构成《民法典》第 1033 条第（二）项的隐私权侵害行为。人格尊严是一般人格权的核心内容，对于名誉权、隐私权、肖像权等人格权起到统领、决定、兜底作用。随着社会的发展，在名誉权、姓名权这些人格权之外，有其他严重侵害人格尊严的行为，不会无法可依，可以归属于侵害一般人格权的侵权行为。人格尊严作为一般人格权，在实践中具有全面普及的必要。

【法条】第一千零三十二条【隐私权】 自然人享有隐私权。任何组织或者个人不得以刺探、侵扰、泄露、公开等方式侵害他人的隐私权。

隐私是自然人的私人生活安宁和不愿为他人知晓的私密空间、私密活动、私密信息。

【案例】 某地警方开展了一次大规模的突击扫黄行动，但是这次行动不仅没有得到舆论的支持，反而招来了一片质疑之声。原因是有媒体报道，当地警方把在这次扫黄行动中所抓获的一名女性的裸照公布到了网上。照片上一个光头的便衣警察，抓住一名赤身裸体的从事特殊服务人员的头发，将她的脸往上抬。2009 年 11 月 2 日中午，包含这张照片的新闻突然被各大网站论坛转载，一时成为热点，很多网友谴责警方不该公开照片。2009 年 11 月 4 日，省公安厅对此作出回应：裸照是当地某媒体记者擅自发到网上，并非公安机关所为。据报道，省公安厅宣传处处长苏某表示，当晚的行动有多家当地媒体记者跟随采访，其中包括一名摄影记者。后来这名摄影记者将部分照片提供给另一名记者，后者将照片发布到网络上。但苏某拒绝透露该记者的姓名以及工作单位。[81]

【分析】 隐私权是自然人享有的私人生活安宁与私人信息依法受到保护，不被他人非法侵扰、知悉、收集、利用和公开等的一种人格权，以性隐私为典型。针对交往对象的不同，每个人扮演着不同的形象。隐私意味着可以根据自己所处的环境扮演适当的角色，在家人、朋友、同事面前展示不同方面，这是人与生俱来的本能。对隐私最常见的误解，即认为隐私就是隐藏某些事情。有观点认为，如果没有做错什么，就没有必要隐藏什么，言外之意是做错事情才需要隐私。然而，写日记、使用洗手间、与朋友说悄悄话这些行为并没有错误。隐私权具有生理基础，哺乳动物被捕食者所监视，这种监视本身被视为一种物理威胁。对于人而言，隐私权是一种固有的人权，是维护人的尊严和赢得尊重的先决条件。

警务工作中侵犯隐私权的典型情形包括：民警将数据库中明星

的身份证照片公布在公共贴吧中；民警在巡查中发现出租屋内夫妻在看“黄碟”，遂拍摄该夫妻裸体视频，发送到微信群中；民警因受朋友请托，用内部数据库收集朋友妻子出轨证据以及情夫住址信息；等等。

【法条】第一千零三十三条【隐私权侵害行为】除法律另有规定或者权利人明确同意外，任何组织或者个人不得实施下列行为：

（一）以电话、短信、即时通讯工具、电子邮件、传单等方式侵扰他人的私人生活安宁；

（二）进入、拍摄、窥视他人的住宅、宾馆房间等私密空间；

（三）拍摄、窥视、窃听、公开他人的私密活动；

（四）拍摄、窥视他人身体的私密部位；

（五）处理他人的私密信息；

（六）以其他方式侵害他人的隐私权。

【案例1】某女星被男粉丝多次骚扰，包括前后长达半年时间的跟踪和骚扰、数次企图潜入剧组房车、活动现场“求婚”，女星报警。骚扰男子被处以行政拘留7日的行政处罚。

【案例2】市民小徐在海曙宁波工程学院附近丢了一部手机，在拨打10多次电话后，联系上了捡到手机的中年妇女，对方开口要2000元酬谢费。小徐希望以500元酬金加一筐杨梅表达谢意，但遭到对方的拒绝。无奈之下，小徐选择了报警。见此状，中年妇女一怒之下，用力将手机摔在地上，致手机屏幕摔碎。

事件发生后，当地警方介入调查。与此同时，中年女子遭到网友的“人肉”搜索。其间，一位同名的当地学校老师被误认为是肇事者不幸“躺枪”。宁波警方也注意到，事件发生后，有网友通过人肉搜索将另一位同名者误当成肇事者，并对其进行骚扰，这是大家最不愿意看到的结果。[82]

【分析】民法典是行政决策、行政管理、行政监督的重要标尺，要规范治安等警种的行政处罚活动，避免侵犯群众合法权益，就应当将《治安管理处罚法》中的相关规定解释与民法典的条文相结合考虑。在信息技术时代，侵害他人私人安宁尤为常见，人格权编中规定的私生活安宁权是隐私权的重要内涵。对于骚扰行为进行治安处罚时，应当考虑到该骚扰行为对于私生活安宁的影响程度与范围。

《治安管理处罚法》第 42 条规定，有下列行为之一的，处 5 日以下拘留或者 500 元以下罚款；情节较重的，处 5 日以上 10 日以下拘留，可以并处 500 元以下罚款：（1）写恐吓信或者以其他方法威胁他人人身安全的；（2）公然侮辱他人或者捏造事实诽谤他人的；（3）捏造事实诬告陷害他人，企图使他人受到刑事追究或者受到治安管理处罚的；（4）对证人及其近亲属进行威胁、侮辱、殴打或者打击报复的；（5）多次发送淫秽、侮辱、恐吓或者其他信息，干扰他人正常生活的；（6）偷窥、偷拍、窃听、散布他人隐私的。其中，第（6）项的规定可以参照本条文进行理解。

【法条】第一千零三十九条【国家机关、承担行政职能的法定机构及其工作人员的保密义务】国家机关、承担行政职能的法定机构及其工作人员对于履行职责过程中知悉的自然人的隐私和个人信息，应当予以保密，不得泄露或者向他人非法提供。

【案例 1】在张某等与××时报社隐私权纠纷案中，法院认为，张某之子张×在涉嫌犯罪时是未成年人，××时报在对该事件进行报道时未隐去张×的真实姓名，违背了《未成年人保护法》的相关规定，造成其隐私被披露的后果，构成隐私侵权。

【分析】对于公安工作而言，未成年人犯罪案件中，其姓名是一项法定的应当保密的个人信息。《未成年人保护法》第 58 条规定，对未成年人犯罪案件，新闻报道、影视节目、公开出版物、网络等不得披露该未成年人的姓名、住所、照片、图像以及可能推断出该未成年人的资料。《未成年人保护法》第 69 条规定，侵犯未成年人隐私，构成违反治安管理行为的，由公安机关依法给予行政处罚。

对未成年人的信件、日记、电子邮件，任何组织或者个人不得隐匿、毁弃；除因追查犯罪的需要，由公安机关或者人民检察院依法进行检查，或者对无民事行为能力的未成年人的信件、日记、电子邮件由其父母或者其他监护人代为开拆、查阅外，任何组织或者个人均不得开拆、查阅。

【案例 2】49 岁的张某告诉记者，看到在县城的街道、广场的电线杆上贴着的、树上挂着的、地上扔着的，铺天盖地都是自己在公安部门做的询问笔录。她所说的询问笔录，是 2008 年 3 月 21 日至 22 日，她在被某镇党委原书记石某强奸后，到案发地公安分局刑警一中队报案后所做的笔录，“当时按规定，在询问笔录中，我详细描述了被强奸的整个过程”。“询问笔录贴出来后，不大的县城几乎人人都知道了这件事。”更让她难过的是，世代祖居这里的家人和亲戚也为此受到了严重影响。[83]

【分析】《人民警察法》第 22 条规定，人民警察不得有泄露国家秘密、警务工作秘密等行为。人民警察在执行职务中，要严守国家秘密和警务工作秘密。涉及个人隐私案件，人民警察不得泄露个人隐私，如造成不良后果，可根据具体情节予以行政处分；造成严重后果构成犯罪的，依法追究刑事责任。

另外，《护照法》第 12 条第 3 款规定，护照签发机关及其工作人员对因制作、签发护照而知悉的公民个人信息，应当予以保密。第 20 条规定：“护照签发机关工作人员在办理护照过程中有下列行为之一的，依法给予行政处分；构成犯罪的，依法追究刑事责任：……（五）泄露因制作、签发护照而知悉的公民个人信息，侵害公民合法权益的……”《身份证法》第 6 条第 3 款规定，公安机关及其人民警察对因制作、发放、查验、扣押居民身份证而知悉的公民的个人信息，应当予以保密。第 20 条规定：“人民警察有下列行为之一的，根据情节轻重，依法给予行政处分；构成犯罪的，依法追究刑事责任：……（五）泄露因制作、发放、查验、扣押居民身份证而知悉的公民个人信息，侵害公民合法权益的。”

第五节　民法典婚姻家庭编公安工作案例精解

【法条】第一千零四十二条【婚姻家庭的禁止性规定】禁止包办、买卖婚姻和其他干涉婚姻自由的行为。禁止借婚姻索取财物。

禁止重婚。禁止有配偶者与他人同居。

禁止家庭暴力。禁止家庭成员间的虐待和遗弃。

【案例】12月6日2时许，广场派出所接到胡女士报警称：其丈夫对其家暴，请求民警帮助。接警后，民警立即赶赴现场，经了解：胡女士的丈夫杨先生责怪其每日在家念念叨叨，杨先生一气之下用奶粉罐将胡女士头部砸伤。了解情况后，民警对双方进行了耐心细致的感情疏导工作，分别对二人进行了劝说。经过2个小时的劝说，杨先生主动承认了自己的错误，胡女士也表示愿意原谅丈夫。鉴于杨先生的家暴行为情节轻微，且主动承认错误，民警本着化解矛盾、促进家庭和睦的原则，对杨先生予以批评教育，并开具《家庭暴力告诫书》。杨先生认真阅读后在告诫书上签字，并承诺不再实施家暴行为。[84]

【分析】家暴报警可以维护受害者的合法权益。家暴报警后，民警会留下出警记录，若之后发生更为严重的家暴侵害案件或者离婚案件，可以为受害者更好地维护自己的合法权益，对申请人身保护令、精神损害赔偿，以及离婚时对财产分割以及子女抚养的争夺也会起到一定的帮助。根据相关法律规定，充分考虑案件中的防卫因素和过错责任。对于长期遭受家庭暴力，在激愤、恐惧状态下为了防止再次遭受家庭暴力，或者为了摆脱家庭暴力而故意杀害、伤害施暴人，被告人的行为具有防卫因素，施暴人在案件起因上具有明显过错或者直接责任的，可以酌情从宽处罚。家暴报警增加了施暴者的成本，而且这个成本是巨大的。在以往的家暴案件中，报警至少可以让30%的施暴者停止施暴。

除了人身安全保护令之外，《反家庭暴力法》中设立了告诫制度。以往公安机关接到报案之后，对于情节较轻的家暴行为只是给施暴者口头教育，但往往过段时间家暴还会再次发生。告诫制度的设立，让公安机关在制止家暴中发挥了更大的作用。家庭暴力告诫制度是公安机关对依法不予行政处罚的轻微家庭暴力加害人采取训诫、教育、警示等非强制措施，督促加害人改正违法行为作出的一种行政指导。

正因为家庭暴力告诫属于行政指导，不属于行政处罚，民警在作出家庭暴力告诫书时不需要考虑行政复议等对于民警自身不利的后果。

公安机关在接到家庭暴力报警求助后，事件发生地公安派出所应立即调派警力到达现场，并做好如下处置工作：（1）立即制止正在发生的家庭暴力行为，控制家庭暴力加害人，维护现场秩序；（2）受害人需要立即就医的，应积极协助联系医院组织救治，根据需要进行临时庇护及委托伤情鉴定；（3）及时询问当事人和现场目击证人，并使用录音、录像、摄像等方式固定其他证据；（4）依法查明事实后，对违反治安管理或涉嫌犯罪的行为依法处理，对符合发放告诫书情形的，依法启动告诫程序。

人民法院依法受理的涉及家庭暴力的民事案件，公安机关作出的家庭暴力告诫书可以作为人民法院认定实施家庭暴力的证据；人民法院依法受理的家庭暴力人身伤害刑事案件，在该刑事案件发生之前公安机关曾对加害人进行过告诫的，可以作为人民法院处理该刑事案件的酌定从重情节。

《反家庭暴力法》规定了公安机关在反家庭暴力方面的职责，人民法院作出人身安全保护令后，应当送达申请人、被申请人、公安机关以及居民委员会、村民委员会等有关组织。人身安全保护令由人民法院执行，公安机关以及居民委员会、村民委员会等应当协助执行。加害人实施家庭暴力，构成违反治安管理行为的，依法给予治安管理处罚；构成犯罪的，依法追究刑事责任。被申请人违反人身安全保护令，构成犯罪的，依法追究刑事责任；尚不构成犯罪的，人民法院应当给予训诫，可以根据情节轻重处以1000元以下罚款、15日以下拘留。

学校、幼儿园、医疗机构、居民委员会、村民委员会、社会工作服务机构、救助管理机构、福利机构及其工作人员未依照《反家庭暴力法》第14条规定向公安机关报案，造成严重后果的，由上级主管部门或者本单位对直接负责的主管人员和其他直接责任人员依法给予处分。负有反家庭暴力职责的国家工作人员玩忽职守、滥用职权、徇私舞弊的，依法给予处分；构成犯罪的，依法追究刑事责任。

值得注意的是，《反家庭暴力法》第37条规定，家庭成员以外共同生活的人之间实施的暴力行为，参照本法规定执行。此即意味着，民警处理同居关系中的暴力问题同样适用以上规定。

【法条】第一千零四十三条【婚姻家庭的倡导性规定】家庭应当树立优良家风，弘扬家庭美德，重视家庭文明建设。

夫妻应当互相忠实，互相尊重，互相关爱；家庭成员应当敬老爱幼，互相帮助，维护平等、和睦、文明的婚姻家庭关系。

【案例】周某去朋友家做客，临走前特别嘱咐妻子王某要照顾好自己年迈且行动不便的母亲，王某答应并要求周某早些回家。谁知周某酒过三巡忘了妻子的叮嘱，王某便将怒火撒到了本就不招自己待见的婆婆身上，不仅不给饭吃还对其一顿臭骂。

周某回家听到母亲的控诉后，质问王某为何如此苛待母亲，王某却埋怨周某喝酒太多且回家太晚。夫妻两人从口角发展到厮打，邻居见状便报了警。

民警到场后制止了双方，对周某进行批评教育，但双方仍然争吵不断。民警见状，索性邀请围观的左邻右舍来评理。多数邻居认为，王某作为媳妇，因丈夫晚回家一会儿就小题大做，且苛待年迈的婆婆实在有违做人底线。

也有少部分邻居认为，周某作为一家之主，一喝酒就忘了家庭责任，也有一定的过错。在舆论的压力下，王某渐渐底气不足，说话声明显变小，最后向婆婆道歉。而周某也认识到了自己的错误，顺势向王某道歉。

【分析】在《习近平谈治国理政》第二卷中，关于怎样看待家庭、家教和家风及其相互关系的问题，习近平总书记指出，“我们都要重视家庭建设，注重家庭、注重家教、注重家风”，“无论时代如何变化，无论经济社会如何发展，对一个社会来说，家庭的生活依托都不可替代，家庭的社会功能都不可替代，家庭的文明作用都不可替代”。

树立优良家风，能够更好地弘扬家庭美德，体现社会主义核心价值观。民警在处理家庭纠纷类警情的过程中，应当联想到民法典对于婚姻家庭关系中道德伦理规则的尊重，在调解处置中鼓励和促进人们培养家风，提升社会整体风气。

【法条】第一千零四十四条【收养的基本原则】收养应当遵循最有利于被收养人的原则，保障被收养人和收养人的合法权益。

禁止借收养名义买卖未成年人。

【案例】家住长沙高桥的唐女士是一名商人。前不久，一直想领养个孩子的唐女士在浏览网站的时候，发现了一个领养群，便申请加入群聊，不想认识了3岁男童斌斌（化名）的父亲，对方竟表示愿意将孩子送给自己。眼前这名虎头虎脑的男孩就是唐女士通过网络认领的孩子斌斌，虽说相处才10天时间，但孩子对唐女士非常亲近。

唐女士回忆，7月10日上午9点，第一次在车站见到斌斌的时候，就被他乖巧的模样吸引，唐女士随即将身上携带的8万多元现金全部交给孩子父亲，并将斌斌带回家中抚养。

回到家后不久，唐女士意识到这样的行为并不可取，希望和对方通过正规的法律途径来领养斌斌，不想对方的态度却来了个180

度大转弯。

雨花公安分局高桥派出所接到报案后高度重视，立即介入调查并确定了孩子的身份。而与此同时，孩子的家人也在广东向当地警方报案。

7 月 20 日晚上，孩子的生母王女士在广东惠州警方的陪同下来到了高桥派出所，不过对于孩子被前夫送人的行为，王女士的表现十分淡漠。王女士说自己和前夫的婚姻并不幸福，两人经常产生矛盾，去年两人办理了离婚手续。当时年仅 2 岁的斌斌被判给了前夫，之后便跟着爷爷奶奶一起生活。

按照《收养法》之规定，涉及生父母的送养，只有在“有特殊困难无力抚养子女”的情况下才可以，而且需要到民政部门登记确认，严禁买卖儿童或者借收养名义买卖儿童。最高人民法院等多部门 2010 年联合发布的《关于依法惩治拐卖妇女儿童犯罪的意见》也再次明确，“以非法获利为目的，出卖亲生子女的”，应当以拐卖儿童罪论处。警方表示，孩子父亲的行为已经涉嫌拐卖儿童罪，目前民警正在对他展开追查。而领养人唐女士的行为是否涉嫌违法，警方也正在进一步取证调查当中。[85]

【分析】随着社会文化与经济发展，收养目的从养儿防老向奉献爱心转变。收养应当有利于被收养的未成年人的抚养、成长，保障被收养人和收养人的合法权益，遵循平等自愿的原则，并不得违背社会公德。收养子女应当通过法定程序，保障儿童的健康成长，应当允许此类家庭收养子女，增加儿童被合适家庭收养的机会，禁止借收养名义买卖未成年人。

【法条】第一千零九十二条【一方侵害夫妻共同财产的法律后果】夫妻一方隐藏、转移、变卖、毁损、挥霍夫妻共同财产，或者伪造夫妻共同债务企图侵占另一方财产的，在离婚分割夫妻共同财产时，对该方可以少分或者不分。离婚后，另一方发现有上述行为的，可以向人民法院提起诉讼，请求再次分割夫妻共同财产。

【案例】王某与张某于1981年9月30日登记结婚，1982年育有一子，现在美国留学。2003年2月17日在延庆县法院提起离婚诉讼，延庆法院于2004年3月27日判决二人离婚。法院判决离婚时并未就财产分割及子女抚养问题进行处理。王某于2005年9至10月间，以语言及寄信等手段，称不解决“经济问题”则向检察机关检举揭发张某的行贿行为，索要人民币2000万元，后经张某的律师谈判，数额降至人民币300万元。律师称先支付人民币20万元，王某表示同意。2005年10月16日11时许，王某在丰台区左安门宾馆接受张某委托律师送给其的人民币20万元时，被当场抓获。北京市丰台区人民法院认为，被告人王某的行为不构成敲诈勒索罪。北京市丰台区人民检察院向北京市丰台区人民法院提出撤诉申请，北京市丰台区人民法院作出裁定，同意检察机关的撤诉申请。[86]

【分析】认定敲诈勒索行为应先明确产权关系。以胁迫方式索取未超出自己产权的财产行为，不应认定为敲诈勒索罪。

【法条】第一千一百零六条【被收养人户口登记】收养关系成立后，公安机关应当按照国家有关规定为被收养人办理户口登记。

【案例】2003年，张女士和爱人结婚后，一直没要孩子。2016年2月，张女士抱养了内蒙古亲戚家的一个孩子，就这样她有了自己的女儿。

张女士说，孩子3岁后该上幼儿园了，可后来一咨询她才得知，必须有户口才能入学。为了孩子的户籍，张女士几次找到辖区派出所，户籍民警答复称，必须有领养证才能办理上户。张女士为此咨询过内蒙古当地民政部门，可亲戚家又不符合送养条件，无法办理领养证。就这样，孩子的户籍成了张女士的心病。

对于张女士的疑问，2016年6月20日，记者到银川市公安局治安支队人口服务与管理大队进行了采访。据该大队大队长郭建军介绍，《宁夏回族自治区无户口人员登记户口办法》明确规定，对于 1996 年 4 月 1 日到 2016 年 10 月 1 日期间，已形成事实收养关系的，公安机关可以登记落户。张女士的女儿符合入户条件，但需要按照流程向派出所递交相关申请。“还需要采集孩子的 DNA，排除孩子为拐卖儿童的嫌疑。”郭建军说。派出所还要对当事人提交的申请进行调查，并出具调查报告。当完成这一系列程序后，就可以为孩子办理入户登记了。[87]

【分析】《民法典》该条文之规定，明确要求公安机关应当按照国家有关规定为被收养人办理户口登记。在实践中，收养儿童的落户问题是一大难题。民法典是市民生活的法律，是权利的保障法，公安机关应当按照民法典的规定，按照国家有关规定依法为被收养人办理户口登记。同时，公安机关还负有打击拐卖儿童犯罪的义务。公安机关应当采集被收养人的 DNA，若发现有拐卖嫌疑，应当立即进行调查，履行打击违法犯罪的工作职责；同时，做好户政管理中收养登记的工作。

第六节　民法典继承编公安工作案例精解

【法条】第一千一百二十一条【继承开始的时间及死亡先后的推定】继承从被继承人死亡时开始。

相互有继承关系的数人在同一事件中死亡，难以确定死亡时间的，推定没有其他继承人的人先死亡。都有其他继承人，辈份不同的，推定长辈先死亡；辈份相同的，推定同时死亡，相互不发生继承。

【案例】原告诉称：2015 年 8 月 3 日，原告女儿肖 A、女婿胥 A、外孙女胥 B 同胥 A 的父母、弟弟、妹妹全家在小峪农家乐给胥 A 父亲过生日时，突然山洪倾泻而下，致使原告女儿肖 A、女婿胥 A、外孙女胥 B 等 9 人溺水死亡。事发后，原告家人配合女婿胥 A 的家人处理亲人后事。肖 A 去世后，肖 A 单位还有养老、公积金等手续要办，原告委托其子肖 B 前往西安市公安局长安分局王莽派出所（以下简称王莽派出所）索要肖A的死亡确认书未果。2015年11月18日，原告从《华商报》得知，小峪惨案中幸存的胥C（胥A弟弟）、胥D起诉涉事农家乐、长安水务局、西安市国土资源局长安分局，并要求赔偿各种损失4649106元；后原告向西安市长安区人民法院引镇法庭申请参加诉讼，并于2017年1月24日申请复印死亡确认书，了解到本次事件的死者中只有胥A的死亡时间是2015年8月4日，其他人死亡时间均为2015年8月3日。随后，原告律师及原告儿子前往王莽派出所、长安分局法医室调查，长安分局法医室的李法医口头告知原告之子，同一事故中死亡的，死亡日期肯定是相同的，其会配合法院的调查但不会给个人出具文件。《最高人民法院关于贯彻执行〈中华人民共和国继承法〉若干问题的意见》第2条规定："相互有继承关系的几个人在同一事件中死亡，如不能确定死亡先后时间的，推定没有继承人的人先死亡。死亡人各自都有继承人的，如几个死亡人辈份不同，推定长辈先死亡；几个死亡人辈份相同，推定同时死亡，彼此不发生继承，由他们各自的继承人分别继承。"原告认为死亡确认书在认定事实、适用法律及程序上存在严重错误，严重侵犯了原告的合法权益。

法院认定事实为：2015年8月3日17时，王莽派出所接到群众报警，称在王莽小峪河清雅居农家乐就餐的游客遇山洪被水冲走。王莽派出所接警后，立即派民警赶往事发现场。经了解，当天下午突发山洪将在清雅居农家乐正在就餐的10人冲走，其中1人当场获救。截至2015年8月5日，民警共打捞出9具尸体，经被告联系尤某峰、胥某峰确认死者身份分别为刘某粉、胥某欣、胥A、肖A、胥B、胥某胜、王某英、邱某娟、胥××。后长安刑侦大队法医对尸体进行尸表检验，并将胥A、肖A、胥B的死因告知死者家属胥某峰，将排除案件的结果也告知胥某峰，胥某峰对死因无异议且未要求解剖尸体。

2016年8月6日，长安刑侦大队、王莽派出所出具：编号为×

××的死亡确认书，内容为：死者姓名胥A，死亡原因为溺水合并创伤性休克，死亡日期为2015年8月4日；编号为×××的死亡确认书，内容为：死者姓名肖A，死亡原因为溺水合并创伤性休克，死亡日期为2015年8月3日；编号为×××的死亡确认书，内容为：死者姓名胥欢，死亡原因为溺水合并创伤性休克，死亡日期为2015年8月3日。2017年1月24日，原告从西安市长安区人民法院引镇法庭复印死者胥A、肖A、胥B的死亡确认书，才知道该死亡确认书的内容。法院认为，根据《行政诉讼法》第12条的规定"人民法院受理公民、法人或者其他组织提起的下列诉讼：……（十二）认为行政机关侵犯其他人身权、财产权等合法权益的。除前款规定外，人民法院受理法律、法规规定可以提起诉讼的其他行政案件"以及相关法律规定，县级以上地方各级人民政府公安机关负责本行政区域内的治安管理工作，原告认为编号为×××的死亡确认书会影响其继承的顺序和合法权益，故其要求撤销×××号死亡确认书属于行政诉讼的受案范围。

国家卫生和计划生育委员会、公安部、民政部《关于进一步规范人口死亡医学证明和信息登记管理工作的通知》第1条规定："一、人口死亡医学证明的签发……（六）未经救治的非正常死亡证明由公安司法部门按照现行规定及程序办理。"《公安机关办理行政案件程序规定》（公安部令第125号）第67条规定："对于违法行为案发现场，必要时应当进行勘验，提取与案件有关的证据材料，判断案件性质，确定调查方向和范围。现场勘验参照刑事案件现场勘验的有关规定执行。"第71条规定："检查情况应当制作检查笔录……"在本案中，2015年8月3日17时，王莽派出所民警出警得知突发山洪将在清雅居农家乐正在就餐的10人冲走，其中1人当场获救；截至2015年8月5日，民警共打捞出9具尸体，因死者家属表示对胥A、肖A、胥B等死者死因无异议未对尸体进行解剖，法医进行尸表检验后，推断胥A、肖A、胥B死亡时间应在同一时间段，即尸检前24~48小时。但在诉讼过程中，各方并无证据表明胥A的死亡时间为2015年8月4日，且被告长安分局在答辩状及当庭陈述中承认其因工作疏忽将×××号死亡确认书中胥A的死亡时间误填为2015年8月4日，被告认为胥A的死亡时间应和本次事故中肖A、胥B等死者的死亡时间一致，即2015年8月3日。综上，原告请求撤销×××号死亡确认书事实充分、于法有据，法院对原告诉讼请求予以支持。依照《行政诉讼法》第70条第（1）项之规定，判决如下：一、撤销被告西安市公安局长安分局作出的编号为×××的死亡确认书；二、责令被告西安市公安局长安分局于本判决生效后30日内重新作出行政行为。[88]

【分析】相互有继承关系的数人在同一事件中死亡，难以确定死亡时间的，推定没有其他继承人的人先死亡。都有其他继承人，辈份不同的，推定长辈先死亡；辈份相同的，推定同时死亡，相互不发生继承。在处置中，应当尤为注意死亡时间的确认直接影响到法定继承的顺序和结果，对当事人影响重大。

【法条】第一千一百二十二条【遗产的定义】遗产是自然人死亡时遗留的个人合法财产。

依照法律规定或者根据其性质不得继承的遗产，不得继承。

【案例】在章某等5人诉宁海县公安局、宁海县卫生局、王某、宁波市第一医院尸检纠纷案中，原告认为，被告收受了原告的尸检费用，不履行尸检义务，不提供尸检报告，应承担责任；被告拒不归还死者内脏，侵犯了原告方的人身权益。起诉要求四被告履行尸检义务，提供尸检报告；要求四被告归还死者内脏。经法院析明后，原告才明确得知死者内脏已销毁，但在销毁前他们从未通知原告，因此，变更诉讼请求为：（1）要求四被告履行尸检义务，提供尸检报告。（2）要求四被告赔偿原告损失70万元，并承担连带责任。

法院认为，根据《公安部刑事技术鉴定规则》《司法鉴定程序通则》的规定和查明的相关事实，宁波市中级人民法院（2005）

甬行终字第150号行政裁定书已经认定，被告宁海县公安局不具有对周某尸体作出检查报告的法定行政职责。被告宁海县公安局作为协助尸检的单位，已经履行了尸体检查的义务，并已将收取的解剖尸检费1000元转交给被告王某，履行了相关的协助义务。因此，被告宁海县公安局不存在返还脏器及赔偿损失的责任。被告宁海县卫生局在处理死者周某医疗纠纷过程中，邀请委托宁波市临床病理质控中心病理专家即被告王某进行尸检，虽履行了作为行政主管机关的职责，但事后被告王某未告知原告即按惯例自行将死者周某的脏器予以销毁，侵害原告的合法权利，造成原告精神上损害的责任应由其承担。因此，被告宁海县卫生局应对原告的损失承担相应赔偿责任。宁波市临床病理质控中心是被告王某的工作单位，其无独立的财产和组织机构，不具备诉讼的主体；被告宁波市第一医院作为宁波市临床病理质控中心的挂靠单位及被告王某的聘用单位，其没有获得尸检费及其他利益，因此不承担民事责任。[89]

【分析】法院案例要旨认为，人体医疗废物的法律属性是物，其所有权归原来的身体权人即患者所享有；若患者去世，则尸体包括从尸体上分离出来的脏器、血液、毛发及至尸体火化后的骨灰，均成为患者家属的合法继承的物，由患者家属享有丧葬目的范围内的支配权。鉴定机构擅自销毁脏器标本构成侵权，应承担侵权责任。[90]

第七节　民法典侵权责任编公安工作案例精解

【法条】第一千一百六十五条【过错责任原则】行为人因过错侵害他人民事权益造成损害的，应当承担侵权责任。

依照法律规定推定行为人有过错，其不能证明自己没有过错的，应当承担侵权责任。

【案例】2018年10月2日10时45分，原告王某之妻、四原告之母肖某在地里干活，被一群野蜂蜇伤，送至盐亭县人民医院就医，后转至绵阳市中心医院抢救，于2018年10月3日4时辞世。

原告将母亲的后事处理完毕之后，经多方核实得知，案涉野蜂群是因为被告朱某明、刘某、朱某才在案发前将野蜂的蜂窝私自取走，但没有对野蜂进行处理，导致野蜂无法回窝，停歇在苞谷秆上，最终导致肖某被野蜂群蜇伤不治身亡。当本村村民发现肖某正在被一群野蜂追蜇时，立即向被告金孔镇政府求助借用镇上所有的一套防蜂服，并拨打了110，但是被告金孔镇政府的相关工作人员表示防蜂服被外借到其他村未归还，需从其他村送过来。在近2小时后，防蜂服才被送到案发地点，贻误了对肖某的救治。而被告盐亭县公安局在接到报警后一直未派警力出警救援肖某、指挥现场安全。为此，各被告的上述行为侵犯了原告王某之妻、四原告之母肖某的生命健康权，促使了悲剧的发生，应当承担相应的赔偿责任。[91]

【分析】民事责任的判定可以借鉴法律的规定。本条文规定一般侵权责任的构成应符合以下条件：

第一，损害事实应客观存在；

第二，行为应违法；

第三，违法行为与损害事实之间存在因果关系；

第四，行为人存在过错。

在本案中，被告金孔镇政府和被告盐亭县公安局系行政管理部门，对本案中肖某被野蜂蜇伤死亡不存在故意。至于过失，金孔镇政府已购置防蜂服，用于解决辖区内可能存在的野蜂伤人事件，说明被告金孔镇政府已对辖区内存在的野蜂伤人的安全隐患尽到了一定的保障义务。肖某在发现自己承包土地旁的梧桐树上有野蜂巢时，未报告被告金孔镇政府，金孔镇政府并不知情。肖某被野蜂攻击蜇伤后死亡，与防蜂服迟延送达的行为、盐亭县公安局未出警到现场处置的行为，均不具有直接因果关系。防蜂服管理不善、是否拖延送达防蜂服、是否出警到现场协助处置，属于行政作为或不作为的范畴，是行政法上的权利义务关系，在民事侵权责任上无法构成过错责任。

【延伸分析】与刑事责任相比，民事责任当中针对人身责任的规定是很少的，多是涉及财产责任，而不对人身进行强制规定。而且民事责任当中存在替代责任，如父母可以替代无民事行为能力的儿童承担侵权责任，这在刑法当中是不可能出现的现象。在民事责任的概念范畴中，还有无限责任与有限责任、单独责任与连带责任的界分，这些都是学习民法典的责任过程中需要掌握的重点概念，民警在调解民间纠纷时也应知晓民法上的多种责任形式。民事责任可以分为如下几类：

（1）合同责任、侵权责任与其他责任。这种分类基于责任发生根据的不同。违反合同主义务、从义务合同、附随义务抑或是任何法定义务都可能产生合同责任。侵权责任则是基于对他人财产、人身权益的侵犯而产生的责任。其他责任主要包括不当得利、无因管理等因债的发生方式不同而导致的责任。

（2）财产责任与非财产责任。在损害赔偿责任中，民事违法行为人承担财产上的不利后果，使受害人得到财产上的补偿，是典型的财产责任。非财产责任旨在防止或消除损害后果，使受损害的非财产权利得到恢复，在民法实践中运用的比例偏小一些。

（3）无限责任与有限责任。一般而言，没有边界的无限责任是原则，有限责任是例外。公司股东以出资为限度承担责任即是典型的有限责任。而在无限责任中，责任人甚至在自己全部资产的范围之外承担责任，如合伙人对合伙债务承担的责任可能使得合伙人负债累累。

（4）单方责任与双方责任。单方责任是指仅仅存在一方对另一方当事人的责任，如在简单的侵权案件中，在受害方无过错的情况下，加害方对受害方承担的责任。双方责任是指法律关系双方当事人之间相互承担责任的形态。在复杂的侵权活动中，如果双方当事人都有过错，则按照各自的过错比例承担责任。

（5）单独责任与共同责任。民事主体一般承担单独责任，由一个民事主体独立承担民事责任，但根据法律的明确规定，也可能与其他民事主体一起承担共同责任。两个以上的人共同实施违法行为并且都有过错，从而共同对损害的发生承担责任时，往往就由多数人一起承担共同责任。

（6）按份责任与连带责任。多数当事人按照法律的规定或者合同的约定，各自承担特定、固定份额的民事责任，被称为按份责任。在按份责任中，如果债权人请求某一债务人清偿的份额超出了其应承担的份额，该债务人可以拒绝承担。如果法律没有规定或合同没有约定这种份额，则推定为责任份额均等划分。而在连带责任中，权利人有权要求责任人集体中的任何一个或多个人承担全部或部分的责任，责任人不得推诿。相应的，任何一个连带债务人对于债权人做出部分或全部清偿，都将导致责任的相应部分或全部消灭。民法上的连带责任主要有合伙人对合伙之债权人的责任、共同侵权人的连带责任、连带保证人之间的连带责任、代理关系中发生的连带责任等。在连带债务人清偿债务后，如果其清偿的比例较高，便对其他债务人享有求偿权，可以向其他债务人追偿。

（7）过错责任、无过错责任和公平责任。这种责任分类以当事人的过错为要件，构成了侵权法归责原则的基础。过错责任，是以过错作为责任要件，无过错则无责任，即便因为不可抗力等原因出现了损害结果，行为人也不负责任。无过错责任，则是以损害结果为导向，并不关心行为人的主观过错。我国合同编上的违约责任即是典型的无过错责任，非违约方只需证明违约方的行为已经构成违约即可，而不必证明其主观上有无故意或过失。在公平责任的适用中，双方当事人对损害的发生均无过错，则依据法律的规定，由双方分担损失，而不再是可以由人民法院根据公平等基本原则考虑当事人利益平衡来确定责任归属。

民警应当掌握民事义务与民事责任的基础概念，在很多情况下，责任被认为与“义务”具有相同的含义。承担责任被等同于“承担相应的义务”。例如，侵权行为当中的损害赔偿责任、过错责任等。如果一定需要作出区分，那么可以认为，责任还有一层“担保履行义务”的担保作用，义务人由于义务而要处于强制执行的财产，都由“责任”在做担保。

责任原则上常常与义务相伴随，但是二者也可能发生分离。有义务无责任的情景，如双方因赌博产生的债、已经过了诉讼时效的债（经对方抗辩）属于自然债务，无法诉求法院强制执行。有责任而无义务的情景，则如张三欠李四的款项，以王五的一头牛作为担保，虽然王五不承担履行义务，但是可能会承担责任。还有一种情形，民事主体有义务亦有责任，但是责任受限制，比如股东有限责任。

【法条】第一千一百七十三条【过失相抵】被侵权人对同一损害的发生或者扩大有过错的，可以减轻侵权人的责任。

【案例 1】唐某系大兴区榆垡镇辛庄村村民。左堤路系该村庄南侧一条西北东南走向公路，事发地点系设置在左堤路与南侧河道内一南北走向小路交叉口的安全卡点，该卡点岗亭显示为“治安检查点”。经查看事发时大兴公安局民警现场执法录像以及法院现场实地勘验得知，该安全卡点所涉南北走向小路路面两侧放置有限宽路障（路障两侧留有通道可供通行），且在该限宽的基础上，中间两侧又分别放置了两处障碍物，其中一处显示有“停车检查”字样，由此在该路中间位置仅留有可供行人通过的狭窄通道。平常，靠近该障碍物一侧以及靠近左堤路一侧分别放置有一对黄黑线条相间的警示锥桶。经查，唐某经常于早间通过上述狭窄通道进入堤内跑步锻炼。案涉致唐某损伤的为警用阻车器，其上注有“警察 POLICE”字样，阻车器可开可合，打开后呈狭长状态并带有密集硬质刺针，主要用于阻拦来往车辆。事发前，安全卡点人员在原有限宽路障、障碍物的基础上，紧邻路障将上述警用阻车器打开，覆盖了上述预留的狭窄通道以及两侧部分区域，对此并未另行增加警示。2019 年 9 月 24 日五六时许，唐某按往常习惯跑步至该安全卡点欲通过该处狭窄通道时，右脚踩上警用阻车器上的硬质刺针，后被刺伤。事发后，唐某前往大兴区榆垡中心卫生院进行治疗。经该院诊断为足损伤、皮肤裂伤，为此其在该院进行了门诊治疗。此后，唐某遵医嘱进行了多次复查复诊。经核算，唐某为此治疗花费了医疗费3538.74元。[92]

【分析】本条文是新修条文，民法典对于过失相抵增加了被侵权人防止损害扩大的义务，防止出现有的受害人或家属，为索取较高赔偿，放任损害结果扩大，不当加重侵权人的责任。在本案中，是否构成侵权责任，在行为与损害之间的因果关系没有疑问，核心焦点在于大兴公安局对于唐某所受损害是否具有过错。法院认为，警用阻车器主要用于拦截检查来往车辆，但从已有现场设施来看，原有限宽路障、障碍物已充分实现了该执法目的，使用阻车器没有必要性。阻车器的用途并非拦截行人，该设备高度十分有限并铺设于地面，识别度不够，具有一定的人身危险性，就拦截行人这一既定目的来说，拉设警戒线等方式方法显然更为合理。另外，警用阻车器的启用并未增加相应的与其人身危险程度相匹配的警示。唐某作为附近村民，经常往返该处安全卡点晨练，其对于现场设施已经形成固有印象，阻车器不当地增加了环境风险。大兴公安局具有过错，应当承担侵权责任。

此外，事发时天未大亮、视线不足，唐某作为完全民事行为能力人，应充分注意脚下路况。且其欲通过安全卡点，事前知晓该卡点设有不同于一般路面的各项障碍物，情况较为复杂，理应更为谨慎。唐某对于损害的发生亦负有一定过错，应承担30%的责任。依据过错相抵，冲抵大兴公安局的部分责任，公安局承担70%的责任。

【案例2】2015年9月2日21时许，在介休市后土庙广场处，郎某被梁某饲养的阿拉斯加犬咬伤。郎某受伤后，被送往汾西矿业职工总医院，该院建议转院治疗，故转院至太原进行治疗，先后在山西医科大学××医院、××人民医院、××眼科医院、××市第三人民医院检查治疗。其中于2015年9月18日~2015年9月25日在山西医科大学××医院住院7天，主要诊断结果为：右眼睑全层裂伤。

缝合术后，出院医嘱为：1. 继续用药；2.1 周后门诊复查；3. 随诊。2016 年 1 月 8 日，受郎某委托，山西省介休司法鉴定中心对郎某的伤残等级进行鉴定，郎某的伤残等级为 8 级。郎某系农村户口，但其经常居住地和主要收入来源地均为城市。梁某所饲养的阿拉斯加犬在定期检查。现郎某要求梁某赔偿其损失 187920.3 元，而梁某则认为该损害系郎某触摸逗狗而致。以上为本案事实。关于本案责任比例问题，根据《侵权责任法》第 78 条“饲养的动物造成他人损害的，动物饲养人或者管理人应当承担侵权责任，但能够证明是因被侵权人故意或者重大过失造成的，可以不承担或者减轻责任”的规定，上诉人梁某饲养的阿拉斯加犬属大型犬，其在外出遛狗过程中违反养犬管理规定，未对其饲养的狗采取安全措施，导致上诉人郎某被犬扑倒咬伤，上诉人梁某应当承担侵权责任。上诉人郎某作为成年人，面对不熟悉习性的大型犬，不但未主动与之保持安全距离，反而在下蹲状态时对狗进行反复抚触，行为不当造成自己被狗咬伤，其自身亦存在明显过错，应当承担一定责任。综合考虑本案相关事实及二上诉人各自的过错程度，法院经评议后认为，原审判决确定上诉人梁某承担 80%的责任比例、上诉人郎某自担 20%的责任比例，双方责任比例较为适当。

【分析】受害人自己挑逗或存在故意或者重大过失被咬伤，饲养人、管理人仍需承担部分责任。

在本案中，郎某作为成年人，面对不熟悉习性的大型犬，不但未主动与之保持安全距离，反而在下蹲状态时对狗进行反复抚触，行为不当造成自己被狗咬伤，其自身亦存在明显过错，应当承担一定责任。一般而言，饲养人、管理人未对动物采取安全措施或者饲养禁止饲养（指未经批准）的烈性犬等危险动物致人损害的，认定无免责事由，至受害人受伤的，承担全部责任。饲养人、管理人主张受害人存在挑逗行为或者过失，但未能提供证据证明的，承担全部责任。被侵权人自己挑逗或存在故意或者重大过失，属于受害人自身过错，承担部分责任，体现出侵权责任编中过失相抵的制度设计。

【法条】第一千一百七十六条【自甘风险】自愿参加具有一定风险的文体活动，因其他参加者的行为受到损害的，受害人不得请求其他参加者承担侵权责任；但是，其他参加者对损害的发生有故意或者重大过失的除外。

活动组织者的责任适用本法第一千一百九十八条至第一千二百零一条的规定。

【案例】20岁的张强（化名）是一名在校大学生，素来喜欢足球。2009年6月中旬的一个上午，张强受邀参加一场对手为某企业的友谊赛，拼抢时与对方一名队员相撞。倒地后，张强感觉右手臂一阵剧痛，送往医院救治后，被诊断为右桡骨骨折，且移位明显。1个多月后，张强委托律师将造成自己受伤的那名队员告上法庭，索赔医疗、护理、交通等费用1.2万余元。法院受理后，审理查明张强合理损失为12136元，但张强提供的证据不能证实对方球员系故意对其实施危险动作。[93]

【分析】本条是新设条文。自甘风险，指的是在足球等文体活动中，行为人事先已了解某项行为可能伴随风险，仍愿为此行为，由此产生的责任自负。活动组织者仍须尽到安全保障义务。高对抗性、高危险性的文体活动，要求所有参加人员在运动中注意自身动作的合理性，尽量避免高危险动作给他人带来伤害，并尽可能防范来自他人的危险动作以保护自身安全。民事主体自愿参加比赛，应当明知该活动的风险。如果证据不足以证明损害方故意实施危险动作或具有重大过失，在文体活动中受伤的民事主体自己承担风险。

【法条】第一千一百七十七条【自助行为】合法权益受到侵害，情况紧迫且不能及时获得国家机关保护，不立即采取措施将使其合法权益受到难以弥补的损害的，受害人可以在保护自己合法权益的必要范围内采取扣留侵权人的财物等合理措施；但是，应当立即请求有关国家机关处理。

受害人采取的措施不当造成他人损害的，应当承担侵权责任。

【案例】2019 年，河南省淇县瓜农庞某的西瓜被偷，瓜农拉拽偷瓜妇女宋某的车把以阻止其偷瓜，造成偷瓜妇女膝盖擦伤，民警作出瓜农赔偿 300 元医药费的调解方案。公安机关据此作出第一次警情通报：宋某摘了八九个西瓜，价值 20 余元，因西瓜价值小，情节显著轻微，对偷西瓜二人（宋某及其女儿）进行了批评教育，同时考虑到二人受伤，经现场调解，庞某赔偿伤者 300 元钱。

该通报作出后引发舆论，警方之后发出第二次警情通报：宋某退回 300 元钱。根据《治安管理处罚法》第 19 条、第 49 条的规定，对宋某作出行政拘留 3 日的处罚决定；对北阳派出所责任民警采取停止执行职务措施，并依纪依规作出处理。[94]

【分析】民法典中一般适用的免责（减责）事由有 8 种，除了民法典总则编规定的不可抗力、正当防卫、紧急避险，以及侵权责任编规定的过失相抵、受害人故意、第三人原因，民法典新增加了自甘风险、自助行为两个免责事由。新增的自助行为属于自力救济，能够更充分保障行为人的行为自由。权利人为了保护自己的权利，在情势紧迫而又不能获得国家机关及时救助的情况下，对他人的财产在必要范围内采取扣押、对他人的人身进行必要拘束或者其他相应措施，约束手段能够为法律或社会公德所认可，可以适用自助行为免责。例如，客人去饭店吃饭未带钱，想吃霸王餐，店主不让其离开；坐霸王车不让乘客离开，等待他人送钱来结账，这种拘束客人行动自由的行为是典型的自助行为，并不构成侵害人身自由权的侵权责任。

在河南瓜农案中，瓜农在偷瓜妇女偷瓜进行过程中的阻止行为可以适用正当防卫，偷瓜离开时适用自助行为，造成的伤害应当免责。经过民法训练的调解民警，能够系统形成民法的责任观念，理解无论西瓜价值大小均具有财产权价值，侵犯财产权的行为违法，从而保障财产权人创造的积极性，保障社会进步与发展。如果民警不理解财产权与免责事由概念，仅仅凭借当事人双方的损失大小来确定调解方案，将会形成社会秩序的混乱，权利无法保障，损害权利人利益乃至最终损害人民群众对于美好生活的期待。

自助行为是指当事人受到不法侵害之后，为保全或者恢复自己的权利，在情势紧迫而不能及时请求国家机关予以救助时，依靠自己的力量，对他人的财产或自由施加扣押、拘束或其他相应措施的行为。例如，甲在乙的饭店用餐饮，离开时拒付餐费，乙不知甲的身份和去向。第二天甲回酒店欲取回遗忘的外衣，乙以甲未付餐费为由拒绝交还。乙的行为是行使留置权，是一种典型的自助行为。自助行为有 4 个要件：保护合法权益、情势紧急无法及时获得公力救济、手段合理、以必要为限度。条文还强调了受害人事后应立即请求有关国家机关处理，以保障自助行为的合法性。自助行为可以弥补公力救济的不足，但是在认定标准上须严格把握，以防止自助行为作为免责事由被滥用，如暴力催收就不构成民法典意义上的自助行为。

【法条】第一千一百八十二条【侵害人身权益造成财产损失的赔偿数额的确定】侵害他人人身权益造成财产损失的，按照被侵权人因此受到的损失或者侵权人因此获得的利益赔偿；被侵权人因此受到的损失以及侵权人因此获得的利益难以确定，被侵权人和侵权人就赔偿数额协商不一致，向人民法院提起诉讼的，由人民法院根据实际情况确定赔偿数额。

【案例】陈某系从事某品牌女装销售活动的个体经营者，因经营需要，陈某作为模特穿着其自行销售的品牌服装通过自拍、互拍的方式，不定时在个人微信朋友圈上发布载有其自身肖像的照片，以便在微信上同步销售店内女装。解某在淘宝网开设有个人淘宝店铺，店铺名称为“菲菲专柜正品女装”，主要从事女装销售经营活动。解某在其淘宝店铺销售某品牌女装时，在其销售的商品网页中使用了以陈某为模特穿着展示服装的照片，共计 89 张（具体照片可参见卷宗中陈某提交的肖像图片整理文档)，前述照片均能清晰展现陈某的容貌、姿态、表情等个人主要特征。据解某陈述，其与陈某存在分销关系，解某在淘宝店铺中销售的某品牌女装系通过微信从陈某处购买所得，案涉的照片也从陈某微信朋友圈发布的照片中获得。[95]

【分析】本条文是新修条文，本条中被侵权人所受损失标准和侵权人所获利益标准不再规定适用上的先后顺序，而是由被侵权人自行选择。该修改能够有效规制实践中损失小、获利大的侵权行为，更好地保障被侵权人的权益。在日常警情中，对于殴打他人造成的治安案件，在侵害人身权的同时可能造成衣物、眼镜破损的财产损失，医药费用也在财产损失之列。

在上述案例中，陈某享有肖像权，未经本人同意，他人不得以营利或其他目的使用其肖像，侵犯肖像专有权。陈某可以根据受到的损失或者解某因此获得的利益得到赔偿。未经许可擅自以肖像从事商业化的利用，在一定程度上必然降低该肖像的商业利用价值，给肖像权人带来一定程度的财产损害。应当结合肖像权人的知名度、肖像的商业利用价值、侵权使用肖像的方式、收益、载有肖像照片的数量、传播范围、影响力及为维权支出的合理费用等因素加以判断。

【法条】第一千一百八十三条【特定物精神损害赔偿】侵害自然人人身权益造成严重精神损害的，被侵权人有权请求精神损害赔偿。

因故意或者重大过失侵害自然人具有人身意义的特定物造成严重精神损害的，被侵权人有权请求精神损害赔偿。

【案例】2015 年清明节前夕，阜南县某镇的张某为纪念已故的父母立了一块墓碑。因张某父母的坟墓位于肖某的承包地内，肖某在承包地上建设了房屋，肖某便以张某立墓碑没有和其协商为由，于 2015 年 4 月 4 日 19 时许，将张某立的墓碑推倒并损毁。张某得知后立即报警，阜南县公安局对肖某进行行政拘留5日的处罚。经评估，确定该墓碑价值5000元。张某要求肖某进行赔偿。但肖某认为，张某在其承包地内立墓碑存在严重过错，不愿赔偿。法院经过审理认为，公民合法的财产权应受法律保护。肖某故意将张某为其父母所立的墓碑推倒，存在过错，应当赔偿墓碑的损失。此外，张某支付的评估费2500元系为确定其损失的合理费用，肖某也应当赔偿。由于墓碑是具有特殊意义的物品，寄托着死者亲属的哀思及怀念，肖某损坏墓碑的行为既不符合风俗习惯，也违反公共道德，给张某带来精神痛苦，法院酌情确定肖某赔偿张某精神损害抚慰金2000元。张某明知坟地在肖某家的承包地内，未与肖某协商，随意占用并立墓碑，也存在一定过错，可以适当减轻肖某的赔偿责任。法院酌情确定由肖某赔偿张某合理损失的80%。[96]

【分析】本条文“具有人身意义的特定物”的含义比上述司法解释的“具有人格象征意义的特定纪念物品”更为宽泛，且强调“故意或者重大过失”，排除了一般过失与轻微过失的精神损害赔偿责任。之前的司法解释要求遗照、骨灰等人格象征特定物“永久性灭失或者毁损”才能够请求精神损害赔偿，本条文不再受限于灭失毁损，只以“造成严重精神损害”来认定。

【法条】第一千一百八十六条【公平责任原则】受害人和行为人对损害的发生都没有过错的，依照法律的规定由双方分担损失。

【案例】郑州的杨医生在小区电梯内遇到了吸烟的老人段某，由于妻子已有身孕，杨医生对禁烟的公共场所抽烟一事格外敏感，就对老人进行了劝阻，不想老人情绪激动与杨医生发生了言语争执。两人离开电梯后不久，老人突发心脏病猝死，老人家属把杨医生当作罪魁祸首诉至法院要求赔偿。

一审法院认为，杨医生的劝阻行为并无不妥，没有过错，老人的猝死也不是因为杨医生的劝阻行为导致的，然而一审法院仍然认为需要根据“公平责任原则”让杨医生补偿老人家属15000元。

对此杨医生认为死者为大，不再上诉，而老人家属却不依不饶，认为数额太低提起上诉。

一般而言，在一方上诉而另一方未上诉的情况下，法院只会审查上诉方请求的合理性，作出有利于上诉方的改判或者维持原判。然而在本案的二审过程中，郑州市中级人民法院却一反常态撤销了一审判决，作出了对未上诉方杨医生有利的改判——免除15000元的赔偿义务，杨医生完全不用承担任何责任。郑州中院援引《最高人民法院关于适用〈中华人民共和国民事诉讼法〉的解释》第323条“第二审人民法院应当围绕当事人的上诉请求进行审理。当事人没有提出请求的，不予审理，但一审判决违反法律禁止性规定，或者损害国家利益、社会公共利益、他人合法权益的除外”的规定，认为一审判决让自觉维护社会秩序的杨医生承担赔偿义务将会打击公民维持社会秩序的积极性，这样的判决损害了社会利益，也违反了民法“没有过错与因果关系不能适用公平责任”的原则。

此案中的人民法院对“社会公共利益”进行了充分的阐述，让自觉制止不文明行为与见义勇为免予无妄之灾，体现了处理好法理情的关系的法治思维，实现了法律效果与社会效果的统一。[97]

【分析】我国民事案件司法体系采用二审终审制，法院的第一审程序是管辖权审查以及事实审查，二审程序则是对一审判决合法性、合宪性的审查，属于法律审查。二审法院应当围绕当事人的上诉请求进行审理。当事人没有提出请求的，不予审理。郑州电梯劝阻吸烟案二审直接改判，通过亲自裁判而不是发回重审的方法化解疑难案件，获得广泛赞誉。究其法理，分析如下：

第一，在实体法上，一审判决适用《侵权责任法》第24条公平责任的规定，属于适用法律错误。公平责任的适用须以因果关系为前提，一审判决认定劝阻吸烟行为与段某死亡无必然因果关系，却又适用公平责任要求被告杨某分担损失。二审判决厘清公平责任的适用条件，予以纠正。

第二，在程序法上，由于一审判决导向有损社会公共利益，二审改判不受当事人上诉请求的限制。根据郑州市有关禁烟规定和通常生活常识，在电梯间等封闭公共场所吸烟，烟雾难以消散，对公共空间环境和不特定民众身体健康造成侵害，属于违法违规行为，公民有权制止在禁止吸烟的公共场所的吸烟者吸烟，以维护社会公共利益。

第三，在裁判效果上，该案改判结果正向引导了社会价值观、公平正义理念，具有示范性意义。该案件向公众表明：法律支持公民劝止不文明行为。如果公民劝止不文明行为时不超过必要限度，即不存在过错，即便之后发生意外，劝止行为人都不用承担法律责任。结合本案中电梯间内监控视频、单元门口监控视频和物业办公室门口监控视频等显示内容，杨医生劝阻吸烟与争执行为程度与方式较为温和，持续时间较短，其劝阻并未超过必要限度，无须承担责任。

【法条】第一千一百八十八条【监护人责任】无民事行为能力人、限制民事行为能力人造成他人损害的，由监护人承担侵权责任。监护人尽到监护职责的，可以减轻其侵权责任。

有财产的无民事行为能力人、限制民事行为能力人造成他人损害的，从本人财产中支付赔偿费用；不足部分，由监护人赔偿。

【案例】2018 年 10 月的一天，尚未成年的陈某驾驶一辆未悬挂牌照的摩托车在西充县某街道撞伤老人邓某，邓某受伤严重，辗转于西充县人民医院、南充市中心医院治疗，医疗费甚高，经司法鉴定 2 处 10 级伤残。后经交警部门认定，陈某负此次事故全部责任。2019 年 6 月，因双方赔偿事宜未能协商一致，邓某将陈某起诉至西充县人民法院。

该辆摩托车是由杨某从车主林某处借来转借陈某，西充法院根据陈某申请，依法追加杨某、林某作为被告参加诉讼。由于陈某尚未成年，不具备完全民事行为能力，西充法院依职权追加其父母陈某伟、赵某为被告共同参加诉讼。法院经审理认为：被告林某将不符合安全技术条件的摩托车出借给没有驾驶资格的杨某，自身存在过错；被告杨某将车辆转借陈某，并默许其无证驾驶，自身存在一定过错；被告陈某无证驾驶不符合安全条件的机动车发生事故，其应承担主要赔偿责任，由于陈某不具备完全民事行为能力，应由其监护人赔偿。法院经审理判决陈某伟、赵某赔付邓某 44007 元，杨某、林某各赔付 14410 元。判决生效后，各被告均拒绝履行赔偿义务，而邓某后续治疗费用昂贵，家庭无法负担。2020 年 4 月 3 日，邓某在无奈之下向西充县人民法院申请强制执行。[98]

【分析】陈某作为限制行为能力人，无论其订立的租赁合同或借用合同是否有效，都不影响其应当承担侵权责任。根据《民法典》第 1188 条第 1 款的规定，限制行为能力人造成他人损害的，不论限制行为能力人的认知能力和判断能力如何，均由监护人承担责任，这在侵权责任法上称为替代责任。在本案中，陈某的监护人很明显没有尽到监护义务，不能减轻责任。限制行为能力人借用、租赁他人机动车发生交通事故致人损害的，应当由其监护人承担责任。另外，本案中机动车所有人没有查验借车人杨某的借车目的，杨某默许陈某无证驾驶，明显存在过错，未能尽到必要的注意义务，将机动车出借、出租给未成年人，应当承担与其过错相适应的责任。监护人承担主要责任，机动车所有人承担次要责任。

【法条】第一千一百八十九条【委托监护责任】无民事行为能力人、限制民事行为能力人造成他人损害，监护人将监护职责委托给他人的，监护人应当承担侵权责任；受托人有过错的，承担相应的责任。

【案例】李某是小李的爸爸。一次，小李的舅舅张某到小李家做客。张某提出带小李去公园玩，李某同意了。在公园里，小李把一名小朋友郑某打伤了，张某没有进行制止。郑某的妈妈看到后马上找到张某要求赔偿。张某辩称自己不是小李的监护人，没有赔偿责任。[99]

【分析】相较于之前的规定，本条文不再承认监护人与被委托人就委托监护期间侵权责任的约定，规定仍然由监护人承担责任。当今社会环境下留守老幼数量增加，由此产生的委托监护大量增加，应进一步明确意定监护下监护人的责任。至于受托人有过错的情形，民法典也将“连带责任”修改为“相应的责任”，以明确划分监护人、受托人的侵权责任。在本案中，张某暂时对小李进行监管，应当好好照看小李，而不应置之不理，因此，李某承担责任的同时，张某因具有过错也应当承担相应责任。

【法条】第一千一百九十条【丧失意识侵权责任】完全民事行为能力人对自己的行为暂时没有意识或者失去控制造成他人损害有过错的，应当承担侵权责任；没有过错的，根据行为人的经济状况对受害人适当补偿。

完全民事行为能力人因醉酒、滥用麻醉药品或者精神药品对自己的行为暂时没有意识或者失去控制造成他人损害的，应当承担侵权责任。

【案例】2019年5月，城关派出所接到报警信息，称下洋某路段有人闹事打架。值班民警李某杰、何某涌到达现场后，发现是被告人乐某操酒后闹事与对方发生冲突、互殴。民警传唤涉事双方到派出所作进一步调查处理，乐某操拒不配合民警执法，辱骂、威胁民警，并不顾劝阻对民警李某杰进行抓扯，致其脖子、小臂多处受伤。经鉴定，民警李某杰损伤程度为轻微伤；被告人乐某操事发时血液酒精含量达211.08mg/100mL，属醉酒状态。乐某操的行为已构成妨害公务罪，考虑其归案后主动坦白罪行，并自愿认罪认罚，判处其拘役6个月。[100]

【分析】醉酒或吸毒的状态不同于不能辨认自己行为的精神障碍者，不能被认定为限制行为能力或无行为能力。在民事侵权责任上，醉酒人为完全行为能力人，应当对自己的侵权行为等承担完全责任。

【法条】第一千一百九十一条【用人单位责任和劳务派遣单位、劳务用工单位责任】用人单位的工作人员因执行工作任务造成他人损害的，由用人单位承担侵权责任。用人单位承担侵权责任后，可以向有故意或者重大过失的工作人员追偿。

劳务派遣期间，被派遣的工作人员因执行工作任务造成他人损害的，由接受劳务派遣的用工单位承担侵权责任；劳务派遣单位有过错的，承担相应的责任。

【案例】某派出所接到报警称，一女子的轿车发生剐蹭，经女子调取周边商店监控发现是一酒店的清洁工推清洁车经过时剐蹭所致。民警赶到现场后，该名女子正在酒店大堂。该女子告诉民警，其已经联系过了交警部门，但交警部门认为不属于交通事故或交通纠纷，因此不予处理，女子只能拨打110联系派出所民警。经询问酒店经理，酒店的清洁工均为劳务派遣，涉事清洁工已经下班离开酒店。女子要求酒店赔偿，酒店认为无责任，拒绝赔偿。女子遂要求清洁工赔偿其可能产生的修车费用500元，民警认为该事件不属于派出所民警管辖范围，遂建议女子等清洁工上班时再前来协商。

【分析】《民法典》第1191条规定的是典型的替代责任。本条明确用人单位对外承担责任后，对内可向有故意或重大过失的工作人员追偿。相较于之前侵权责任法的规定，追偿可以督促工作人员在履行职务时尽到谨慎、勤勉义务，避免不必要损害的发生。追偿的范围，结合工作人员的过错程度、用人单位的教育与预防制度、损失的大小等因素综合确定。

在替代责任中，用人单位或接受劳务派遣的单位承担的都是无过错责任。只要其员工或劳务派遣人员的行为构成侵权，单位就应当承担替代责任。该规定的出发点在于，用人单位的行为使单位获利，因此单位就应当承担该行为带来的侵权风险。

在本案中，即属于典型的劳务派遣责任。涉事清洁工由于执行工作任务，在工作中推清洁车不慎剐蹭他人车辆，属于一般过失，并不属于故意或重大过失。若劳务派遣单位对清洁工的选任没有过错，则不承担责任，由接受劳务派遣的单位即酒店承担全部责任。

【延伸案例】孙某系某市公安民警，他看到街头有人在一起斗殴，便上去制止。当孙某发现打架一方是以往与其有隙的李某时，便大声呵斥其住手。李某发现是孙某就破口大骂：当警察有什么了不起，脱了皮还不一样。孙某怒火一冲，拔枪将李某大腿击伤。

【分析】公安民警在现场执行制止打架斗殴过程中发现一方是与自己有过节之人，以报复为目的，在不该使用武器的情况下使用武器，致使当事人受伤。孙某系公安人员，且损害是在执行职务过程中发生的。之所以可以认定为违法职务行为，原因在于在该事件中孙某全程以公安身份、执法者形象出现制止斗殴，拔枪射击是行使职权过程中不能控制自身情绪造成的违法性职务行为，侵犯公民合法权益，由国家进行赔偿。如果该行为是由与职权无关的个人行为造成他人损害，如公安民警酒后闹事，将一过往行人殴打致伤，这时该民警以普通市民的身份出现，和执行职务完全无关，由其本人承担侵权责任。

【法条】第一千一百九十五条【网络侵权责任】网络用户利用网络服务实施侵权行为的，权利人有权通知网络服务提供者采取删除、屏蔽、断开链接等必要措施。通知应当包括构成侵权的初步证据及权利人的真实身份信息。

网络服务提供者接到通知后，应当及时将该通知转送相关网络用户，并根据构成侵权的初步证据和服务类型采取必要措施；未及时采取必要措施的，对损害的扩大部分与该网络用户承担连带责任。

权利人因错误通知造成网络用户或者网络服务提供者损害的，应当承担侵权责任。法律另有规定的，依照其规定。

【案例】赵某曾任章丘市食品药品监督管理局食品流通监管科

负责人。刘某系“章丘人论坛”（www. sdzqr. cn）的开办者。2015年3月9日14时14分，章丘人论坛发布了用户名为“乡镇个体户”上传的关于“章丘食药局局长管管您的手下吧”的帖子。该帖内容系指向本案当事人赵某，称赵某“胁迫敲诈他人，包养小三，而且小三为其生了孩子”。该侵权帖子从2015年3月9日14时15分审核通过并发布，一直持续到第二天章丘市公安局送达互联网违法信息处置通知书才删除。因前述帖子也曾在袭某所开办的章丘人论坛发布过，2015年4月23日，本案当事人赵某以名誉权纠纷起诉袭某、刘某。围绕诉讼请求依法提交了章丘市公安局双山第一派出所于2016年5月25日出具的关于赵某被诽谤案的调查处理情况及2015年12月25日章丘市公安局双山第一派出所作出章公（双一）行罚决字（2015）00056号行政处罚决定书。[101]

【分析】本条为更新规定，完善更新了网络侵权责任规则，权利人需承担侵权的实名、初步举证责任；网络服务提供者应当及时转送侵权通知并采取措施；权利人错误通知应当承担侵权责任，以避免恶意举报。

在本案中，网络用户以“乡镇个体户”为名在网络服务提供者“章丘人论坛”所发帖子，侵犯赵某的名誉。网络侵权中规定有“通知—删除”义务，但不意味着被侵权人负有必须通知网络服务提供者的法律义务，对于涉及明显的侮辱诽谤发帖，网络服务提供者即论坛的负责人未履行必要的注意、管理义务，应当承担责任。

【法条】第一千一百九十八条【安全保障义务人责任】宾馆、商场、银行、车站、机场、体育场馆、娱乐场所等经营场所、公共场所的经营者、管理者或者群众性活动的组织者，未尽到安全保障义务，造成他人损害的，应当承担侵权责任。

因第三人的行为造成他人损害的，由第三人承担侵权责任；经营者、管理者或者组织者未尽到安全保障义务的，承担相应的补充责任。经营者、管理者或者组织者承担补充责任后，可以向第三人追偿。

【案例1】 被告酒泉市公安局肃州分局交通警察大队以其前往该队办事群众多、为规范秩序为由在甘肃省酒泉市××区用蓝白相间的水泥预制件、蓝色横杆连接的水泥预制墩设置为路障，使自北向南大部分人行道受阻。2019年12月9日15时30分左右，原告高某途经此处时，因其右眼无视力、左眼视力不良，加之行走急促，被路障中间横杆绊倒，双上肢及左眼摔伤。经酒泉市人民医院、酒泉市第二人民医院诊断为左眉弓皮肤软组织裂伤，双腕关节损伤、左腕关节背侧片状骨质密度影，考虑撕脱骨折可能。其在酒泉市人民医院门诊治疗左眼眉弓伤支付门诊费144.71元，在酒泉市第二人民医院治疗左腕关节伤支付2170元。2019年12月其工资收入为1949元，比正常上班时间减少4551元。[102]

【案例2】 2018年8月27日中午，原告王某与其女儿前往被告下辖雨湖路派出所为其女儿办理新身份证手续。当日12时58分许，原告在未注意雨湖路派出所民警尚未正式上班（上班时间为13时）以及该所政务大厅尚未开门的情况下，在推政务大厅大门时，玻璃门突然爆裂破碎，导致原告王某手臂受伤。事故发生后，原告王某随即由雨湖路派出所民警送往湘潭市中心医院门诊治疗，后原告离开医院。2018年8月28日，原告王某感觉疼痛难忍，于当日入湘潭市中心医院住院治疗，2018年9月21日出院。在该院住院24天，用去住院医疗费11402.55元，出院后用去门诊检查费等508.6元，共计11911.15元。法院认为，依据《侵权责任法》第37条第1款“宾馆、商场、银行、车站、娱乐场所等公共场所的管理人或者群众性活动的组织者，未尽到安全保障义务，造成他人损害的，应当承担侵权责任”及《最高人民法院关于审理人身损害赔偿案件适用法律若干问题的解释》第6条第1款“从事住宿、餐饮、娱乐等经营活动或者其他社会活动的自然人、法人、其他组织，未尽合理限度范围内的安全保障义务致使他人遭受人身损害，赔偿权利人请求其承担相应赔偿责任的，人民法院应予支持”的规定，被告雨湖公安分局应对原告王某所遭受的人身损害予以赔偿。但本案原告王某在雨湖路派出所尚未上班、其玻璃门处于关闭的情况下推门，忽视自身安全，未尽到足够的安全注意义务，导致其自身受伤，对损害的发生存在一定的过错，应当减轻侵害人的民事责任。[103]

【分析】违反安全保障义务的侵权责任是过错责任。违反安全保障义务的侵权行为是指依照法律规定或者约定对他人负有安全保障义务的人，违反该义务，因而直接或间接地造成他人人身或者财产权益损害，应当承担损害赔偿责任的侵权行为。

在案例 1 中，酒泉市公安局肃州分局交通警察大队在其单位门前人行道上，用蓝色横杆连接的水泥预制墩设路障，妨碍人行道上的行人通行，应当承担民事责任，但因其系被告酒泉市公安局肃州分局所属内设机构，被告酒泉市公安局肃州分局交通警察大队不能对外承担民事责任，其所应承担的民事责任应由其上级单位被告酒泉市公安局肃州分局承担。高某在道路通行中，明知其视力有障碍而疏于观察周围环境，在行走过程中应保证自身的人身安全，但其未尽充分的安全注意事项，对损害发生亦有一定过错。法院根据双方各自过错的大小，酌定由被告公安分局承担 60% 的责任。在案例 2 中，王某在雨湖路派出所尚未上班、其玻璃门处于关闭的情况下推门，忽视自身安全，也应承担少部分责任，与公安机关的责任进行过失相抵。

界定场所经营者、活动组织者是否履行必要的安全保障义务，应当从以下几个方面进行判断：

第一，法定标准。消防安全是基本安全保障义务，公安部《高层建筑消防管理规则》规定，“建筑物内的走道、楼梯、出口等部位，要经常保持畅通，严禁堆放物品。疏散标志和指示灯要完整好用”。

第二，善良管理人标准。对于所组织活动、管理场所较通常情况下提升了危险系数的情况，应当特别予以提醒，如场所漏水地滑，尽可能消除危险。

第三，特殊群体的安全保障义务。对于针对幼儿、老人开设的场所，注意义务应当采用特别标准，高于一般情况下的安全保障义务。

【法条】第一千二百零八条【机动车交通事故责任的法律适用】机动车发生交通事故造成损害的，依照道路交通安全法律和本法的有关规定承担赔偿责任。

【案例】一名骑三轮送货车的快递小哥，在派送过程中与一辆黑色京B牌照小轿车发生轻微碰撞。小轿车驾驶员（中年男子）下车后连抽快递小哥耳光，并破口大骂。在随后的相关视频中可以看到，中年男子至少5次击打快递员面部，周围人几次拉开中年男子，但其又几次上前继续扇耳光，甚是猖狂。从快递小哥所穿的制服可以看出，这位小哥是顺丰集团的快递员。4月18日7时26分，顺丰集团通过官方微博承认，公司已经找到这位快递员，并表示“会照顾好这个孩子，请大家放心”。

21时左右，北京市公安局通过官方微博“平安北京”表示，“网传快递小哥被打视频，公安部门已经关注到”，并呼吁网友提供该事件发生的具体时间和地点，以便进一步核查处理。

顺丰集团相关负责人向媒体表示，正在陪同视频中被辱骂、掌掴的快递员冯某到东花市派出所报警。由于警方正在对冯某做笔录，因此无法接受采访。这位负责人表示，此事件发生在富贵园小区，当时快递员冯某正在收件的路上，并称其并没有违反交通规则，而是被打人司机的机动车剐蹭。

部分网友认为，以冯某为代表的群体驾驶非机动车辆不遵守交通规则，横冲直撞，容易造成交通事故，应该被教训。但绝大部分网友则认为，冯某剐蹭李某的轿车，只是普通的交通事故，李某不该大打出手，其态度嚣张、行径恶劣，呼吁公安机关严惩李某。

次日，冯某供职的公司谴责李某的行为，声援要为冯某讨回公道，维护员工的合法权益。事后，虽然李某委托家人向冯某致歉，倾向于调解，但冯某拒绝和解，李某最终被公安机关依法行政拘留。[104]

【分析】机动车之间的交通事故适用过错责任原则，非机动车、行人之间的交通事故适用过错责任原则。在本案中，两机动车剐蹭，应根据过错程度决定过错责任比例，确定赔偿义务主体的赔偿范围。机动车之间致害，此时双方当事人的地位平等，适用过错责任原则，因此，应当根据“谁主张，谁举证”的举证规则，由原告承担侵权人过错的举证责任。对于民间纠纷中打架动武类型的治安案件，《治安管理处罚法》第 9 条规定，对于因民间纠纷引起的打架斗殴或者损毁他人财物等违反治安管理行为，情节较轻的，公安机关可以调解处理。经公安机关调解，当事人达成协议的，不予处罚。经调解未达成协议或者达成协议后不履行的，公安机关应当依照本法的规定对违反治安管理行为人给予处罚，并告知当事人可以就民事争议依法向人民法院提起民事诉讼。

【法条】第一千二百零九条【机动车所有人、管理人与使用人不一致时的侵权责任】因租赁、借用等情形机动车所有人、管理人与使用人不是同一人时，发生交通事故造成损害，属于该机动车一方责任的，由机动车使用人承担赔偿责任；机动车所有人、管理人对损害的发生有过错的，承担相应的赔偿责任。

【案例】张某驾驶自己的一辆长安双排座长安车从重庆渝北区麻柳沱镇返回途中，在行驶到当地一化工厂时，张某在明知同行的安某无驾驶证的情况下，还是将车借给安某驾驶，随后车辆驶离路面翻到沟下发生交通事故，致使随车的另外两人受伤。在交警的主持下，车主张某与两伤者达成了赔偿协议。张某叫安某拿出了 1 万元赔付伤员、4440 元用于支付汽车修理费，保险公司在本案交通事故发生后，理赔了 6300 余元给车主张某。事后，安某向法院起诉，要求车主张某返还其垫付的14440元。一审法院审理后，判决安某除承担本事故现有的损失5700元外，多给付的8739元应该由车主张某予以返还。判决后，车主张某不服，上诉至重庆市第一中级法院。此案经市一中院二审后维持原判。[105]

【分析】本条文规定，机动车所有人、管理人对损害的发生有过错的，承担相应的赔偿责任。明知是无驾照者还借车，发生交通事故，机动车主属于对损害的发生有过错，需要承担责任。在本案中，张某作为车主，在驾驶汽车过程中，将车交给没有驾驶资格的安某驾驶，而由于安某驾驶发生交通事故，张某与安某均有过错。法院据此判决，原、被告双方应该承担同等责任。

【法条】第一千二百一十一条【挂靠机动车侵权责任】以挂靠形式从事道路运输经营活动的机动车，发生交通事故造成损害，属于该机动车一方责任的，由挂靠人和被挂靠人承担连带责任。

【案例】2009年6月3日17时，卢某泰驾驶皖××××××号轻型箱式货车（载张某梅）行驶至深圳市宝安区松岗街道洪桥路口时，与原告乘坐的由李某林驾驶的粤××××××号箱式货车发生碰撞，造成两车损坏以及原告、李某林、张某梅受伤的交通事故。2009年7月15日，深圳市公安局交通警察支队宝安大队作出《道路交通事故认定书》，认定卢某泰负此事故的全部责任，李某林不承担此事故的责任。车辆情况：被告二阜阳市某汽车运输有限公司系皖××××××车登记车主，被告四杨某广系该车实际车主。杨某广将该车挂靠在被告二名下。事故发生时被告一卢某泰系向被告四借用车辆。肇事车辆在被告三处投保了交通事故强制险，分项限额为死亡伤残赔偿金110000元、医疗费10000元、财产损失2000元，事故发生在保险期内。

原告与被告一卢某泰发生交通事故，交警部门作出事故责任认定，卢某泰承担事故全部责任，原告不承担事故责任，有事实和法律依据，各被告亦未提出异议，故法院予以确认。肇事车辆已在被告三处投保交通事故强制险，在交通事故强制险限额内应当由被告三直接承担赔偿责任。被告三已因同一交通事故向其他受害人作出赔偿，故被告三辩称只在交强险剩余限额内承担赔偿责任，法院予以支持。超过限额部分，应由被告一承担赔偿责任。被告四作为肇事车辆的实际车主、被告二作为肇事车辆的登记车主，未尽到管理职责，应对被告一的责任承担连带赔偿责任。被告二辩称，肇事车辆实际为被告四所有，系被告四挂靠于自己公司，自己未实际支配肇事车辆，不应承担赔偿责任，对此，法院认为，车辆登记具有公示作用，相对于第三人而言，登记车主即为机动车所有权人，故其仍需对机动车所造成的损害承担赔偿责任。即便确如被告二所称，肇事车辆系被告四挂靠于被告二名下，被告二也应预见到挂靠车辆可能发生交通事故而对他人造成损害。既然被告二同意被告四将车辆挂靠于自己名下，就不应再以此为理由拒绝承担赔偿责任。[106]

【分析】《最高人民法院关于审理道路交通事故损害赔偿案件适用法律若干问题的解释》第 3 条规定，以挂靠形式从事道路运输经营活动的机动车发生交通事故造成损害，属于该机动车一方责任，当事人请求由挂靠人和被挂靠人承担连带责任的，人民法院应予支持。

在实践中，车辆挂靠分为实质挂靠与形式挂靠两种，共同点是以被挂靠人名义从事运输服务活动，挂靠人向被挂靠人支付一定的管理费用；区别在于实质挂靠中被挂靠人会向挂靠人提供服务与管理，而形式挂靠没有。此次《民法典》第 1211 条引入了《最高人民法院关于审理道路交通事故损害赔偿案件适用法律若干问题的解释》第 3 条的规定，以立法方式明确被挂靠人的侵权连带责任。

【法条】第一千二百一十七条【好意同乘的责任承担】非营运机动车发生交通事故造成无偿搭乘人损害，属于该机动车一方责任的，应当减轻其赔偿责任，但是机动车使用人有故意或者重大过失的除外。

【案例】原告王某与被告吴某同是本县田畈街镇港北村委会村民，在景德镇市同一工地务工。2006 年 9 月 10 日晚，原、被告上完夜班，被告从工友处借来摩托车 1 部（豪江 125 无牌照二轮摩托），准备回乡取点衣服。原告听说后，经被告提议，答应与被告同车返乡。在返回鄱阳县的途中，车行至浮梁县洪源路段时，被告为避让迎面驶来的汽车，向路边闪避。因天黑视线不好，车速太快，摩托车撞在路边的沙石堆上侧翻，致使原告摔成重伤，造成左、右尺桡骨骨折、脱位。原告为治伤，先后在鄱阳湖医院、中国人民解放军第五三二医院接受治疗，并在中国人民解放军第五三二医院住院 17 天。经饶州司法鉴定中心鉴定，原告损伤程度为伤残 10 级。[107]

【分析】本条是民法典新增条文。一般好意施惠时轻过失免责，因施惠者是基于善意，同意无偿给受惠人利益。然而，本条文对好意同乘特殊地采用无过错责任说，搭乘者应当与有偿的乘客享有同等的权利，施惠者应当承担同样的注意义务，在轻过失时应当减轻施惠者的赔偿责任。好意同乘，即通俗意义上的搭乘便车，其实质是助人为乐。关于好意同乘的性质，《民法典》第 1217 条采好意施惠行为说，认为施惠者是基于善意，同意搭乘者免费乘车的请求。好意同乘中的车辆必须是非营运机动车，且施惠者没有营利目的，让搭乘者纯粹受益而不需付出相应的对价。

【法条】第一千二百二十六条【患者隐私和个人信息保护】医疗机构及其医务人员应当对患者的隐私和个人信息保密。泄露患者的隐私和个人信息，或者未经患者同意公开其病历资料的，应当承担侵权责任。

【关联法条】《民法典》第一千零三十四条第二款【个人信息的定义】个人信息是以电子或者其他方式记录的能够单独或者与其他信息结合识别特定自然人的各种信息，包括自然人的姓名、出生日期、身份证件号码、生物识别信息、住址、电话号码、电子邮箱、健康信息、行踪信息等。

【案例】在青岛某大医院产科中，胡某、冯某、刘某通过医院的2名产科年轻护士非法获取产妇及其家庭联系电话及信息，并通过售卖信息非法牟利，最终被公安机关查获并提交检察机关公诉。最终，被告人胡某等6人犯侵犯公民个人信息罪，分别判处拘役6个月，缓刑6个月，并处罚金人民币2万元至有期徒刑3年2个月，并处罚金人民币9万元不等。[108]

【分析】《侵权责任法》第62条规定了对患者隐私的保密责任。《民法典》第1226条在吸收这一规定时，增加了对于个人信息的保密责任，个人信息"包括自然人的姓名、出生日期、身份证件号码、生物识别信息、住址、电话号码、电子邮箱、健康信息、行踪信息等"。同时，对于泄露和未经同意的公开行为，不再以损害结果来认定是否侵权，而是以行为本身来认定，以更好地保护患者的合法权益。

【法条】第一千二百三十五条【公益诉讼的赔偿范围】违反国家规定造成生态环境损害的，国家规定的机关或者法律规定的组织有权请求侵权人赔偿下列损失和费用：

（一）生态环境受到损害至修复完成期间服务功能丧失导致的损失；

（二）生态环境功能永久性损害造成的损失；

（三）生态环境损害调查、鉴定评估等费用；

（四）清除污染、修复生态环境费用；

（五）防止损害的发生和扩大所支出的合理费用。

【案例】5月20日10时左右，因非法采矿砂石资源的王某等9名犯罪嫌疑人在儋州市抱舍村被市公安局生态警察缉拿归案。这是儋州市生态警察打击生态环境违法犯罪行为的一个缩影。近年来，儋州市重点整治非法开采砂石等环境违法乱象，于2018年11月组建成立了公安局生态警察支队，专门负责侦办域内涉及生态保护和自然资源的各类违法犯罪案件，以及涉嫌阻挠生态行政执法的妨碍执行公务行为，同时参加国土、水务、农林等各相关部门开展的生态环保集中专项整治行动。在儋州，以往的生态案件都是由相关行政执法部门先行调查，然后再根据案件性质和程度决定是否移交公安执法部门处理，在案件的取证、查证以及打击上往往显得力度不够、震慑有限。生态警察支队成立后，变被动等待案件移交为主动出击，民警第一时间介入案件调查，依法及时打击犯罪行为。儋州市境内有大小河流、小溪300多条。近年来，随着建设步伐的加快，抽沙采矿违法犯罪猖獗。为逃避打击处理，一些不法分子往往利用周末、夜间，在偏远河段和地区大肆非法采砂，对生态环境造成了极大破坏。生态警察支队突出打击重点，突破打击瓶颈，严查犯罪源头，加大打击力度。去年以来，已破获非法采砂刑事案件21宗，打掉非法采砂犯罪团伙12个，摧毁非法采砂、洗沙点17个。[109]

【分析】《民法典》第1234条、第1235条对于生态环境的修复和赔偿的规定，吸收了2019年施行的《最高人民法院关于审理生态环境损害赔偿案件的若干规定（试行）》第12条至第14条的规定，详细列明了生态环境被破坏可能引发的一系列损失和费用，突出了保护生态环境的立法目的。本条文中的“修复”以可能和必要为前提，破坏人需在合理期限内承担修复责任，如未修复则按照替代修复规则代为修复，破坏人仍需承担相应的侵权责任。

【法条】第一千二百四十五条【饲养动物致害责任的一般规定】饲养的动物造成他人损害的，动物饲养人或者管理人应当承担侵权责任；但是，能够证明损害是因被侵权人故意或者重大过失造成的，可以不承担或者减轻责任。

第一千二百四十六条【违反规定未对动物采取安全措施致害责任】违反管理规定，未对动物采取安全措施造成他人损害的，动物饲养人或者管理人应当承担侵权责任；但是，能够证明损害是因被侵权人故意造成的，可以减轻责任。

【案例1】顾某途经李某家门口时被李家的狗咬伤，在医院处理伤口并注射疫苗花费医药费共计800元，顾某要求李某赔偿医药费，但李某认为自己并无过错，不需要承担赔偿责任。顾某为此报警。调解时，顾某认为，狗虽被拴着，但因铁链较长使其活动范围较大才导致自己被咬伤，李某应承担全部责任。而李某认为，自己拴狗已履行了对狗的看管义务，顾某受伤系其缺乏基本的注意义务所致。

民警认为，李某不认错的原因主要是缺乏法律知识，便向其普及了民法的相关规定。结论是，李某应承担全部责任。在民警的劝说下，李某终于认识到了自己的过错，答应赔偿顾某800元的医药费，并向顾某道歉。纠纷得以圆满解决。

【分析】《侵权责任法》第78条对于饲养动物的损害责任规定了免责事由，因被侵权人故意或重大过失，动物饲养人或管理人可以不承担或减轻责任。《民法典》将这一规定完全吸收后，在第1246条对于未对动物采取安全措施的情形增加了“被侵权人故意”的免责事由，但仅是“可以减轻责任”，以应对实践中恶意挑衅动物引发的侵权问题。

【案例2】逛街时，9岁儿童甲逗乙没拴绳子的宠物狗，被该狗咬了，是乙全责还是双方责任？

【分析】各地养犬管理规定基本上都规定携犬出户时，应当对犬束犬链，由成年人牵领，并应当避让老年人、残疾人、孕妇和儿童；携犬乘坐电梯的，应当避开乘坐电梯的高峰时间，并为犬戴嘴套，或者将犬装入犬袋、犬笼。本条文相对于侵权责任法的规定，适当减轻对违反管理规定未采取安全措施的动物饲养人或管理人的绝对责任。《侵权责任法》第79条规定，违反管理规定，未对动物采取安全措施造成他人损害的责任，是绝对责任（饲养烈性犬造成损害的也是绝对责任），不适用减轻或者免除责任的规定，这个规定过于严苛。《民法典》第1246条适当减轻责任，规定“能够证明损害是因被侵权人故意造成的，可以减轻责任”，改变了这一绝对责任条款的性质，实行过失相抵规则。

【法条】第一千二百四十七条【禁止饲养的危险动物致害责任】禁止饲养的烈性犬等危险动物造成他人损害的，动物饲养人或者管理人应当承担侵权责任。

第一千二百四十九条【遗弃、逃逸的动物致害责任】遗弃、逃逸的动物在遗弃、逃逸期间造成他人损害的，由动物原饲养人或者管理人承担侵权责任。

第一千二百五十条【因第三人的过错致使动物致害责任】因第三人的过错致使动物造成他人损害的，被侵权人可以向动物饲养人或者管理人请求赔偿，也可以向第三人请求赔偿。动物饲养人或者管理人赔偿后，有权向第三人追偿。

【案例】2018年8月11日，在沈阳，一只被主人带去看病的英国斗牛犬在看病途中遇到了一只拉着水果车的毛驴，随后这只斗牛犬从车窗中跳出来追咬毛驴，驴子受惊，抬起前蹄将身边的一辆奥迪A8L汽车后保险杠踹出一个大坑，最后还是狗主人用棍子把狗给敲了下来。据悉，这辆受损的奥迪A8L汽车修车至少十万元打底，而“肇事”的毛驴唇部也被狗咬了好几个血口子。交警在现场处理时，认为应该由驴主人赔偿奥迪车主的全部损失，之后进行下一步的赔偿事宜。随后，沈阳铁西公安通报：8月11日，在我区发生一起民事纠纷。当日15时15分许，居民墨某某驾车带其在农村饲养的一条英国斗牛犬到宠物医院看病，途中该犬从墨某某私家车后窗跳出，追咬拉水果车的毛驴，毛驴受到惊吓后狂奔，撞损了停在路边的一台轿车。接到报警后，交警和属地派出所民警赶到现场，经过调解，墨某某和轿车车主崔某某达成赔偿协议，纠纷已于当日圆满解决。[110]

【分析】在本案中，狗咬驴，驴踢车，属于因第三人的过错致使动物造成他人损害，被侵权人可以向动物管理人或第三人中的任意一人选择请求赔偿。在赔偿完成后，还有一个最终承担责任的主体。若由驴主人进行赔偿，则可以向狗主人追偿。若由狗主人进行赔偿，则无须追偿。

【法条】第一千二百五十一条【饲养动物应履行的义务】饲养动物应当遵守法律法规，尊重社会公德，不得妨碍他人生活。

【案例】2019年7月6日18时45分许，闵行警方接到110报警，称古美西路发生一起犬只伤人事件。民警到场后发现，伤者已被送医救治，于是将犬只及饲养人张某带回派出所调查。经查，涉事犬只属禁止个人饲养的罗威纳犬，后被依法收容。然而据媒体报道，伤人犬主虽然事后表示对自家犬只咬伤他人负责到底，但始终认为责任并不都在自己身上，因为伤人的犬是合法办证的。犬证上标明的是“杂交犬”。此后，媒体进行了调查，结果发现有人公然在网上叫卖，声称可以为烈性犬办理合法养犬登记证。上海公安局治安总队获悉后，立即会同虹口、宝山公安分局介入调查。

经过警方侦查，涉案嫌疑人黄某是一家宠物店店主，从2月起，他在闲鱼、微信朋友圈发布办理禁养犬只《养犬登记证》等广告信息，再通过郜某、潘某帮助办理注射狂犬病疫苗、《免疫证》和《养犬登记证》等事宜。郜某也是一家宠物店店主，但比黄某更加不正规，属于无证经营。他在2019年4月结识了宝山区高境镇犬只管理办公室工作人员潘某，潘某的日常工作就是负责辖区内犬只的审查办证工作。

在利益的诱惑下，潘某在明知申请材料有瑕疵的情况下，仍旧帮助郜某等人办理了《养犬登记证》。从4月到7月，两人先后从中非法牟利6万余元。

3名涉案嫌疑人被警方刑事拘留。[111]

【分析】《民法典》规定，饲养动物应当遵守法律法规，尊重社会公德，表明民事主体在饲养动物时，应当严格按照当地的法规办理相关程序，并且配合公安等部门执法，自觉维护法律的尊严。

城市犬只管理逐渐由公安移交城管。城管从工作职能、职权、环境、城管队伍的人员结构、工作方式来看，都更适合养犬管理。

【法条】第一千二百五十四条【不明抛掷物、坠落物致害责任】禁止从建筑物中抛掷物品。从建筑物中抛掷物品或者从建筑物上坠落的物品造成他人损害的，由侵权人依法承担侵权责任；经调查难以确定具体侵权人的，除能够证明自己不是侵权人的外，由可能加害的建筑物使用人给予补偿。可能加害的建筑物使用人补偿后，有权向侵权人追偿。

物业服务企业等建筑物管理人应当采取必要的安全保障措施防止前款规定情形的发生；未采取必要的安全保障措施的，应当依法承担未履行安全保障义务的侵权责任。

发生本条第一款规定的情形的，公安等机关应当依法及时调查，查清责任人。

【案例】2016 年 6 月 22 日 21 时，被告人刘某饮酒后回家，在某小区 9 号楼 1 单元 7 楼平台，将放在该处的毛竹梯、儿童自行车、儿童滑板车等物品陆续从平台窗户扔下，险些砸到途经单元楼门口的居民牛某某。2017 年 7 月 3 日 17 时，被告人刘某饮酒后回家，再次将放在 7 楼平台处的毛竹梯从窗户扔下，将途经单元楼门口的葛某砸伤。法院经审理认为，被告人刘某从高空向公共通道抛物，危及不特定多数人的生命、健康及公共财产安全，尚未造成严重后果，其行为已构成以危险方法危害公共安全罪。被告人刘某经电话通知后主动到案，且能如实供述所犯罪行，系自首，可以依法从轻或减轻处罚。法院判决被告人刘某犯以危险方法危害公共安全罪，判处有期徒刑 1 年 10 个月。[112]

【分析】本条文是民法典新修订条文。高空抛物案件直接侵权人查找难、影响面广、处理难度大。公安等机关部门应当充分运用日常生活经验法则，最大限度地查找确定直接侵权人，由法院依法判决其承担侵权责任。暂时无法查清侵权人的，尽量限缩“可能加害的建筑物使用人”范围，由可能楼面、楼层的住户对受害人进行补偿，减轻当事人诉累。对能够证明自己不是侵权人的“可能加害的建筑物使用人”，依法予以免责。物业必须承担相应的安全保障义务，避免高空抛物、坠物的发生。《最高人民法院关于依法妥善审理高空抛物、坠物案件的意见》明确指出，对于故意高空抛物的，根据具体情形以以危险方法危害公共安全罪、故意伤害罪或故意杀人罪论处，特定情形要从重处罚；对于高空坠物构成犯罪的，过失导致物品从高空坠落，致人死亡、重伤，符合刑法相关规定的，依照过失致人死亡罪、过失致人重伤罪定罪处罚；在生产、作业中违反有关安全管理规定，从高空坠落物品，发生重大伤亡事故或者造成其他严重后果的，依照刑法相关规定，以重大责任事故罪定罪处罚。

注释：

［1］人民日报：《“高速天价施救”续：刑拘两人，涉事公司被立案》，载 https://baijiahao.baidu.com/s? id=1652078334499626938&wfr=spider&for=pc，2019 年 12 月 5 日访问。

［2］刘振伟、肖书鼎：《桐柏公安固县派出所：风俗墓葬引纠纷 民警调解化矛盾》，载 https://www.sohu.com/a/397618442_125471。

［3］王媛媛：《骨龄鉴定戳穿嫌犯瞒报年龄谎言》，《法制晚报》2005 年 3 月 27 日，载 http://news.sina.com.cn/o/2005-03-27/01425472853s.shtml。

［4］《陕西男子抢劫判刑后，称抢劫时还未成年，申请骨龄鉴定后法院减刑》，载 https://baijiahao.baidu.com/s? id=1621963887289081088&wfr=spider&for=pc。

［5］杨崇付：《〈民法总则〉已经影响公安办案了，处理交通事故要掌握这 7 个新知识》，载 https://mp.weixin.qq.com/s/AJ0ZiH1Xzz3jakDEy6bcpA。

[6] 王德钦诉杨德胜、泸州市汽车二队交通事故损害赔偿纠纷案，审理法院：四川省泸州市江阳区人民法院，载《最高人民法院公报》2006 年第 3 期。

[7] 杨崇信：《孕妇腹中胎儿取得了事故当事人地位》，载 https://m. sohu. com/a/220902554_612715。

[8] 方严父母诉林欣盈、陈家兴机动车交通事故责任纠纷案，审理法院：福建省福州市马尾区人民法院，载法信编辑部汇编：《民法总则条文理解与实务指引》，人民法院电子音像出版社 2017 年版，第 140~142 页。

[9] 《未成年人购买手机引纠纷民警积极调解获赞》，载 https://www. sohu. com/a/316193477_100286501。

[10] 姜贞宇：《抢孩子事件，法治应从孩子的监护权讲起》，载 http://www. chinanews. com/sh/2018/10-11/8646912. shtml。

[11] 陈甦：《民法总则评注》（上册），法律出版社 2017 年版，第 191 页。

[12] 上观新闻：《上海市公安局：松江粗暴执法事件民警行为错误，将全面、客观调查，并依法依规严肃处理》，载 https://www. jfdaily. com/wx/detail. do? id=63721，2017 年 9 月 1 日访问。

[13] 宗美菊诉吴仙凤、宗云红、宗云田、宗云苏、宗云铨生命权纠纷案，(2014) 浙金民终字第 365 号，审理法院：浙江省金华市中级人民法院，载《浙江省参阅案例 · 案例指导》2016 年第 1 期（总第 37 期）。

[14] 宗美菊诉吴仙凤、宗云红、宗云田、宗云苏、宗云铨生命权纠纷案，(2014) 浙金民终字第 365 号，审理法院：浙江省金华市中级人民法院，载《浙江省参阅案例 · 案例指导》2016 年第 1 期（总第 37 期）。

[15] 李海夫：《民警与劫犯签监护协议养其女儿至大学毕业》，载 http://news. ifeng. com/c/7fYuBQn1WpQ。

[16] 田雪亭、李志刚：《民警千里奔波为嫌犯孩子找监护

人》，载 http://news. sina. com. cn/s/2009－06－17/024315800316s. shtml。

[17]《成都“吸毒女被羁幼女饿死家中”案今日公开审理》，载 http://news. sina. com. cn/c/2003－10－http://news. sina. com. cn/c/2003－10－30/09061021754s. shtml30/09061021754s. shtml。

[18] 卢某某被撤销监护人资格案，审理法院：四川省泸州市纳溪区人民法院，最高人民法院关于侵害未成年人权益被撤销监护人资格典型案例，载 http://dqzz. hljcourt. gov. cn/public/detail. php?id=3053。

[19] 吴广德申请宣告其子吴加洪死亡案，(2002) 兴法民特字第1号，审理法院：江苏省兴化市人民法院，载《人民法院案例选》总第55辑。

[20] 广德市公安局、宣城市公安局公安行政管理：治安管理（治安）二审行政判决书，安徽省宣城市中级人民法院（2019）皖18行终146号，载 http://wenshu. court. gov. cn/website/wenshu/181107ANFZ0BXSK4/index. html? docId=57fb8b831d344162ad34ab22003840cb。

[21] 孔令晗：《未获公安许可擅自经营旅馆天津一男子被拘留》，载 https://www. sohu. com/a/358342118_255783? scm=1002. 44003c. 1e60215. PC_ARTICLE_REC。

[22] 张龙与桐柏县公安局民间借贷纠纷一审民事判决书，河南省桐柏县人民法院（2019）豫1330民初522号，载 http://wenshu. court. gov. cn/website/wenshu/181107ANFZ0BXSK4/index. html?docId=c35199233dc74271a504aa5e012f5bc3。

[23] 河北省馆陶县公安局越权干预经济纠纷案，《公安部关于严禁越权干预经济纠纷的通知》公通字〔1995〕13号。

[24]《粗心！晋江男子汇错250万给他人民警帮找回》，载 https://www. sohu. com/a/106539926_115412，2016年7月19日访问。

［25］刘波诉上海盛大网络发展有限公司虚拟财产被盗案，上海市浦东新区人民法院，载《人民司法·案例》2009年第8期。

［26］参见林旭霞：《虚拟财产解析——以虚拟有形财产为主要研究对象》，载《东南学术》2006年第6期。在民法上，由于涉及网络虚拟财产的分割、继承等问题，主要的网络虚拟财产类型包括网店等。虚拟财产的内在特征还包括竞争性、持续性、交易市场互联性、用户增值性等。

［27］参见陈兴良：《虚拟财产的刑法属性及其保护路径》，载《中国法学》2017年第2期。

［28］冯东海、冯国栋与冯立生排除妨害纠纷一审民事判决书，河北省唐山市丰南区人民法院民事判决书（2018）冀0207民初1795号，载 https://wenshu.court.gov.cn/website/wenshu/181107ANFZ0BXSK4/index.html?docId=da5612893caa4ad59023a92b0078f66e。

［29］《真是荒唐！为办户口假结婚，险些丢掉房子!》，载 https://www.sohu.com/a/275018218_100274137，2018年11月13日访问。

［30］钱江晚报：《小伙去马尔代夫度蜜月，回国后竟被判刑！这招真是大错特错》，载 https://www.sohu.com/a/325002761_120026110，2019年7月5日访问。

［31］《青岛大虾事件》，载 https://baike.baidu.com/item/青岛大虾事件/18709678?fr=aladdin。

［32］《夏某理等人敲诈勒索案——拆迁户以举报开发商违法行为为手段索取巨额补偿款是否构成敲诈勒索罪》，最高法公布刑事指导案例第509号，载《刑事审判参考》2008年第5辑（总第64辑）。

［33］《独家专访“91王先生”，入狱37天后，这位女性杀手想要洗白PUA》，载 https://www.sohu.com/a/282892453_792551，2018年12月20日访问。

［34］《“紧急自卫权”，行使需有道》，载 https://3g.163.

com/news/article/FF0IF9690514K079. html? from=history-back-list，2020 年 6 月 13 日访问。

［35］邹兵建：《互殴概念的反思与重构》，载《法学评论》2018 年第 3 期。

［36］《奇葩事情，为抢救患者医生剪掉其衣裤，人救活后家属要求赔钱！》，载 https://www. sohu. com/a/194287721_738149，2017 年 9 月 24 日访问。

［37］田宝志诉北京青龙缝纫制品有限公司紧急避险损害赔偿案，（2004）二中民终字第 3145 号，审理法院：北京市第二中级人民法院，载《中国审判案例要览》2005 年民事审判案例卷。

［38］《劝架者身亡打架双方各赔偿 3 万元：受益人应给予见义勇为者适当补偿》，载 https://new. qq. com/omn/HNN20200/HNN2020053100535100. html，2020 年 5 月 31 日访问。

［39］《游客在青岛海边捡一只鲍鱼被村民索要 500 元，交 80 元后报警，官方回应：已向游客赔礼道歉并退还费用》，载 https://baijiahao. baidu. com/s? id=1670620552308128334&wfr=spider&for=pc，2020 年 6 月 27 日访问。

［40］《赵宇案》，载 https://baike. baidu. com/item/赵宇案/23317275? fr=aladdin。

［41］邱少华与孙杰等一般人格权纠纷一审民事判决书，（2015）大民初字第 10012 号，载 https://wenshu. court. gov. cn/website/wenshu/181107ANFZ0BXSK4/index. html? docId=0c616f8486954a87bf543243820f4364。

［42］李植：《定纷止争——公安行政调解实务研究》，中国人民公安大学出版社 2018 年版。

［43］潘成涛、张勇：《邻里纠纷无小事民警调解化矛盾》，载 http://zhian. cpd. com. cn/n26237006/201911/t20191129_868597. html，2019 年 11 月 29 日访问。

［44］《女工围观赌局 10 万元被没收怒向警方讨说法》，载 ht

tp://news. sohu. com/22/01/news212000122. shtml，2003 年 8 月 11 日访问。

[45]《小区保安与业主冲突后猝死，公司两月后与家属协商赔偿》，载 https://baijiahao. baidu. com/s? id=1669928093563421779&wfr=spider&for=pc，2020 年 6 月 19 日访问。

[46]《建新所社区民警成功调解一起因空调滴水引发的邻里纠纷》，载 www. maxlaw. cn/fuzhou/news/877601139859. shtml，2018 年 2 月 15 日访问。

[47] 王成：《基层法院利用善良风俗调处矛盾纠纷情况调研》，载 http://lawyer. 110. com/43488/article/show/type/3/aid/163629/，2010 年 4 月 14 日访问。

[48]《四面围墙林立昌江 4 户人家爬围墙出入家门》，载 http://news. sohu. com/20070406/n249246708. shtml，2007 年 4 月 6 日访问。

[49]《广场舞大妈噪声大惹怒邻居报警，民警使出绝招，网友：干得漂亮!》，载 https://xw. qq. com/cmsid/20180804A0IDYF/20180804A0IDYF00，2018 年 8 月 4 日访问。

[50]《西安男子被楼上噪音折磨三年，无奈装震楼器还击，反被民警带走》，载 https://xw. qq. com/cmsid/20181222A162GY00。

[51] 刘和才、李文献等与祝传学等财产损害赔偿纠纷一审民事判决书，安徽省岳西县人民法院民事判决书（2016）皖 0828 民初 2878 号，载 https://wenshu. court. gov. cn/website/wenshu/181107ANFZ0BXSK4/index. html? docId=ac0d94225f2f48c488bfa79e01536a73。

[52] 王富诗、王华生财产损害赔偿纠纷二审民事裁定书，安徽省安庆市中级人民法院民事裁定书（2018）皖 08 民终 2485 号，载 https://wenshu. court. gov. cn/website/wenshu/181107ANFZ0BXSK4/index. html? docId=42fe737bd788419581f7a9c300e14f67。

[53]《清洁工“捡”巨额金饰应否被判刑?》，载 newpaper.

dahe. cn/jrab/html/2009-05/13/content_178332. htm，2008 年 5 月 13 日访问。

[54]《大妈捡手机索要 2000 元报酬不成，接下来做的事让网友怒了!》，载 https://www. sohu. com/a/237582910_814631，2018 年 6 月 25 日访问。

[55] 鲁瑞庚诉东港市公安局悬赏广告纠纷案，载《最高人民法院公报》2003 年第 1 期。

[56] 参见中国裁判文书网蒋舟敏悬赏广告纠纷二审民事裁定书，福建省高级人民法院（2015）闽民终字第 719 号；蒋舟敏二审民事裁定书，广东省高级人民法院（2015）粤高法立民终字第 363 号，2015 年 5 月 28 日；蒋舟敏二审民事裁定书，湖北省高级人民法院（2015）鄂民二终字第 00088 号；等等。

[57] 蒋舟敏悬赏广告纠纷申请再审民事裁定书，中华人民共和国最高人民法院民事裁定书（2015）民申字第 3202 号，载 http://wenshu. court. gov. cn/website/wenshu/181107ANFZ0BXSK4/index. html? docId=3b7c59ebc6ba42fb9affd69db44d0012。

[58] 张龙与桐柏县公安局民间借贷纠纷一审民事判决书，河南省桐柏县人民法院（2019）豫 1330 民初 522 号，载 http://wenshu. court. gov. cn/website/wenshu/181107ANFZ0BXSK4/index. html? docId=c35199233dc74271a504aa5e012f5bc3。

[59] 厉洪海与索永波民间借贷纠纷一案一审民事裁定书，杭州市下城区人民法院（2019）浙 0103 民初 4579 号之一，载 https://wenshu. court. gov. cn/website/wenshu/181107ANFZ0BXSK4/index. html? docId=98a80351d04a4f1cb788aafc00a0aeb9。

[60]《高铁“霸座”事件》，载 https://baike. baidu. com/item/高铁“霸座”事件/22832262? fr=aladdin。

[61] 朱杭诉长阔出租汽车公司、付建启赔偿纠纷案，审理法院：北京市朝阳区人民法院，载《最高人民法院公报》2002 年第 3 期（总第 77 期）。

［62］《朱杭诉长闻出租汽车公司、付建启赔偿纠纷案》，载《最高人民法院公报》2002 年第 3 期。

［63］《车被交警扣了，取车时记住这个，可免交 1050 元!》，载 https://www.sohu.com/a/86078776_242336，2016 年 6 月 25 日访问。

［64］李海峰等诉叶集公安分局、安徽电视台等侵犯名誉权、肖像权纠纷二审案，载《中华人民共和国最高人民法院公报》2007 年第 2 期（总第 124 期）。

［65］李海峰等诉叶集公安分局、安徽电视台等侵犯名誉权、肖像权纠纷二审案，载《中华人民共和国最高人民法院公报》2007 年第 2 期（总第 124 期）。

［66］《女子服装店偷窃被抓店主将其剪发以示警告》，载 http://hunan.voc.com.cn/article/201306/201306071842487532.html，2013 年 6 月 7 日访问。

［67］李社保、杨子生命权、健康权、身体权纠纷二审民事判决书，云南省德宏傣族景颇族自治州中级人民法院（2018）云 31 民终 155 号；李社保、杨子生命权、健康权、身体权纠纷再审审查与审判监督民事裁定书，云南省高级人民法院（2019）云民申 2016 号，载 http://wenshu.court.gov.cn/website/wenshu/181107ANFZ0BXSK4/index.html? docId=19d27fc10c0d4c13bb99ab1a00950383。

［68］李社保、杨子等与尹以杰等生命权、健康权、身体权纠纷一审民事判决书，云南省芒市人民法院（2017）云 3103 民初 1131 号，载 http://wenshu.court.gov.cn/website/wenshu/181107ANFZ0BXSK4/index.html? docId=cadf9c137d5642af8097aa4700ff9262。

［69］王展鹏与阜新市公安局新邱公安分局申诉行政裁定书，最高人民法院（2015）行监字第 81 号，载 http://wenshu.court.gov.cn/website/wenshu/181107ANFZ0BXSK4/index.html? docId=31dff2afb68a49d8834a10599aa0d333。

［70］王展鹏与阜新市公安局新邱公安分局申诉行政裁定书，

最高人民法院（2015）行监字第 81 号，载 http://wenshu. court. gov. cn/website/wenshu/181107ANFZ0BXSK4/index. html? docId=31dff2afb68a49d8834a10599aa0d333。

［71］《北京警方抓获多名地铁“色狼”》，载 https://baijiahao. baidu. com/s? id=1669626482798826410&wfr=spider&for=pc，2020 年 6 月 16 日访问。

［72］《上海地铁首例“咸猪手”强制猥亵案宣判被告人获刑 6 个月》，载 http://news. sina. com. cn/o/2019-10-15/doc-iicezzrr2453429. shtml。

［73］《中国首例姓名权案二审：赵 C 被判更改名字》，载 http://news. sohu. com/20090227/n262494828_2. shtml。

［74］王莉与昭通市公安局昭阳分局公安行政管理：其他（公安）一审行政判决书，昭通市昭阳区人民法院（2018）云 0602 行初 98 号，载 https://wenshu. court. gov. cn/website/wenshu/181107ANFZ0BXSK4/index. html? docId=4aee929d68504cf79db4aa8800a5c2c7。

［75］《父母给孩子取名“惊动”最高法》，载 https://www. sohu. com/a/206707667_114760? tc_tab=it&block=news&index=4，2017 年 11 月 26 日访问。

［76］殷立勤：《PS 艳照敲诈勒索案被提起公诉》，2018 年 12 月 2 日，载 http://www. sh. chinanews. com. cn/fzzx/2018-12-02/48974. shtml。

［77］王继延：《公安机关、新闻媒体对犯罪嫌疑人的采访报道是否侵害了其名誉权、肖像权?》，载 https://www. sohu. com/a/153659115_752455。

［78］《校园里猥亵女生被全城通缉“猥琐男”正面照曝光》，载 http://k. sina. com. cn/article_5281491251_13acd293302000g4ht. html。

［79］《鞍山一男子微信上骂人“骂一条删一条”，被警方查出拘留 5 天》，载 https://www. sohu. com/a/192760362_260616? _f=

index_news_8，2017 年 9 月 18 日访问。

[80]《吉林撤销对下黄片男子处罚》，载 http://epaper.xiancn.com/xawb/html/2012-06/17/content_121388.htm，2012 年 6 月 17 日访问。

[81]《公布裸照，羞辱的是谁?》，载 http://tv.cntv.cn/video/C10586/0c0799054beb49e6e7e2bd93066e547c，2009 年 11 月 4 日访问。

[82]《宁波警方：摔手机大妈已致歉　特殊通报为保护当事者》，载 http://news.xmnn.cn/xmnn/2018/06/28/100385066.shtml，2018 年 6 月 28 日访问。

[83] 樊江涛：《河北邯郸一强奸案询问笔录被四处张贴，受害人两年来苦苦追问——“谁泄露了强奸案询问笔录”》，载《中国青年报》2010 年 5 月 20 日。

[84]《雨湖公安向他发出〈家庭暴力告诫书〉》，载 https://new.qq.com/omn/20191211/20191211A0S9N600.html，2019 年 12 月 11 日访问。

[85]《女子万元网购 3 岁男童以“领养”名义买卖孩子》，载 http://edu.youth.cn/2016/0725/4649439.shtml。

[86]《王明雨敲诈勒索案：不构成犯罪》，载 http://lawyers.66law.cn/s290336c6a803d_i170331.aspx，2015 年 11 月 11 日访问。

[87]《抱养孩子三年多没有户口犯了难》，载 http://szb.ycen.com.cn/epaper/ycwb/html/2019-06/25/content_72238.htm，2019 年 6 月 25 日访问。

[88] 张翔玉诉西安市公安局长安分局公安行政确认一审行政判决书，(2017) 陕 7102 行初 361 号判决书，审理法院：西安铁路运输法院，载 https://wenshu.court.gov.cn/website/wenshu/181107ANFZ0BXSK4/index.html? docId=786c1e7291524ba3aacda7fc00a0a144。

[89] 章心花等 5 人诉宁海县公安局、宁海县卫生局、王德尚、宁波市第一医院尸检纠纷案，(2006) 甬民一终字第 1517 号，

载《人民法院案例选》2008年第2辑（总第64辑）。

[90] 章心花等5人诉宁海县公安局、宁海县卫生局、王德尚、宁波市第一医院尸检纠纷案，（2006）甬民一终字第1517号，载《人民法院案例选》2008年第2辑（总第64辑）。

[91] 王国纯、王治祥、王治安等诉朱高明、刘浩等生命权、健康权、身体权纠纷一审民事判决书，盐亭县人民法院（2019）川0723民初1327号，载https://wenshu.court.gov.cn/website/wenshu/181107ANFZ0BXSK4/index.html? docId=aee77c8f254b4afcb2b4abe0001182a9。

[92] 唐建文与北京市公安局大兴分局生命权、健康权、身体权纠纷一审民事判决书，北京市大兴区人民法院（2020）京0115民初1807号，载https://wenshu.court.gov.cn/website/wenshu/181107ANFZ0BXSK4/index.html? docId=8c6c766832174acda92eabcb000d4676。

[93]《踢球拼抢时受伤向对方球员索赔》，载http://jxfzb.jx-news.com.cn/system/2010/07/28/011441270.shtml。

[94]《河南淇县瓜农拽倒偷瓜贼反赔300元，警方：偷瓜错在先，钱已退》，载https://www.sohu.com/a/331269386_161795，2019年8月3日访问。

[95] 解晋、陈惠倩肖像权纠纷二审民事判决书，杭州市中级人民法院（2019）浙01民终9931号，载https://wenshu.court.gov.cn/website/wenshu/181107ANFZ0BXSK4/index.html? docId=450c56fcd9374c619508abaa009b8891。

[96]《阜阳一男子损毁他人墓碑被判赔偿精神损害抚慰金》，载http://www.ahwang.cn/anhui/20160503/1517052.shtml。

[97]《郑州医生电梯内劝阻吸烟案二审劝阻者无责》，载henan.sina.com.cn/news/2018-01-24/detail-ifyquptv9081847.shtml，2018年1月24日访问。

[98] 朱臻、蒋清霞：《未成年人借车驾驶"惹祸"多人担责

法官因人施策巧执行》，载 http://sc. sina. com. cn/nc/news/2020-04-27/detail-iircuyvi0130391. shtml。

[99]《监护人将监护职责部分委托给他人的，被监护人发生侵权行为的，责任怎样分摊?》，载 http://qqherlj. hljcourt. gov. cn/public/detail. php? id=809。

[100]《醉酒闹事打架，还打伤出警民警，判刑》，载 https://m. thepaper. cn/baijiahao_4840164。

[101] 赵洪春等名誉权纠纷二审民事判决书，济南市中级人民法院（2016）鲁 01 民终 3274 号，载 https://wenshu. court. gov. cn/website/wenshu/181107ANFZ0BXSK4/index. html? docId=e0d12a83f25849b0bc65a7e6428e420f。

[102] 高某与酒泉市公安局肃州分局、酒泉市公安局肃州分局交通警察大队违反安全保障义务责任纠纷一审民事判决书，酒泉市肃州区人民法院（2020）甘 0902 民初 589 号，载 https://wenshu. court. gov. cn/website/wenshu/181107ANFZ0BXSK4/index. html? docId=8983f2e1ac4349cebc8faba800803e99。

[103] 王灵芝与湘潭市公安局雨湖分局违反安全保障义务责任纠纷一审民事判决书，湖南省湘潭市雨湖区人民法院（2020）湘 0302 民初 1148 号，载 https://wenshu. court. gov. cn/website/wenshu/181107ANFZ0BXSK4/index. html? docId=a08f1df686f643e0ad32abe201856e61。

[104]《快递员的心酸：深圳收我车北京打我人》，载 https://www. sohu. com/a/69966307_227267，2016 年 4 月 18 日访问。

[105]《明知无驾照还借车发生交通事故车主担同等责任》，载 http://news. sina. com. cn/c/2006-01-06/20517914696s. shtml。

[106]《挂靠车辆发生交通事故造成他人损害》，载 https://www. 66law. cn/laws/510022. aspx。

[107]《论好意同乘侵权的责任承担》，载 http://china. findlaw. cn/jiaotongshigu/jtsglw/1256208. html。

[108]《两护士因泄露产妇信息被判刑，工作中这些雷区不能踏!》，载 https://www.sohu.com/a/251777922_129883。

[109] 陈伟光：《守卫绿水青山有了生态警察》，载 http://env.people.com.cn/n1/2019/0723/c1010-31249842.html。

[110]《“驴踢坏奥迪 A8L”定责结果出炉：狗主人与车主达成赔偿协议》，载 https://www.sohu.com/a/247288234_99942123，2018 年 8 月 15 日访问。

[111]《上海警方捣毁一内外勾结卖狗证团伙但真要管好无证犬路还很长》，载 www.pinlue.com/article/2019/08/1417/259504787417.html，2019 年 8 月 14 日访问。

[112]《高空抛物坠物刑事典型案例》，载 https://www.sohu.com/a/376390174_120025315。

附录

中华人民共和国民法典

（2020年5月28日第十三届全国人民代表大会第三次会议通过）

目　　录

第二节　委托代理
第三节　代理终止
第八章　民事责任
第九章　诉讼时效
第十章　期间计算

第二编　物权
第一分编　通则
第一章　一般规定
第二章　物权的设立、变更、转让和消灭
第一节　不动产登记
第二节　动产交付
第三节　其他规定
第三章　物权的保护
第二分编　所有权
第四章　一般规定
第五章　国家所有权和集体所有权、私人所有权
第六章　业主的建筑物区分所有权
第七章　相邻关系
第八章　共有
第九章　所有权取得的特别规定
第三分编　用益物权
第十章　一般规定
第十一章　土地承包经营权
第十二章　建设用地使用权
第十三章　宅基地使用权
第十四章　居住权
第十五章　地役权
第四分编　担保物权
第十六章　一般规定
第十七章　抵押权
第一节　一般抵押权

第二节　最高额抵押权
第十八章　质权
第一节　动产质权
第二节　权利质权
第十九章　留置权
第五分编　占有
第二十章　占有

第三编　合同
第一分编　通则
第一章　一般规定
第二章　合同的订立
第三章　合同的效力
第四章　合同的履行
第五章　合同的保全
第六章　合同的变更和转让
第七章　合同的权利义务终止
第八章　违约责任
第二分编　典型合同
第九章　买卖合同
第十章　供用电、水、气、热力合同
第十一章　赠与合同
第十二章　借款合同
第十三章　保证合同
第一节　一般规定
第二节　保证责任
第十四章　租赁合同
第十五章　融资租赁合同
第十六章　保理合同
第十七章　承揽合同
第十八章　建设工程合同
第十九章　运输合同

第一节　一般规定
第二节　客运合同
第三节　货运合同
第四节　多式联运合同
第二十章　技术合同
第一节　一般规定
第二节　技术开发合同
第三节　技术转让合同和技术许可合同
第四节　技术咨询合同和技术服务合同
第二十一章　保管合同
第二十二章　仓储合同
第二十三章　委托合同
第二十四章　物业服务合同
第二十五章　行纪合同
第二十六章　中介合同
第二十七章　合伙合同
第三分编　准合同
第二十八章　无因管理
第二十九章　不当得利

第四编　人格权
第一章　一般规定
第二章　生命权、身体权和健康权
第三章　姓名权和名称权
第四章　肖像权
第五章　名誉权和荣誉权
第六章　隐私权和个人信息保护

第五编　婚姻家庭
第一章　一般规定
第二章　结婚
第三章　家庭关系

第一编　总　　则

第一章　基本规定

第一条　为了保护民事主体的合法权益，调整民事关系，维护社会和经济秩序，适应中国特色社会主义发展要求，弘扬社会主义核心价值观，根据宪法，制定本法。

第二条　民法调整平等主体的自然人、法人和非法人组织之间的人身关系和财产关系。

第三条　民事主体的人身权利、财产权利以及其他合法权益受法律保护，任何组织或者个人不得侵犯。

第四条　民事主体在民事活动中的法律地位一律平等。

第五条　民事主体从事民事活动，应当遵循自愿原则，按照自己的意思设立、变更、终止民事法律关系。

第六条　民事主体从事民事活动，应当遵循公平原则，合理确定各方的权利和义务。

第七条　民事主体从事民事活动，应当遵循诚信原则，秉持诚实，恪守承诺。

第八条　民事主体从事民事活动，不得违反法律，不得违背公序良俗。

第九条　民事主体从事民事活动，应当有利于节约资源、保护生态环境。

第十条　处理民事纠纷，应当依照法律；法律没有规定的，可以适用习惯，但是不得违背公序良俗。

第十一条　其他法律对民事关系有特别规定的，依照其规定。

第十二条　中华人民共和国领域内的民事活动，适用中华人民共和国法律。法律另有规定的，依照其规定。

第二章　自然人

第一节　民事权利能力和民事行为能力

第十三条　自然人从出生时起到死亡时止，具有民事权利能力，依法享有民事权利，承担民事义务。

第十四条　自然人的民事权利能力一律平等。

第十五条 自然人的出生时间和死亡时间，以出生证明、死亡证明记载的时间为准；没有出生证明、死亡证明的，以户籍登记或者其他有效身份登记记载的时间为准。有其他证据足以推翻以上记载时间的，以该证据证明的时间为准。

第十六条 涉及遗产继承、接受赠与等胎儿利益保护的，胎儿视为具有民事权利能力。但是，胎儿娩出时为死体的，其民事权利能力自始不存在。

第十七条 十八周岁以上的自然人为成年人。不满十八周岁的自然人为未成年人。

第十八条 成年人为完全民事行为能力人，可以独立实施民事法律行为。

十六周岁以上的未成年人，以自己的劳动收入为主要生活来源的，视为完全民事行为能力人。

第十九条 八周岁以上的未成年人为限制民事行为能力人，实施民事法律行为由其法定代理人代理或者经其法定代理人同意、追认；但是，可以独立实施纯获利益的民事法律行为或者与其年龄、智力相适应的民事法律行为。

第二十条 不满八周岁的未成年人为无民事行为能力人，由其法定代理人代理实施民事法律行为。

第二十一条 不能辨认自己行为的成年人为无民事行为能力人，由其法定代理人代理实施民事法律行为。

八周岁以上的未成年人不能辨认自己行为的，适用前款规定。

第二十二条 不能完全辨认自己行为的成年人为限制民事行为能力人，实施民事法律行为由其法定代理人代理或者经其法定代理人同意、追认；但是，可以独立实施纯获利益的民事法律行为或者与其智力、精神健康状况相适应的民事法律行为。

第二十三条 无民事行为能力人、限制民事行为能力人的监护人是其法定代理人。

第二十四条 不能辨认或者不能完全辨认自己行为的成年人，其利害关系人或者有关组织，可以向人民法院申请认定该成年人为无民事行为能力人或者限制民事行为能力人。

被人民法院认定为无民事行为能力人或者限制民事行为能力人的，经本人、利害关系人或者有关组织申请，人民法院可以根据其智力、精神健康恢复的状况，认定该成年人恢复为限制民事行为能力人或者完全民事行为能力人。

本条规定的有关组织包括：居民委员会、村民委员会、学校、医疗机构、妇女联合会、残疾人联合会、依法设立的老年人组织、民政部门等。

第二十五条　自然人以户籍登记或者其他有效身份登记记载的居所为住所；经常居所与住所不一致的，经常居所视为住所。

第二节　监　护

第二十六条　父母对未成年子女负有抚养、教育和保护的义务。

成年子女对父母负有赡养、扶助和保护的义务。

第二十七条　父母是未成年子女的监护人。

未成年人的父母已经死亡或者没有监护能力的，由下列有监护能力的人按顺序担任监护人：

（一）祖父母、外祖父母；

（二）兄、姐；

（三）其他愿意担任监护人的个人或者组织，但是须经未成年人住所地的居民委员会、村民委员会或者民政部门同意。

第二十八条　无民事行为能力或者限制民事行为能力的成年人，由下列有监护能力的人按顺序担任监护人：

（一）配偶；

（二）父母、子女；

（三）其他近亲属；

（四）其他愿意担任监护人的个人或者组织，但是须经被监护人住所地的居民委员会、村民委员会或者民政部门同意。

第二十九条　被监护人的父母担任监护人的，可以通过遗嘱指定监护人。

第三十条　依法具有监护资格的人之间可以协议确定监护人。协议确定监护人应当尊重被监护人的真实意愿。

第三十一条　对监护人的确定有争议的，由被监护人住所地的居民委员会、村民委员会或者民政部门指定监护人，有关当事人对指定不服的，可以向人民法院申请指定监护人；有关当事人也可以直接向人民法院申请指定监护人。

居民委员会、村民委员会、民政部门或者人民法院应当尊重被监护人的真实意愿，按照最有利于被监护人的原则在依法具有监护资格的人中指定监护人。

依据本条第一款规定指定监护人前，被监护人的人身权利、财产权利以及其他合法权益处于无人保护状态的，由被监护人住所地的居民委员会、村民委员会、法律规定的有关组织或者民政部门担任临时监护人。

监护人被指定后，不得擅自变更；擅自变更的，不免除被指定的监护人的责任。

第三十二条 没有依法具有监护资格的人的，监护人由民政部门担任，也可以由具备履行监护职责条件的被监护人住所地的居民委员会、村民委员会担任。

第三十三条 具有完全民事行为能力的成年人，可以与其近亲属、其他愿意担任监护人的个人或者组织事先协商，以书面形式确定自己的监护人，在自己丧失或者部分丧失民事行为能力时，由该监护人履行监护职责。

第三十四条 监护人的职责是代理被监护人实施民事法律行为，保护被监护人的人身权利、财产权利以及其他合法权益等。

监护人依法履行监护职责产生的权利，受法律保护。

监护人不履行监护职责或者侵害被监护人合法权益的，应当承担法律责任。

因发生突发事件等紧急情况，监护人暂时无法履行监护职责，被监护人的生活处于无人照料状态的，被监护人住所地的居民委员会、村民委员会或者民政部门应当为被监护人安排必要的临时生活照料措施。

第三十五条 监护人应当按照最有利于被监护人的原则履行监护职责。监护人除为维护被监护人利益外，不得处分被监护人的财产。

未成年人的监护人履行监护职责，在作出与被监护人利益有关的决定时，应当根据被监护人的年龄和智力状况，尊重被监护人的真实意愿。

成年人的监护人履行监护职责，应当最大程度地尊重被监护人的真实意愿，保障并协助被监护人实施与其智力、精神健康状况相适应的民事法律行为。对被监护人有能力独立处理的事务，监护人不得干涉。

第三十六条 监护人有下列情形之一的，人民法院根据有关个人或者组织的申请，撤销其监护人资格，安排必要的临时监护措施，并按照最有利于被监护人的原则依法指定监护人：

（一）实施严重损害被监护人身心健康的行为；

（二）怠于履行监护职责，或者无法履行监护职责且拒绝将监护职责部分或者全部委托给他人，导致被监护人处于危困状态；

（三）实施严重侵害被监护人合法权益的其他行为。

本条规定的有关个人、组织包括：其他依法具有监护资格的人，居民委员会、村民委员会、学校、医疗机构、妇女联合会、残疾人联合会、未成年人保护组织、依法设立的老年人组织、民政部门等。

前款规定的个人和民政部门以外的组织未及时向人民法院申请撤销监护人资格的，民政部门应当向人民法院申请。

第三十七条　依法负担被监护人抚养费、赡养费、扶养费的父母、子女、配偶等，被人民法院撤销监护人资格后，应当继续履行负担的义务。

第三十八条　被监护人的父母或者子女被人民法院撤销监护人资格后，除对被监护人实施故意犯罪的外，确有悔改表现的，经其申请，人民法院可以在尊重被监护人真实意愿的前提下，视情况恢复其监护人资格，人民法院指定的监护人与被监护人的监护关系同时终止。

第三十九条　有下列情形之一的，监护关系终止：

（一）被监护人取得或者恢复完全民事行为能力；

（二）监护人丧失监护能力；

（三）被监护人或者监护人死亡；

（四）人民法院认定监护关系终止的其他情形。

监护关系终止后，被监护人仍然需要监护的，应当依法另行确定监护人。

第三节　宣告失踪和宣告死亡

第四十条　自然人下落不明满二年的，利害关系人可以向人民法院申请宣告该自然人为失踪人。

第四十一条　自然人下落不明的时间自其失去音讯之日起计算。战争期间下落不明的，下落不明的时间自战争结束之日或者有关机关确定的下落不明之日起计算。

第四十二条　失踪人的财产由其配偶、成年子女、父母或者其他愿意担任财产代管人的人代管。

代管有争议，没有前款规定的人，或者前款规定的人无代管能力的，由人民法院指定的人代管。

第四十三条　财产代管人应当妥善管理失踪人的财产，维护其财产权益。

失踪人所欠税款、债务和应付的其他费用，由财产代管人从失踪人的财产中支付。

财产代管人因故意或者重大过失造成失踪人财产损失的，应当承担赔偿责任。

第四十四条 财产代管人不履行代管职责、侵害失踪人财产权益或者丧失代管能力的，失踪人的利害关系人可以向人民法院申请变更财产代管人。

财产代管人有正当理由的，可以向人民法院申请变更财产代管人。

人民法院变更财产代管人的，变更后的财产代管人有权请求原财产代管人及时移交有关财产并报告财产代管情况。

第四十五条 失踪人重新出现，经本人或者利害关系人申请，人民法院应当撤销失踪宣告。

失踪人重新出现，有权请求财产代管人及时移交有关财产并报告财产代管情况。

第四十六条 自然人有下列情形之一的，利害关系人可以向人民法院申请宣告该自然人死亡：

（一）下落不明满四年；

（二）因意外事件，下落不明满二年。

因意外事件下落不明，经有关机关证明该自然人不可能生存的，申请宣告死亡不受二年时间的限制。

第四十七条 对同一自然人，有的利害关系人申请宣告死亡，有的利害关系人申请宣告失踪，符合本法规定的宣告死亡条件的，人民法院应当宣告死亡。

第四十八条 被宣告死亡的人，人民法院宣告死亡的判决作出之日视为其死亡的日期；因意外事件下落不明宣告死亡的，意外事件发生之日视为其死亡的日期。

第四十九条 自然人被宣告死亡但是并未死亡的，不影响该自然人在被宣告死亡期间实施的民事法律行为的效力。

第五十条 被宣告死亡的人重新出现，经本人或者利害关系人申请，人民法院应当撤销死亡宣告。

第五十一条 被宣告死亡的人的婚姻关系，自死亡宣告之日起消除。死亡宣告被撤销的，婚姻关系自撤销死亡宣告之日起自行恢复。但是，其配偶再婚或者向婚姻登记机关书面声明不愿意恢复的除外。

第五十二条 被宣告死亡的人在被宣告死亡期间，其子女被他人依法收养的，在死亡宣告被撤销后，不得以未经本人同意为由主张收养行为无效。

第五十三条　被撤销死亡宣告的人有权请求依照本法第六编取得其财产的民事主体返还财产；无法返还的，应当给予适当补偿。

利害关系人隐瞒真实情况，致使他人被宣告死亡而取得其财产的，除应当返还财产外，还应当对由此造成的损失承担赔偿责任。

第四节　个体工商户和农村承包经营户

第五十四条　自然人从事工商业经营，经依法登记，为个体工商户。个体工商户可以起字号。

第五十五条　农村集体经济组织的成员，依法取得农村土地承包经营权，从事家庭承包经营的，为农村承包经营户。

第五十六条　个体工商户的债务，个人经营的，以个人财产承担；家庭经营的，以家庭财产承担；无法区分的，以家庭财产承担。

农村承包经营户的债务，以从事农村土地承包经营的农户财产承担；事实上由农户部分成员经营的，以该部分成员的财产承担。

第三章　法　　人

第一节　一般规定

第五十七条　法人是具有民事权利能力和民事行为能力，依法独立享有民事权利和承担民事义务的组织。

第五十八条　法人应当依法成立。

法人应当有自己的名称、组织机构、住所、财产或者经费。法人成立的具体条件和程序，依照法律、行政法规的规定。

设立法人，法律、行政法规规定须经有关机关批准的，依照其规定。

第五十九条　法人的民事权利能力和民事行为能力，从法人成立时产生，到法人终止时消灭。

第六十条　法人以其全部财产独立承担民事责任。

第六十一条　依照法律或者法人章程的规定，代表法人从事民事活动的负责人，为法人的法定代表人。

法定代表人以法人名义从事的民事活动，其法律后果由法人承受。

法人章程或者法人权力机构对法定代表人代表权的限制，不得对抗善意相对人。

第六十二条　法定代表人因执行职务造成他人损害的，由法人承担民事责任。

法人承担民事责任后，依照法律或者法人章程的规定，可以向有过错的法定代表人追偿。

第六十三条 法人以其主要办事机构所在地为住所。依法需要办理法人登记的，应当将主要办事机构所在地登记为住所。

第六十四条 法人存续期间登记事项发生变化的，应当依法向登记机关申请变更登记。

第六十五条 法人的实际情况与登记的事项不一致的，不得对抗善意相对人。

第六十六条 登记机关应当依法及时公示法人登记的有关信息。

第六十七条 法人合并的，其权利和义务由合并后的法人享有和承担。

法人分立的，其权利和义务由分立后的法人享有连带债权，承担连带债务，但是债权人和债务人另有约定的除外。

第六十八条 有下列原因之一并依法完成清算、注销登记的，法人终止：

（一）法人解散；

（二）法人被宣告破产；

（三）法律规定的其他原因。

法人终止，法律、行政法规规定须经有关机关批准的，依照其规定。

第六十九条 有下列情形之一的，法人解散：

（一）法人章程规定的存续期间届满或者法人章程规定的其他解散事由出现；

（二）法人的权力机构决议解散；

（三）因法人合并或者分立需要解散；

（四）法人依法被吊销营业执照、登记证书，被责令关闭或者被撤销；

（五）法律规定的其他情形。

第七十条 法人解散的，除合并或者分立的情形外，清算义务人应当及时组成清算组进行清算。

法人的董事、理事等执行机构或者决策机构的成员为清算义务人。法律、行政法规另有规定的，依照其规定。

清算义务人未及时履行清算义务，造成损害的，应当承担民事责任；主管机关或者利害关系人可以申请人民法院指定有关人员组成清算组进行清算。

第七十一条 法人的清算程序和清算组职权，依照有关法律的规定；没有规定的，参照适用公司法律的有关规定。

第七十二条　清算期间法人存续，但是不得从事与清算无关的活动。

法人清算后的剩余财产，按照法人章程的规定或者法人权力机构的决议处理。法律另有规定的，依照其规定。

清算结束并完成法人注销登记时，法人终止；依法不需要办理法人登记的，清算结束时，法人终止。

第七十三条　法人被宣告破产的，依法进行破产清算并完成法人注销登记时，法人终止。

第七十四条　法人可以依法设立分支机构。法律、行政法规规定分支机构应当登记的，依照其规定。

分支机构以自己的名义从事民事活动，产生的民事责任由法人承担；也可以先以该分支机构管理的财产承担，不足以承担的，由法人承担。

第七十五条　设立人为设立法人从事的民事活动，其法律后果由法人承受；法人未成立的，其法律后果由设立人承受，设立人为二人以上的，享有连带债权，承担连带债务。

设立人为设立法人以自己的名义从事民事活动产生的民事责任，第三人有权选择请求法人或者设立人承担。

第二节　营利法人

第七十六条　以取得利润并分配给股东等出资人为目的成立的法人，为营利法人。

营利法人包括有限责任公司、股份有限公司和其他企业法人等。

第七十七条　营利法人经依法登记成立。

第七十八条　依法设立的营利法人，由登记机关发给营利法人营业执照。营业执照签发日期为营利法人的成立日期。

第七十九条　设立营利法人应当依法制定法人章程。

第八十条　营利法人应当设权力机构。

权力机构行使修改法人章程，选举或者更换执行机构、监督机构成员，以及法人章程规定的其他职权。

第八十一条　营利法人应当设执行机构。

执行机构行使召集权力机构会议，决定法人的经营计划和投资方案，决定法人内部管理机构的设置，以及法人章程规定的其他职权。

执行机构为董事会或者执行董事的，董事长、执行董事或者经理按照法人章程的规定担任法定代表人；未设董事会或者执行董事的，法人章程规定的主要负责人为其执行机构和法定代表人。

第八十二条 营利法人设监事会或者监事等监督机构的，监督机构依法行使检查法人财务，监督执行机构成员、高级管理人员执行法人职务的行为，以及法人章程规定的其他职权。

第八十三条 营利法人的出资人不得滥用出资人权利损害法人或者其他出资人的利益；滥用出资人权利造成法人或者其他出资人损失的，应当依法承担民事责任。

营利法人的出资人不得滥用法人独立地位和出资人有限责任损害法人债权人的利益；滥用法人独立地位和出资人有限责任，逃避债务，严重损害法人债权人的利益的，应当对法人债务承担连带责任。

第八十四条 营利法人的控股出资人、实际控制人、董事、监事、高级管理人员不得利用其关联关系损害法人的利益；利用关联关系造成法人损失的，应当承担赔偿责任。

第八十五条 营利法人的权力机构、执行机构作出决议的会议召集程序、表决方式违反法律、行政法规、法人章程，或者决议内容违反法人章程的，营利法人的出资人可以请求人民法院撤销该决议。但是，营利法人依据该决议与善意相对人形成的民事法律关系不受影响。

第八十六条 营利法人从事经营活动，应当遵守商业道德，维护交易安全，接受政府和社会的监督，承担社会责任。

第三节 非营利法人

第八十七条 为公益目的或者其他非营利目的成立，不向出资人、设立人或者会员分配所取得利润的法人，为非营利法人。

非营利法人包括事业单位、社会团体、基金会、社会服务机构等。

第八十八条 具备法人条件，为适应经济社会发展需要，提供公益服务设立的事业单位，经依法登记成立，取得事业单位法人资格；依法不需要办理法人登记的，从成立之日起，具有事业单位法人资格。

第八十九条 事业单位法人设理事会的，除法律另有规定外，理事会为其决策机构。事业单位法人的法定代表人依照法律、行政法规或者法人章程的规定产生。

第九十条 具备法人条件，基于会员共同意愿，为公益目的或者会员共同利益等非营利目的设立的社会团体，经依法登记成立，取得社会团体法人资格；依法不需要办理法人登记的，从成立之日起，具有社会团体法人资格。

第九十一条 设立社会团体法人应当依法制定法人章程。

社会团体法人应当设会员大会或者会员代表大会等权力机构。

社会团体法人应当设理事会等执行机构。理事长或者会长等负责人按照法人章程的规定担任法定代表人。

第九十二条 具备法人条件，为公益目的以捐助财产设立的基金会、社会服务机构等，经依法登记成立，取得捐助法人资格。

依法设立的宗教活动场所，具备法人条件的，可以申请法人登记，取得捐助法人资格。法律、行政法规对宗教活动场所有规定的，依照其规定。

第九十三条 设立捐助法人应当依法制定法人章程。

捐助法人应当设理事会、民主管理组织等决策机构，并设执行机构。理事长等负责人按照法人章程的规定担任法定代表人。

捐助法人应当设监事会等监督机构。

第九十四条 捐助人有权向捐助法人查询捐助财产的使用、管理情况，并提出意见和建议，捐助法人应当及时、如实答复。

捐助法人的决策机构、执行机构或者法定代表人作出决定的程序违反法律、行政法规、法人章程，或者决定内容违反法人章程的，捐助人等利害关系人或者主管机关可以请求人民法院撤销该决定。但是，捐助法人依据该决定与善意相对人形成的民事法律关系不受影响。

第九十五条 为公益目的成立的非营利法人终止时，不得向出资人、设立人或者会员分配剩余财产。剩余财产应当按照法人章程的规定或者权力机构的决议用于公益目的；无法按照法人章程的规定或者权力机构的决议处理的，由主管机关主持转给宗旨相同或者相近的法人，并向社会公告。

第四节 特别法人

第九十六条 本节规定的机关法人、农村集体经济组织法人、城镇农村的合作经济组织法人、基层群众性自治组织法人，为特别法人。

第九十七条 有独立经费的机关和承担行政职能的法定机构从成立之日起，具有机关法人资格，可以从事为履行职能所需要的民事活动。

第九十八条 机关法人被撤销的，法人终止，其民事权利和义务由继任的机关法人享有和承担；没有继任的机关法人的，由作出撤销决定的机关法人享有和承担。

第九十九条 农村集体经济组织依法取得法人资格。

法律、行政法规对农村集体经济组织有规定的，依照其规定。

第一百条 城镇农村的合作经济组织依法取得法人资格。

法律、行政法规对城镇农村的合作经济组织有规定的，依照其规定。

第一百零一条 居民委员会、村民委员会具有基层群众性自治组织法人资格，可以从事为履行职能所需要的民事活动。

未设立村集体经济组织的，村民委员会可以依法代行村集体经济组织的职能。

第四章 非法人组织

第一百零二条 非法人组织是不具有法人资格，但是能够依法以自己的名义从事民事活动的组织。

非法人组织包括个人独资企业、合伙企业、不具有法人资格的专业服务机构等。

第一百零三条 非法人组织应当依照法律的规定登记。

设立非法人组织，法律、行政法规规定须经有关机关批准的，依照其规定。

第一百零四条 非法人组织的财产不足以清偿债务的，其出资人或者设立人承担无限责任。法律另有规定的，依照其规定。

第一百零五条 非法人组织可以确定一人或者数人代表该组织从事民事活动。

第一百零六条 有下列情形之一的，非法人组织解散：

（一）章程规定的存续期间届满或者章程规定的其他解散事由出现；

（二）出资人或者设立人决定解散；

（三）法律规定的其他情形。

第一百零七条 非法人组织解散的，应当依法进行清算。

第一百零八条 非法人组织除适用本章规定外，参照适用本编第三章第一节的有关规定。

第五章　民事权利

第一百零九条　自然人的人身自由、人格尊严受法律保护。

第一百一十条　自然人享有生命权、身体权、健康权、姓名权、肖像权、名誉权、荣誉权、隐私权、婚姻自主权等权利。

法人、非法人组织享有名称权、名誉权和荣誉权。

第一百一十一条　自然人的个人信息受法律保护。任何组织或者个人需要获取他人个人信息的，应当依法取得并确保信息安全，不得非法收集、使用、加工、传输他人个人信息，不得非法买卖、提供或者公开他人个人信息。

第一百一十二条　自然人因婚姻家庭关系等产生的人身权利受法律保护。

第一百一十三条　民事主体的财产权利受法律平等保护。

第一百一十四条　民事主体依法享有物权。

物权是权利人依法对特定的物享有直接支配和排他的权利，包括所有权、用益物权和担保物权。

第一百一十五条　物包括不动产和动产。法律规定权利作为物权客体的，依照其规定。

第一百一十六条　物权的种类和内容，由法律规定。

第一百一十七条　为了公共利益的需要，依照法律规定的权限和程序征收、征用不动产或者动产的，应当给予公平、合理的补偿。

第一百一十八条　民事主体依法享有债权。

债权是因合同、侵权行为、无因管理、不当得利以及法律的其他规定，权利人请求特定义务人为或者不为一定行为的权利。

第一百一十九条　依法成立的合同，对当事人具有法律约束力。

第一百二十条　民事权益受到侵害的，被侵权人有权请求侵权人承担侵权责任。

第一百二十一条　没有法定的或者约定的义务，为避免他人利益受损失而进行管理的人，有权请求受益人偿还由此支出的必要费用。

第一百二十二条　因他人没有法律根据，取得不当利益，受损失的人有权请求其返还不当利益。

第一百二十三条　民事主体依法享有知识产权。

知识产权是权利人依法就下列客体享有的专有的权利：

（一）作品；

（二）发明、实用新型、外观设计；

（三）商标；

（四）地理标志；

（五）商业秘密；

（六）集成电路布图设计；

（七）植物新品种；

（八）法律规定的其他客体。

第一百二十四条 自然人依法享有继承权。

自然人合法的私有财产，可以依法继承。

第一百二十五条 民事主体依法享有股权和其他投资性权利。

第一百二十六条 民事主体享有法律规定的其他民事权利和利益。

第一百二十七条 法律对数据、网络虚拟财产的保护有规定的，依照其规定。

第一百二十八条 法律对未成年人、老年人、残疾人、妇女、消费者等的民事权利保护有特别规定的，依照其规定。

第一百二十九条 民事权利可以依据民事法律行为、事实行为、法律规定的事件或者法律规定的其他方式取得。

第一百三十条 民事主体按照自己的意愿依法行使民事权利，不受干涉。

第一百三十一条 民事主体行使权利时，应当履行法律规定的和当事人约定的义务。

第一百三十二条 民事主体不得滥用民事权利损害国家利益、社会公共利益或者他人合法权益。

第六章 民事法律行为

第一节 一般规定

第一百三十三条 民事法律行为是民事主体通过意思表示设立、变更、终止民事法律关系的行为。

第一百三十四条 民事法律行为可以基于双方或者多方的意思表示一致成立，也可以基于单方的意思表示成立。

法人、非法人组织依照法律或者章程规定的议事方式和表决程序作出决议的，该决议行为成立。

第一百三十五条　民事法律行为可以采用书面形式、口头形式或者其他形式；法律、行政法规规定或者当事人约定采用特定形式的，应当采用特定形式。

第一百三十六条　民事法律行为自成立时生效，但是法律另有规定或者当事人另有约定的除外。

行为人非依法律规定或者未经对方同意，不得擅自变更或者解除民事法律行为。

第二节　意思表示

第一百三十七条　以对话方式作出的意思表示，相对人知道其内容时生效。

以非对话方式作出的意思表示，到达相对人时生效。以非对话方式作出的采用数据电文形式的意思表示，相对人指定特定系统接收数据电文的，该数据电文进入该特定系统时生效；未指定特定系统的，相对人知道或者应当知道该数据电文进入其系统时生效。当事人对采用数据电文形式的意思表示的生效时间另有约定的，按照其约定。

第一百三十八条　无相对人的意思表示，表示完成时生效。法律另有规定的，依照其规定。

第一百三十九条　以公告方式作出的意思表示，公告发布时生效。

第一百四十条　行为人可以明示或者默示作出意思表示。

沉默只有在有法律规定、当事人约定或者符合当事人之间的交易习惯时，才可以视为意思表示。

第一百四十一条　行为人可以撤回意思表示。撤回意思表示的通知应当在意思表示到达相对人前或者与意思表示同时到达相对人。

第一百四十二条　有相对人的意思表示的解释，应当按照所使用的词句，结合相关条款、行为的性质和目的、习惯以及诚信原则，确定意思表示的含义。

无相对人的意思表示的解释，不能完全拘泥于所使用的词句，而应当结合相关条款、行为的性质和目的、习惯以及诚信原则，确定行为人的真实意思。

第三节　民事法律行为的效力

第一百四十三条　具备下列条件的民事法律行为有效：

（一）行为人具有相应的民事行为能力；

（二）意思表示真实；

（三）不违反法律、行政法规的强制性规定，不违背公序良俗。

第一百四十四条 无民事行为能力人实施的民事法律行为无效。

第一百四十五条 限制民事行为能力人实施的纯获利益的民事法律行为或者与其年龄、智力、精神健康状况相适应的民事法律行为有效；实施的其他民事法律行为经法定代理人同意或者追认后有效。

相对人可以催告法定代理人自收到通知之日起三十日内予以追认。法定代理人未作表示的，视为拒绝追认。民事法律行为被追认前，善意相对人有撤销的权利。撤销应当以通知的方式作出。

第一百四十六条 行为人与相对人以虚假的意思表示实施的民事法律行为无效。

以虚假的意思表示隐藏的民事法律行为的效力，依照有关法律规定处理。

第一百四十七条 基于重大误解实施的民事法律行为，行为人有权请求人民法院或者仲裁机构予以撤销。

第一百四十八条 一方以欺诈手段，使对方在违背真实意思的情况下实施的民事法律行为，受欺诈方有权请求人民法院或者仲裁机构予以撤销。

第一百四十九条 第三人实施欺诈行为，使一方在违背真实意思的情况下实施的民事法律行为，对方知道或者应当知道该欺诈行为的，受欺诈方有权请求人民法院或者仲裁机构予以撤销。

第一百五十条 一方或者第三人以胁迫手段，使对方在违背真实意思的情况下实施的民事法律行为，受胁迫方有权请求人民法院或者仲裁机构予以撤销。

第一百五十一条 一方利用对方处于危困状态、缺乏判断能力等情形，致使民事法律行为成立时显失公平的，受损害方有权请求人民法院或者仲裁机构予以撤销。

第一百五十二条 有下列情形之一的，撤销权消灭：

（一）当事人自知道或者应当知道撤销事由之日起一年内、重大误解的当事人自知道或者应当知道撤销事由之日起九十日内没有行使撤销权；

（二）当事人受胁迫，自胁迫行为终止之日起一年内没有行使撤销权；

（三）当事人知道撤销事由后明确表示或者以自己的行为表明放弃撤销权。

当事人自民事法律行为发生之日起五年内没有行使撤销权的，撤销权消灭。

第一百五十三条　违反法律、行政法规的强制性规定的民事法律行为无效。但是，该强制性规定不导致该民事法律行为无效的除外。

违背公序良俗的民事法律行为无效。

第一百五十四条　行为人与相对人恶意串通，损害他人合法权益的民事法律行为无效。

第一百五十五条　无效的或者被撤销的民事法律行为自始没有法律约束力。

第一百五十六条　民事法律行为部分无效，不影响其他部分效力的，其他部分仍然有效。

第一百五十七条　民事法律行为无效、被撤销或者确定不发生效力后，行为人因该行为取得的财产，应当予以返还；不能返还或者没有必要返还的，应当折价补偿。有过错的一方应当赔偿对方由此所受到的损失；各方都有过错的，应当各自承担相应的责任。法律另有规定的，依照其规定。

第四节　民事法律行为的附条件和附期限

第一百五十八条　民事法律行为可以附条件，但是根据其性质不得附条件的除外。附生效条件的民事法律行为，自条件成就时生效。附解除条件的民事法律行为，自条件成就时失效。

第一百五十九条　附条件的民事法律行为，当事人为自己的利益不正当地阻止条件成就的，视为条件已经成就；不正当地促成条件成就的，视为条件不成就。

第一百六十条　民事法律行为可以附期限，但是根据其性质不得附期限的除外。附生效期限的民事法律行为，自期限届至时生效。附终止期限的民事法律行为，自期限届满时失效。

第七章　代　　理

第一节　一般规定

第一百六十一条　民事主体可以通过代理人实施民事法律行为。

依照法律规定、当事人约定或者民事法律行为的性质，应当由本人亲自实施的民事法律行为，不得代理。

第一百六十二条 代理人在代理权限内，以被代理人名义实施的民事法律行为，对被代理人发生效力。

第一百六十三条 代理包括委托代理和法定代理。

委托代理人按照被代理人的委托行使代理权。法定代理人依照法律的规定行使代理权。

第一百六十四条 代理人不履行或者不完全履行职责，造成被代理人损害的，应当承担民事责任。

代理人和相对人恶意串通，损害被代理人合法权益的，代理人和相对人应当承担连带责任。

第二节 委托代理

第一百六十五条 委托代理授权采用书面形式的，授权委托书应当载明代理人的姓名或者名称、代理事项、权限和期限，并由被代理人签名或者盖章。

第一百六十六条 数人为同一代理事项的代理人的，应当共同行使代理权，但是当事人另有约定的除外。

第一百六十七条 代理人知道或者应当知道代理事项违法仍然实施代理行为，或者被代理人知道或者应当知道代理人的代理行为违法未作反对表示的，被代理人和代理人应当承担连带责任。

第一百六十八条 代理人不得以被代理人的名义与自己实施民事法律行为，但是被代理人同意或者追认的除外。

代理人不得以被代理人的名义与自己同时代理的其他人实施民事法律行为，但是被代理的双方同意或者追认的除外。

第一百六十九条 代理人需要转委托第三人代理的，应当取得被代理人的同意或者追认。

转委托代理经被代理人同意或者追认的，被代理人可以就代理事务直接指示转委托的第三人，代理人仅就第三人的选任以及对第三人的指示承担责任。

转委托代理未经被代理人同意或者追认的，代理人应当对转委托的第三人的行为承担责任；但是，在紧急情况下代理人为了维护被代理人的利益需要转委托第三人代理的除外。

第一百七十条 执行法人或者非法人组织工作任务的人员，就其职权范围内的事项，以法人或者非法人组织的名义实施的民事法律行为，对法人或者非法人组织发生效力。

法人或者非法人组织对执行其工作任务的人员职权范围的限制，不得对抗善意相对人。

第一百七十一条　行为人没有代理权、超越代理权或者代理权终止后，仍然实施代理行为，未经被代理人追认的，对被代理人不发生效力。

相对人可以催告被代理人自收到通知之日起三十日内予以追认。被代理人未作表示的，视为拒绝追认。行为人实施的行为被追认前，善意相对人有撤销的权利。撤销应当以通知的方式作出。

行为人实施的行为未被追认的，善意相对人有权请求行为人履行债务或者就其受到的损害请求行为人赔偿。但是，赔偿的范围不得超过被代理人追认时相对人所能获得的利益。

相对人知道或者应当知道行为人无权代理的，相对人和行为人按照各自的过错承担责任。

第一百七十二条　行为人没有代理权、超越代理权或者代理权终止后，仍然实施代理行为，相对人有理由相信行为人有代理权的，代理行为有效。

第三节　代理终止

第一百七十三条　有下列情形之一的，委托代理终止：

（一）代理期限届满或者代理事务完成；

（二）被代理人取消委托或者代理人辞去委托；

（三）代理人丧失民事行为能力；

（四）代理人或者被代理人死亡；

（五）作为代理人或者被代理人的法人、非法人组织终止。

第一百七十四条　被代理人死亡后，有下列情形之一的，委托代理人实施的代理行为有效：

（一）代理人不知道且不应当知道被代理人死亡；

（二）被代理人的继承人予以承认；

（三）授权中明确代理权在代理事务完成时终止；

（四）被代理人死亡前已经实施，为了被代理人的继承人的利益继续代理。

作为被代理人的法人、非法人组织终止的，参照适用前款规定。

第一百七十五条 有下列情形之一的，法定代理终止：

（一）被代理人取得或者恢复完全民事行为能力；

（二）代理人丧失民事行为能力；

（三）代理人或者被代理人死亡；

（四）法律规定的其他情形。

第八章 民事责任

第一百七十六条 民事主体依照法律规定或者按照当事人约定，履行民事义务，承担民事责任。

第一百七十七条 二人以上依法承担按份责任，能够确定责任大小的，各自承担相应的责任；难以确定责任大小的，平均承担责任。

第一百七十八条 二人以上依法承担连带责任的，权利人有权请求部分或者全部连带责任人承担责任。

连带责任人的责任份额根据各自责任大小确定；难以确定责任大小的，平均承担责任。实际承担责任超过自己责任份额的连带责任人，有权向其他连带责任人追偿。

连带责任，由法律规定或者当事人约定。

第一百七十九条 承担民事责任的方式主要有：

（一）停止侵害；

（二）排除妨碍；

（三）消除危险；

（四）返还财产；

（五）恢复原状；

（六）修理、重作、更换；

（七）继续履行；

（八）赔偿损失；

（九）支付违约金；

（十）消除影响、恢复名誉；

（十一）赔礼道歉。

法律规定惩罚性赔偿的，依照其规定。

本条规定的承担民事责任的方式，可以单独适用，也可以合并适用。

第一百八十条 因不可抗力不能履行民事义务的，不承担民事责任。法律另有规定的，依照其规定。

不可抗力是不能预见、不能避免且不能克服的客观情况。

第一百八十一条　因正当防卫造成损害的，不承担民事责任。

正当防卫超过必要的限度，造成不应有的损害的，正当防卫人应当承担适当的民事责任。

第一百八十二条　因紧急避险造成损害的，由引起险情发生的人承担民事责任。

危险由自然原因引起的，紧急避险人不承担民事责任，可以给予适当补偿。

紧急避险采取措施不当或者超过必要的限度，造成不应有的损害的，紧急避险人应当承担适当的民事责任。

第一百八十三条　因保护他人民事权益使自己受到损害的，由侵权人承担民事责任，受益人可以给予适当补偿。没有侵权人、侵权人逃逸或者无力承担民事责任，受害人请求补偿的，受益人应当给予适当补偿。

第一百八十四条　因自愿实施紧急救助行为造成受助人损害的，救助人不承担民事责任。

第一百八十五条　侵害英雄烈士等的姓名、肖像、名誉、荣誉，损害社会公共利益的，应当承担民事责任。

第一百八十六条　因当事人一方的违约行为，损害对方人身权益、财产权益的，受损害方有权选择请求其承担违约责任或者侵权责任。

第一百八十七条　民事主体因同一行为应当承担民事责任、行政责任和刑事责任的，承担行政责任或者刑事责任不影响承担民事责任；民事主体的财产不足以支付的，优先用于承担民事责任。

第九章　诉讼时效

第一百八十八条　向人民法院请求保护民事权利的诉讼时效期间为三年。法律另有规定的，依照其规定。

诉讼时效期间自权利人知道或者应当知道权利受到损害以及义务人之日起计算。法律另有规定的，依照其规定。但是，自权利受到损害之日起超过二十年的，人民法院不予保护，有特殊情况的，人民法院可以根据权利人的申请决定延长。

第一百八十九条　当事人约定同一债务分期履行的，诉讼时效期间自最后一期履行期限届满之日起计算。

第一百九十条 无民事行为能力人或者限制民事行为能力人对其法定代理人的请求权的诉讼时效期间，自该法定代理终止之日起计算。

第一百九十一条 未成年人遭受性侵害的损害赔偿请求权的诉讼时效期间，自受害人年满十八周岁之日起计算。

第一百九十二条 诉讼时效期间届满的，义务人可以提出不履行义务的抗辩。

诉讼时效期间届满后，义务人同意履行的，不得以诉讼时效期间届满为由抗辩；义务人已经自愿履行的，不得请求返还。

第一百九十三条 人民法院不得主动适用诉讼时效的规定。

第一百九十四条 在诉讼时效期间的最后六个月内，因下列障碍，不能行使请求权的，诉讼时效中止：

（一）不可抗力；

（二）无民事行为能力人或者限制民事行为能力人没有法定代理人，或者法定代理人死亡、丧失民事行为能力、丧失代理权；

（三）继承开始后未确定继承人或者遗产管理人；

（四）权利人被义务人或者其他人控制；

（五）其他导致权利人不能行使请求权的障碍。

自中止时效的原因消除之日起满六个月，诉讼时效期间届满。

第一百九十五条 有下列情形之一的，诉讼时效中断，从中断、有关程序终结时起，诉讼时效期间重新计算：

（一）权利人向义务人提出履行请求；

（二）义务人同意履行义务；

（三）权利人提起诉讼或者申请仲裁；

（四）与提起诉讼或者申请仲裁具有同等效力的其他情形。

第一百九十六条 下列请求权不适用诉讼时效的规定：

（一）请求停止侵害、排除妨碍、消除危险；

（二）不动产物权和登记的动产物权的权利人请求返还财产；

（三）请求支付抚养费、赡养费或者扶养费；

（四）依法不适用诉讼时效的其他请求权。

第一百九十七条 诉讼时效的期间、计算方法以及中止、中断的事由由法律规定，当事人约定无效。

当事人对诉讼时效利益的预先放弃无效。

第一百九十八条　法律对仲裁时效有规定的，依照其规定；没有规定的，适用诉讼时效的规定。

第一百九十九条　法律规定或者当事人约定的撤销权、解除权等权利的存续期间，除法律另有规定外，自权利人知道或者应当知道权利产生之日起计算，不适用有关诉讼时效中止、中断和延长的规定。存续期间届满，撤销权、解除权等权利消灭。

第十章　期间计算

第二百条　民法所称的期间按照公历年、月、日、小时计算。

第二百零一条　按照年、月、日计算期间的，开始的当日不计入，自下一日开始计算。

按照小时计算期间的，自法律规定或者当事人约定的时间开始计算。

第二百零二条　按照年、月计算期间的，到期月的对应日为期间的最后一日；没有对应日的，月末日为期间的最后一日。

第二百零三条　期间的最后一日是法定休假日的，以法定休假日结束的次日为期间的最后一日。

期间的最后一日的截止时间为二十四时；有业务时间的，停止业务活动的时间为截止时间。

第二百零四条　期间的计算方法依照本法的规定，但是法律另有规定或者当事人另有约定的除外。

第二编　物　　权

第一分编　通　　则

第一章　一般规定

第二百零五条　本编调整因物的归属和利用产生的民事关系。

第二百零六条　国家坚持和完善公有制为主体、多种所有制经济共同发展，按劳分配为主体、多种分配方式并存，社会主义市场经济体制等社会主义基本经济制度。

国家巩固和发展公有制经济，鼓励、支持和引导非公有制经济的发展。

国家实行社会主义市场经济，保障一切市场主体的平等法律地位和发展权利。

第二百零七条 国家、集体、私人的物权和其他权利人的物权受法律平等保护，任何组织或者个人不得侵犯。

第二百零八条 不动产物权的设立、变更、转让和消灭，应当依照法律规定登记。动产物权的设立和转让，应当依照法律规定交付。

第二章 物权的设立、变更、转让和消灭

第一节 不动产登记

第二百零九条 不动产物权的设立、变更、转让和消灭，经依法登记，发生效力；未经登记，不发生效力，但是法律另有规定的除外。

依法属于国家所有的自然资源，所有权可以不登记。

第二百一十条 不动产登记，由不动产所在地的登记机构办理。

国家对不动产实行统一登记制度。统一登记的范围、登记机构和登记办法，由法律、行政法规规定。

第二百一十一条 当事人申请登记，应当根据不同登记事项提供权属证明和不动产界址、面积等必要材料。

第二百一十二条 登记机构应当履行下列职责：

（一）查验申请人提供的权属证明和其他必要材料；

（二）就有关登记事项询问申请人；

（三）如实、及时登记有关事项；

（四）法律、行政法规规定的其他职责。

申请登记的不动产的有关情况需要进一步证明的，登记机构可以要求申请人补充材料，必要时可以实地查看。

第二百一十三条 登记机构不得有下列行为：

（一）要求对不动产进行评估；

（二）以年检等名义进行重复登记；

（三）超出登记职责范围的其他行为。

第二百一十四条 不动产物权的设立、变更、转让和消灭，依照法律规

定应当登记的，自记载于不动产登记簿时发生效力。

第二百一十五条　当事人之间订立有关设立、变更、转让和消灭不动产物权的合同，除法律另有规定或者当事人另有约定外，自合同成立时生效；未办理物权登记的，不影响合同效力。

第二百一十六条　不动产登记簿是物权归属和内容的根据。

不动产登记簿由登记机构管理。

第二百一十七条　不动产权属证书是权利人享有该不动产物权的证明。不动产权属证书记载的事项，应当与不动产登记簿一致；记载不一致的，除有证据证明不动产登记簿确有错误外，以不动产登记簿为准。

第二百一十八条　权利人、利害关系人可以申请查询、复制不动产登记资料，登记机构应当提供。

第二百一十九条　利害关系人不得公开、非法使用权利人的不动产登记资料。

第二百二十条　权利人、利害关系人认为不动产登记簿记载的事项错误的，可以申请更正登记。不动产登记簿记载的权利人书面同意更正或者有证据证明登记确有错误的，登记机构应当予以更正。

不动产登记簿记载的权利人不同意更正的，利害关系人可以申请异议登记。登记机构予以异议登记，申请人自异议登记之日起十五日内不提起诉讼的，异议登记失效。异议登记不当，造成权利人损害的，权利人可以向申请人请求损害赔偿。

第二百二十一条　当事人签订买卖房屋的协议或者签订其他不动产物权的协议，为保障将来实现物权，按照约定可以向登记机构申请预告登记。预告登记后，未经预告登记的权利人同意，处分该不动产的，不发生物权效力。

预告登记后，债权消灭或者自能够进行不动产登记之日起九十日内未申请登记的，预告登记失效。

第二百二十二条　当事人提供虚假材料申请登记，造成他人损害的，应当承担赔偿责任。

因登记错误，造成他人损害的，登记机构应当承担赔偿责任。登记机构赔偿后，可以向造成登记错误的人追偿。

第二百二十三条　不动产登记费按件收取，不得按照不动产的面积、体积或者价款的比例收取。

第二节　动产交付

第二百二十四条　动产物权的设立和转让，自交付时发生效力，但是法律另有规定的除外。

第二百二十五条　船舶、航空器和机动车等的物权的设立、变更、转让和消灭，未经登记，不得对抗善意第三人。

第二百二十六条　动产物权设立和转让前，权利人已经占有该动产的，物权自民事法律行为生效时发生效力。

第二百二十七条　动产物权设立和转让前，第三人占有该动产的，负有交付义务的人可以通过转让请求第三人返还原物的权利代替交付。

第二百二十八条　动产物权转让时，当事人又约定由出让人继续占有该动产的，物权自该约定生效时发生效力。

第三节　其他规定

第二百二十九条　因人民法院、仲裁机构的法律文书或者人民政府的征收决定等，导致物权设立、变更、转让或者消灭的，自法律文书或者征收决定等生效时发生效力。

第二百三十条　因继承取得物权的，自继承开始时发生效力。

第二百三十一条　因合法建造、拆除房屋等事实行为设立或者消灭物权的，自事实行为成就时发生效力。

第二百三十二条　处分依照本节规定享有的不动产物权，依照法律规定需要办理登记的，未经登记，不发生物权效力。

第三章　物权的保护

第二百三十三条　物权受到侵害的，权利人可以通过和解、调解、仲裁、诉讼等途径解决。

第二百三十四条　因物权的归属、内容发生争议的，利害关系人可以请求确认权利。

第二百三十五条　无权占有不动产或者动产的，权利人可以请求返还原物。

第二百三十六条　妨害物权或者可能妨害物权的，权利人可以请求排除妨害或者消除危险。

第二百三十七条　造成不动产或者动产毁损的，权利人可以依法请求修理、重作、更换或者恢复原状。

第二百三十八条　侵害物权，造成权利人损害的，权利人可以依法请求损害赔偿，也可以依法请求承担其他民事责任。

第二百三十九条　本章规定的物权保护方式，可以单独适用，也可以根据权利被侵害的情形合并适用。

第二分编　所有权

第四章　一般规定

第二百四十条　所有权人对自己的不动产或者动产，依法享有占有、使用、收益和处分的权利。

第二百四十一条　所有权人有权在自己的不动产或者动产上设立用益物权和担保物权。用益物权人、担保物权人行使权利，不得损害所有权人的权益。

第二百四十二条　法律规定专属于国家所有的不动产和动产，任何组织或者个人不能取得所有权。

第二百四十三条　为了公共利益的需要，依照法律规定的权限和程序可以征收集体所有的土地和组织、个人的房屋以及其他不动产。

征收集体所有的土地，应当依法及时足额支付土地补偿费、安置补助费以及农村村民住宅、其他地上附着物和青苗等的补偿费用，并安排被征地农民的社会保障费用，保障被征地农民的生活，维护被征地农民的合法权益。

征收组织、个人的房屋以及其他不动产，应当依法给予征收补偿，维护被征收人的合法权益；征收个人住宅的，还应当保障被征收人的居住条件。

任何组织或者个人不得贪污、挪用、私分、截留、拖欠征收补偿费等费用。

第二百四十四条　国家对耕地实行特殊保护，严格限制农用地转为建设用地，控制建设用地总量。不得违反法律规定的权限和程序征收集体所有的土地。

第二百四十五条　因抢险救灾、疫情防控等紧急需要，依照法律规定的权限和程序可以征用组织、个人的不动产或者动产。被征用的不动产或者动产使用后，应当返还被征用人。组织、个人的不动产或者动产被征用或者征用后毁损、灭失的，应当给予补偿。

第五章　国家所有权和集体所有权、私人所有权

第二百四十六条　法律规定属于国家所有的财产，属于国家所有即全民所有。

国有财产由国务院代表国家行使所有权。法律另有规定的，依照其规定。

第二百四十七条　矿藏、水流、海域属于国家所有。

第二百四十八条　无居民海岛属于国家所有，国务院代表国家行使无居民海岛所有权。

第二百四十九条　城市的土地，属于国家所有。法律规定属于国家所有的农村和城市郊区的土地，属于国家所有。

第二百五十条　森林、山岭、草原、荒地、滩涂等自然资源，属于国家所有，但是法律规定属于集体所有的除外。

第二百五十一条　法律规定属于国家所有的野生动植物资源，属于国家所有。

第二百五十二条　无线电频谱资源属于国家所有。

第二百五十三条　法律规定属于国家所有的文物，属于国家所有。

第二百五十四条　国防资产属于国家所有。

铁路、公路、电力设施、电信设施和油气管道等基础设施，依照法律规定为国家所有的，属于国家所有。

第二百五十五条　国家机关对其直接支配的不动产和动产，享有占有、使用以及依照法律和国务院的有关规定处分的权利。

第二百五十六条　国家举办的事业单位对其直接支配的不动产和动产，享有占有、使用以及依照法律和国务院的有关规定收益、处分的权利。

第二百五十七条　国家出资的企业，由国务院、地方人民政府依照法律、行政法规规定分别代表国家履行出资人职责，享有出资人权益。

第二百五十八条　国家所有的财产受法律保护，禁止任何组织或者个人侵占、哄抢、私分、截留、破坏。

第二百五十九条　履行国有财产管理、监督职责的机构及其工作人员，应当依法加强对国有财产的管理、监督，促进国有财产保值增值，防止国有财产损失；滥用职权，玩忽职守，造成国有财产损失的，应当依法承担法律责任。

违反国有财产管理规定，在企业改制、合并分立、关联交易等过程中，低价转让、合谋私分、擅自担保或者以其他方式造成国有财产损失的，应当依法承担法律责任。

第二百六十条　集体所有的不动产和动产包括：

（一）法律规定属于集体所有的土地和森林、山岭、草原、荒地、滩涂；

（二）集体所有的建筑物、生产设施、农田水利设施；

（三）集体所有的教育、科学、文化、卫生、体育等设施；

（四）集体所有的其他不动产和动产。

第二百六十一条　农民集体所有的不动产和动产，属于本集体成员集体所有。

下列事项应当依照法定程序经本集体成员决定：

（一）土地承包方案以及将土地发包给本集体以外的组织或者个人承包；

（二）个别土地承包经营权人之间承包地的调整；

（三）土地补偿费等费用的使用、分配办法；

（四）集体出资的企业的所有权变动等事项；

（五）法律规定的其他事项。

第二百六十二条　对于集体所有的土地和森林、山岭、草原、荒地、滩涂等，依照下列规定行使所有权：

（一）属于村农民集体所有的，由村集体经济组织或者村民委员会依法代表集体行使所有权；

（二）分别属于村内两个以上农民集体所有的，由村内各该集体经济组织或者村民小组依法代表集体行使所有权；

（三）属于乡镇农民集体所有的，由乡镇集体经济组织代表集体行使所有权。

第二百六十三条　城镇集体所有的不动产和动产，依照法律、行政法规的规定由本集体享有占有、使用、收益和处分的权利。

第二百六十四条　农村集体经济组织或者村民委员会、村民小组应当依照法律、行政法规以及章程、村规民约向本集体成员公布集体财产的状况。集体成员有权查阅、复制相关资料。

第二百六十五条　集体所有的财产受法律保护，禁止任何组织或者个人侵占、哄抢、私分、破坏。

农村集体经济组织、村民委员会或者其负责人作出的决定侵害集体成员合法权益的，受侵害的集体成员可以请求人民法院予以撤销。

第二百六十六条 私人对其合法的收入、房屋、生活用品、生产工具、原材料等不动产和动产享有所有权。

第二百六十七条 私人的合法财产受法律保护，禁止任何组织或者个人侵占、哄抢、破坏。

第二百六十八条 国家、集体和私人依法可以出资设立有限责任公司、股份有限公司或者其他企业。国家、集体和私人所有的不动产或者动产投到企业的，由出资人按照约定或者出资比例享有资产收益、重大决策以及选择经营管理者等权利并履行义务。

第二百六十九条 营利法人对其不动产和动产依照法律、行政法规以及章程享有占有、使用、收益和处分的权利。

营利法人以外的法人，对其不动产和动产的权利，适用有关法律、行政法规以及章程的规定。

第二百七十条 社会团体法人、捐助法人依法所有的不动产和动产，受法律保护。

第六章 业主的建筑物区分所有权

第二百七十一条 业主对建筑物内的住宅、经营性用房等专有部分享有所有权，对专有部分以外的共有部分享有共有和共同管理的权利。

第二百七十二条 业主对其建筑物专有部分享有占有、使用、收益和处分的权利。业主行使权利不得危及建筑物的安全，不得损害其他业主的合法权益。

第二百七十三条 业主对建筑物专有部分以外的共有部分，享有权利，承担义务；不得以放弃权利为由不履行义务。

业主转让建筑物内的住宅、经营性用房，其对共有部分享有的共有和共同管理的权利一并转让。

第二百七十四条 建筑区划内的道路，属于业主共有，但是属于城镇公共道路的除外。建筑区划内的绿地，属于业主共有，但是属于城镇公共绿地或者明示属于个人的除外。建筑区划内的其他公共场所、公用设施和物业服务用房，属于业主共有。

第二百七十五条 建筑区划内，规划用于停放汽车的车位、车库的归属，由当事人通过出售、附赠或者出租等方式约定。

占用业主共有的道路或者其他场地用于停放汽车的车位，属于业主共有。

第二百七十六条　建筑区划内，规划用于停放汽车的车位、车库应当首先满足业主的需要。

第二百七十七条　业主可以设立业主大会，选举业主委员会。业主大会、业主委员会成立的具体条件和程序，依照法律、法规的规定。

地方人民政府有关部门、居民委员会应当对设立业主大会和选举业主委员会给予指导和协助。

第二百七十八条　下列事项由业主共同决定：

（一）制定和修改业主大会议事规则；

（二）制定和修改管理规约；

（三）选举业主委员会或者更换业主委员会成员；

（四）选聘和解聘物业服务企业或者其他管理人；

（五）使用建筑物及其附属设施的维修资金；

（六）筹集建筑物及其附属设施的维修资金；

（七）改建、重建建筑物及其附属设施；

（八）改变共有部分的用途或者利用共有部分从事经营活动；

（九）有关共有和共同管理权利的其他重大事项。

业主共同决定事项，应当由专有部分面积占比三分之二以上的业主且人数占比三分之二以上的业主参与表决。决定前款第六项至第八项规定的事项，应当经参与表决专有部分面积四分之三以上的业主且参与表决人数四分之三以上的业主同意。决定前款其他事项，应当经参与表决专有部分面积过半数的业主且参与表决人数过半数的业主同意。

第二百七十九条　业主不得违反法律、法规以及管理规约，将住宅改变为经营性用房。业主将住宅改变为经营性用房的，除遵守法律、法规以及管理规约外，应当经有利害关系的业主一致同意。

第二百八十条　业主大会或者业主委员会的决定，对业主具有法律约束力。

业主大会或者业主委员会作出的决定侵害业主合法权益的，受侵害的业主可以请求人民法院予以撤销。

第二百八十一条　建筑物及其附属设施的维修资金，属于业主共有。经业主共同决定，可以用于电梯、屋顶、外墙、无障碍设施等共有部分的维修、更新和改造。建筑物及其附属设施的维修资金的筹集、使用情况应当定期公布。

紧急情况下需要维修建筑物及其附属设施的，业主大会或者业主委员会可以依法申请使用建筑物及其附属设施的维修资金。

第二百八十二条 建设单位、物业服务企业或者其他管理人等利用业主的共有部分产生的收入，在扣除合理成本之后，属于业主共有。

第二百八十三条 建筑物及其附属设施的费用分摊、收益分配等事项，有约定的，按照约定；没有约定或者约定不明确的，按照业主专有部分面积所占比例确定。

第二百八十四条 业主可以自行管理建筑物及其附属设施，也可以委托物业服务企业或者其他管理人管理。

对建设单位聘请的物业服务企业或者其他管理人，业主有权依法更换。

第二百八十五条 物业服务企业或者其他管理人根据业主的委托，依照本法第三编有关物业服务合同的规定管理建筑区划内的建筑物及其附属设施，接受业主的监督，并及时答复业主对物业服务情况提出的询问。

物业服务企业或者其他管理人应当执行政府依法实施的应急处置措施和其他管理措施，积极配合开展相关工作。

第二百八十六条 业主应当遵守法律、法规以及管理规约，相关行为应当符合节约资源、保护生态环境的要求。对于物业服务企业或者其他管理人执行政府依法实施的应急处置措施和其他管理措施，业主应当依法予以配合。

业主大会或者业主委员会，对任意弃置垃圾、排放污染物或者噪声、违反规定饲养动物、违章搭建、侵占通道、拒付物业费等损害他人合法权益的行为，有权依照法律、法规以及管理规约，请求行为人停止侵害、排除妨碍、消除危险、恢复原状、赔偿损失。

业主或者其他行为人拒不履行相关义务的，有关当事人可以向有关行政主管部门报告或者投诉，有关行政主管部门应当依法处理。

第二百八十七条 业主对建设单位、物业服务企业或者其他管理人以及其他业主侵害自己合法权益的行为，有权请求其承担民事责任。

第七章 相邻关系

第二百八十八条 不动产的相邻权利人应当按照有利生产、方便生活、团结互助、公平合理的原则，正确处理相邻关系。

第二百八十九条 法律、法规对处理相邻关系有规定的，依照其规定；

法律、法规没有规定的，可以按照当地习惯。

第二百九十条　不动产权利人应当为相邻权利人用水、排水提供必要的便利。

对自然流水的利用，应当在不动产的相邻权利人之间合理分配。对自然流水的排放，应当尊重自然流向。

第二百九十一条　不动产权利人对相邻权利人因通行等必须利用其土地的，应当提供必要的便利。

第二百九十二条　不动产权利人因建造、修缮建筑物以及铺设电线、电缆、水管、暖气和燃气管线等必须利用相邻土地、建筑物的，该土地、建筑物的权利人应当提供必要的便利。

第二百九十三条　建造建筑物，不得违反国家有关工程建设标准，不得妨碍相邻建筑物的通风、采光和日照。

第二百九十四条　不动产权利人不得违反国家规定弃置固体废物，排放大气污染物、水污染物、土壤污染物、噪声、光辐射、电磁辐射等有害物质。

第二百九十五条　不动产权利人挖掘土地、建造建筑物、铺设管线以及安装设备等，不得危及相邻不动产的安全。

第二百九十六条　不动产权利人因用水、排水、通行、铺设管线等利用相邻不动产的，应当尽量避免对相邻的不动产权利人造成损害。

第八章　共　　有

第二百九十七条　不动产或者动产可以由两个以上组织、个人共有。共有包括按份共有和共同共有。

第二百九十八条　按份共有人对共有的不动产或者动产按照其份额享有所有权。

第二百九十九条　共同共有人对共有的不动产或者动产共同享有所有权。

第三百条　共有人按照约定管理共有的不动产或者动产；没有约定或者约定不明确的，各共有人都有管理的权利和义务。

第三百零一条　处分共有的不动产或者动产以及对共有的不动产或者动产作重大修缮、变更性质或者用途的，应当经占份额三分之二以上的按份共有人或者全体共同共有人同意，但是共有人之间另有约定的除外。

第三百零二条　共有人对共有物的管理费用以及其他负担，有约定的，按照其约定；没有约定或者约定不明确的，按份共有人按照其份额负担，共同共有人共同负担。

第三百零三条 共有人约定不得分割共有的不动产或者动产，以维持共有关系的，应当按照约定，但是共有人有重大理由需要分割的，可以请求分割；没有约定或者约定不明确的，按份共有人可以随时请求分割，共同共有人在共有的基础丧失或者有重大理由需要分割时可以请求分割。因分割造成其他共有人损害的，应当给予赔偿。

第三百零四条 共有人可以协商确定分割方式。达不成协议，共有的不动产或者动产可以分割且不会因分割减损价值的，应当对实物予以分割；难以分割或者因分割会减损价值的，应当对折价或者拍卖、变卖取得的价款予以分割。

共有人分割所得的不动产或者动产有瑕疵的，其他共有人应当分担损失。

第三百零五条 按份共有人可以转让其享有的共有的不动产或者动产份额。其他共有人在同等条件下享有优先购买的权利。

第三百零六条 按份共有人转让其享有的共有的不动产或者动产份额的，应当将转让条件及时通知其他共有人。其他共有人应当在合理期限内行使优先购买权。

两个以上其他共有人主张行使优先购买权的，协商确定各自的购买比例；协商不成的，按照转让时各自的共有份额比例行使优先购买权。

第三百零七条 因共有的不动产或者动产产生的债权债务，在对外关系上，共有人享有连带债权、承担连带债务，但是法律另有规定或者第三人知道共有人不具有连带债权债务关系的除外；在共有人内部关系上，除共有人另有约定外，按份共有人按照份额享有债权、承担债务，共同共有人共同享有债权、承担债务。偿还债务超过自己应当承担份额的按份共有人，有权向其他共有人追偿。

第三百零八条 共有人对共有的不动产或者动产没有约定为按份共有或者共同共有，或者约定不明确的，除共有人具有家庭关系等外，视为按份共有。

第三百零九条 按份共有人对共有的不动产或者动产享有的份额，没有约定或者约定不明确的，按照出资额确定；不能确定出资额的，视为等额享有。

第三百一十条 两个以上组织、个人共同享有用益物权、担保物权的，参照适用本章的有关规定。

第九章 所有权取得的特别规定

第三百一十一条 无处分权人将不动产或者动产转让给受让人的，所有权人有权追回；除法律另有规定外，符合下列情形的，受让人取得该不动产或者动产的所有权：

（一）受让人受让该不动产或者动产时是善意；

（二）以合理的价格转让；

（三）转让的不动产或者动产依照法律规定应当登记的已经登记，不需要登记的已经交付给受让人。

受让人依据前款规定取得不动产或者动产的所有权的，原所有权人有权向无处分权人请求损害赔偿。

当事人善意取得其他物权的，参照适用前两款规定。

第三百一十二条 所有权人或者其他权利人有权追回遗失物。该遗失物通过转让被他人占有的，权利人有权向无处分权人请求损害赔偿，或者自知道或者应当知道受让人之日起二年内向受让人请求返还原物；但是，受让人通过拍卖或者向具有经营资格的经营者购得该遗失物的，权利人请求返还原物时应当支付受让人所付的费用。权利人向受让人支付所付费用后，有权向无处分权人追偿。

第三百一十三条 善意受让人取得动产后，该动产上的原有权利消灭。但是，善意受让人在受让时知道或者应当知道该权利的除外。

第三百一十四条 拾得遗失物，应当返还权利人。拾得人应当及时通知权利人领取，或者送交公安等有关部门。

第三百一十五条 有关部门收到遗失物，知道权利人的，应当及时通知其领取；不知道的，应当及时发布招领公告。

第三百一十六条 拾得人在遗失物送交有关部门前，有关部门在遗失物被领取前，应当妥善保管遗失物。因故意或者重大过失致使遗失物毁损、灭失的，应当承担民事责任。

第三百一十七条 权利人领取遗失物时，应当向拾得人或者有关部门支付保管遗失物等支出的必要费用。

权利人悬赏寻找遗失物的，领取遗失物时应当按照承诺履行义务。

拾得人侵占遗失物的，无权请求保管遗失物等支出的费用，也无权请求权利人按照承诺履行义务。

第三百一十八条 遗失物自发布招领公告之日起一年内无人认领的，归国家所有。

第三百一十九条 拾得漂流物、发现埋藏物或者隐藏物的，参照适用拾得遗失物的有关规定。法律另有规定的，依照其规定。

第三百二十条 主物转让的，从物随主物转让，但是当事人另有约定的除外。

第三百二十一条 天然孳息，由所有权人取得；既有所有权人又有用益物权人的，由用益物权人取得。当事人另有约定的，按照其约定。

法定孳息，当事人有约定的，按照约定取得；没有约定或者约定不明确的，按照交易习惯取得。

第三百二十二条 因加工、附合、混合而产生的物的归属，有约定的，按照约定；没有约定或者约定不明确的，依照法律规定；法律没有规定的，按照充分发挥物的效用以及保护无过错当事人的原则确定。因一方当事人的过错或者确定物的归属造成另一方当事人损害的，应当给予赔偿或者补偿。

第三分编　用益物权

第十章　一般规定

第三百二十三条 用益物权人对他人所有的不动产或者动产，依法享有占有、使用和收益的权利。

第三百二十四条 国家所有或者国家所有由集体使用以及法律规定属于集体所有的自然资源，组织、个人依法可以占有、使用和收益。

第三百二十五条 国家实行自然资源有偿使用制度，但是法律另有规定的除外。

第三百二十六条 用益物权人行使权利，应当遵守法律有关保护和合理开发利用资源、保护生态环境的规定。所有权人不得干涉用益物权人行使权利。

第三百二十七条 因不动产或者动产被征收、征用致使用益物权消灭或者影响用益物权行使的，用益物权人有权依据本法第二百四十三条、第二百四十五条的规定获得相应补偿。

第三百二十八条 依法取得的海域使用权受法律保护。

第三百二十九条　依法取得的探矿权、采矿权、取水权和使用水域、滩涂从事养殖、捕捞的权利受法律保护。

第十一章　土地承包经营权

第三百三十条　农村集体经济组织实行家庭承包经营为基础、统分结合的双层经营体制。

农民集体所有和国家所有由农民集体使用的耕地、林地、草地以及其他用于农业的土地，依法实行土地承包经营制度。

第三百三十一条　土地承包经营权人依法对其承包经营的耕地、林地、草地等享有占有、使用和收益的权利，有权从事种植业、林业、畜牧业等农业生产。

第三百三十二条　耕地的承包期为三十年。草地的承包期为三十年至五十年。林地的承包期为三十年至七十年。

前款规定的承包期限届满，由土地承包经营权人依照农村土地承包的法律规定继续承包。

第三百三十三条　土地承包经营权自土地承包经营权合同生效时设立。

登记机构应当向土地承包经营权人发放土地承包经营权证、林权证等证书，并登记造册，确认土地承包经营权。

第三百三十四条　土地承包经营权人依照法律规定，有权将土地承包经营权互换、转让。未经依法批准，不得将承包地用于非农建设。

第三百三十五条　土地承包经营权互换、转让的，当事人可以向登记机构申请登记；未经登记，不得对抗善意第三人。

第三百三十六条　承包期内发包人不得调整承包地。

因自然灾害严重毁损承包地等特殊情形，需要适当调整承包的耕地和草地的，应当依照农村土地承包的法律规定办理。

第三百三十七条　承包期内发包人不得收回承包地。法律另有规定的，依照其规定。

第三百三十八条　承包地被征收的，土地承包经营权人有权依据本法第二百四十三条的规定获得相应补偿。

第三百三十九条　土地承包经营权人可以自主决定依法采取出租、入股或者其他方式向他人流转土地经营权。

第三百四十条　土地经营权人有权在合同约定的期限内占有农村土地，

自主开展农业生产经营并取得收益。

第三百四十一条 流转期限为五年以上的土地经营权，自流转合同生效时设立。当事人可以向登记机构申请土地经营权登记；未经登记，不得对抗善意第三人。

第三百四十二条 通过招标、拍卖、公开协商等方式承包农村土地，经依法登记取得权属证书的，可以依法采取出租、入股、抵押或者其他方式流转土地经营权。

第三百四十三条 国家所有的农用地实行承包经营的，参照适用本编的有关规定。

第十二章 建设用地使用权

第三百四十四条 建设用地使用权人依法对国家所有的土地享有占有、使用和收益的权利，有权利用该土地建造建筑物、构筑物及其附属设施。

第三百四十五条 建设用地使用权可以在土地的地表、地上或者地下分别设立。

第三百四十六条 设立建设用地使用权，应当符合节约资源、保护生态环境的要求，遵守法律、行政法规关于土地用途的规定，不得损害已经设立的用益物权。

第三百四十七条 设立建设用地使用权，可以采取出让或者划拨等方式。

工业、商业、旅游、娱乐和商品住宅等经营性用地以及同一土地有两个以上意向用地者的，应当采取招标、拍卖等公开竞价的方式出让。

严格限制以划拨方式设立建设用地使用权。

第三百四十八条 通过招标、拍卖、协议等出让方式设立建设用地使用权的，当事人应当采用书面形式订立建设用地使用权出让合同。

建设用地使用权出让合同一般包括下列条款：

（一）当事人的名称和住所；

（二）土地界址、面积等；

（三）建筑物、构筑物及其附属设施占用的空间；

（四）土地用途、规划条件；

（五）建设用地使用权期限；

（六）出让金等费用及其支付方式；

（七）解决争议的方法。

第三百四十九条　设立建设用地使用权的，应当向登记机构申请建设用地使用权登记。建设用地使用权自登记时设立。登记机构应当向建设用地使用权人发放权属证书。

第三百五十条　建设用地使用权人应当合理利用土地，不得改变土地用途；需要改变土地用途的，应当依法经有关行政主管部门批准。

第三百五十一条　建设用地使用权人应当依照法律规定以及合同约定支付出让金等费用。

第三百五十二条　建设用地使用权人建造的建筑物、构筑物及其附属设施的所有权属于建设用地使用权人，但是有相反证据证明的除外。

第三百五十三条　建设用地使用权人有权将建设用地使用权转让、互换、出资、赠与或者抵押，但是法律另有规定的除外。

第三百五十四条　建设用地使用权转让、互换、出资、赠与或者抵押的，当事人应当采用书面形式订立相应的合同。使用期限由当事人约定，但是不得超过建设用地使用权的剩余期限。

第三百五十五条　建设用地使用权转让、互换、出资或者赠与的，应当向登记机构申请变更登记。

第三百五十六条　建设用地使用权转让、互换、出资或者赠与的，附着于该土地上的建筑物、构筑物及其附属设施一并处分。

第三百五十七条　建筑物、构筑物及其附属设施转让、互换、出资或者赠与的，该建筑物、构筑物及其附属设施占用范围内的建设用地使用权一并处分。

第三百五十八条　建设用地使用权期限届满前，因公共利益需要提前收回该土地的，应当依据本法第二百四十三条的规定对该土地上的房屋以及其他不动产给予补偿，并退还相应的出让金。

第三百五十九条　住宅建设用地使用权期限届满的，自动续期。续期费用的缴纳或者减免，依照法律、行政法规的规定办理。

非住宅建设用地使用权期限届满后的续期，依照法律规定办理。该土地上的房屋以及其他不动产的归属，有约定的，按照约定；没有约定或者约定不明确的，依照法律、行政法规的规定办理。

第三百六十条　建设用地使用权消灭的，出让人应当及时办理注销登记。登记机构应当收回权属证书。

第三百六十一条　集体所有的土地作为建设用地的，应当依照土地管理的法律规定办理。

第十三章　宅基地使用权

第三百六十二条　宅基地使用权人依法对集体所有的土地享有占有和使用的权利，有权依法利用该土地建造住宅及其附属设施。

第三百六十三条　宅基地使用权的取得、行使和转让，适用土地管理的法律和国家有关规定。

第三百六十四条　宅基地因自然灾害等原因灭失的，宅基地使用权消灭。对失去宅基地的村民，应当依法重新分配宅基地。

第三百六十五条　已经登记的宅基地使用权转让或者消灭的，应当及时办理变更登记或者注销登记。

第十四章　居住权

第三百六十六条　居住权人有权按照合同约定，对他人的住宅享有占有、使用的用益物权，以满足生活居住的需要。

第三百六十七条　设立居住权，当事人应当采用书面形式订立居住权合同。

居住权合同一般包括下列条款：

（一）当事人的姓名或者名称和住所；

（二）住宅的位置；

（三）居住的条件和要求；

（四）居住权期限；

（五）解决争议的方法。

第三百六十八条　居住权无偿设立，但是当事人另有约定的除外。设立居住权的，应当向登记机构申请居住权登记。居住权自登记时设立。

第三百六十九条　居住权不得转让、继承。设立居住权的住宅不得出租，但是当事人另有约定的除外。

第三百七十条　居住权期限届满或者居住权人死亡的，居住权消灭。居住权消灭的，应当及时办理注销登记。

第三百七十一条　以遗嘱方式设立居住权的，参照适用本章的有关规定。

第十五章　地役权

第三百七十二条　地役权人有权按照合同约定，利用他人的不动产，以提高自己的不动产的效益。

前款所称他人的不动产为供役地，自己的不动产为需役地。

第三百七十三条　设立地役权，当事人应当采用书面形式订立地役权合同。

地役权合同一般包括下列条款：

（一）当事人的姓名或者名称和住所；

（二）供役地和需役地的位置；

（三）利用目的和方法；

（四）地役权期限；

（五）费用及其支付方式；

（六）解决争议的方法。

第三百七十四条　地役权自地役权合同生效时设立。当事人要求登记的，可以向登记机构申请地役权登记；未经登记，不得对抗善意第三人。

第三百七十五条　供役地权利人应当按照合同约定，允许地役权人利用其不动产，不得妨害地役权人行使权利。

第三百七十六条　地役权人应当按照合同约定的利用目的和方法利用供役地，尽量减少对供役地权利人物权的限制。

第三百七十七条　地役权期限由当事人约定；但是，不得超过土地承包经营权、建设用地使用权等用益物权的剩余期限。

第三百七十八条　土地所有权人享有地役权或者负担地役权的，设立土地承包经营权、宅基地使用权等用益物权时，该用益物权人继续享有或者负担已经设立的地役权。

第三百七十九条　土地上已经设立土地承包经营权、建设用地使用权、宅基地使用权等用益物权的，未经用益物权人同意，土地所有权人不得设立地役权。

第三百八十条　地役权不得单独转让。土地承包经营权、建设用地使用权等转让的，地役权一并转让，但是合同另有约定的除外。

第三百八十一条　地役权不得单独抵押。土地经营权、建设用地使用权等抵押的，在实现抵押权时，地役权一并转让。

第三百八十二条 需役地以及需役地上的土地承包经营权、建设用地使用权等部分转让时，转让部分涉及地役权的，受让人同时享有地役权。

第三百八十三条 供役地以及供役地上的土地承包经营权、建设用地使用权等部分转让时，转让部分涉及地役权的，地役权对受让人具有法律约束力。

第三百八十四条 地役权人有下列情形之一的，供役地权利人有权解除地役权合同，地役权消灭：

（一）违反法律规定或者合同约定，滥用地役权；

（二）有偿利用供役地，约定的付款期限届满后在合理期限内经两次催告未支付费用。

第三百八十五条 已经登记的地役权变更、转让或者消灭的，应当及时办理变更登记或者注销登记。

第四分编 担保物权

第十六章 一般规定

第三百八十六条 担保物权人在债务人不履行到期债务或者发生当事人约定的实现担保物权的情形，依法享有就担保财产优先受偿的权利，但是法律另有规定的除外。

第三百八十七条 债权人在借贷、买卖等民事活动中，为保障实现其债权，需要担保的，可以依照本法和其他法律的规定设立担保物权。

第三人为债务人向债权人提供担保的，可以要求债务人提供反担保。反担保适用本法和其他法律的规定。

第三百八十八条 设立担保物权，应当依照本法和其他法律的规定订立担保合同。担保合同包括抵押合同、质押合同和其他具有担保功能的合同。担保合同是主债权债务合同的从合同。主债权债务合同无效的，担保合同无效，但是法律另有规定的除外。

担保合同被确认无效后，债务人、担保人、债权人有过错的，应当根据其过错各自承担相应的民事责任。

第三百八十九条 担保物权的担保范围包括主债权及其利息、违约金、损害赔偿金、保管担保财产和实现担保物权的费用。当事人另有约定的，按照其约定。

第三百九十条　担保期间，担保财产毁损、灭失或者被征收等，担保物权人可以就获得的保险金、赔偿金或者补偿金等优先受偿。被担保债权的履行期限未届满的，也可以提存该保险金、赔偿金或者补偿金等。

第三百九十一条　第三人提供担保，未经其书面同意，债权人允许债务人转移全部或者部分债务的，担保人不再承担相应的担保责任。

第三百九十二条　被担保的债权既有物的担保又有人的担保的，债务人不履行到期债务或者发生当事人约定的实现担保物权的情形，债权人应当按照约定实现债权；没有约定或者约定不明确，债务人自己提供物的担保的，债权人应当先就该物的担保实现债权；第三人提供物的担保的，债权人可以就物的担保实现债权，也可以请求保证人承担保证责任。提供担保的第三人承担担保责任后，有权向债务人追偿。

第三百九十三条　有下列情形之一的，担保物权消灭：

（一）主债权消灭；

（二）担保物权实现；

（三）债权人放弃担保物权；

（四）法律规定担保物权消灭的其他情形。

第十七章　抵押权

第一节　一般抵押权

第三百九十四条　为担保债务的履行，债务人或者第三人不转移财产的占有，将该财产抵押给债权人的，债务人不履行到期债务或者发生当事人约定的实现抵押权的情形，债权人有权就该财产优先受偿。

前款规定的债务人或者第三人为抵押人，债权人为抵押权人，提供担保的财产为抵押财产。

第三百九十五条　债务人或者第三人有权处分的下列财产可以抵押：

（一）建筑物和其他土地附着物；

（二）建设用地使用权；

（三）海域使用权；

（四）生产设备、原材料、半成品、产品；

（五）正在建造的建筑物、船舶、航空器；

（六）交通运输工具；

（七）法律、行政法规未禁止抵押的其他财产。

抵押人可以将前款所列财产一并抵押。

第三百九十六条　企业、个体工商户、农业生产经营者可以将现有的以及将有的生产设备、原材料、半成品、产品抵押，债务人不履行到期债务或者发生当事人约定的实现抵押权的情形，债权人有权就抵押财产确定时的动产优先受偿。

第三百九十七条　以建筑物抵押的，该建筑物占用范围内的建设用地使用权一并抵押。以建设用地使用权抵押的，该土地上的建筑物一并抵押。

抵押人未依据前款规定一并抵押的，未抵押的财产视为一并抵押。

第三百九十八条　乡镇、村企业的建设用地使用权不得单独抵押。以乡镇、村企业的厂房等建筑物抵押的，其占用范围内的建设用地使用权一并抵押。

第三百九十九条　下列财产不得抵押：

（一）土地所有权；

（二）宅基地、自留地、自留山等集体所有土地的使用权，但是法律规定可以抵押的除外；

（三）学校、幼儿园、医疗机构等为公益目的成立的非营利法人的教育设施、医疗卫生设施和其他公益设施；

（四）所有权、使用权不明或者有争议的财产；

（五）依法被查封、扣押、监管的财产；

（六）法律、行政法规规定不得抵押的其他财产。

第四百条　设立抵押权，当事人应当采用书面形式订立抵押合同。

抵押合同一般包括下列条款：

（一）被担保债权的种类和数额；

（二）债务人履行债务的期限；

（三）抵押财产的名称、数量等情况；

（四）担保的范围。

第四百零一条　抵押权人在债务履行期限届满前，与抵押人约定债务人不履行到期债务时抵押财产归债权人所有的，只能依法就抵押财产优先受偿。

第四百零二条　以本法第三百九十五条第一款第一项至第三项规定的财产或者第五项规定的正在建造的建筑物抵押的，应当办理抵押登记。抵押权自登记时设立。

第四百零三条　以动产抵押的，抵押权自抵押合同生效时设立；未经登记，不得对抗善意第三人。

第四百零四条　以动产抵押的，不得对抗正常经营活动中已经支付合理价款并取得抵押财产的买受人。

第四百零五条　抵押权设立前，抵押财产已经出租并转移占有的，原租赁关系不受该抵押权的影响。

第四百零六条　抵押期间，抵押人可以转让抵押财产。当事人另有约定的，按照其约定。抵押财产转让的，抵押权不受影响。

抵押人转让抵押财产的，应当及时通知抵押权人。抵押权人能够证明抵押财产转让可能损害抵押权的，可以请求抵押人将转让所得的价款向抵押权人提前清偿债务或者提存。转让的价款超过债权数额的部分归抵押人所有，不足部分由债务人清偿。

第四百零七条　抵押权不得与债权分离而单独转让或者作为其他债权的担保。债权转让的，担保该债权的抵押权一并转让，但是法律另有规定或者当事人另有约定的除外。

第四百零八条　抵押人的行为足以使抵押财产价值减少的，抵押权人有权请求抵押人停止其行为；抵押财产价值减少的，抵押权人有权请求恢复抵押财产的价值，或者提供与减少的价值相应的担保。抵押人不恢复抵押财产的价值，也不提供担保的，抵押权人有权请求债务人提前清偿债务。

第四百零九条　抵押权人可以放弃抵押权或者抵押权的顺位。抵押权人与抵押人可以协议变更抵押权顺位以及被担保的债权数额等内容。但是，抵押权的变更未经其他抵押权人书面同意的，不得对其他抵押权人产生不利影响。

债务人以自己的财产设定抵押，抵押权人放弃该抵押权、抵押权顺位或者变更抵押权的，其他担保人在抵押权人丧失优先受偿权益的范围内免除担保责任，但是其他担保人承诺仍然提供担保的除外。

第四百一十条　债务人不履行到期债务或者发生当事人约定的实现抵押权的情形，抵押权人可以与抵押人协议以抵押财产折价或者以拍卖、变卖该抵押财产所得的价款优先受偿。协议损害其他债权人利益的，其他债权人可以请求人民法院撤销该协议。

抵押权人与抵押人未就抵押权实现方式达成协议的，抵押权人可以请求人民法院拍卖、变卖抵押财产。

抵押财产折价或者变卖的，应当参照市场价格。

第四百一十一条 依据本法第三百九十六条规定设定抵押的，抵押财产自下列情形之一发生时确定：

（一）债务履行期限届满，债权未实现；

（二）抵押人被宣告破产或者解散；

（三）当事人约定的实现抵押权的情形；

（四）严重影响债权实现的其他情形。

第四百一十二条 债务人不履行到期债务或者发生当事人约定的实现抵押权的情形，致使抵押财产被人民法院依法扣押的，自扣押之日起，抵押权人有权收取该抵押财产的天然孳息或者法定孳息，但是抵押权人未通知应当清偿法定孳息义务人的除外。

前款规定的孳息应当先充抵收取孳息的费用。

第四百一十三条 抵押财产折价或者拍卖、变卖后，其价款超过债权数额的部分归抵押人所有，不足部分由债务人清偿。

第四百一十四条 同一财产向两个以上债权人抵押的，拍卖、变卖抵押财产所得的价款依照下列规定清偿：

（一）抵押权已经登记的，按照登记的时间先后确定清偿顺序；

（二）抵押权已经登记的先于未登记的受偿；

（三）抵押权未登记的，按照债权比例清偿。

其他可以登记的担保物权，清偿顺序参照适用前款规定。

第四百一十五条 同一财产既设立抵押权又设立质权的，拍卖、变卖该财产所得的价款按照登记、交付的时间先后确定清偿顺序。

第四百一十六条 动产抵押担保的主债权是抵押物的价款，标的物交付后十日内办理抵押登记的，该抵押权人优先于抵押物买受人的其他担保物权人受偿，但是留置权人除外。

第四百一十七条 建设用地使用权抵押后，该土地上新增的建筑物不属于抵押财产。该建设用地使用权实现抵押权时，应当将该土地上新增的建筑物与建设用地使用权一并处分。但是，新增建筑物所得的价款，抵押权人无权优先受偿。

第四百一十八条 以集体所有土地的使用权依法抵押的，实现抵押权后，未经法定程序，不得改变土地所有权的性质和土地用途。

第四百一十九条　抵押权人应当在主债权诉讼时效期间行使抵押权；未行使的，人民法院不予保护。

第二节　最高额抵押权

第四百二十条　为担保债务的履行，债务人或者第三人对一定期间内将要连续发生的债权提供担保财产的，债务人不履行到期债务或者发生当事人约定的实现抵押权的情形，抵押权人有权在最高债权额限度内就该担保财产优先受偿。

最高额抵押权设立前已经存在的债权，经当事人同意，可以转入最高额抵押担保的债权范围。

第四百二十一条　最高额抵押担保的债权确定前，部分债权转让的，最高额抵押权不得转让，但是当事人另有约定的除外。

第四百二十二条　最高额抵押担保的债权确定前，抵押权人与抵押人可以通过协议变更债权确定的期间、债权范围以及最高债权额。但是，变更的内容不得对其他抵押权人产生不利影响。

第四百二十三条　有下列情形之一的，抵押权人的债权确定：

（一）约定的债权确定期间届满；

（二）没有约定债权确定期间或者约定不明确，抵押权人或者抵押人自最高额抵押权设立之日起满二年后请求确定债权；

（三）新的债权不可能发生；

（四）抵押权人知道或者应当知道抵押财产被查封、扣押；

（五）债务人、抵押人被宣告破产或者解散；

（六）法律规定债权确定的其他情形。

第四百二十四条　最高额抵押权除适用本节规定外，适用本章第一节的有关规定。

第十八章　质　　权

第一节　动产质权

第四百二十五条　为担保债务的履行，债务人或者第三人将其动产出质给债权人占有的，债务人不履行到期债务或者发生当事人约定的实现质权的情形，债权人有权就该动产优先受偿。

前款规定的债务人或者第三人为出质人，债权人为质权人，交付的动产为质押财产。

第四百二十六条 法律、行政法规禁止转让的动产不得出质。

第四百二十七条 设立质权，当事人应当采用书面形式订立质押合同。

质押合同一般包括下列条款：

（一）被担保债权的种类和数额；

（二）债务人履行债务的期限；

（三）质押财产的名称、数量等情况；

（四）担保的范围；

（五）质押财产交付的时间、方式。

第四百二十八条 质权人在债务履行期限届满前，与出质人约定债务人不履行到期债务时质押财产归债权人所有的，只能依法就质押财产优先受偿。

第四百二十九条 质权自出质人交付质押财产时设立。

第四百三十条 质权人有权收取质押财产的孳息，但是合同另有约定的除外。

前款规定的孳息应当先充抵收取孳息的费用。

第四百三十一条 质权人在质权存续期间，未经出质人同意，擅自使用、处分质押财产，造成出质人损害的，应当承担赔偿责任。

第四百三十二条 质权人负有妥善保管质押财产的义务；因保管不善致使质押财产毁损、灭失的，应当承担赔偿责任。

质权人的行为可能使质押财产毁损、灭失的，出质人可以请求质权人将质押财产提存，或者请求提前清偿债务并返还质押财产。

第四百三十三条 因不可归责于质权人的事由可能使质押财产毁损或者价值明显减少，足以危害质权人权利的，质权人有权请求出质人提供相应的担保；出质人不提供的，质权人可以拍卖、变卖质押财产，并与出质人协议将拍卖、变卖所得的价款提前清偿债务或者提存。

第四百三十四条 质权人在质权存续期间，未经出质人同意转质，造成质押财产毁损、灭失的，应当承担赔偿责任。

第四百三十五条 质权人可以放弃质权。债务人以自己的财产出质，质权人放弃该质权的，其他担保人在质权人丧失优先受偿权益的范围内免除担保责任，但是其他担保人承诺仍然提供担保的除外。

第四百三十六条 债务人履行债务或者出质人提前清偿所担保的债权的，质权人应当返还质押财产。

债务人不履行到期债务或者发生当事人约定的实现质权的情形，质权人可以与出质人协议以质押财产折价，也可以就拍卖、变卖质押财产所得的价款优先受偿。

质押财产折价或者变卖的，应当参照市场价格。

第四百三十七条　出质人可以请求质权人在债务履行期限届满后及时行使质权；质权人不行使的，出质人可以请求人民法院拍卖、变卖质押财产。

出质人请求质权人及时行使质权，因质权人怠于行使权利造成出质人损害的，由质权人承担赔偿责任。

第四百三十八条　质押财产折价或者拍卖、变卖后，其价款超过债权数额的部分归出质人所有，不足部分由债务人清偿。

第四百三十九条　出质人与质权人可以协议设立最高额质权。

最高额质权除适用本节有关规定外，参照适用本编第十七章第二节的有关规定。

第二节　权利质权

第四百四十条　债务人或者第三人有权处分的下列权利可以出质：

（一）汇票、本票、支票；

（二）债券、存款单；

（三）仓单、提单；

（四）可以转让的基金份额、股权；

（五）可以转让的注册商标专用权、专利权、著作权等知识产权中的财产权；

（六）现有的以及将有的应收账款；

（七）法律、行政法规规定可以出质的其他财产权利。

第四百四十一条　以汇票、本票、支票、债券、存款单、仓单、提单出质的，质权自权利凭证交付质权人时设立；没有权利凭证的，质权自办理出质登记时设立。法律另有规定的，依照其规定。

第四百四十二条　汇票、本票、支票、债券、存款单、仓单、提单的兑现日期或者提货日期先于主债权到期的，质权人可以兑现或者提货，并与出质人协议将兑现的价款或者提取的货物提前清偿债务或者提存。

第四百四十三条　以基金份额、股权出质的，质权自办理出质登记时设立。

基金份额、股权出质后，不得转让，但是出质人与质权人协商同意的除外。出质人转让基金份额、股权所得的价款，应当向质权人提前清偿债务或者提存。

第四百四十四条 以注册商标专用权、专利权、著作权等知识产权中的财产权出质的，质权自办理出质登记时设立。

知识产权中的财产权出质后，出质人不得转让或者许可他人使用，但是出质人与质权人协商同意的除外。出质人转让或者许可他人使用出质的知识产权中的财产权所得的价款，应当向质权人提前清偿债务或者提存。

第四百四十五条 以应收账款出质的，质权自办理出质登记时设立。

应收账款出质后，不得转让，但是出质人与质权人协商同意的除外。出质人转让应收账款所得的价款，应当向质权人提前清偿债务或者提存。

第四百四十六条 权利质权除适用本节规定外，适用本章第一节的有关规定。

第十九章 留置权

第四百四十七条 债务人不履行到期债务，债权人可以留置已经合法占有的债务人的动产，并有权就该动产优先受偿。

前款规定的债权人为留置权人，占有的动产为留置财产。

第四百四十八条 债权人留置的动产，应当与债权属于同一法律关系，但是企业之间留置的除外。

第四百四十九条 法律规定或者当事人约定不得留置的动产，不得留置。

第四百五十条 留置财产为可分物的，留置财产的价值应当相当于债务的金额。

第四百五十一条 留置权人负有妥善保管留置财产的义务；因保管不善致使留置财产毁损、灭失的，应当承担赔偿责任。

第四百五十二条 留置权人有权收取留置财产的孳息。

前款规定的孳息应当先充抵收取孳息的费用。

第四百五十三条 留置权人与债务人应当约定留置财产后的债务履行期限；没有约定或者约定不明确的，留置权人应当给债务人六十日以上履行债务的期限，但是鲜活易腐等不易保管的动产除外。债务人逾期未履行的，留置权人可以与债务人协议以留置财产折价，也可以就拍卖、变卖留置财产所得的价款优先受偿。

留置财产折价或者变卖的，应当参照市场价格。

第四百五十四条　债务人可以请求留置权人在债务履行期限届满后行使留置权；留置权人不行使的，债务人可以请求人民法院拍卖、变卖留置财产。

第四百五十五条　留置财产折价或者拍卖、变卖后，其价款超过债权数额的部分归债务人所有，不足部分由债务人清偿。

第四百五十六条　同一动产上已经设立抵押权或者质权，该动产又被留置的，留置权人优先受偿。

第四百五十七条　留置权人对留置财产丧失占有或者留置权人接受债务人另行提供担保的，留置权消灭。

第五分编　占　　有

第二十章　占　　有

第四百五十八条　基于合同关系等产生的占有，有关不动产或者动产的使用、收益、违约责任等，按照合同约定；合同没有约定或者约定不明确的，依照有关法律规定。

第四百五十九条　占有人因使用占有的不动产或者动产，致使该不动产或者动产受到损害的，恶意占有人应当承担赔偿责任。

第四百六十条　不动产或者动产被占有人占有的，权利人可以请求返还原物及其孳息；但是，应当支付善意占有人因维护该不动产或者动产支出的必要费用。

第四百六十一条　占有的不动产或者动产毁损、灭失，该不动产或者动产的权利人请求赔偿的，占有人应当将因毁损、灭失取得的保险金、赔偿金或者补偿金等返还给权利人；权利人的损害未得到足够弥补的，恶意占有人还应当赔偿损失。

第四百六十二条　占有的不动产或者动产被侵占的，占有人有权请求返还原物；对妨害占有的行为，占有人有权请求排除妨害或者消除危险；因侵占或者妨害造成损害的，占有人有权依法请求损害赔偿。

占有人返还原物的请求权，自侵占发生之日起一年内未行使的，该请求权消灭。

第三编　合　　同

第一分编　通　　则

第一章　一般规定

第四百六十三条　本编调整因合同产生的民事关系。

第四百六十四条　合同是民事主体之间设立、变更、终止民事法律关系的协议。

婚姻、收养、监护等有关身份关系的协议，适用有关该身份关系的法律规定；没有规定的，可以根据其性质参照适用本编规定。

第四百六十五条　依法成立的合同，受法律保护。

依法成立的合同，仅对当事人具有法律约束力，但是法律另有规定的除外。

第四百六十六条　当事人对合同条款的理解有争议的，应当依据本法第一百四十二条第一款的规定，确定争议条款的含义。

合同文本采用两种以上文字订立并约定具有同等效力的，对各文本使用的词句推定具有相同含义。各文本使用的词句不一致的，应当根据合同的相关条款、性质、目的以及诚信原则等予以解释。

第四百六十七条　本法或者其他法律没有明文规定的合同，适用本编通则的规定，并可以参照适用本编或者其他法律最相类似合同的规定。

在中华人民共和国境内履行的中外合资经营企业合同、中外合作经营企业合同、中外合作勘探开发自然资源合同，适用中华人民共和国法律。

第四百六十八条　非因合同产生的债权债务关系，适用有关该债权债务关系的法律规定；没有规定的，适用本编通则的有关规定，但是根据其性质不能适用的除外。

第二章　合同的订立

第四百六十九条　当事人订立合同，可以采用书面形式、口头形式或者其他形式。

书面形式是合同书、信件、电报、电传、传真等可以有形地表现所载内容的形式。

以电子数据交换、电子邮件等方式能够有形地表现所载内容，并可以随时调取查用的数据电文，视为书面形式。

第四百七十条　合同的内容由当事人约定，一般包括下列条款：

（一）当事人的姓名或者名称和住所；

（二）标的；

（三）数量；

（四）质量；

（五）价款或者报酬；

（六）履行期限、地点和方式；

（七）违约责任；

（八）解决争议的方法。

当事人可以参照各类合同的示范文本订立合同。

第四百七十一条　当事人订立合同，可以采取要约、承诺方式或者其他方式。

第四百七十二条　要约是希望与他人订立合同的意思表示，该意思表示应当符合下列条件：

（一）内容具体确定；

（二）表明经受要约人承诺，要约人即受该意思表示约束。

第四百七十三条　要约邀请是希望他人向自己发出要约的表示。拍卖公告、招标公告、招股说明书、债券募集办法、基金招募说明书、商业广告和宣传、寄送的价目表等为要约邀请。

商业广告和宣传的内容符合要约条件的，构成要约。

第四百七十四条　要约生效的时间适用本法第一百三十七条的规定。

第四百七十五条　要约可以撤回。要约的撤回适用本法第一百四十一条的规定。

第四百七十六条　要约可以撤销，但是有下列情形之一的除外：

（一）要约人以确定承诺期限或者其他形式明示要约不可撤销；

（二）受要约人有理由认为要约是不可撤销的，并已经为履行合同做了合理准备工作。

第四百七十七条　撤销要约的意思表示以对话方式作出的，该意思表示的内容应当在受要约人作出承诺之前为受要约人所知道；撤销要约的意思表示以非对话方式作出的，应当在受要约人作出承诺之前到达受要约人。

第四百七十八条 有下列情形之一的，要约失效：

（一）要约被拒绝；

（二）要约被依法撤销；

（三）承诺期限届满，受要约人未作出承诺；

（四）受要约人对要约的内容作出实质性变更。

第四百七十九条 承诺是受要约人同意要约的意思表示。

第四百八十条 承诺应当以通知的方式作出；但是，根据交易习惯或者要约表明可以通过行为作出承诺的除外。

第四百八十一条 承诺应当在要约确定的期限内到达要约人。

要约没有确定承诺期限的，承诺应当依照下列规定到达：

（一）要约以对话方式作出的，应当即时作出承诺；

（二）要约以非对话方式作出的，承诺应当在合理期限内到达。

第四百八十二条 要约以信件或者电报作出的，承诺期限自信件载明的日期或者电报交发之日开始计算。信件未载明日期的，自投寄该信件的邮戳日期开始计算。要约以电话、传真、电子邮件等快速通讯方式作出的，承诺期限自要约到达受要约人时开始计算。

第四百八十三条 承诺生效时合同成立，但是法律另有规定或者当事人另有约定的除外。

第四百八十四条 以通知方式作出的承诺，生效的时间适用本法第一百三十七条的规定。

承诺不需要通知的，根据交易习惯或者要约的要求作出承诺的行为时生效。

第四百八十五条 承诺可以撤回。承诺的撤回适用本法第一百四十一条的规定。

第四百八十六条 受要约人超过承诺期限发出承诺，或者在承诺期限内发出承诺，按照通常情形不能及时到达要约人的，为新要约；但是，要约人及时通知受要约人该承诺有效的除外。

第四百八十七条 受要约人在承诺期限内发出承诺，按照通常情形能够及时到达要约人，但是因其他原因致使承诺到达要约人时超过承诺期限的，除要约人及时通知受要约人因承诺超过期限不接受该承诺外，该承诺有效。

第四百八十八条 承诺的内容应当与要约的内容一致。受要约人对要约的内容作出实质性变更的，为新要约。有关合同标的、数量、质量、价款或者报酬、履行期限、履行地点和方式、违约责任和解决争议方法等的变更，是对要约内容的实质性变更。

第四百八十九条　承诺对要约的内容作出非实质性变更的，除要约人及时表示反对或者要约表明承诺不得对要约的内容作出任何变更外，该承诺有效，合同的内容以承诺的内容为准。

第四百九十条　当事人采用合同书形式订立合同的，自当事人均签名、盖章或者按指印时合同成立。在签名、盖章或者按指印之前，当事人一方已经履行主要义务，对方接受时，该合同成立。

法律、行政法规规定或者当事人约定合同应当采用书面形式订立，当事人未采用书面形式但是一方已经履行主要义务，对方接受时，该合同成立。

第四百九十一条　当事人采用信件、数据电文等形式订立合同要求签订确认书的，签订确认书时合同成立。

当事人一方通过互联网等信息网络发布的商品或者服务信息符合要约条件的，对方选择该商品或者服务并提交订单成功时合同成立，但是当事人另有约定的除外。

第四百九十二条　承诺生效的地点为合同成立的地点。

采用数据电文形式订立合同的，收件人的主营业地为合同成立的地点；没有主营业地的，其住所地为合同成立的地点。当事人另有约定的，按照其约定。

第四百九十三条　当事人采用合同书形式订立合同的，最后签名、盖章或者按指印的地点为合同成立的地点，但是当事人另有约定的除外。

第四百九十四条　国家根据抢险救灾、疫情防控或者其他需要下达国家订货任务、指令性任务的，有关民事主体之间应当依照有关法律、行政法规规定的权利和义务订立合同。

依照法律、行政法规的规定负有发出要约义务的当事人，应当及时发出合理的要约。

依照法律、行政法规的规定负有作出承诺义务的当事人，不得拒绝对方合理的订立合同要求。

第四百九十五条　当事人约定在将来一定期限内订立合同的认购书、订购书、预订书等，构成预约合同。

当事人一方不履行预约合同约定的订立合同义务的，对方可以请求其承担预约合同的违约责任。

第四百九十六条 格式条款是当事人为了重复使用而预先拟定，并在订立合同时未与对方协商的条款。

采用格式条款订立合同的，提供格式条款的一方应当遵循公平原则确定当事人之间的权利和义务，并采取合理的方式提示对方注意免除或者减轻其责任等与对方有重大利害关系的条款，按照对方的要求，对该条款予以说明。提供格式条款的一方未履行提示或者说明义务，致使对方没有注意或者理解与其有重大利害关系的条款的，对方可以主张该条款不成为合同的内容。

第四百九十七条 有下列情形之一的，该格式条款无效：

（一）具有本法第一编第六章第三节和本法第五百零六条规定的无效情形；

（二）提供格式条款一方不合理地免除或者减轻其责任、加重对方责任、限制对方主要权利；

（三）提供格式条款一方排除对方主要权利。

第四百九十八条 对格式条款的理解发生争议的，应当按照通常理解予以解释。对格式条款有两种以上解释的，应当作出不利于提供格式条款一方的解释。格式条款和非格式条款不一致的，应当采用非格式条款。

第四百九十九条 悬赏人以公开方式声明对完成特定行为的人支付报酬的，完成该行为的人可以请求其支付。

第五百条 当事人在订立合同过程中有下列情形之一，造成对方损失的，应当承担赔偿责任：

（一）假借订立合同，恶意进行磋商；

（二）故意隐瞒与订立合同有关的重要事实或者提供虚假情况；

（三）有其他违背诚信原则的行为。

第五百零一条 当事人在订立合同过程中知悉的商业秘密或者其他应当保密的信息，无论合同是否成立，不得泄露或者不正当地使用；泄露、不正当地使用该商业秘密或者信息，造成对方损失的，应当承担赔偿责任。

第三章　合同的效力

第五百零二条 依法成立的合同，自成立时生效，但是法律另有规定或者当事人另有约定的除外。

依照法律、行政法规的规定，合同应当办理批准等手续的，依照其规定。

未办理批准等手续影响合同生效的，不影响合同中履行报批等义务条款以及相关条款的效力。应当办理申请批准等手续的当事人未履行义务的，对方可以请求其承担违反该义务的责任。

依照法律、行政法规的规定，合同的变更、转让、解除等情形应当办理批准等手续的，适用前款规定。

第五百零三条　无权代理人以被代理人的名义订立合同，被代理人已经开始履行合同义务或者接受相对人履行的，视为对合同的追认。

第五百零四条　法人的法定代表人或者非法人组织的负责人超越权限订立的合同，除相对人知道或者应当知道其超越权限外，该代表行为有效，订立的合同对法人或者非法人组织发生效力。

第五百零五条　当事人超越经营范围订立的合同的效力，应当依照本法第一编第六章第三节和本编的有关规定确定，不得仅以超越经营范围确认合同无效。

第五百零六条　合同中的下列免责条款无效：

（一）造成对方人身损害的；

（二）因故意或者重大过失造成对方财产损失的。

第五百零七条　合同不生效、无效、被撤销或者终止的，不影响合同中有关解决争议方法的条款的效力。

第五百零八条　本编对合同的效力没有规定的，适用本法第一编第六章的有关规定。

第四章　合同的履行

第五百零九条　当事人应当按照约定全面履行自己的义务。

当事人应当遵循诚信原则，根据合同的性质、目的和交易习惯履行通知、协助、保密等义务。

当事人在履行合同过程中，应当避免浪费资源、污染环境和破坏生态。

第五百一十条　合同生效后，当事人就质量、价款或者报酬、履行地点等内容没有约定或者约定不明确的，可以协议补充；不能达成补充协议的，按照合同相关条款或者交易习惯确定。

第五百一十一条　当事人就有关合同内容约定不明确，依据前条规定仍不能确定的，适用下列规定：

（一）质量要求不明确的，按照强制性国家标准履行；没有强制性国家标准的，按照推荐性国家标准履行；没有推荐性国家标准的，按照行业标准履行；没有国家标准、行业标准的，按照通常标准或者符合合同目的的特定标准履行。

（二）价款或者报酬不明确的，按照订立合同时履行地的市场价格履行；依法应当执行政府定价或者政府指导价的，依照规定履行。

（三）履行地点不明确，给付货币的，在接受货币一方所在地履行；交付不动产的，在不动产所在地履行；其他标的，在履行义务一方所在地履行。

（四）履行期限不明确的，债务人可以随时履行，债权人也可以随时请求履行，但是应当给对方必要的准备时间。

（五）履行方式不明确的，按照有利于实现合同目的的方式履行。

（六）履行费用的负担不明确的，由履行义务一方负担；因债权人原因增加的履行费用，由债权人负担。

第五百一十二条 通过互联网等信息网络订立的电子合同的标的为交付商品并采用快递物流方式交付的，收货人的签收时间为交付时间。电子合同的标的为提供服务的，生成的电子凭证或者实物凭证中载明的时间为提供服务时间；前述凭证没有载明时间或者载明时间与实际提供服务时间不一致的，以实际提供服务的时间为准。

电子合同的标的物为采用在线传输方式交付的，合同标的物进入对方当事人指定的特定系统且能够检索识别的时间为交付时间。

电子合同当事人对交付商品或者提供服务的方式、时间另有约定的，按照其约定。

第五百一十三条 执行政府定价或者政府指导价的，在合同约定的交付期限内政府价格调整时，按照交付时的价格计价。逾期交付标的物的，遇价格上涨时，按照原价格执行；价格下降时，按照新价格执行。逾期提取标的物或者逾期付款的，遇价格上涨时，按照新价格执行；价格下降时，按照原价格执行。

第五百一十四条 以支付金钱为内容的债，除法律另有规定或者当事人另有约定外，债权人可以请求债务人以实际履行地的法定货币履行。

第五百一十五条 标的有多项而债务人只需履行其中一项的，债务人享有选择权；但是，法律另有规定、当事人另有约定或者另有交易习惯的除外。

享有选择权的当事人在约定期限内或者履行期限届满未作选择，经催告后在合理期限内仍未选择的，选择权转移至对方。

第五百一十六条　当事人行使选择权应当及时通知对方，通知到达对方时，标的确定。标的确定后不得变更，但是经对方同意的除外。

可选择的标的发生不能履行情形的，享有选择权的当事人不得选择不能履行的标的，但是该不能履行的情形是由对方造成的除外。

第五百一十七条　债权人为二人以上，标的可分，按照份额各自享有债权的，为按份债权；债务人为二人以上，标的可分，按照份额各自负担债务的，为按份债务。

按份债权人或者按份债务人的份额难以确定的，视为份额相同。

第五百一十八条　债权人为二人以上，部分或者全部债权人均可以请求债务人履行债务的，为连带债权；债务人为二人以上，债权人可以请求部分或者全部债务人履行全部债务的，为连带债务。

连带债权或者连带债务，由法律规定或者当事人约定。

第五百一十九条　连带债务人之间的份额难以确定的，视为份额相同。

实际承担债务超过自己份额的连带债务人，有权就超出部分在其他连带债务人未履行的份额范围内向其追偿，并相应地享有债权人的权利，但是不得损害债权人的利益。其他连带债务人对债权人的抗辩，可以向该债务人主张。

被追偿的连带债务人不能履行其应分担份额的，其他连带债务人应当在相应范围内按比例分担。

第五百二十条　部分连带债务人履行、抵销债务或者提存标的物的，其他债务人对债权人的债务在相应范围内消灭；该债务人可以依据前条规定向其他债务人追偿。

部分连带债务人的债务被债权人免除的，在该连带债务人应当承担的份额范围内，其他债务人对债权人的债务消灭。

部分连带债务人的债务与债权人的债权同归于一人的，在扣除该债务人应当承担的份额后，债权人对其他债务人的债权继续存在。

债权人对部分连带债务人的给付受领迟延的，对其他连带债务人发生效力。

第五百二十一条　连带债权人之间的份额难以确定的，视为份额相同。

实际受领债权的连带债权人，应当按比例向其他连带债权人返还。

连带债权参照适用本章连带债务的有关规定。

第五百二十二条　当事人约定由债务人向第三人履行债务，债务人未向第三人履行债务或者履行债务不符合约定的，应当向债权人承担违约责任。

法律规定或者当事人约定第三人可以直接请求债务人向其履行债务，第三人未在合理期限内明确拒绝，债务人未向第三人履行债务或者履行债务不符合约定的，第三人可以请求债务人承担违约责任；债务人对债权人的抗辩，可以向第三人主张。

第五百二十三条 当事人约定由第三人向债权人履行债务，第三人不履行债务或者履行债务不符合约定的，债务人应当向债权人承担违约责任。

第五百二十四条 债务人不履行债务，第三人对履行该债务具有合法利益的，第三人有权向债权人代为履行；但是，根据债务性质、按照当事人约定或者依照法律规定只能由债务人履行的除外。

债权人接受第三人履行后，其对债务人的债权转让给第三人，但是债务人和第三人另有约定的除外。

第五百二十五条 当事人互负债务，没有先后履行顺序的，应当同时履行。一方在对方履行之前有权拒绝其履行请求。一方在对方履行债务不符合约定时，有权拒绝其相应的履行请求。

第五百二十六条 当事人互负债务，有先后履行顺序，应当先履行债务一方未履行的，后履行一方有权拒绝其履行请求。先履行一方履行债务不符合约定的，后履行一方有权拒绝其相应的履行请求。

第五百二十七条 应当先履行债务的当事人，有确切证据证明对方有下列情形之一的，可以中止履行：

（一）经营状况严重恶化；

（二）转移财产、抽逃资金，以逃避债务；

（三）丧失商业信誉；

（四）有丧失或者可能丧失履行债务能力的其他情形。

当事人没有确切证据中止履行的，应当承担违约责任。

第五百二十八条 当事人依据前条规定中止履行的，应当及时通知对方。对方提供适当担保的，应当恢复履行。中止履行后，对方在合理期限内未恢复履行能力且未提供适当担保的，视为以自己的行为表明不履行主要债务，中止履行的一方可以解除合同并可以请求对方承担违约责任。

第五百二十九条 债权人分立、合并或者变更住所没有通知债务人，致使履行债务发生困难的，债务人可以中止履行或者将标的物提存。

第五百三十条 债权人可以拒绝债务人提前履行债务，但是提前履行不损害债权人利益的除外。

债务人提前履行债务给债权人增加的费用，由债务人负担。

第五百三十一条　债权人可以拒绝债务人部分履行债务，但是部分履行不损害债权人利益的除外。

债务人部分履行债务给债权人增加的费用，由债务人负担。

第五百三十二条　合同生效后，当事人不得因姓名、名称的变更或者法定代表人、负责人、承办人的变动而不履行合同义务。

第五百三十三条　合同成立后，合同的基础条件发生了当事人在订立合同时无法预见的、不属于商业风险的重大变化，继续履行合同对于当事人一方明显不公平的，受不利影响的当事人可以与对方重新协商；在合理期限内协商不成的，当事人可以请求人民法院或者仲裁机构变更或者解除合同。

人民法院或者仲裁机构应当结合案件的实际情况，根据公平原则变更或者解除合同。

第五百三十四条　对当事人利用合同实施危害国家利益、社会公共利益行为的，市场监督管理和其他有关行政主管部门依照法律、行政法规的规定负责监督处理。

第五章　合同的保全

第五百三十五条　因债务人怠于行使其债权或者与该债权有关的从权利，影响债权人的到期债权实现的，债权人可以向人民法院请求以自己的名义代位行使债务人对相对人的权利，但是该权利专属于债务人自身的除外。

代位权的行使范围以债权人的到期债权为限。债权人行使代位权的必要费用，由债务人负担。

相对人对债务人的抗辩，可以向债权人主张。

第五百三十六条　债权人的债权到期前，债务人的债权或者与该债权有关的从权利存在诉讼时效期间即将届满或者未及时申报破产债权等情形，影响债权人的债权实现的，债权人可以代位向债务人的相对人请求其向债务人履行、向破产管理人申报或者作出其他必要的行为。

第五百三十七条　人民法院认定代位权成立的，由债务人的相对人向债权人履行义务，债权人接受履行后，债权人与债务人、债务人与相对人之间相应的权利义务终止。债务人对相对人的债权或者与该债权有关的从权利被采取保全、执行措施，或者债务人破产的，依照相关法律的规定处理。

第五百三十八条 债务人以放弃其债权、放弃债权担保、无偿转让财产等方式无偿处分财产权益，或者恶意延长其到期债权的履行期限，影响债权人的债权实现的，债权人可以请求人民法院撤销债务人的行为。

第五百三十九条 债务人以明显不合理的低价转让财产、以明显不合理的高价受让他人财产或者为他人的债务提供担保，影响债权人的债权实现，债务人的相对人知道或者应当知道该情形的，债权人可以请求人民法院撤销债务人的行为。

第五百四十条 撤销权的行使范围以债权人的债权为限。债权人行使撤销权的必要费用，由债务人负担。

第五百四十一条 撤销权自债权人知道或者应当知道撤销事由之日起一年内行使。自债务人的行为发生之日起五年内没有行使撤销权的，该撤销权消灭。

第五百四十二条 债务人影响债权人的债权实现的行为被撤销的，自始没有法律约束力。

第六章 合同的变更和转让

第五百四十三条 当事人协商一致，可以变更合同。

第五百四十四条 当事人对合同变更的内容约定不明确的，推定为未变更。

第五百四十五条 债权人可以将债权的全部或者部分转让给第三人，但是有下列情形之一的除外：

（一）根据债权性质不得转让；

（二）按照当事人约定不得转让；

（三）依照法律规定不得转让。

当事人约定非金钱债权不得转让的，不得对抗善意第三人。当事人约定金钱债权不得转让的，不得对抗第三人。

第五百四十六条 债权人转让债权，未通知债务人的，该转让对债务人不发生效力。

债权转让的通知不得撤销，但是经受让人同意的除外。

第五百四十七条 债权人转让债权的，受让人取得与债权有关的从权利，但是该从权利专属于债权人自身的除外。

受让人取得从权利不因该从权利未办理转移登记手续或者未转移占有而

受到影响。

第五百四十八条　债务人接到债权转让通知后，债务人对让与人的抗辩，可以向受让人主张。

第五百四十九条　有下列情形之一的，债务人可以向受让人主张抵销：

（一）债务人接到债权转让通知时，债务人对让与人享有债权，且债务人的债权先于转让的债权到期或者同时到期；

（二）债务人的债权与转让的债权是基于同一合同产生。

第五百五十条　因债权转让增加的履行费用，由让与人负担。

第五百五十一条　债务人将债务的全部或者部分转移给第三人的，应当经债权人同意。

债务人或者第三人可以催告债权人在合理期限内予以同意，债权人未作表示的，视为不同意。

第五百五十二条　第三人与债务人约定加入债务并通知债权人，或者第三人向债权人表示愿意加入债务，债权人未在合理期限内明确拒绝的，债权人可以请求第三人在其愿意承担的债务范围内和债务人承担连带债务。

第五百五十三条　债务人转移债务的，新债务人可以主张原债务人对债权人的抗辩；原债务人对债权人享有债权的，新债务人不得向债权人主张抵销。

第五百五十四条　债务人转移债务的，新债务人应当承担与主债务有关的从债务，但是该从债务专属于原债务人自身的除外。

第五百五十五条　当事人一方经对方同意，可以将自己在合同中的权利和义务一并转让给第三人。

第五百五十六条　合同的权利和义务一并转让的，适用债权转让、债务转移的有关规定。

第七章　合同的权利义务终止

第五百五十七条　有下列情形之一的，债权债务终止：

（一）债务已经履行；

（二）债务相互抵销；

（三）债务人依法将标的物提存；

（四）债权人免除债务；

（五）债权债务同归于一人；

（六）法律规定或者当事人约定终止的其他情形。

合同解除的，该合同的权利义务关系终止。

第五百五十八条 债权债务终止后，当事人应当遵循诚信等原则，根据交易习惯履行通知、协助、保密、旧物回收等义务。

第五百五十九条 债权债务终止时，债权的从权利同时消灭，但是法律另有规定或者当事人另有约定的除外。

第五百六十条 债务人对同一债权人负担的数项债务种类相同，债务人的给付不足以清偿全部债务的，除当事人另有约定外，由债务人在清偿时指定其履行的债务。

债务人未作指定的，应当优先履行已经到期的债务；数项债务均到期的，优先履行对债权人缺乏担保或者担保最少的债务；均无担保或者担保相等的，优先履行债务人负担较重的债务；负担相同的，按照债务到期的先后顺序履行；到期时间相同的，按照债务比例履行。

第五百六十一条 债务人在履行主债务外还应当支付利息和实现债权的有关费用，其给付不足以清偿全部债务的，除当事人另有约定外，应当按照下列顺序履行：

（一）实现债权的有关费用；

（二）利息；

（三）主债务。

第五百六十二条 当事人协商一致，可以解除合同。

当事人可以约定一方解除合同的事由。解除合同的事由发生时，解除权人可以解除合同。

第五百六十三条 有下列情形之一的，当事人可以解除合同：

（一）因不可抗力致使不能实现合同目的；

（二）在履行期限届满前，当事人一方明确表示或者以自己的行为表明不履行主要债务；

（三）当事人一方迟延履行主要债务，经催告后在合理期限内仍未履行；

（四）当事人一方迟延履行债务或者有其他违约行为致使不能实现合同目的；

（五）法律规定的其他情形。

以持续履行的债务为内容的不定期合同，当事人可以随时解除合同，但是应当在合理期限之前通知对方。

第五百六十四条　法律规定或者当事人约定解除权行使期限，期限届满当事人不行使的，该权利消灭。

法律没有规定或者当事人没有约定解除权行使期限，自解除权人知道或者应当知道解除事由之日起一年内不行使，或者经对方催告后在合理期限内不行使的，该权利消灭。

第五百六十五条　当事人一方依法主张解除合同的，应当通知对方。合同自通知到达对方时解除；通知载明债务人在一定期限内不履行债务则合同自动解除，债务人在该期限内未履行债务的，合同自通知载明的期限届满时解除。对方对解除合同有异议的，任何一方当事人均可以请求人民法院或者仲裁机构确认解除行为的效力。

当事人一方未通知对方，直接以提起诉讼或者申请仲裁的方式依法主张解除合同，人民法院或者仲裁机构确认该主张的，合同自起诉状副本或者仲裁申请书副本送达对方时解除。

第五百六十六条　合同解除后，尚未履行的，终止履行；已经履行的，根据履行情况和合同性质，当事人可以请求恢复原状或者采取其他补救措施，并有权请求赔偿损失。

合同因违约解除的，解除权人可以请求违约方承担违约责任，但是当事人另有约定的除外。

主合同解除后，担保人对债务人应当承担的民事责任仍应当承担担保责任，但是担保合同另有约定的除外。

第五百六十七条　合同的权利义务关系终止，不影响合同中结算和清理条款的效力。

第五百六十八条　当事人互负债务，该债务的标的物种类、品质相同的，任何一方可以将自己的债务与对方的到期债务抵销；但是，根据债务性质、按照当事人约定或者依照法律规定不得抵销的除外。

当事人主张抵销的，应当通知对方。通知自到达对方时生效。抵销不得附条件或者附期限。

第五百六十九条　当事人互负债务，标的物种类、品质不相同的，经协商一致，也可以抵销。

第五百七十条　有下列情形之一，难以履行债务的，债务人可以将标的物提存：

（一）债权人无正当理由拒绝受领；

（二）债权人下落不明；

（三）债权人死亡未确定继承人、遗产管理人，或者丧失民事行为能力未确定监护人；

（四）法律规定的其他情形。

标的物不适于提存或者提存费用过高的，债务人依法可以拍卖或者变卖标的物，提存所得的价款。

第五百七十一条　债务人将标的物或者将标的物依法拍卖、变卖所得价款交付提存部门时，提存成立。

提存成立的，视为债务人在其提存范围内已经交付标的物。

第五百七十二条　标的物提存后，债务人应当及时通知债权人或者债权人的继承人、遗产管理人、监护人、财产代管人。

第五百七十三条　标的物提存后，毁损、灭失的风险由债权人承担。提存期间，标的物的孳息归债权人所有。提存费用由债权人负担。

第五百七十四条　债权人可以随时领取提存物。但是，债权人对债务人负有到期债务的，在债权人未履行债务或者提供担保之前，提存部门根据债务人的要求应当拒绝其领取提存物。

债权人领取提存物的权利，自提存之日起五年内不行使而消灭，提存物扣除提存费用后归国家所有。但是，债权人未履行对债务人的到期债务，或者债权人向提存部门书面表示放弃领取提存物权利的，债务人负担提存费用后有权取回提存物。

第五百七十五条　债权人免除债务人部分或者全部债务的，债权债务部分或者全部终止，但是债务人在合理期限内拒绝的除外。

第五百七十六条　债权和债务同归于一人的，债权债务终止，但是损害第三人利益的除外。

第八章　违约责任

第五百七十七条　当事人一方不履行合同义务或者履行合同义务不符合约定的，应当承担继续履行、采取补救措施或者赔偿损失等违约责任。

第五百七十八条　当事人一方明确表示或者以自己的行为表明不履行合同义务的，对方可以在履行期限届满前请求其承担违约责任。

第五百七十九条　当事人一方未支付价款、报酬、租金、利息，或者不履行其他金钱债务的，对方可以请求其支付。

第五百八十条　当事人一方不履行非金钱债务或者履行非金钱债务不符合约定的，对方可以请求履行，但是有下列情形之一的除外：

（一）法律上或者事实上不能履行；

（二）债务的标的不适于强制履行或者履行费用过高；

（三）债权人在合理期限内未请求履行。

有前款规定的除外情形之一，致使不能实现合同目的的，人民法院或者仲裁机构可以根据当事人的请求终止合同权利义务关系，但是不影响违约责任的承担。

第五百八十一条　当事人一方不履行债务或者履行债务不符合约定，根据债务的性质不得强制履行的，对方可以请求其负担由第三人替代履行的费用。

第五百八十二条　履行不符合约定的，应当按照当事人的约定承担违约责任。对违约责任没有约定或者约定不明确，依据本法第五百一十条的规定仍不能确定的，受损害方根据标的的性质以及损失的大小，可以合理选择请求对方承担修理、重作、更换、退货、减少价款或者报酬等违约责任。

第五百八十三条　当事人一方不履行合同义务或者履行合同义务不符合约定的，在履行义务或者采取补救措施后，对方还有其他损失的，应当赔偿损失。

第五百八十四条　当事人一方不履行合同义务或者履行合同义务不符合约定，造成对方损失的，损失赔偿额应当相当于因违约所造成的损失，包括合同履行后可以获得的利益；但是，不得超过违约一方订立合同时预见到或者应当预见到的因违约可能造成的损失。

第五百八十五条　当事人可以约定一方违约时应当根据违约情况向对方支付一定数额的违约金，也可以约定因违约产生的损失赔偿额的计算方法。

约定的违约金低于造成的损失的，人民法院或者仲裁机构可以根据当事人的请求予以增加；约定的违约金过分高于造成的损失的，人民法院或者仲裁机构可以根据当事人的请求予以适当减少。

当事人就迟延履行约定违约金的，违约方支付违约金后，还应当履行债务。

第五百八十六条　当事人可以约定一方向对方给付定金作为债权的担保。定金合同自实际交付定金时成立。

定金的数额由当事人约定；但是，不得超过主合同标的额的百分之二十，超过部分不产生定金的效力。实际交付的定金数额多于或者少于约定数额的，视为变更约定的定金数额。

第五百八十七条 债务人履行债务的，定金应当抵作价款或者收回。给付定金的一方不履行债务或者履行债务不符合约定，致使不能实现合同目的的，无权请求返还定金；收受定金的一方不履行债务或者履行债务不符合约定，致使不能实现合同目的的，应当双倍返还定金。

第五百八十八条 当事人既约定违约金，又约定定金的，一方违约时，对方可以选择适用违约金或者定金条款。

定金不足以弥补一方违约造成的损失的，对方可以请求赔偿超过定金数额的损失。

第五百八十九条 债务人按照约定履行债务，债权人无正当理由拒绝受领的，债务人可以请求债权人赔偿增加的费用。

在债权人受领迟延期间，债务人无须支付利息。

第五百九十条 当事人一方因不可抗力不能履行合同的，根据不可抗力的影响，部分或者全部免除责任，但是法律另有规定的除外。因不可抗力不能履行合同的，应当及时通知对方，以减轻可能给对方造成的损失，并应当在合理期限内提供证明。

当事人迟延履行后发生不可抗力的，不免除其违约责任。

第五百九十一条 当事人一方违约后，对方应当采取适当措施防止损失的扩大；没有采取适当措施致使损失扩大的，不得就扩大的损失请求赔偿。

当事人因防止损失扩大而支出的合理费用，由违约方负担。

第五百九十二条 当事人都违反合同的，应当各自承担相应的责任。

当事人一方违约造成对方损失，对方对损失的发生有过错的，可以减少相应的损失赔偿额。

第五百九十三条 当事人一方因第三人的原因造成违约的，应当依法向对方承担违约责任。当事人一方和第三人之间的纠纷，依照法律规定或者按照约定处理。

第五百九十四条 因国际货物买卖合同和技术进出口合同争议提起诉讼或者申请仲裁的时效期间为四年。

第二分编　典型合同

第九章　买卖合同

第五百九十五条　买卖合同是出卖人转移标的物的所有权于买受人，买受人支付价款的合同。

第五百九十六条　买卖合同的内容一般包括标的物的名称、数量、质量、价款、履行期限、履行地点和方式、包装方式、检验标准和方法、结算方式、合同使用的文字及其效力等条款。

第五百九十七条　因出卖人未取得处分权致使标的物所有权不能转移的，买受人可以解除合同并请求出卖人承担违约责任。

法律、行政法规禁止或者限制转让的标的物，依照其规定。

第五百九十八条　出卖人应当履行向买受人交付标的物或者交付提取标的物的单证，并转移标的物所有权的义务。

第五百九十九条　出卖人应当按照约定或者交易习惯向买受人交付提取标的物单证以外的有关单证和资料。

第六百条　出卖具有知识产权的标的物的，除法律另有规定或者当事人另有约定外，该标的物的知识产权不属于买受人。

第六百零一条　出卖人应当按照约定的时间交付标的物。约定交付期限的，出卖人可以在该交付期限内的任何时间交付。

第六百零二条　当事人没有约定标的物的交付期限或者约定不明确的，适用本法第五百一十条、第五百一十一条第四项的规定。

第六百零三条　出卖人应当按照约定的地点交付标的物。

当事人没有约定交付地点或者约定不明确，依据本法第五百一十条的规定仍不能确定的，适用下列规定：

（一）标的物需要运输的，出卖人应当将标的物交付给第一承运人以运交给买受人；

（二）标的物不需要运输，出卖人和买受人订立合同时知道标的物在某一地点的，出卖人应当在该地点交付标的物；不知道标的物在某一地点的，应当在出卖人订立合同时的营业地交付标的物。

第六百零四条　标的物毁损、灭失的风险，在标的物交付之前由出卖人承担，交付之后由买受人承担，但是法律另有规定或者当事人另有约定的除外。

第六百零五条 因买受人的原因致使标的物未按照约定的期限交付的，买受人应当自违反约定时起承担标的物毁损、灭失的风险。

第六百零六条 出卖人出卖交由承运人运输的在途标的物，除当事人另有约定外，毁损、灭失的风险自合同成立时起由买受人承担。

第六百零七条 出卖人按照约定将标的物运送至买受人指定地点并交付给承运人后，标的物毁损、灭失的风险由买受人承担。

当事人没有约定交付地点或者约定不明确，依据本法第六百零三条第二款第一项的规定标的物需要运输的，出卖人将标的物交付给第一承运人后，标的物毁损、灭失的风险由买受人承担。

第六百零八条 出卖人按照约定或者依据本法第六百零三条第二款第二项的规定将标的物置于交付地点，买受人违反约定没有收取的，标的物毁损、灭失的风险自违反约定时起由买受人承担。

第六百零九条 出卖人按照约定未交付有关标的物的单证和资料的，不影响标的物毁损、灭失风险的转移。

第六百一十条 因标的物不符合质量要求，致使不能实现合同目的的，买受人可以拒绝接受标的物或者解除合同。买受人拒绝接受标的物或者解除合同的，标的物毁损、灭失的风险由出卖人承担。

第六百一十一条 标的物毁损、灭失的风险由买受人承担的，不影响因出卖人履行义务不符合约定，买受人请求其承担违约责任的权利。

第六百一十二条 出卖人就交付的标的物，负有保证第三人对该标的物不享有任何权利的义务，但是法律另有规定的除外。

第六百一十三条 买受人订立合同时知道或者应当知道第三人对买卖的标的物享有权利的，出卖人不承担前条规定的义务。

第六百一十四条 买受人有确切证据证明第三人对标的物享有权利的，可以中止支付相应的价款，但是出卖人提供适当担保的除外。

第六百一十五条 出卖人应当按照约定的质量要求交付标的物。出卖人提供有关标的物质量说明的，交付的标的物应当符合该说明的质量要求。

第六百一十六条 当事人对标的物的质量要求没有约定或者约定不明确，依据本法第五百一十条的规定仍不能确定的，适用本法第五百一十一条第一项的规定。

第六百一十七条　出卖人交付的标的物不符合质量要求的，买受人可以依据本法第五百八十二条至第五百八十四条的规定请求承担违约责任。

第六百一十八条　当事人约定减轻或者免除出卖人对标的物瑕疵承担的责任，因出卖人故意或者重大过失不告知买受人标的物瑕疵的，出卖人无权主张减轻或者免除责任。

第六百一十九条　出卖人应当按照约定的包装方式交付标的物。对包装方式没有约定或者约定不明确，依据本法第五百一十条的规定仍不能确定的，应当按照通用的方式包装；没有通用方式的，应当采取足以保护标的物且有利于节约资源、保护生态环境的包装方式。

第六百二十条　买受人收到标的物时应当在约定的检验期限内检验。没有约定检验期限的，应当及时检验。

第六百二十一条　当事人约定检验期限的，买受人应当在检验期限内将标的物的数量或者质量不符合约定的情形通知出卖人。买受人怠于通知的，视为标的物的数量或者质量符合约定。

当事人没有约定检验期限的，买受人应当在发现或者应当发现标的物的数量或者质量不符合约定的合理期限内通知出卖人。买受人在合理期限内未通知或者自收到标的物之日起二年内未通知出卖人的，视为标的物的数量或者质量符合约定；但是，对标的物有质量保证期的，适用质量保证期，不适用该二年的规定。

出卖人知道或者应当知道提供的标的物不符合约定的，买受人不受前两款规定的通知时间的限制。

第六百二十二条　当事人约定的检验期限过短，根据标的物的性质和交易习惯，买受人在检验期限内难以完成全面检验的，该期限仅视为买受人对标的物的外观瑕疵提出异议的期限。

约定的检验期限或者质量保证期短于法律、行政法规规定期限的，应当以法律、行政法规规定的期限为准。

第六百二十三条　当事人对检验期限未作约定，买受人签收的送货单、确认单等载明标的物数量、型号、规格的，推定买受人已经对数量和外观瑕疵进行检验，但是有相关证据足以推翻的除外。

第六百二十四条　出卖人依照买受人的指示向第三人交付标的物，出卖人和买受人约定的检验标准与买受人和第三人约定的检验标准不一致的，以出卖人和买受人约定的检验标准为准。

第六百二十五条 依照法律、行政法规的规定或者按照当事人的约定，标的物在有效使用年限届满后应予回收的，出卖人负有自行或者委托第三人对标的物予以回收的义务。

第六百二十六条 买受人应当按照约定的数额和支付方式支付价款。对价款的数额和支付方式没有约定或者约定不明确的，适用本法第五百一十条、第五百一十一条第二项和第五项的规定。

第六百二十七条 买受人应当按照约定的地点支付价款。对支付地点没有约定或者约定不明确，依据本法第五百一十条的规定仍不能确定的，买受人应当在出卖人的营业地支付；但是，约定支付价款以交付标的物或者交付提取标的物单证为条件的，在交付标的物或者交付提取标的物单证的所在地支付。

第六百二十八条 买受人应当按照约定的时间支付价款。对支付时间没有约定或者约定不明确，依据本法第五百一十条的规定仍不能确定的，买受人应当在收到标的物或者提取标的物单证的同时支付。

第六百二十九条 出卖人多交标的物的，买受人可以接收或者拒绝接收多交的部分。买受人接收多交部分的，按照约定的价格支付价款；买受人拒绝接收多交部分的，应当及时通知出卖人。

第六百三十条 标的物在交付之前产生的孳息，归出卖人所有；交付之后产生的孳息，归买受人所有。但是，当事人另有约定的除外。

第六百三十一条 因标的物的主物不符合约定而解除合同的，解除合同的效力及于从物。因标的物的从物不符合约定被解除的，解除的效力不及于主物。

第六百三十二条 标的物为数物，其中一物不符合约定的，买受人可以就该物解除。但是，该物与他物分离使标的物的价值显受损害的，买受人可以就数物解除合同。

第六百三十三条 出卖人分批交付标的物的，出卖人对其中一批标的物不交付或者交付不符合约定，致使该批标的物不能实现合同目的的，买受人可以就该批标的物解除。

出卖人不交付其中一批标的物或者交付不符合约定，致使之后其他各批标的物的交付不能实现合同目的的，买受人可以就该批以及之后其他各批标的物解除。

买受人如果就其中一批标的物解除，该批标的物与其他各批标的物相互依存的，可以就已经交付和未交付的各批标的物解除。

第六百三十四条　分期付款的买受人未支付到期价款的数额达到全部价款的五分之一，经催告后在合理期限内仍未支付到期价款的，出卖人可以请求买受人支付全部价款或者解除合同。

出卖人解除合同的，可以向买受人请求支付该标的物的使用费。

第六百三十五条　凭样品买卖的当事人应当封存样品，并可以对样品质量予以说明。出卖人交付的标的物应当与样品及其说明的质量相同。

第六百三十六条　凭样品买卖的买受人不知道样品有隐蔽瑕疵的，即使交付的标的物与样品相同，出卖人交付的标的物的质量仍然应当符合同种物的通常标准。

第六百三十七条　试用买卖的当事人可以约定标的物的试用期限。对试用期限没有约定或者约定不明确，依据本法第五百一十条的规定仍不能确定的，由出卖人确定。

第六百三十八条　试用买卖的买受人在试用期内可以购买标的物，也可以拒绝购买。试用期限届满，买受人对是否购买标的物未作表示的，视为购买。

试用买卖的买受人在试用期内已经支付部分价款或者对标的物实施出卖、出租、设立担保物权等行为的，视为同意购买。

第六百三十九条　试用买卖的当事人对标的物使用费没有约定或者约定不明确的，出卖人无权请求买受人支付。

第六百四十条　标的物在试用期内毁损、灭失的风险由出卖人承担。

第六百四十一条　当事人可以在买卖合同中约定买受人未履行支付价款或者其他义务的，标的物的所有权属于出卖人。

出卖人对标的物保留的所有权，未经登记，不得对抗善意第三人。

第六百四十二条　当事人约定出卖人保留合同标的物的所有权，在标的物所有权转移前，买受人有下列情形之一，造成出卖人损害的，除当事人另有约定外，出卖人有权取回标的物：

（一）未按照约定支付价款，经催告后在合理期限内仍未支付；

（二）未按照约定完成特定条件；

（三）将标的物出卖、出质或者作出其他不当处分。

出卖人可以与买受人协商取回标的物；协商不成的，可以参照适用担保物权的实现程序。

第六百四十三条 出卖人依据前条第一款的规定取回标的物后，买受人在双方约定或者出卖人指定的合理回赎期限内，消除出卖人取回标的物的事由的，可以请求回赎标的物。

买受人在回赎期限内没有回赎标的物，出卖人可以以合理价格将标的物出卖给第三人，出卖所得价款扣除买受人未支付的价款以及必要费用后仍有剩余的，应当返还买受人；不足部分由买受人清偿。

第六百四十四条 招标投标买卖的当事人的权利和义务以及招标投标程序等，依照有关法律、行政法规的规定。

第六百四十五条 拍卖的当事人的权利和义务以及拍卖程序等，依照有关法律、行政法规的规定。

第六百四十六条 法律对其他有偿合同有规定的，依照其规定；没有规定的，参照适用买卖合同的有关规定。

第六百四十七条 当事人约定易货交易，转移标的物的所有权的，参照适用买卖合同的有关规定。

第十章 供用电、水、气、热力合同

第六百四十八条 供用电合同是供电人向用电人供电，用电人支付电费的合同。

向社会公众供电的供电人，不得拒绝用电人合理的订立合同要求。

第六百四十九条 供用电合同的内容一般包括供电的方式、质量、时间，用电容量、地址、性质，计量方式，电价、电费的结算方式，供用电设施的维护责任等条款。

第六百五十条 供用电合同的履行地点，按照当事人约定；当事人没有约定或者约定不明确的，供电设施的产权分界处为履行地点。

第六百五十一条 供电人应当按照国家规定的供电质量标准和约定安全供电。供电人未按照国家规定的供电质量标准和约定安全供电，造成用电人损失的，应当承担赔偿责任。

第六百五十二条 供电人因供电设施计划检修、临时检修、依法限电或者用电人违法用电等原因，需要中断供电时，应当按照国家有关规定事先通知用电人；未事先通知用电人中断供电，造成用电人损失的，应当承担赔偿责任。

第六百五十三条 因自然灾害等原因断电，供电人应当按照国家有关规定及时抢修；未及时抢修，造成用电人损失的，应当承担赔偿责任。

第六百五十四条　用电人应当按照国家有关规定和当事人的约定及时支付电费。用电人逾期不支付电费的，应当按照约定支付违约金。经催告用电人在合理期限内仍不支付电费和违约金的，供电人可以按照国家规定的程序中止供电。

供电人依据前款规定中止供电的，应当事先通知用电人。

第六百五十五条　用电人应当按照国家有关规定和当事人的约定安全、节约和计划用电。用电人未按照国家有关规定和当事人的约定用电，造成供电人损失的，应当承担赔偿责任。

第六百五十六条　供用水、供用气、供用热力合同，参照适用供用电合同的有关规定。

第十一章　赠与合同

第六百五十七条　赠与合同是赠与人将自己的财产无偿给予受赠人，受赠人表示接受赠与的合同。

第六百五十八条　赠与人在赠与财产的权利转移之前可以撤销赠与。

经过公证的赠与合同或者依法不得撤销的具有救灾、扶贫、助残等公益、道德义务性质的赠与合同，不适用前款规定。

第六百五十九条　赠与的财产依法需要办理登记或者其他手续的，应当办理有关手续。

第六百六十条　经过公证的赠与合同或者依法不得撤销的具有救灾、扶贫、助残等公益、道德义务性质的赠与合同，赠与人不交付赠与财产的，受赠人可以请求交付。

依据前款规定应当交付的赠与财产因赠与人故意或者重大过失致使毁损、灭失的，赠与人应当承担赔偿责任。

第六百六十一条　赠与可以附义务。

赠与附义务的，受赠人应当按照约定履行义务。

第六百六十二条　赠与的财产有瑕疵的，赠与人不承担责任。附义务的赠与，赠与的财产有瑕疵的，赠与人在附义务的限度内承担与出卖人相同的责任。

赠与人故意不告知瑕疵或者保证无瑕疵，造成受赠人损失的，应当承担赔偿责任。

第六百六十三条 受赠人有下列情形之一的，赠与人可以撤销赠与：

（一）严重侵害赠与人或者赠与人近亲属的合法权益；

（二）对赠与人有扶养义务而不履行；

（三）不履行赠与合同约定的义务。

赠与人的撤销权，自知道或者应当知道撤销事由之日起一年内行使。

第六百六十四条 因受赠人的违法行为致使赠与人死亡或者丧失民事行为能力的，赠与人的继承人或者法定代理人可以撤销赠与。

赠与人的继承人或者法定代理人的撤销权，自知道或者应当知道撤销事由之日起六个月内行使。

第六百六十五条 撤销权人撤销赠与的，可以向受赠人请求返还赠与的财产。

第六百六十六条 赠与人的经济状况显著恶化，严重影响其生产经营或者家庭生活的，可以不再履行赠与义务。

第十二章　借款合同

第六百六十七条 借款合同是借款人向贷款人借款，到期返还借款并支付利息的合同。

第六百六十八条 借款合同应当采用书面形式，但是自然人之间借款另有约定的除外。

借款合同的内容一般包括借款种类、币种、用途、数额、利率、期限和还款方式等条款。

第六百六十九条 订立借款合同，借款人应当按照贷款人的要求提供与借款有关的业务活动和财务状况的真实情况。

第六百七十条 借款的利息不得预先在本金中扣除。利息预先在本金中扣除的，应当按照实际借款数额返还借款并计算利息。

第六百七十一条 贷款人未按照约定的日期、数额提供借款，造成借款人损失的，应当赔偿损失。

借款人未按照约定的日期、数额收取借款的，应当按照约定的日期、数额支付利息。

第六百七十二条 贷款人按照约定可以检查、监督借款的使用情况。借款人应当按照约定向贷款人定期提供有关财务会计报表或者其他资料。

第六百七十三条 借款人未按照约定的借款用途使用借款的，贷款人可以停止发放借款、提前收回借款或者解除合同。

第六百七十四条 借款人应当按照约定的期限支付利息。对支付利息的期限没有约定或者约定不明确，依据本法第五百一十条的规定仍不能确定，借款期间不满一年的，应当在返还借款时一并支付；借款期间一年以上的，应当在每届满一年时支付，剩余期间不满一年的，应当在返还借款时一并支付。

第六百七十五条 借款人应当按照约定的期限返还借款。对借款期限没有约定或者约定不明确，依据本法第五百一十条的规定仍不能确定的，借款人可以随时返还；贷款人可以催告借款人在合理期限内返还。

第六百七十六条 借款人未按照约定的期限返还借款的，应当按照约定或者国家有关规定支付逾期利息。

第六百七十七条 借款人提前返还借款的，除当事人另有约定外，应当按照实际借款的期间计算利息。

第六百七十八条 借款人可以在还款期限届满前向贷款人申请展期；贷款人同意的，可以展期。

第六百七十九条 自然人之间的借款合同，自贷款人提供借款时成立。

第六百八十条 禁止高利放贷，借款的利率不得违反国家有关规定。

借款合同对支付利息没有约定的，视为没有利息。

借款合同对支付利息约定不明确，当事人不能达成补充协议的，按照当地或者当事人的交易方式、交易习惯、市场利率等因素确定利息；自然人之间借款的，视为没有利息。

第十三章 保证合同

第一节 一般规定

第六百八十一条 保证合同是为保障债权的实现，保证人和债权人约定，当债务人不履行到期债务或者发生当事人约定的情形时，保证人履行债务或者承担责任的合同。

第六百八十二条 保证合同是主债权债务合同的从合同。主债权债务合同无效的，保证合同无效，但是法律另有规定的除外。

保证合同被确认无效后，债务人、保证人、债权人有过错的，应当根据其过错各自承担相应的民事责任。

第六百八十三条 机关法人不得为保证人，但是经国务院批准为使用外国政府或者国际经济组织贷款进行转贷的除外。

以公益为目的的非营利法人、非法人组织不得为保证人。

第六百八十四条 保证合同的内容一般包括被保证的主债权的种类、数额，债务人履行债务的期限，保证的方式、范围和期间等条款。

第六百八十五条 保证合同可以是单独订立的书面合同，也可以是主债权债务合同中的保证条款。

第三人单方以书面形式向债权人作出保证，债权人接收且未提出异议的，保证合同成立。

第六百八十六条 保证的方式包括一般保证和连带责任保证。

当事人在保证合同中对保证方式没有约定或者约定不明确的，按照一般保证承担保证责任。

第六百八十七条 当事人在保证合同中约定，债务人不能履行债务时，由保证人承担保证责任的，为一般保证。

一般保证的保证人在主合同纠纷未经审判或者仲裁，并就债务人财产依法强制执行仍不能履行债务前，有权拒绝向债权人承担保证责任，但是有下列情形之一的除外：

（一）债务人下落不明，且无财产可供执行；

（二）人民法院已经受理债务人破产案件；

（三）债权人有证据证明债务人的财产不足以履行全部债务或者丧失履行债务能力；

（四）保证人书面表示放弃本款规定的权利。

第六百八十八条 当事人在保证合同中约定保证人和债务人对债务承担连带责任的，为连带责任保证。

连带责任保证的债务人不履行到期债务或者发生当事人约定的情形时，债权人可以请求债务人履行债务，也可以请求保证人在其保证范围内承担保证责任。

第六百八十九条 保证人可以要求债务人提供反担保。

第六百九十条 保证人与债权人可以协商订立最高额保证的合同，约定在最高债权额限度内就一定期间连续发生的债权提供保证。

最高额保证除适用本章规定外，参照适用本法第二编最高额抵押权的有关规定。

第二节　保证责任

第六百九十一条　保证的范围包括主债权及其利息、违约金、损害赔偿金和实现债权的费用。当事人另有约定的，按照其约定。

第六百九十二条　保证期间是确定保证人承担保证责任的期间，不发生中止、中断和延长。

债权人与保证人可以约定保证期间，但是约定的保证期间早于主债务履行期限或者与主债务履行期限同时届满的，视为没有约定；没有约定或者约定不明确的，保证期间为主债务履行期限届满之日起六个月。

债权人与债务人对主债务履行期限没有约定或者约定不明确的，保证期间自债权人请求债务人履行债务的宽限期届满之日起计算。

第六百九十三条　一般保证的债权人未在保证期间对债务人提起诉讼或者申请仲裁的，保证人不再承担保证责任。

连带责任保证的债权人未在保证期间请求保证人承担保证责任的，保证人不再承担保证责任。

第六百九十四条　一般保证的债权人在保证期间届满前对债务人提起诉讼或者申请仲裁的，从保证人拒绝承担保证责任的权利消灭之日起，开始计算保证债务的诉讼时效。

连带责任保证的债权人在保证期间届满前请求保证人承担保证责任的，从债权人请求保证人承担保证责任之日起，开始计算保证债务的诉讼时效。

第六百九十五条　债权人和债务人未经保证人书面同意，协商变更主债权债务合同内容，减轻债务的，保证人仍对变更后的债务承担保证责任；加重债务的，保证人对加重的部分不承担保证责任。

债权人和债务人变更主债权债务合同的履行期限，未经保证人书面同意的，保证期间不受影响。

第六百九十六条　债权人转让全部或者部分债权，未通知保证人的，该转让对保证人不发生效力。

保证人与债权人约定禁止债权转让，债权人未经保证人书面同意转让债权的，保证人对受让人不再承担保证责任。

第六百九十七条　债权人未经保证人书面同意，允许债务人转移全部或者部分债务，保证人对未经其同意转移的债务不再承担保证责任，但是债权人和保证人另有约定的除外。

第三人加入债务的，保证人的保证责任不受影响。

第六百九十八条 一般保证的保证人在主债务履行期限届满后，向债权人提供债务人可供执行财产的真实情况，债权人放弃或者怠于行使权利致使该财产不能被执行的，保证人在其提供可供执行财产的价值范围内不再承担保证责任。

第六百九十九条 同一债务有两个以上保证人的，保证人应当按照保证合同约定的保证份额，承担保证责任；没有约定保证份额的，债权人可以请求任何一个保证人在其保证范围内承担保证责任。

第七百条 保证人承担保证责任后，除当事人另有约定外，有权在其承担保证责任的范围内向债务人追偿，享有债权人对债务人的权利，但是不得损害债权人的利益。

第七百零一条 保证人可以主张债务人对债权人的抗辩。债务人放弃抗辩的，保证人仍有权向债权人主张抗辩。

第七百零二条 债务人对债权人享有抵销权或者撤销权的，保证人可以在相应范围内拒绝承担保证责任。

第十四章 租赁合同

第七百零三条 租赁合同是出租人将租赁物交付承租人使用、收益，承租人支付租金的合同。

第七百零四条 租赁合同的内容一般包括租赁物的名称、数量、用途、租赁期限、租金及其支付期限和方式、租赁物维修等条款。

第七百零五条 租赁期限不得超过二十年。超过二十年的，超过部分无效。

租赁期限届满，当事人可以续订租赁合同；但是，约定的租赁期限自续订之日起不得超过二十年。

第七百零六条 当事人未依照法律、行政法规规定办理租赁合同登记备案手续的，不影响合同的效力。

第七百零七条 租赁期限六个月以上的，应当采用书面形式。当事人未采用书面形式，无法确定租赁期限的，视为不定期租赁。

第七百零八条 出租人应当按照约定将租赁物交付承租人，并在租赁期限内保持租赁物符合约定的用途。

第七百零九条 承租人应当按照约定的方法使用租赁物。对租赁物的使用方法没有约定或者约定不明确，依据本法第五百一十条的规定仍不能确定的，应当根据租赁物的性质使用。

第七百一十条　承租人按照约定的方法或者根据租赁物的性质使用租赁物，致使租赁物受到损耗的，不承担赔偿责任。

第七百一十一条　承租人未按照约定的方法或者未根据租赁物的性质使用租赁物，致使租赁物受到损失的，出租人可以解除合同并请求赔偿损失。

第七百一十二条　出租人应当履行租赁物的维修义务，但是当事人另有约定的除外。

第七百一十三条　承租人在租赁物需要维修时可以请求出租人在合理期限内维修。出租人未履行维修义务的，承租人可以自行维修，维修费用由出租人负担。因维修租赁物影响承租人使用的，应当相应减少租金或者延长租期。

因承租人的过错致使租赁物需要维修的，出租人不承担前款规定的维修义务。

第七百一十四条　承租人应当妥善保管租赁物，因保管不善造成租赁物毁损、灭失的，应当承担赔偿责任。

第七百一十五条　承租人经出租人同意，可以对租赁物进行改善或者增设他物。

承租人未经出租人同意，对租赁物进行改善或者增设他物的，出租人可以请求承租人恢复原状或者赔偿损失。

第七百一十六条　承租人经出租人同意，可以将租赁物转租给第三人。承租人转租的，承租人与出租人之间的租赁合同继续有效；第三人造成租赁物损失的，承租人应当赔偿损失。

承租人未经出租人同意转租的，出租人可以解除合同。

第七百一十七条　承租人经出租人同意将租赁物转租给第三人，转租期限超过承租人剩余租赁期限的，超过部分的约定对出租人不具有法律约束力，但是出租人与承租人另有约定的除外。

第七百一十八条　出租人知道或者应当知道承租人转租，但是在六个月内未提出异议的，视为出租人同意转租。

第七百一十九条　承租人拖欠租金的，次承租人可以代承租人支付其欠付的租金和违约金，但是转租合同对出租人不具有法律约束力的除外。

次承租人代为支付的租金和违约金，可以充抵次承租人应当向承租人支付的租金；超出其应付的租金数额的，可以向承租人追偿。

第七百二十条　在租赁期限内因占有、使用租赁物获得的收益，归承租人所有，但是当事人另有约定的除外。

第七百二十一条　承租人应当按照约定的期限支付租金。对支付租金的期限没有约定或者约定不明确，依据本法第五百一十条的规定仍不能确定，租赁期限不满一年的，应当在租赁期限届满时支付；租赁期限一年以上的，应当在每届满一年时支付，剩余期限不满一年的，应当在租赁期限届满时支付。

第七百二十二条　承租人无正当理由未支付或者迟延支付租金的，出租人可以请求承租人在合理期限内支付；承租人逾期不支付的，出租人可以解除合同。

第七百二十三条　因第三人主张权利，致使承租人不能对租赁物使用、收益的，承租人可以请求减少租金或者不支付租金。

第三人主张权利的，承租人应当及时通知出租人。

第七百二十四条　有下列情形之一，非因承租人原因致使租赁物无法使用的，承租人可以解除合同：

（一）租赁物被司法机关或者行政机关依法查封、扣押；

（二）租赁物权属有争议；

（三）租赁物具有违反法律、行政法规关于使用条件的强制性规定情形。

第七百二十五条　租赁物在承租人按照租赁合同占有期限内发生所有权变动的，不影响租赁合同的效力。

第七百二十六条　出租人出卖租赁房屋的，应当在出卖之前的合理期限内通知承租人，承租人享有以同等条件优先购买的权利；但是，房屋按份共有人行使优先购买权或者出租人将房屋出卖给近亲属的除外。

出租人履行通知义务后，承租人在十五日内未明确表示购买的，视为承租人放弃优先购买权。

第七百二十七条　出租人委托拍卖人拍卖租赁房屋的，应当在拍卖五日前通知承租人。承租人未参加拍卖的，视为放弃优先购买权。

第七百二十八条　出租人未通知承租人或者有其他妨害承租人行使优先购买权情形的，承租人可以请求出租人承担赔偿责任。但是，出租人与第三人订立的房屋买卖合同的效力不受影响。

第七百二十九条　因不可归责于承租人的事由，致使租赁物部分或者全部毁损、灭失的，承租人可以请求减少租金或者不支付租金；因租赁物部分或者全部毁损、灭失，致使不能实现合同目的的，承租人可以解除合同。

第七百三十条　当事人对租赁期限没有约定或者约定不明确，依据本法第五百一十条的规定仍不能确定的，视为不定期租赁；当事人可以随时解除合同，但是应当在合理期限之前通知对方。

第七百三十一条　租赁物危及承租人的安全或者健康的，即使承租人订立合同时明知该租赁物质量不合格，承租人仍然可以随时解除合同。

第七百三十二条　承租人在房屋租赁期限内死亡的，与其生前共同居住的人或者共同经营人可以按照原租赁合同租赁该房屋。

第七百三十三条　租赁期限届满，承租人应当返还租赁物。返还的租赁物应当符合按照约定或者根据租赁物的性质使用后的状态。

第七百三十四条　租赁期限届满，承租人继续使用租赁物，出租人没有提出异议的，原租赁合同继续有效，但是租赁期限为不定期。

租赁期限届满，房屋承租人享有以同等条件优先承租的权利。

第十五章　融资租赁合同

第七百三十五条　融资租赁合同是出租人根据承租人对出卖人、租赁物的选择，向出卖人购买租赁物，提供给承租人使用，承租人支付租金的合同。

第七百三十六条　融资租赁合同的内容一般包括租赁物的名称、数量、规格、技术性能、检验方法，租赁期限，租金构成及其支付期限和方式、币种，租赁期限届满租赁物的归属等条款。

融资租赁合同应当采用书面形式。

第七百三十七条　当事人以虚构租赁物方式订立的融资租赁合同无效。

第七百三十八条　依照法律、行政法规的规定，对于租赁物的经营使用应当取得行政许可的，出租人未取得行政许可不影响融资租赁合同的效力。

第七百三十九条　出租人根据承租人对出卖人、租赁物的选择订立的买卖合同，出卖人应当按照约定向承租人交付标的物，承租人享有与受领标的物有关的买受人的权利。

第七百四十条　出卖人违反向承租人交付标的物的义务，有下列情形之一的，承租人可以拒绝受领出卖人向其交付的标的物：

（一）标的物严重不符合约定；

（二）未按照约定交付标的物，经承租人或者出租人催告后在合理期限内仍未交付。

承租人拒绝受领标的物的，应当及时通知出租人。

第七百四十一条 出租人、出卖人、承租人可以约定，出卖人不履行买卖合同义务的，由承租人行使索赔的权利。承租人行使索赔权利的，出租人应当协助。

第七百四十二条 承租人对出卖人行使索赔权利，不影响其履行支付租金的义务。但是，承租人依赖出租人的技能确定租赁物或者出租人干预选择租赁物的，承租人可以请求减免相应租金。

第七百四十三条 出租人有下列情形之一，致使承租人对出卖人行使索赔权利失败的，承租人有权请求出租人承担相应的责任：

（一）明知租赁物有质量瑕疵而不告知承租人；

（二）承租人行使索赔权利时，未及时提供必要协助。

出租人怠于行使只能由其对出卖人行使的索赔权利，造成承租人损失的，承租人有权请求出租人承担赔偿责任。

第七百四十四条 出租人根据承租人对出卖人、租赁物的选择订立的买卖合同，未经承租人同意，出租人不得变更与承租人有关的合同内容。

第七百四十五条 出租人对租赁物享有的所有权，未经登记，不得对抗善意第三人。

第七百四十六条 融资租赁合同的租金，除当事人另有约定外，应当根据购买租赁物的大部分或者全部成本以及出租人的合理利润确定。

第七百四十七条 租赁物不符合约定或者不符合使用目的的，出租人不承担责任。但是，承租人依赖出租人的技能确定租赁物或者出租人干预选择租赁物的除外。

第七百四十八条 出租人应当保证承租人对租赁物的占有和使用。

出租人有下列情形之一的，承租人有权请求其赔偿损失：

（一）无正当理由收回租赁物；

（二）无正当理由妨碍、干扰承租人对租赁物的占有和使用；

（三）因出租人的原因致使第三人对租赁物主张权利；

（四）不当影响承租人对租赁物占有和使用的其他情形。

第七百四十九条 承租人占有租赁物期间，租赁物造成第三人人身损害或者财产损失的，出租人不承担责任。

第七百五十条 承租人应当妥善保管、使用租赁物。

承租人应当履行占有租赁物期间的维修义务。

第七百五十一条　承租人占有租赁物期间，租赁物毁损、灭失的，出租人有权请求承租人继续支付租金，但是法律另有规定或者当事人另有约定的除外。

第七百五十二条　承租人应当按照约定支付租金。承租人经催告后在合理期限内仍不支付租金的，出租人可以请求支付全部租金；也可以解除合同，收回租赁物。

第七百五十三条　承租人未经出租人同意，将租赁物转让、抵押、质押、投资入股或者以其他方式处分的，出租人可以解除融资租赁合同。

第七百五十四条　有下列情形之一的，出租人或者承租人可以解除融资租赁合同：

（一）出租人与出卖人订立的买卖合同解除、被确认无效或者被撤销，且未能重新订立买卖合同；

（二）租赁物因不可归责于当事人的原因毁损、灭失，且不能修复或者确定替代物；

（三）因出卖人的原因致使融资租赁合同的目的不能实现。

第七百五十五条　融资租赁合同因买卖合同解除、被确认无效或者被撤销而解除，出卖人、租赁物系由承租人选择的，出租人有权请求承租人赔偿相应损失；但是，因出租人原因致使买卖合同解除、被确认无效或者被撤销的除外。

出租人的损失已经在买卖合同解除、被确认无效或者被撤销时获得赔偿的，承租人不再承担相应的赔偿责任。

第七百五十六条　融资租赁合同因租赁物交付承租人后意外毁损、灭失等不可归责于当事人的原因解除的，出租人可以请求承租人按照租赁物折旧情况给予补偿。

第七百五十七条　出租人和承租人可以约定租赁期限届满租赁物的归属；对租赁物的归属没有约定或者约定不明确，依据本法第五百一十条的规定仍不能确定的，租赁物的所有权归出租人。

第七百五十八条　当事人约定租赁期限届满租赁物归承租人所有，承租人已经支付大部分租金，但是无力支付剩余租金，出租人因此解除合同收回租赁物，收回的租赁物的价值超过承租人欠付的租金以及其他费用的，承租人可以请求相应返还。

当事人约定租赁期限届满租赁物归出租人所有，因租赁物毁损、灭失或者附合、混合于他物致使承租人不能返还的，出租人有权请求承租人给予合理补偿。

第七百五十九条 当事人约定租赁期限届满，承租人仅需向出租人支付象征性价款的，视为约定的租金义务履行完毕后租赁物的所有权归承租人。

第七百六十条 融资租赁合同无效，当事人就该情形下租赁物的归属有约定的，按照其约定；没有约定或者约定不明确的，租赁物应当返还出租人。但是，因承租人原因致使合同无效，出租人不请求返还或者返还后会显著降低租赁物效用的，租赁物的所有权归承租人，由承租人给予出租人合理补偿。

第十六章　保理合同

第七百六十一条 保理合同是应收账款债权人将现有的或者将有的应收账款转让给保理人，保理人提供资金融通、应收账款管理或者催收、应收账款债务人付款担保等服务的合同。

第七百六十二条 保理合同的内容一般包括业务类型、服务范围、服务期限、基础交易合同情况、应收账款信息、保理融资款或者服务报酬及其支付方式等条款。

保理合同应当采用书面形式。

第七百六十三条 应收账款债权人与债务人虚构应收账款作为转让标的，与保理人订立保理合同的，应收账款债务人不得以应收账款不存在为由对抗保理人，但是保理人明知虚构的除外。

第七百六十四条 保理人向应收账款债务人发出应收账款转让通知的，应当表明保理人身份并附有必要凭证。

第七百六十五条 应收账款债务人接到应收账款转让通知后，应收账款债权人与债务人无正当理由协商变更或者终止基础交易合同，对保理人产生不利影响的，对保理人不发生效力。

第七百六十六条 当事人约定有追索权保理的，保理人可以向应收账款债权人主张返还保理融资款本息或者回购应收账款债权，也可以向应收账款债务人主张应收账款债权。保理人向应收账款债务人主张应收账款债权，在扣除保理融资款本息和相关费用后有剩余的，剩余部分应当返还给应收账款债权人。

第七百六十七条 当事人约定无追索权保理的，保理人应当向应收账款债务人主张应收账款债权，保理人取得超过保理融资款本息和相关费用的部分，无需向应收账款债权人返还。

第七百六十八条　应收账款债权人就同一应收账款订立多个保理合同，致使多个保理人主张权利的，已经登记的先于未登记的取得应收账款；均已经登记的，按照登记时间的先后顺序取得应收账款；均未登记的，由最先到达应收账款债务人的转让通知中载明的保理人取得应收账款；既未登记也未通知的，按照保理融资款或者服务报酬的比例取得应收账款。

第七百六十九条　本章没有规定的，适用本编第六章债权转让的有关规定。

第十七章　承揽合同

第七百七十条　承揽合同是承揽人按照定作人的要求完成工作，交付工作成果，定作人支付报酬的合同。

承揽包括加工、定作、修理、复制、测试、检验等工作。

第七百七十一条　承揽合同的内容一般包括承揽的标的、数量、质量、报酬，承揽方式，材料的提供，履行期限，验收标准和方法等条款。

第七百七十二条　承揽人应当以自己的设备、技术和劳力，完成主要工作，但是当事人另有约定的除外。

承揽人将其承揽的主要工作交由第三人完成的，应当就该第三人完成的工作成果向定作人负责；未经定作人同意的，定作人也可以解除合同。

第七百七十三条　承揽人可以将其承揽的辅助工作交由第三人完成。承揽人将其承揽的辅助工作交由第三人完成的，应当就该第三人完成的工作成果向定作人负责。

第七百七十四条　承揽人提供材料的，应当按照约定选用材料，并接受定作人检验。

第七百七十五条　定作人提供材料的，应当按照约定提供材料。承揽人对定作人提供的材料应当及时检验，发现不符合约定时，应当及时通知定作人更换、补齐或者采取其他补救措施。

承揽人不得擅自更换定作人提供的材料，不得更换不需要修理的零部件。

第七百七十六条　承揽人发现定作人提供的图纸或者技术要求不合理的，应当及时通知定作人。因定作人怠于答复等原因造成承揽人损失的，应当赔偿损失。

第七百七十七条 定作人中途变更承揽工作的要求，造成承揽人损失的，应当赔偿损失。

第七百七十八条 承揽工作需要定作人协助的，定作人有协助的义务。定作人不履行协助义务致使承揽工作不能完成的，承揽人可以催告定作人在合理期限内履行义务，并可以顺延履行期限；定作人逾期不履行的，承揽人可以解除合同。

第七百七十九条 承揽人在工作期间，应当接受定作人必要的监督检验。定作人不得因监督检验妨碍承揽人的正常工作。

第七百八十条 承揽人完成工作的，应当向定作人交付工作成果，并提交必要的技术资料和有关质量证明。定作人应当验收该工作成果。

第七百八十一条 承揽人交付的工作成果不符合质量要求的，定作人可以合理选择请求承揽人承担修理、重作、减少报酬、赔偿损失等违约责任。

第七百八十二条 定作人应当按照约定的期限支付报酬。对支付报酬的期限没有约定或者约定不明确，依据本法第五百一十条的规定仍不能确定的，定作人应当在承揽人交付工作成果时支付；工作成果部分交付的，定作人应当相应支付。

第七百八十三条 定作人未向承揽人支付报酬或者材料费等价款的，承揽人对完成的工作成果享有留置权或者有权拒绝交付，但是当事人另有约定的除外。

第七百八十四条 承揽人应当妥善保管定作人提供的材料以及完成的工作成果，因保管不善造成毁损、灭失的，应当承担赔偿责任。

第七百八十五条 承揽人应当按照定作人的要求保守秘密，未经定作人许可，不得留存复制品或者技术资料。

第七百八十六条 共同承揽人对定作人承担连带责任，但是当事人另有约定的除外。

第七百八十七条 定作人在承揽人完成工作前可以随时解除合同，造成承揽人损失的，应当赔偿损失。

第十八章　建设工程合同

第七百八十八条 建设工程合同是承包人进行工程建设，发包人支付价款的合同。

建设工程合同包括工程勘察、设计、施工合同。

第七百八十九条　建设工程合同应当采用书面形式。

第七百九十条　建设工程的招标投标活动，应当依照有关法律的规定公开、公平、公正进行。

第七百九十一条　发包人可以与总承包人订立建设工程合同，也可以分别与勘察人、设计人、施工人订立勘察、设计、施工承包合同。发包人不得将应当由一个承包人完成的建设工程支解成若干部分发包给数个承包人。

总承包人或者勘察、设计、施工承包人经发包人同意，可以将自己承包的部分工作交由第三人完成。第三人就其完成的工作成果与总承包人或者勘察、设计、施工承包人向发包人承担连带责任。承包人不得将其承包的全部建设工程转包给第三人或者将其承包的全部建设工程支解以后以分包的名义分别转包给第三人。

禁止承包人将工程分包给不具备相应资质条件的单位。禁止分包单位将其承包的工程再分包。建设工程主体结构的施工必须由承包人自行完成。

第七百九十二条　国家重大建设工程合同，应当按照国家规定的程序和国家批准的投资计划、可行性研究报告等文件订立。

第七百九十三条　建设工程施工合同无效，但是建设工程经验收合格的，可以参照合同关于工程价款的约定折价补偿承包人。

建设工程施工合同无效，且建设工程经验收不合格的，按照以下情形处理：

（一）修复后的建设工程经验收合格的，发包人可以请求承包人承担修复费用；

（二）修复后的建设工程经验收不合格的，承包人无权请求参照合同关于工程价款的约定折价补偿。

发包人对因建设工程不合格造成的损失有过错的，应当承担相应的责任。

第七百九十四条　勘察、设计合同的内容一般包括提交有关基础资料和概预算等文件的期限、质量要求、费用以及其他协作条件等条款。

第七百九十五条　施工合同的内容一般包括工程范围、建设工期、中间交工工程的开工和竣工时间、工程质量、工程造价、技术资料交付时间、材料和设备供应责任、拨款和结算、竣工验收、质量保修范围和质量保证期、相互协作等条款。

第七百九十六条　建设工程实行监理的，发包人应当与监理人采用书面形式订立委托监理合同。发包人与监理人的权利和义务以及法律责任，应当依照本编委托合同以及其他有关法律、行政法规的规定。

第七百九十七条 发包人在不妨碍承包人正常作业的情况下，可以随时对作业进度、质量进行检查。

第七百九十八条 隐蔽工程在隐蔽以前，承包人应当通知发包人检查。发包人没有及时检查的，承包人可以顺延工程日期，并有权请求赔偿停工、窝工等损失。

第七百九十九条 建设工程竣工后，发包人应当根据施工图纸及说明书、国家颁发的施工验收规范和质量检验标准及时进行验收。验收合格的，发包人应当按照约定支付价款，并接收该建设工程。

建设工程竣工经验收合格后，方可交付使用；未经验收或者验收不合格的，不得交付使用。

第八百条 勘察、设计的质量不符合要求或者未按照期限提交勘察、设计文件拖延工期，造成发包人损失的，勘察人、设计人应当继续完善勘察、设计，减收或者免收勘察、设计费并赔偿损失。

第八百零一条 因施工人的原因致使建设工程质量不符合约定的，发包人有权请求施工人在合理期限内无偿修理或者返工、改建。经过修理或者返工、改建后，造成逾期交付的，施工人应当承担违约责任。

第八百零二条 因承包人的原因致使建设工程在合理使用期限内造成人身损害和财产损失的，承包人应当承担赔偿责任。

第八百零三条 发包人未按照约定的时间和要求提供原材料、设备、场地、资金、技术资料的，承包人可以顺延工程日期，并有权请求赔偿停工、窝工等损失。

第八百零四条 因发包人的原因致使工程中途停建、缓建的，发包人应当采取措施弥补或者减少损失，赔偿承包人因此造成的停工、窝工、倒运、机械设备调迁、材料和构件积压等损失和实际费用。

第八百零五条 因发包人变更计划，提供的资料不准确，或者未按照期限提供必需的勘察、设计工作条件而造成勘察、设计的返工、停工或者修改设计，发包人应当按照勘察人、设计人实际消耗的工作量增付费用。

第八百零六条 承包人将建设工程转包、违法分包的，发包人可以解除合同。

发包人提供的主要建筑材料、建筑构配件和设备不符合强制性标准或者不履行协助义务，致使承包人无法施工，经催告后在合理期限内仍未履行相应义务的，承包人可以解除合同。

合同解除后，已经完成的建设工程质量合格的，发包人应当按照约定支付相应的工程价款；已经完成的建设工程质量不合格的，参照本法第七百九十三条的规定处理。

第八百零七条　发包人未按照约定支付价款的，承包人可以催告发包人在合理期限内支付价款。发包人逾期不支付的，除根据建设工程的性质不宜折价、拍卖外，承包人可以与发包人协议将该工程折价，也可以请求人民法院将该工程依法拍卖。建设工程的价款就该工程折价或者拍卖的价款优先受偿。

第八百零八条　本章没有规定的，适用承揽合同的有关规定。

第十九章　运输合同

第一节　一般规定

第八百零九条　运输合同是承运人将旅客或者货物从起运地点运输到约定地点，旅客、托运人或者收货人支付票款或者运输费用的合同。

第八百一十条　从事公共运输的承运人不得拒绝旅客、托运人通常、合理的运输要求。

第八百一十一条　承运人应当在约定期限或者合理期限内将旅客、货物安全运输到约定地点。

第八百一十二条　承运人应当按照约定的或者通常的运输路线将旅客、货物运输到约定地点。

第八百一十三条　旅客、托运人或者收货人应当支付票款或者运输费用。承运人未按照约定路线或者通常路线运输增加票款或者运输费用的，旅客、托运人或者收货人可以拒绝支付增加部分的票款或者运输费用。

第二节　客运合同

第八百一十四条　客运合同自承运人向旅客出具客票时成立，但是当事人另有约定或者另有交易习惯的除外。

第八百一十五条　旅客应当按照有效客票记载的时间、班次和座位号乘坐。旅客无票乘坐、超程乘坐、越级乘坐或者持不符合减价条件的优惠客票乘坐的，应当补交票款，承运人可以按照规定加收票款；旅客不支付票款的，承运人可以拒绝运输。

实名制客运合同的旅客丢失客票的，可以请求承运人挂失补办，承运人不得再次收取票款和其他不合理费用。

第八百一十六条 旅客因自己的原因不能按照客票记载的时间乘坐的，应当在约定的期限内办理退票或者变更手续；逾期办理的，承运人可以不退票款，并不再承担运输义务。

第八百一十七条 旅客随身携带行李应当符合约定的限量和品类要求；超过限量或者违反品类要求携带行李的，应当办理托运手续。

第八百一十八条 旅客不得随身携带或者在行李中夹带易燃、易爆、有毒、有腐蚀性、有放射性以及可能危及运输工具上人身和财产安全的危险物品或者违禁物品。

旅客违反前款规定的，承运人可以将危险物品或者违禁物品卸下、销毁或者送交有关部门。旅客坚持携带或者夹带危险物品或者违禁物品的，承运人应当拒绝运输。

第八百一十九条 承运人应当严格履行安全运输义务，及时告知旅客安全运输应当注意的事项。旅客对承运人为安全运输所作的合理安排应当积极协助和配合。

第八百二十条 承运人应当按照有效客票记载的时间、班次和座位号运输旅客。承运人迟延运输或者有其他不能正常运输情形的，应当及时告知和提醒旅客，采取必要的安置措施，并根据旅客的要求安排改乘其他班次或者退票；由此造成旅客损失的，承运人应当承担赔偿责任，但是不可归责于承运人的除外。

第八百二十一条 承运人擅自降低服务标准的，应当根据旅客的请求退票或者减收票款；提高服务标准的，不得加收票款。

第八百二十二条 承运人在运输过程中，应当尽力救助患有急病、分娩、遇险的旅客。

第八百二十三条 承运人应当对运输过程中旅客的伤亡承担赔偿责任；但是，伤亡是旅客自身健康原因造成的或者承运人证明伤亡是旅客故意、重大过失造成的除外。

前款规定适用于按照规定免票、持优待票或者经承运人许可搭乘的无票旅客。

第八百二十四条 在运输过程中旅客随身携带物品毁损、灭失，承运人有过错的，应当承担赔偿责任。

旅客托运的行李毁损、灭失的，适用货物运输的有关规定。

第三节　货运合同

第八百二十五条　托运人办理货物运输，应当向承运人准确表明收货人的姓名、名称或者凭指示的收货人，货物的名称、性质、重量、数量，收货地点等有关货物运输的必要情况。

因托运人申报不实或者遗漏重要情况，造成承运人损失的，托运人应当承担赔偿责任。

第八百二十六条　货物运输需要办理审批、检验等手续的，托运人应当将办理完有关手续的文件提交承运人。

第八百二十七条　托运人应当按照约定的方式包装货物。对包装方式没有约定或者约定不明确的，适用本法第六百一十九条的规定。

托运人违反前款规定的，承运人可以拒绝运输。

第八百二十八条　托运人托运易燃、易爆、有毒、有腐蚀性、有放射性等危险物品的，应当按照国家有关危险物品运输的规定对危险物品妥善包装，做出危险物品标志和标签，并将有关危险物品的名称、性质和防范措施的书面材料提交承运人。

托运人违反前款规定的，承运人可以拒绝运输，也可以采取相应措施以避免损失的发生，因此产生的费用由托运人负担。

第八百二十九条　在承运人将货物交付收货人之前，托运人可以要求承运人中止运输、返还货物、变更到达地或者将货物交给其他收货人，但是应当赔偿承运人因此受到的损失。

第八百三十条　货物运输到达后，承运人知道收货人的，应当及时通知收货人，收货人应当及时提货。收货人逾期提货的，应当向承运人支付保管费等费用。

第八百三十一条　收货人提货时应当按照约定的期限检验货物。对检验货物的期限没有约定或者约定不明确，依据本法第五百一十条的规定仍不能确定的，应当在合理期限内检验货物。收货人在约定的期限或者合理期限内对货物的数量、毁损等未提出异议的，视为承运人已经按照运输单证的记载交付的初步证据。

第八百三十二条　承运人对运输过程中货物的毁损、灭失承担赔偿责任。但是，承运人证明货物的毁损、灭失是因不可抗力、货物本身的自然性质或者合理损耗以及托运人、收货人的过错造成的，不承担赔偿责任。

第八百三十三条 货物的毁损、灭失的赔偿额，当事人有约定的，按照其约定；没有约定或者约定不明确，依据本法第五百一十条的规定仍不能确定的，按照交付或者应当交付时货物到达地的市场价格计算。法律、行政法规对赔偿额的计算方法和赔偿限额另有规定的，依照其规定。

第八百三十四条 两个以上承运人以同一运输方式联运的，与托运人订立合同的承运人应当对全程运输承担责任；损失发生在某一运输区段的，与托运人订立合同的承运人和该区段的承运人承担连带责任。

第八百三十五条 货物在运输过程中因不可抗力灭失，未收取运费的，承运人不得请求支付运费；已经收取运费的，托运人可以请求返还。法律另有规定的，依照其规定。

第八百三十六条 托运人或者收货人不支付运费、保管费或者其他费用的，承运人对相应的运输货物享有留置权，但是当事人另有约定的除外。

第八百三十七条 收货人不明或者收货人无正当理由拒绝受领货物的，承运人依法可以提存货物。

第四节 多式联运合同

第八百三十八条 多式联运经营人负责履行或者组织履行多式联运合同，对全程运输享有承运人的权利，承担承运人的义务。

第八百三十九条 多式联运经营人可以与参加多式联运的各区段承运人就多式联运合同的各区段运输约定相互之间的责任；但是，该约定不影响多式联运经营人对全程运输承担的义务。

第八百四十条 多式联运经营人收到托运人交付的货物时，应当签发多式联运单据。按照托运人的要求，多式联运单据可以是可转让单据，也可以是不可转让单据。

第八百四十一条 因托运人托运货物时的过错造成多式联运经营人损失的，即使托运人已经转让多式联运单据，托运人仍然应当承担赔偿责任。

第八百四十二条 货物的毁损、灭失发生于多式联运的某一运输区段的，多式联运经营人的赔偿责任和责任限额，适用调整该区段运输方式的有关法律规定；货物毁损、灭失发生的运输区段不能确定的，依照本章规定承担赔偿责任。

第二十章　技术合同

第一节　一般规定

第八百四十三条　技术合同是当事人就技术开发、转让、许可、咨询或者服务订立的确立相互之间权利和义务的合同。

第八百四十四条　订立技术合同，应当有利于知识产权的保护和科学技术的进步，促进科学技术成果的研发、转化、应用和推广。

第八百四十五条　技术合同的内容一般包括项目的名称，标的的内容、范围和要求，履行的计划、地点和方式，技术信息和资料的保密，技术成果的归属和收益的分配办法，验收标准和方法，名词和术语的解释等条款。

与履行合同有关的技术背景资料、可行性论证和技术评价报告、项目任务书和计划书、技术标准、技术规范、原始设计和工艺文件，以及其他技术文档，按照当事人的约定可以作为合同的组成部分。

技术合同涉及专利的，应当注明发明创造的名称、专利申请人和专利权人、申请日期、申请号、专利号以及专利权的有效期限。

第八百四十六条　技术合同价款、报酬或者使用费的支付方式由当事人约定，可以采取一次总算、一次总付或者一次总算、分期支付，也可以采取提成支付或者提成支付附加预付入门费的方式。

约定提成支付的，可以按照产品价格、实施专利和使用技术秘密后新增的产值、利润或者产品销售额的一定比例提成，也可以按照约定的其他方式计算。提成支付的比例可以采取固定比例、逐年递增比例或者逐年递减比例。

约定提成支付的，当事人可以约定查阅有关会计账目的办法。

第八百四十七条　职务技术成果的使用权、转让权属于法人或者非法人组织的，法人或者非法人组织可以就该项职务技术成果订立技术合同。法人或者非法人组织订立技术合同转让职务技术成果时，职务技术成果的完成人享有以同等条件优先受让的权利。

职务技术成果是执行法人或者非法人组织的工作任务，或者主要是利用法人或者非法人组织的物质技术条件所完成的技术成果。

第八百四十八条　非职务技术成果的使用权、转让权属于完成技术成果的个人，完成技术成果的个人可以就该项非职务技术成果订立技术合同。

第八百四十九条　完成技术成果的个人享有在有关技术成果文件上写明

自己是技术成果完成者的权利和取得荣誉证书、奖励的权利。

第八百五十条 非法垄断技术或者侵害他人技术成果的技术合同无效。

第二节 技术开发合同

第八百五十一条 技术开发合同是当事人之间就新技术、新产品、新工艺、新品种或者新材料及其系统的研究开发所订立的合同。

技术开发合同包括委托开发合同和合作开发合同。

技术开发合同应当采用书面形式。

当事人之间就具有实用价值的科技成果实施转化订立的合同，参照适用技术开发合同的有关规定。

第八百五十二条 委托开发合同的委托人应当按照约定支付研究开发经费和报酬，提供技术资料，提出研究开发要求，完成协作事项，接受研究开发成果。

第八百五十三条 委托开发合同的研究开发人应当按照约定制定和实施研究开发计划，合理使用研究开发经费，按期完成研究开发工作，交付研究开发成果，提供有关的技术资料和必要的技术指导，帮助委托人掌握研究开发成果。

第八百五十四条 委托开发合同的当事人违反约定造成研究开发工作停滞、延误或者失败的，应当承担违约责任。

第八百五十五条 合作开发合同的当事人应当按照约定进行投资，包括以技术进行投资，分工参与研究开发工作，协作配合研究开发工作。

第八百五十六条 合作开发合同的当事人违反约定造成研究开发工作停滞、延误或者失败的，应当承担违约责任。

第八百五十七条 作为技术开发合同标的的技术已经由他人公开，致使技术开发合同的履行没有意义的，当事人可以解除合同。

第八百五十八条 技术开发合同履行过程中，因出现无法克服的技术困难，致使研究开发失败或者部分失败的，该风险由当事人约定；没有约定或者约定不明确，依据本法第五百一十条的规定仍不能确定的，风险由当事人合理分担。

当事人一方发现前款规定的可能致使研究开发失败或者部分失败的情形时，应当及时通知另一方并采取适当措施减少损失；没有及时通知并采取适当措施，致使损失扩大的，应当就扩大的损失承担责任。

第八百五十九条　委托开发完成的发明创造，除法律另有规定或者当事人另有约定外，申请专利的权利属于研究开发人。研究开发人取得专利权的，委托人可以依法实施该专利。

研究开发人转让专利申请权的，委托人享有以同等条件优先受让的权利。

第八百六十条　合作开发完成的发明创造，申请专利的权利属于合作开发的当事人共有；当事人一方转让其共有的专利申请权的，其他各方享有以同等条件优先受让的权利。但是，当事人另有约定的除外。

合作开发的当事人一方声明放弃其共有的专利申请权的，除当事人另有约定外，可以由另一方单独申请或者由其他各方共同申请。申请人取得专利权的，放弃专利申请权的一方可以免费实施该专利。

合作开发的当事人一方不同意申请专利的，另一方或者其他各方不得申请专利。

第八百六十一条　委托开发或者合作开发完成的技术秘密成果的使用权、转让权以及收益的分配办法，由当事人约定；没有约定或者约定不明确，依据本法第五百一十条的规定仍不能确定的，在没有相同技术方案被授予专利权前，当事人均有使用和转让的权利。但是，委托开发的研究开发人不得在向委托人交付研究开发成果之前，将研究开发成果转让给第三人。

第三节　技术转让合同和技术许可合同

第八百六十二条　技术转让合同是合法拥有技术的权利人，将现有特定的专利、专利申请、技术秘密的相关权利让与他人所订立的合同。

技术许可合同是合法拥有技术的权利人，将现有特定的专利、技术秘密的相关权利许可他人实施、使用所订立的合同。

技术转让合同和技术许可合同中关于提供实施技术的专用设备、原材料或者提供有关的技术咨询、技术服务的约定，属于合同的组成部分。

第八百六十三条　技术转让合同包括专利权转让、专利申请权转让、技术秘密转让等合同。

技术许可合同包括专利实施许可、技术秘密使用许可等合同。

技术转让合同和技术许可合同应当采用书面形式。

第八百六十四条　技术转让合同和技术许可合同可以约定实施专利或者使用技术秘密的范围，但是不得限制技术竞争和技术发展。

第八百六十五条　专利实施许可合同仅在该专利权的存续期限内有效。

专利权有效期限届满或者专利权被宣告无效的，专利权人不得就该专利与他人订立专利实施许可合同。

第八百六十六条 专利实施许可合同的许可人应当按照约定许可被许可人实施专利，交付实施专利有关的技术资料，提供必要的技术指导。

第八百六十七条 专利实施许可合同的被许可人应当按照约定实施专利，不得许可约定以外的第三人实施该专利，并按照约定支付使用费。

第八百六十八条 技术秘密转让合同的让与人和技术秘密使用许可合同的许可人应当按照约定提供技术资料，进行技术指导，保证技术的实用性、可靠性，承担保密义务。

前款规定的保密义务，不限制许可人申请专利，但是当事人另有约定的除外。

第八百六十九条 技术秘密转让合同的受让人和技术秘密使用许可合同的被许可人应当按照约定使用技术，支付转让费、使用费，承担保密义务。

第八百七十条 技术转让合同的让与人和技术许可合同的许可人应当保证自己是所提供的技术的合法拥有者，并保证所提供的技术完整、无误、有效，能够达到约定的目标。

第八百七十一条 技术转让合同的受让人和技术许可合同的被许可人应当按照约定的范围和期限，对让与人、许可人提供的技术中尚未公开的秘密部分，承担保密义务。

第八百七十二条 许可人未按照约定许可技术的，应当返还部分或者全部使用费，并应当承担违约责任；实施专利或者使用技术秘密超越约定的范围的，违反约定擅自许可第三人实施该项专利或者使用该项技术秘密的，应当停止违约行为，承担违约责任；违反约定的保密义务的，应当承担违约责任。

让与人承担违约责任，参照适用前款规定。

第八百七十三条 被许可人未按照约定支付使用费的，应当补交使用费并按照约定支付违约金；不补交使用费或者支付违约金的，应当停止实施专利或者使用技术秘密，交还技术资料，承担违约责任；实施专利或者使用技术秘密超越约定的范围的，未经许可人同意擅自许可第三人实施该专利或者使用该技术秘密的，应当停止违约行为，承担违约责任；违反约定的保密义务的，应当承担违约责任。

受让人承担违约责任，参照适用前款规定。

第八百七十四条　受让人或者被许可人按照约定实施专利、使用技术秘密侵害他人合法权益的，由让与人或者许可人承担责任，但是当事人另有约定的除外。

第八百七十五条　当事人可以按照互利的原则，在合同中约定实施专利、使用技术秘密后续改进的技术成果的分享办法；没有约定或者约定不明确，依据本法第五百一十条的规定仍不能确定的，一方后续改进的技术成果，其他各方无权分享。

第八百七十六条　集成电路布图设计专有权、植物新品种权、计算机软件著作权等其他知识产权的转让和许可，参照适用本节的有关规定。

第八百七十七条　法律、行政法规对技术进出口合同或者专利、专利申请合同另有规定的，依照其规定。

第四节　技术咨询合同和技术服务合同

第八百七十八条　技术咨询合同是当事人一方以技术知识为对方就特定技术项目提供可行性论证、技术预测、专题技术调查、分析评价报告等所订立的合同。

技术服务合同是当事人一方以技术知识为对方解决特定技术问题所订立的合同，不包括承揽合同和建设工程合同。

第八百七十九条　技术咨询合同的委托人应当按照约定阐明咨询的问题，提供技术背景材料及有关技术资料，接受受托人的工作成果，支付报酬。

第八百八十条　技术咨询合同的受托人应当按照约定的期限完成咨询报告或者解答问题，提出的咨询报告应当达到约定的要求。

第八百八十一条　技术咨询合同的委托人未按照约定提供必要的资料，影响工作进度和质量，不接受或者逾期接受工作成果的，支付的报酬不得追回，未支付的报酬应当支付。

技术咨询合同的受托人未按期提出咨询报告或者提出的咨询报告不符合约定的，应当承担减收或者免收报酬等违约责任。

技术咨询合同的委托人按照受托人符合约定要求的咨询报告和意见作出决策所造成的损失，由委托人承担，但是当事人另有约定的除外。

第八百八十二条　技术服务合同的委托人应当按照约定提供工作条件，完成配合事项，接受工作成果并支付报酬。

第八百八十三条　技术服务合同的受托人应当按照约定完成服务项目，

解决技术问题，保证工作质量，并传授解决技术问题的知识。

第八百八十四条 技术服务合同的委托人不履行合同义务或者履行合同义务不符合约定，影响工作进度和质量，不接受或者逾期接受工作成果的，支付的报酬不得追回，未支付的报酬应当支付。

技术服务合同的受托人未按照约定完成服务工作的，应当承担免收报酬等违约责任。

第八百八十五条 技术咨询合同、技术服务合同履行过程中，受托人利用委托人提供的技术资料和工作条件完成的新的技术成果，属于受托人。委托人利用受托人的工作成果完成的新的技术成果，属于委托人。当事人另有约定的，按照其约定。

第八百八十六条 技术咨询合同和技术服务合同对受托人正常开展工作所需费用的负担没有约定或者约定不明确的，由受托人负担。

第八百八十七条 法律、行政法规对技术中介合同、技术培训合同另有规定的，依照其规定。

第二十一章 保管合同

第八百八十八条 保管合同是保管人保管寄存人交付的保管物，并返还该物的合同。

寄存人到保管人处从事购物、就餐、住宿等活动，将物品存放在指定场所的，视为保管，但是当事人另有约定或者另有交易习惯的除外。

第八百八十九条 寄存人应当按照约定向保管人支付保管费。

当事人对保管费没有约定或者约定不明确，依据本法第五百一十条的规定仍不能确定的，视为无偿保管。

第八百九十条 保管合同自保管物交付时成立，但是当事人另有约定的除外。

第八百九十一条 寄存人向保管人交付保管物的，保管人应当出具保管凭证，但是另有交易习惯的除外。

第八百九十二条 保管人应当妥善保管保管物。

当事人可以约定保管场所或者方法。除紧急情况或者为维护寄存人利益外，不得擅自改变保管场所或者方法。

第八百九十三条 寄存人交付的保管物有瑕疵或者根据保管物的性质需要采取特殊保管措施的，寄存人应当将有关情况告知保管人。寄存人未告知，致使保管物受损失的，保管人不承担赔偿责任；保管人因此受损失的，除保管人知道或者应当知道且未采取补救措施外，寄存人应当承担赔偿责任。

第八百九十四条　保管人不得将保管物转交第三人保管，但是当事人另有约定的除外。

保管人违反前款规定，将保管物转交第三人保管，造成保管物损失的，应当承担赔偿责任。

第八百九十五条　保管人不得使用或者许可第三人使用保管物，但是当事人另有约定的除外。

第八百九十六条　第三人对保管物主张权利的，除依法对保管物采取保全或者执行措施外，保管人应当履行向寄存人返还保管物的义务。

第三人对保管人提起诉讼或者对保管物申请扣押的，保管人应当及时通知寄存人。

第八百九十七条　保管期内，因保管人保管不善造成保管物毁损、灭失的，保管人应当承担赔偿责任。但是，无偿保管人证明自己没有故意或者重大过失的，不承担赔偿责任。

第八百九十八条　寄存人寄存货币、有价证券或者其他贵重物品的，应当向保管人声明，由保管人验收或者封存；寄存人未声明的，该物品毁损、灭失后，保管人可以按照一般物品予以赔偿。

第八百九十九条　寄存人可以随时领取保管物。

当事人对保管期限没有约定或者约定不明确的，保管人可以随时请求寄存人领取保管物；约定保管期限的，保管人无特别事由，不得请求寄存人提前领取保管物。

第九百条　保管期限届满或者寄存人提前领取保管物的，保管人应当将原物及其孳息归还寄存人。

第九百零一条　保管人保管货币的，可以返还相同种类、数量的货币；保管其他可替代物的，可以按照约定返还相同种类、品质、数量的物品。

第九百零二条　有偿的保管合同，寄存人应当按照约定的期限向保管人支付保管费。

当事人对支付期限没有约定或者约定不明确，依据本法第五百一十条的规定仍不能确定的，应当在领取保管物的同时支付。

第九百零三条　寄存人未按照约定支付保管费或者其他费用的，保管人对保管物享有留置权，但是当事人另有约定的除外。

第二十二章 仓储合同

第九百零四条 仓储合同是保管人储存存货人交付的仓储物，存货人支付仓储费的合同。

第九百零五条 仓储合同自保管人和存货人意思表示一致时成立。

第九百零六条 储存易燃、易爆、有毒、有腐蚀性、有放射性等危险物品或者易变质物品的，存货人应当说明该物品的性质，提供有关资料。

存货人违反前款规定的，保管人可以拒收仓储物，也可以采取相应措施以避免损失的发生，因此产生的费用由存货人负担。

保管人储存易燃、易爆、有毒、有腐蚀性、有放射性等危险物品的，应当具备相应的保管条件。

第九百零七条 保管人应当按照约定对入库仓储物进行验收。保管人验收时发现入库仓储物与约定不符合的，应当及时通知存货人。保管人验收后，发生仓储物的品种、数量、质量不符合约定的，保管人应当承担赔偿责任。

第九百零八条 存货人交付仓储物的，保管人应当出具仓单、入库单等凭证。

第九百零九条 保管人应当在仓单上签名或者盖章。仓单包括下列事项：

（一）存货人的姓名或者名称和住所；

（二）仓储物的品种、数量、质量、包装及其件数和标记；

（三）仓储物的损耗标准；

（四）储存场所；

（五）储存期限；

（六）仓储费；

（七）仓储物已经办理保险的，其保险金额、期间以及保险人的名称；

（八）填发人、填发地和填发日期。

第九百一十条 仓单是提取仓储物的凭证。存货人或者仓单持有人在仓单上背书并经保管人签名或者盖章的，可以转让提取仓储物的权利。

第九百一十一条 保管人根据存货人或者仓单持有人的要求，应当同意其检查仓储物或者提取样品。

第九百一十二条 保管人发现入库仓储物有变质或者其他损坏的，应当及时通知存货人或者仓单持有人。

第九百一十三条 保管人发现入库仓储物有变质或者其他损坏，危及其他仓储物的安全和正常保管的，应当催告存货人或者仓单持有人作出必要的处置。因情况紧急，保管人可以作出必要的处置；但是，事后应当将该情况及时通知存货人或者仓单持有人。

第九百一十四条 当事人对储存期限没有约定或者约定不明确的，存货人或者仓单持有人可以随时提取仓储物，保管人也可以随时请求存货人或者仓单持有人提取仓储物，但是应当给予必要的准备时间。

第九百一十五条 储存期限届满，存货人或者仓单持有人应当凭仓单、入库单等提取仓储物。存货人或者仓单持有人逾期提取的，应当加收仓储费；提前提取的，不减收仓储费。

第九百一十六条 储存期限届满，存货人或者仓单持有人不提取仓储物的，保管人可以催告其在合理期限内提取；逾期不提取的，保管人可以提存仓储物。

第九百一十七条 储存期内，因保管不善造成仓储物毁损、灭失的，保管人应当承担赔偿责任。因仓储物本身的自然性质、包装不符合约定或者超过有效储存期造成仓储物变质、损坏的，保管人不承担赔偿责任。

第九百一十八条 本章没有规定的，适用保管合同的有关规定。

第二十三章 委托合同

第九百一十九条 委托合同是委托人和受托人约定，由受托人处理委托人事务的合同。

第九百二十条 委托人可以特别委托受托人处理一项或者数项事务，也可以概括委托受托人处理一切事务。

第九百二十一条 委托人应当预付处理委托事务的费用。受托人为处理委托事务垫付的必要费用，委托人应当偿还该费用并支付利息。

第九百二十二条 受托人应当按照委托人的指示处理委托事务。需要变更委托人指示的，应当经委托人同意；因情况紧急，难以和委托人取得联系的，受托人应当妥善处理委托事务，但是事后应当将该情况及时报告委托人。

第九百二十三条 受托人应当亲自处理委托事务。经委托人同意，受托人可以转委托。转委托经同意或者追认的，委托人可以就委托事务直接指示转委托的第三人，受托人仅就第三人的选任及其对第三人的指示承担责任。转委托未经同意或者追认的，受托人应当对转委托的第三人的行为承担责任；但是，在紧急情况下受托人为了维护委托人的利益需要转委托第三人的除外。

第九百二十四条 受托人应当按照委托人的要求，报告委托事务的处理情况。委托合同终止时，受托人应当报告委托事务的结果。

第九百二十五条 受托人以自己的名义，在委托人的授权范围内与第三人订立的合同，第三人在订立合同时知道受托人与委托人之间的代理关系的，该合同直接约束委托人和第三人；但是，有确切证据证明该合同只约束受托人和第三人的除外。

第九百二十六条 受托人以自己的名义与第三人订立合同时，第三人不知道受托人与委托人之间的代理关系的，受托人因第三人的原因对委托人不履行义务，受托人应当向委托人披露第三人，委托人因此可以行使受托人对第三人的权利。但是，第三人与受托人订立合同时如果知道该委托人就不会订立合同的除外。

受托人因委托人的原因对第三人不履行义务，受托人应当向第三人披露委托人，第三人因此可以选择受托人或者委托人作为相对人主张其权利，但是第三人不得变更选定的相对人。

委托人行使受托人对第三人的权利的，第三人可以向委托人主张其对受托人的抗辩。第三人选定委托人作为其相对人的，委托人可以向第三人主张其对受托人的抗辩以及受托人对第三人的抗辩。

第九百二十七条 受托人处理委托事务取得的财产，应当转交给委托人。

第九百二十八条 受托人完成委托事务的，委托人应当按照约定向其支付报酬。

因不可归责于受托人的事由，委托合同解除或者委托事务不能完成的，委托人应当向受托人支付相应的报酬。当事人另有约定的，按照其约定。

第九百二十九条 有偿的委托合同，因受托人的过错造成委托人损失的，委托人可以请求赔偿损失。无偿的委托合同，因受托人的故意或者重大过失造成委托人损失的，委托人可以请求赔偿损失。

受托人超越权限造成委托人损失的，应当赔偿损失。

第九百三十条 受托人处理委托事务时，因不可归责于自己的事由受到损失的，可以向委托人请求赔偿损失。

第九百三十一条 委托人经受托人同意，可以在受托人之外委托第三人处理委托事务。因此造成受托人损失的，受托人可以向委托人请求赔偿损失。

第九百三十二条 两个以上的受托人共同处理委托事务的，对委托人承担连带责任。

第九百三十三条　委托人或者受托人可以随时解除委托合同。因解除合同造成对方损失的，除不可归责于该当事人的事由外，无偿委托合同的解除方应当赔偿因解除时间不当造成的直接损失，有偿委托合同的解除方应当赔偿对方的直接损失和合同履行后可以获得的利益。

第九百三十四条　委托人死亡、终止或者受托人死亡、丧失民事行为能力、终止的，委托合同终止；但是，当事人另有约定或者根据委托事务的性质不宜终止的除外。

第九百三十五条　因委托人死亡或者被宣告破产、解散，致使委托合同终止将损害委托人利益的，在委托人的继承人、遗产管理人或者清算人承受委托事务之前，受托人应当继续处理委托事务。

第九百三十六条　因受托人死亡、丧失民事行为能力或者被宣告破产、解散，致使委托合同终止的，受托人的继承人、遗产管理人、法定代理人或者清算人应当及时通知委托人。因委托合同终止将损害委托人利益的，在委托人作出善后处理之前，受托人的继承人、遗产管理人、法定代理人或者清算人应当采取必要措施。

第二十四章　物业服务合同

第九百三十七条　物业服务合同是物业服务人在物业服务区域内，为业主提供建筑物及其附属设施的维修养护、环境卫生和相关秩序的管理维护等物业服务，业主支付物业费的合同。

物业服务人包括物业服务企业和其他管理人。

第九百三十八条　物业服务合同的内容一般包括服务事项、服务质量、服务费用的标准和收取办法、维修资金的使用、服务用房的管理和使用、服务期限、服务交接等条款。

物业服务人公开作出的有利于业主的服务承诺，为物业服务合同的组成部分。

物业服务合同应当采用书面形式。

第九百三十九条　建设单位依法与物业服务人订立的前期物业服务合同，以及业主委员会与业主大会依法选聘的物业服务人订立的物业服务合同，对业主具有法律约束力。

第九百四十条　建设单位依法与物业服务人订立的前期物业服务合同约定的服务期限届满前，业主委员会或者业主与新物业服务人订立的物业服务合同生效的，前期物业服务合同终止。

第九百四十一条 物业服务人将物业服务区域内的部分专项服务事项委托给专业性服务组织或者其他第三人的，应当就该部分专项服务事项向业主负责。

物业服务人不得将其应当提供的全部物业服务转委托给第三人，或者将全部物业服务支解后分别转委托给第三人。

第九百四十二条 物业服务人应当按照约定和物业的使用性质，妥善维修、养护、清洁、绿化和经营管理物业服务区域内的业主共有部分，维护物业服务区域内的基本秩序，采取合理措施保护业主的人身、财产安全。

对物业服务区域内违反有关治安、环保、消防等法律法规的行为，物业服务人应当及时采取合理措施制止、向有关行政主管部门报告并协助处理。

第九百四十三条 物业服务人应当定期将服务的事项、负责人员、质量要求、收费项目、收费标准、履行情况，以及维修资金使用情况、业主共有部分的经营与收益情况等以合理方式向业主公开并向业主大会、业主委员会报告。

第九百四十四条 业主应当按照约定向物业服务人支付物业费。物业服务人已经按照约定和有关规定提供服务的，业主不得以未接受或者无需接受相关物业服务为由拒绝支付物业费。

业主违反约定逾期不支付物业费的，物业服务人可以催告其在合理期限内支付；合理期限届满仍不支付的，物业服务人可以提起诉讼或者申请仲裁。

物业服务人不得采取停止供电、供水、供热、供燃气等方式催交物业费。

第九百四十五条 业主装饰装修房屋的，应当事先告知物业服务人，遵守物业服务人提示的合理注意事项，并配合其进行必要的现场检查。

业主转让、出租物业专有部分、设立居住权或者依法改变共有部分用途的，应当及时将相关情况告知物业服务人。

第九百四十六条 业主依照法定程序共同决定解聘物业服务人的，可以解除物业服务合同。决定解聘的，应当提前六十日书面通知物业服务人，但是合同对通知期限另有约定的除外。

依据前款规定解除合同造成物业服务人损失的，除不可归责于业主的事由外，业主应当赔偿损失。

第九百四十七条 物业服务期限届满前，业主依法共同决定续聘的，应当与原物业服务人在合同期限届满前续订物业服务合同。

物业服务期限届满前，物业服务人不同意续聘的，应当在合同期限届满前九十日书面通知业主或者业主委员会，但是合同对通知期限另有约定的除外。

第九百四十八条 物业服务期限届满后，业主没有依法作出续聘或者另聘物业服务人的决定，物业服务人继续提供物业服务的，原物业服务合同继续有效，但是服务期限为不定期。

当事人可以随时解除不定期物业服务合同，但是应当提前六十日书面通知对方。

第九百四十九条 物业服务合同终止的，原物业服务人应当在约定期限或者合理期限内退出物业服务区域，将物业服务用房、相关设施、物业服务所必需的相关资料等交还给业主委员会、决定自行管理的业主或者其指定的人，配合新物业服务人做好交接工作，并如实告知物业的使用和管理状况。

原物业服务人违反前款规定的，不得请求业主支付物业服务合同终止后的物业费；造成业主损失的，应当赔偿损失。

第九百五十条 物业服务合同终止后，在业主或者业主大会选聘的新物业服务人或者决定自行管理的业主接管之前，原物业服务人应当继续处理物业服务事项，并可以请求业主支付该期间的物业费。

第二十五章 行纪合同

第九百五十一条 行纪合同是行纪人以自己的名义为委托人从事贸易活动，委托人支付报酬的合同。

第九百五十二条 行纪人处理委托事务支出的费用，由行纪人负担，但是当事人另有约定的除外。

第九百五十三条 行纪人占有委托物的，应当妥善保管委托物。

第九百五十四条 委托物交付给行纪人时有瑕疵或者容易腐烂、变质的，经委托人同意，行纪人可以处分该物；不能与委托人及时取得联系的，行纪人可以合理处分。

第九百五十五条 行纪人低于委托人指定的价格卖出或者高于委托人指定的价格买入的，应当经委托人同意；未经委托人同意，行纪人补偿其差额的，该买卖对委托人发生效力。

行纪人高于委托人指定的价格卖出或者低于委托人指定的价格买入的，可以按照约定增加报酬；没有约定或者约定不明确，依据本法第五百一十条的规定仍不能确定的，该利益属于委托人。

委托人对价格有特别指示的，行纪人不得违背该指示卖出或者买入。

第九百五十六条 行纪人卖出或者买入具有市场定价的商品，除委托人有相反的意思表示外，行纪人自己可以作为买受人或者出卖人。

行纪人有前款规定情形的，仍然可以请求委托人支付报酬。

第九百五十七条 行纪人按照约定买入委托物，委托人应当及时受领。经行纪人催告，委托人无正当理由拒绝受领的，行纪人依法可以提存委托物。

委托物不能卖出或者委托人撤回出卖，经行纪人催告，委托人不取回或者不处分该物的，行纪人依法可以提存委托物。

第九百五十八条 行纪人与第三人订立合同的，行纪人对该合同直接享有权利、承担义务。

第三人不履行义务致使委托人受到损害的，行纪人应当承担赔偿责任，但是行纪人与委托人另有约定的除外。

第九百五十九条 行纪人完成或者部分完成委托事务的，委托人应当向其支付相应的报酬。委托人逾期不支付报酬的，行纪人对委托物享有留置权，但是当事人另有约定的除外。

第九百六十条 本章没有规定的，参照适用委托合同的有关规定。

第二十六章　中介合同

第九百六十一条 中介合同是中介人向委托人报告订立合同的机会或者提供订立合同的媒介服务，委托人支付报酬的合同。

第九百六十二条 中介人应当就有关订立合同的事项向委托人如实报告。

中介人故意隐瞒与订立合同有关的重要事实或者提供虚假情况，损害委托人利益的，不得请求支付报酬并应当承担赔偿责任。

第九百六十三条 中介人促成合同成立的，委托人应当按照约定支付报酬。对中介人的报酬没有约定或者约定不明确，依据本法第五百一十条的规定仍不能确定的，根据中介人的劳务合理确定。因中介人提供订立合同的媒介服务而促成合同成立的，由该合同的当事人平均负担中介人的报酬。

中介人促成合同成立的，中介活动的费用，由中介人负担。

第九百六十四条 中介人未促成合同成立的，不得请求支付报酬；但是，可以按照约定请求委托人支付从事中介活动支出的必要费用。

第九百六十五条 委托人在接受中介人的服务后，利用中介人提供的交易机会或者媒介服务，绕开中介人直接订立合同的，应当向中介人支付报酬。

第九百六十六条　本章没有规定的，参照适用委托合同的有关规定。

第二十七章　合伙合同

第九百六十七条　合伙合同是两个以上合伙人为了共同的事业目的，订立的共享利益、共担风险的协议。

第九百六十八条　合伙人应当按照约定的出资方式、数额和缴付期限，履行出资义务。

第九百六十九条　合伙人的出资、因合伙事务依法取得的收益和其他财产，属于合伙财产。

合伙合同终止前，合伙人不得请求分割合伙财产。

第九百七十条　合伙人就合伙事务作出决定的，除合伙合同另有约定外，应当经全体合伙人一致同意。

合伙事务由全体合伙人共同执行。按照合伙合同的约定或者全体合伙人的决定，可以委托一个或者数个合伙人执行合伙事务；其他合伙人不再执行合伙事务，但是有权监督执行情况。

合伙人分别执行合伙事务的，执行事务合伙人可以对其他合伙人执行的事务提出异议；提出异议后，其他合伙人应当暂停该项事务的执行。

第九百七十一条　合伙人不得因执行合伙事务而请求支付报酬，但是合伙合同另有约定的除外。

第九百七十二条　合伙的利润分配和亏损分担，按照合伙合同的约定办理；合伙合同没有约定或者约定不明确的，由合伙人协商决定；协商不成的，由合伙人按照实缴出资比例分配、分担；无法确定出资比例的，由合伙人平均分配、分担。

第九百七十三条　合伙人对合伙债务承担连带责任。清偿合伙债务超过自己应当承担份额的合伙人，有权向其他合伙人追偿。

第九百七十四条　除合伙合同另有约定外，合伙人向合伙人以外的人转让其全部或者部分财产份额的，须经其他合伙人一致同意。

第九百七十五条　合伙人的债权人不得代位行使合伙人依照本章规定和合伙合同享有的权利，但是合伙人享有的利益分配请求权除外。

第九百七十六条　合伙人对合伙期限没有约定或者约定不明确，依据本法第五百一十条的规定仍不能确定的，视为不定期合伙。

合伙期限届满，合伙人继续执行合伙事务，其他合伙人没有提出异议的，原合伙合同继续有效，但是合伙期限为不定期。

合伙人可以随时解除不定期合伙合同，但是应当在合理期限之前通知其他合伙人。

第九百七十七条 合伙人死亡、丧失民事行为能力或者终止的，合伙合同终止；但是，合伙合同另有约定或者根据合伙事务的性质不宜终止的除外。

第九百七十八条 合伙合同终止后，合伙财产在支付因终止而产生的费用以及清偿合伙债务后有剩余的，依据本法第九百七十二条的规定进行分配。

第三分编 准合同

第二十八章 无因管理

第九百七十九条 管理人没有法定的或者约定的义务，为避免他人利益受损失而管理他人事务的，可以请求受益人偿还因管理事务而支出的必要费用；管理人因管理事务受到损失的，可以请求受益人给予适当补偿。

管理事务不符合受益人真实意思的，管理人不享有前款规定的权利；但是，受益人的真实意思违反法律或者违背公序良俗的除外。

第九百八十条 管理人管理事务不属于前条规定的情形，但是受益人享有管理利益的，受益人应当在其获得的利益范围内向管理人承担前条第一款规定的义务。

第九百八十一条 管理人管理他人事务，应当采取有利于受益人的方法。中断管理对受益人不利的，无正当理由不得中断。

第九百八十二条 管理人管理他人事务，能够通知受益人的，应当及时通知受益人。管理的事务不需要紧急处理的，应当等待受益人的指示。

第九百八十三条 管理结束后，管理人应当向受益人报告管理事务的情况。管理人管理事务取得的财产，应当及时转交给受益人。

第九百八十四条 管理人管理事务经受益人事后追认的，从管理事务开始时起，适用委托合同的有关规定，但是管理人另有意思表示的除外。

第二十九章 不当得利

第九百八十五条 得利人没有法律根据取得不当利益的，受损失的人可以请求得利人返还取得的利益，但是有下列情形之一的除外：

（一）为履行道德义务进行的给付；

（二）债务到期之前的清偿；

（三）明知无给付义务而进行的债务清偿。

第九百八十六条　得利人不知道且不应当知道取得的利益没有法律根据，取得的利益已经不存在的，不承担返还该利益的义务。

第九百八十七条　得利人知道或者应当知道取得的利益没有法律根据的，受损失的人可以请求得利人返还其取得的利益并依法赔偿损失。

第九百八十八条　得利人已经将取得的利益无偿转让给第三人的，受损失的人可以请求第三人在相应范围内承担返还义务。

第四编　人格权

第一章　一般规定

第九百八十九条　本编调整因人格权的享有和保护产生的民事关系。

第九百九十条　人格权是民事主体享有的生命权、身体权、健康权、姓名权、名称权、肖像权、名誉权、荣誉权、隐私权等权利。

除前款规定的人格权外，自然人享有基于人身自由、人格尊严产生的其他人格权益。

第九百九十一条　民事主体的人格权受法律保护，任何组织或者个人不得侵害。

第九百九十二条　人格权不得放弃、转让或者继承。

第九百九十三条　民事主体可以将自己的姓名、名称、肖像等许可他人使用，但是依照法律规定或者根据其性质不得许可的除外。

第九百九十四条　死者的姓名、肖像、名誉、荣誉、隐私、遗体等受到侵害的，其配偶、子女、父母有权依法请求行为人承担民事责任；死者没有配偶、子女且父母已经死亡的，其他近亲属有权依法请求行为人承担民事责任。

第九百九十五条　人格权受到侵害的，受害人有权依照本法和其他法律的规定请求行为人承担民事责任。受害人的停止侵害、排除妨碍、消除危险、消除影响、恢复名誉、赔礼道歉请求权，不适用诉讼时效的规定。

第九百九十六条 因当事人一方的违约行为，损害对方人格权并造成严重精神损害，受损害方选择请求其承担违约责任的，不影响受损害方请求精神损害赔偿。

第九百九十七条 民事主体有证据证明行为人正在实施或者即将实施侵害其人格权的违法行为，不及时制止将使其合法权益受到难以弥补的损害的，有权依法向人民法院申请采取责令行为人停止有关行为的措施。

第九百九十八条 认定行为人承担侵害除生命权、身体权和健康权外的人格权的民事责任，应当考虑行为人和受害人的职业、影响范围、过错程度，以及行为的目的、方式、后果等因素。

第九百九十九条 为公共利益实施新闻报道、舆论监督等行为的，可以合理使用民事主体的姓名、名称、肖像、个人信息等；使用不合理侵害民事主体人格权的，应当依法承担民事责任。

第一千条 行为人因侵害人格权承担消除影响、恢复名誉、赔礼道歉等民事责任的，应当与行为的具体方式和造成的影响范围相当。

行为人拒不承担前款规定的民事责任的，人民法院可以采取在报刊、网络等媒体上发布公告或者公布生效裁判文书等方式执行，产生的费用由行为人负担。

第一千零一条 对自然人因婚姻家庭关系等产生的身份权利的保护，适用本法第一编、第五编和其他法律的相关规定；没有规定的，可以根据其性质参照适用本编人格权保护的有关规定。

第二章 生命权、身体权和健康权

第一千零二条 自然人享有生命权。自然人的生命安全和生命尊严受法律保护。任何组织或者个人不得侵害他人的生命权。

第一千零三条 自然人享有身体权。自然人的身体完整和行动自由受法律保护。任何组织或者个人不得侵害他人的身体权。

第一千零四条 自然人享有健康权。自然人的身心健康受法律保护。任何组织或者个人不得侵害他人的健康权。

第一千零五条 自然人的生命权、身体权、健康权受到侵害或者处于其他危难情形的，负有法定救助义务的组织或者个人应当及时施救。

第一千零六条 完全民事行为能力人有权依法自主决定无偿捐献其人体

细胞、人体组织、人体器官、遗体。任何组织或者个人不得强迫、欺骗、利诱其捐献。

完全民事行为能力人依据前款规定同意捐献的，应当采用书面形式，也可以订立遗嘱。

自然人生前未表示不同意捐献的，该自然人死亡后，其配偶、成年子女、父母可以共同决定捐献，决定捐献应当采用书面形式。

第一千零七条　禁止以任何形式买卖人体细胞、人体组织、人体器官、遗体。

违反前款规定的买卖行为无效。

第一千零八条　为研制新药、医疗器械或者发展新的预防和治疗方法，需要进行临床试验的，应当依法经相关主管部门批准并经伦理委员会审查同意，向受试者或者受试者的监护人告知试验目的、用途和可能产生的风险等详细情况，并经其书面同意。

进行临床试验的，不得向受试者收取试验费用。

第一千零九条　从事与人体基因、人体胚胎等有关的医学和科研活动，应当遵守法律、行政法规和国家有关规定，不得危害人体健康，不得违背伦理道德，不得损害公共利益。

第一千零一十条　违背他人意愿，以言语、文字、图像、肢体行为等方式对他人实施性骚扰的，受害人有权依法请求行为人承担民事责任。

机关、企业、学校等单位应当采取合理的预防、受理投诉、调查处置等措施，防止和制止利用职权、从属关系等实施性骚扰。

第一千零一十一条　以非法拘禁等方式剥夺、限制他人的行动自由，或者非法搜查他人身体的，受害人有权依法请求行为人承担民事责任。

第三章　姓名权和名称权

第一千零一十二条　自然人享有姓名权，有权依法决定、使用、变更或者许可他人使用自己的姓名，但是不得违背公序良俗。

第一千零一十三条　法人、非法人组织享有名称权，有权依法决定、使用、变更、转让或者许可他人使用自己的名称。

第一千零一十四条　任何组织或者个人不得以干涉、盗用、假冒等方式侵害他人的姓名权或者名称权。

第一千零一十五条　自然人应当随父姓或者母姓，但是有下列情形之一的，可以在父姓和母姓之外选取姓氏：

（一）选取其他直系长辈血亲的姓氏；

（二）因由法定扶养人以外的人扶养而选取扶养人姓氏；

（三）有不违背公序良俗的其他正当理由。

少数民族自然人的姓氏可以遵从本民族的文化传统和风俗习惯。

第一千零一十六条 自然人决定、变更姓名，或者法人、非法人组织决定、变更、转让名称的，应当依法向有关机关办理登记手续，但是法律另有规定的除外。

民事主体变更姓名、名称的，变更前实施的民事法律行为对其具有法律约束力。

第一千零一十七条 具有一定社会知名度，被他人使用足以造成公众混淆的笔名、艺名、网名、译名、字号、姓名和名称的简称等，参照适用姓名权和名称权保护的有关规定。

第四章 肖像权

第一千零一十八条 自然人享有肖像权，有权依法制作、使用、公开或者许可他人使用自己的肖像。

肖像是通过影像、雕塑、绘画等方式在一定载体上所反映的特定自然人可以被识别的外部形象。

第一千零一十九条 任何组织或者个人不得以丑化、污损，或者利用信息技术手段伪造等方式侵害他人的肖像权。未经肖像权人同意，不得制作、使用、公开肖像权人的肖像，但是法律另有规定的除外。

未经肖像权人同意，肖像作品权利人不得以发表、复制、发行、出租、展览等方式使用或者公开肖像权人的肖像。

第一千零二十条 合理实施下列行为的，可以不经肖像权人同意：

（一）为个人学习、艺术欣赏、课堂教学或者科学研究，在必要范围内使用肖像权人已经公开的肖像；

（二）为实施新闻报道，不可避免地制作、使用、公开肖像权人的肖像；

（三）为依法履行职责，国家机关在必要范围内制作、使用、公开肖像权人的肖像；

（四）为展示特定公共环境，不可避免地制作、使用、公开肖像权人的肖像；

（五）为维护公共利益或者肖像权人合法权益，制作、使用、公开肖像权人的肖像的其他行为。

第一千零二十一条　当事人对肖像许可使用合同中关于肖像使用条款的理解有争议的，应当作出有利于肖像权人的解释。

第一千零二十二条　当事人对肖像许可使用期限没有约定或者约定不明确的，任何一方当事人可以随时解除肖像许可使用合同，但是应当在合理期限之前通知对方。

当事人对肖像许可使用期限有明确约定，肖像权人有正当理由的，可以解除肖像许可使用合同，但是应当在合理期限之前通知对方。因解除合同造成对方损失的，除不可归责于肖像权人的事由外，应当赔偿损失。

第一千零二十三条　对姓名等的许可使用，参照适用肖像许可使用的有关规定。

对自然人声音的保护，参照适用肖像权保护的有关规定。

第五章　名誉权和荣誉权

第一千零二十四条　民事主体享有名誉权。任何组织或者个人不得以侮辱、诽谤等方式侵害他人的名誉权。

名誉是对民事主体的品德、声望、才能、信用等的社会评价。

第一千零二十五条　行为人为公共利益实施新闻报道、舆论监督等行为，影响他人名誉的，不承担民事责任，但是有下列情形之一的除外：

（一）捏造、歪曲事实；

（二）对他人提供的严重失实内容未尽到合理核实义务；

（三）使用侮辱性言辞等贬损他人名誉。

第一千零二十六条　认定行为人是否尽到前条第二项规定的合理核实义务，应当考虑下列因素：

（一）内容来源的可信度；

（二）对明显可能引发争议的内容是否进行了必要的调查；

（三）内容的时限性；

（四）内容与公序良俗的关联性；

（五）受害人名誉受贬损的可能性；

（六）核实能力和核实成本。

第一千零二十七条　行为人发表的文学、艺术作品以真人真事或者特定人为描述对象，含有侮辱、诽谤内容，侵害他人名誉权的，受害人有权依法请求该行为人承担民事责任。

行为人发表的文学、艺术作品不以特定人为描述对象，仅其中的情节与该特定人的情况相似的，不承担民事责任。

第一千零二十八条 民事主体有证据证明报刊、网络等媒体报道的内容失实，侵害其名誉权的，有权请求该媒体及时采取更正或者删除等必要措施。

第一千零二十九条 民事主体可以依法查询自己的信用评价；发现信用评价不当的，有权提出异议并请求采取更正、删除等必要措施。信用评价人应当及时核查，经核查属实的，应当及时采取必要措施。

第一千零三十条 民事主体与征信机构等信用信息处理者之间的关系，适用本编有关个人信息保护的规定和其他法律、行政法规的有关规定。

第一千零三十一条 民事主体享有荣誉权。任何组织或者个人不得非法剥夺他人的荣誉称号，不得诋毁、贬损他人的荣誉。

获得的荣誉称号应当记载而没有记载的，民事主体可以请求记载；获得的荣誉称号记载错误的，民事主体可以请求更正。

第六章　隐私权和个人信息保护

第一千零三十二条 自然人享有隐私权。任何组织或者个人不得以刺探、侵扰、泄露、公开等方式侵害他人的隐私权。

隐私是自然人的私人生活安宁和不愿为他人知晓的私密空间、私密活动、私密信息。

第一千零三十三条 除法律另有规定或者权利人明确同意外，任何组织或者个人不得实施下列行为：

（一）以电话、短信、即时通讯工具、电子邮件、传单等方式侵扰他人的私人生活安宁；

（二）进入、拍摄、窥视他人的住宅、宾馆房间等私密空间；

（三）拍摄、窥视、窃听、公开他人的私密活动；

（四）拍摄、窥视他人身体的私密部位；

（五）处理他人的私密信息；

（六）以其他方式侵害他人的隐私权。

第一千零三十四条 自然人的个人信息受法律保护。

个人信息是以电子或者其他方式记录的能够单独或者与其他信息结合识

别特定自然人的各种信息，包括自然人的姓名、出生日期、身份证件号码、生物识别信息、住址、电话号码、电子邮箱、健康信息、行踪信息等。

个人信息中的私密信息，适用有关隐私权的规定；没有规定的，适用有关个人信息保护的规定。

第一千零三十五条 处理个人信息的，应当遵循合法、正当、必要原则，不得过度处理，并符合下列条件：

（一）征得该自然人或者其监护人同意，但是法律、行政法规另有规定的除外；

（二）公开处理信息的规则；

（三）明示处理信息的目的、方式和范围；

（四）不违反法律、行政法规的规定和双方的约定。

个人信息的处理包括个人信息的收集、存储、使用、加工、传输、提供、公开等。

第一千零三十六条 处理个人信息，有下列情形之一的，行为人不承担民事责任：

（一）在该自然人或者其监护人同意的范围内合理实施的行为；

（二）合理处理该自然人自行公开的或者其他已经合法公开的信息，但是该自然人明确拒绝或者处理该信息侵害其重大利益的除外；

（三）为维护公共利益或者该自然人合法权益，合理实施的其他行为。

第一千零三十七条 自然人可以依法向信息处理者查阅或者复制其个人信息；发现信息有错误的，有权提出异议并请求及时采取更正等必要措施。

自然人发现信息处理者违反法律、行政法规的规定或者双方的约定处理其个人信息的，有权请求信息处理者及时删除。

第一千零三十八条 信息处理者不得泄露或者篡改其收集、存储的个人信息；未经自然人同意，不得向他人非法提供其个人信息，但是经过加工无法识别特定个人且不能复原的除外。

信息处理者应当采取技术措施和其他必要措施，确保其收集、存储的个人信息安全，防止信息泄露、篡改、丢失；发生或者可能发生个人信息泄露、篡改、丢失的，应当及时采取补救措施，按照规定告知自然人并向有关主管部门报告。

第一千零三十九条 国家机关、承担行政职能的法定机构及其工作人员对于履行职责过程中知悉的自然人的隐私和个人信息，应当予以保密，不得泄露或者向他人非法提供。

第五编 婚姻家庭

第一章 一般规定

第一千零四十条 本编调整因婚姻家庭产生的民事关系。

第一千零四十一条 婚姻家庭受国家保护。

实行婚姻自由、一夫一妻、男女平等的婚姻制度。

保护妇女、未成年人、老年人、残疾人的合法权益。

第一千零四十二条 禁止包办、买卖婚姻和其他干涉婚姻自由的行为。禁止借婚姻索取财物。

禁止重婚。禁止有配偶者与他人同居。

禁止家庭暴力。禁止家庭成员间的虐待和遗弃。

第一千零四十三条 家庭应当树立优良家风，弘扬家庭美德，重视家庭文明建设。

夫妻应当互相忠实，互相尊重，互相关爱；家庭成员应当敬老爱幼，互相帮助，维护平等、和睦、文明的婚姻家庭关系。

第一千零四十四条 收养应当遵循最有利于被收养人的原则，保障被收养人和收养人的合法权益。

禁止借收养名义买卖未成年人。

第一千零四十五条 亲属包括配偶、血亲和姻亲。

配偶、父母、子女、兄弟姐妹、祖父母、外祖父母、孙子女、外孙子女为近亲属。

配偶、父母、子女和其他共同生活的近亲属为家庭成员。

第二章 结 婚

第一千零四十六条 结婚应当男女双方完全自愿，禁止任何一方对另一方加以强迫，禁止任何组织或者个人加以干涉。

第一千零四十七条 结婚年龄，男不得早于二十二周岁，女不得早于二十周岁。

第一千零四十八条　直系血亲或者三代以内的旁系血亲禁止结婚。

第一千零四十九条　要求结婚的男女双方应当亲自到婚姻登记机关申请结婚登记。符合本法规定的，予以登记，发给结婚证。完成结婚登记，即确立婚姻关系。未办理结婚登记的，应当补办登记。

第一千零五十条　登记结婚后，按照男女双方约定，女方可以成为男方家庭的成员，男方可以成为女方家庭的成员。

第一千零五十一条　有下列情形之一的，婚姻无效：

（一）重婚；

（二）有禁止结婚的亲属关系；

（三）未到法定婚龄。

第一千零五十二条　因胁迫结婚的，受胁迫的一方可以向人民法院请求撤销婚姻。

请求撤销婚姻的，应当自胁迫行为终止之日起一年内提出。

被非法限制人身自由的当事人请求撤销婚姻的，应当自恢复人身自由之日起一年内提出。

第一千零五十三条　一方患有重大疾病的，应当在结婚登记前如实告知另一方；不如实告知的，另一方可以向人民法院请求撤销婚姻。

请求撤销婚姻的，应当自知道或者应当知道撤销事由之日起一年内提出。

第一千零五十四条　无效的或者被撤销的婚姻自始没有法律约束力，当事人不具有夫妻的权利和义务。同居期间所得的财产，由当事人协议处理；协议不成的，由人民法院根据照顾无过错方的原则判决。对重婚导致的无效婚姻的财产处理，不得侵害合法婚姻当事人的财产权益。当事人所生的子女，适用本法关于父母子女的规定。

婚姻无效或者被撤销的，无过错方有权请求损害赔偿。

第三章　家庭关系

第一节　夫妻关系

第一千零五十五条　夫妻在婚姻家庭中地位平等。

第一千零五十六条　夫妻双方都有各自使用自己姓名的权利。

第一千零五十七条　夫妻双方都有参加生产、工作、学习和社会活动的自由，一方不得对另一方加以限制或者干涉。

第一千零五十八条 夫妻双方平等享有对未成年子女抚养、教育和保护的权利，共同承担对未成年子女抚养、教育和保护的义务。

第一千零五十九条 夫妻有相互扶养的义务。

需要扶养的一方，在另一方不履行扶养义务时，有要求其给付扶养费的权利。

第一千零六十条 夫妻一方因家庭日常生活需要而实施的民事法律行为，对夫妻双方发生效力，但是夫妻一方与相对人另有约定的除外。

夫妻之间对一方可以实施的民事法律行为范围的限制，不得对抗善意相对人。

第一千零六十一条 夫妻有相互继承遗产的权利。

第一千零六十二条 夫妻在婚姻关系存续期间所得的下列财产，为夫妻的共同财产，归夫妻共同所有：

（一）工资、奖金、劳务报酬；

（二）生产、经营、投资的收益；

（三）知识产权的收益；

（四）继承或者受赠的财产，但是本法第一千零六十三条第三项规定的除外；

（五）其他应当归共同所有的财产。

夫妻对共同财产，有平等的处理权。

第一千零六十三条 下列财产为夫妻一方的个人财产：

（一）一方的婚前财产；

（二）一方因受到人身损害获得的赔偿或者补偿；

（三）遗嘱或者赠与合同中确定只归一方的财产；

（四）一方专用的生活用品；

（五）其他应当归一方的财产。

第一千零六十四条 夫妻双方共同签名或者夫妻一方事后追认等共同意思表示所负的债务，以及夫妻一方在婚姻关系存续期间以个人名义为家庭日常生活需要所负的债务，属于夫妻共同债务。

夫妻一方在婚姻关系存续期间以个人名义超出家庭日常生活需要所负的债务，不属于夫妻共同债务；但是，债权人能够证明该债务用于夫妻共同生活、共同生产经营或者基于夫妻双方共同意思表示的除外。

第一千零六十五条 男女双方可以约定婚姻关系存续期间所得的财产以

及婚前财产归各自所有、共同所有或者部分各自所有、部分共同所有。约定应当采用书面形式。没有约定或者约定不明确的，适用本法第一千零六十二条、第一千零六十三条的规定。

夫妻对婚姻关系存续期间所得的财产以及婚前财产的约定，对双方具有法律约束力。

夫妻对婚姻关系存续期间所得的财产约定归各自所有，夫或者妻一方对外所负的债务，相对人知道该约定的，以夫或者妻一方的个人财产清偿。

第一千零六十六条　婚姻关系存续期间，有下列情形之一的，夫妻一方可以向人民法院请求分割共同财产：

（一）一方有隐藏、转移、变卖、毁损、挥霍夫妻共同财产或者伪造夫妻共同债务等严重损害夫妻共同财产利益的行为；

（二）一方负有法定扶养义务的人患重大疾病需要医治，另一方不同意支付相关医疗费用。

第二节　父母子女关系和其他近亲属关系

第一千零六十七条　父母不履行抚养义务的，未成年子女或者不能独立生活的成年子女，有要求父母给付抚养费的权利。

成年子女不履行赡养义务的，缺乏劳动能力或者生活困难的父母，有要求成年子女给付赡养费的权利。

第一千零六十八条　父母有教育、保护未成年子女的权利和义务。未成年子女造成他人损害的，父母应当依法承担民事责任。

第一千零六十九条　子女应当尊重父母的婚姻权利，不得干涉父母离婚、再婚以及婚后的生活。子女对父母的赡养义务，不因父母的婚姻关系变化而终止。

第一千零七十条　父母和子女有相互继承遗产的权利。

第一千零七十一条　非婚生子女享有与婚生子女同等的权利，任何组织或者个人不得加以危害和歧视。

不直接抚养非婚生子女的生父或者生母，应当负担未成年子女或者不能独立生活的成年子女的抚养费。

第一千零七十二条　继父母与继子女间，不得虐待或者歧视。

继父或者继母和受其抚养教育的继子女间的权利义务关系，适用本法关于父母子女关系的规定。

第一千零七十三条 对亲子关系有异议且有正当理由的，父或者母可以向人民法院提起诉讼，请求确认或者否认亲子关系。

对亲子关系有异议且有正当理由的，成年子女可以向人民法院提起诉讼，请求确认亲子关系。

第一千零七十四条 有负担能力的祖父母、外祖父母，对于父母已经死亡或者父母无力抚养的未成年孙子女、外孙子女，有抚养的义务。

有负担能力的孙子女、外孙子女，对于子女已经死亡或者子女无力赡养的祖父母、外祖父母，有赡养的义务。

第一千零七十五条 有负担能力的兄、姐，对于父母已经死亡或者父母无力抚养的未成年弟、妹，有扶养的义务。

由兄、姐扶养长大的有负担能力的弟、妹，对于缺乏劳动能力又缺乏生活来源的兄、姐，有扶养的义务。

第四章 离 婚

第一千零七十六条 夫妻双方自愿离婚的，应当签订书面离婚协议，并亲自到婚姻登记机关申请离婚登记。

离婚协议应当载明双方自愿离婚的意思表示和对子女抚养、财产以及债务处理等事项协商一致的意见。

第一千零七十七条 自婚姻登记机关收到离婚登记申请之日起三十日内，任何一方不愿意离婚的，可以向婚姻登记机关撤回离婚登记申请。

前款规定期限届满后三十日内，双方应当亲自到婚姻登记机关申请发给离婚证；未申请的，视为撤回离婚登记申请。

第一千零七十八条 婚姻登记机关查明双方确实是自愿离婚，并已经对子女抚养、财产以及债务处理等事项协商一致的，予以登记，发给离婚证。

第一千零七十九条 夫妻一方要求离婚的，可以由有关组织进行调解或者直接向人民法院提起离婚诉讼。

人民法院审理离婚案件，应当进行调解；如果感情确已破裂，调解无效的，应当准予离婚。

有下列情形之一，调解无效的，应当准予离婚：

（一）重婚或者与他人同居；

（二）实施家庭暴力或者虐待、遗弃家庭成员；

（三）有赌博、吸毒等恶习屡教不改；

（四）因感情不和分居满二年；

（五）其他导致夫妻感情破裂的情形。

一方被宣告失踪，另一方提起离婚诉讼的，应当准予离婚。

经人民法院判决不准离婚后，双方又分居满一年，一方再次提起离婚诉讼的，应当准予离婚。

第一千零八十条 完成离婚登记，或者离婚判决书、调解书生效，即解除婚姻关系。

第一千零八十一条 现役军人的配偶要求离婚，应当征得军人同意，但是军人一方有重大过错的除外。

第一千零八十二条 女方在怀孕期间、分娩后一年内或者终止妊娠后六个月内，男方不得提出离婚；但是，女方提出离婚或者人民法院认为确有必要受理男方离婚请求的除外。

第一千零八十三条 离婚后，男女双方自愿恢复婚姻关系的，应当到婚姻登记机关重新进行结婚登记。

第一千零八十四条 父母与子女间的关系，不因父母离婚而消除。离婚后，子女无论由父或者母直接抚养，仍是父母双方的子女。

离婚后，父母对于子女仍有抚养、教育、保护的权利和义务。

离婚后，不满两周岁的子女，以由母亲直接抚养为原则。已满两周岁的子女，父母双方对抚养问题协议不成的，由人民法院根据双方的具体情况，按照最有利于未成年子女的原则判决。子女已满八周岁的，应当尊重其真实意愿。

第一千零八十五条 离婚后，子女由一方直接抚养的，另一方应当负担部分或者全部抚养费。负担费用的多少和期限的长短，由双方协议；协议不成的，由人民法院判决。

前款规定的协议或者判决，不妨碍子女在必要时向父母任何一方提出超过协议或者判决原定数额的合理要求。

第一千零八十六条 离婚后，不直接抚养子女的父或者母，有探望子女的权利，另一方有协助的义务。

行使探望权利的方式、时间由当事人协议；协议不成的，由人民法院判决。

父或者母探望子女，不利于子女身心健康的，由人民法院依法中止探望；中止的事由消失后，应当恢复探望。

第一千零八十七条 离婚时，夫妻的共同财产由双方协议处理；协议不成的，由人民法院根据财产的具体情况，按照照顾子女、女方和无过错方权益的原则判决。

对夫或者妻在家庭土地承包经营中享有的权益等，应当依法予以保护。

第一千零八十八条 夫妻一方因抚育子女、照料老年人、协助另一方工作等负担较多义务的，离婚时有权向另一方请求补偿，另一方应当给予补偿。具体办法由双方协议；协议不成的，由人民法院判决。

第一千零八十九条 离婚时，夫妻共同债务应当共同偿还。共同财产不足清偿或者财产归各自所有的，由双方协议清偿；协议不成的，由人民法院判决。

第一千零九十条 离婚时，如果一方生活困难，有负担能力的另一方应当给予适当帮助。具体办法由双方协议；协议不成的，由人民法院判决。

第一千零九十一条 有下列情形之一，导致离婚的，无过错方有权请求损害赔偿：

（一）重婚；

（二）与他人同居；

（三）实施家庭暴力；

（四）虐待、遗弃家庭成员；

（五）有其他重大过错。

第一千零九十二条 夫妻一方隐藏、转移、变卖、毁损、挥霍夫妻共同财产，或者伪造夫妻共同债务企图侵占另一方财产的，在离婚分割夫妻共同财产时，对该方可以少分或者不分。离婚后，另一方发现有上述行为的，可以向人民法院提起诉讼，请求再次分割夫妻共同财产。

第五章 收 养

第一节 收养关系的成立

第一千零九十三条 下列未成年人，可以被收养：

（一）丧失父母的孤儿；

（二）查找不到生父母的未成年人；

（三）生父母有特殊困难无力抚养的子女。

第一千零九十四条 下列个人、组织可以作送养人：

（一）孤儿的监护人；

（二）儿童福利机构；

（三）有特殊困难无力抚养子女的生父母。

第一千零九十五条 未成年人的父母均不具备完全民事行为能力且可能严重危害该未成年人的，该未成年人的监护人可以将其送养。

第一千零九十六条 监护人送养孤儿的，应当征得有抚养义务的人同意。有抚养义务的人不同意送养、监护人不愿意继续履行监护职责的，应当依照本法第一编的规定另行确定监护人。

第一千零九十七条 生父母送养子女，应当双方共同送养。生父母一方不明或者查找不到的，可以单方送养。

第一千零九十八条 收养人应当同时具备下列条件：

（一）无子女或者只有一名子女；

（二）有抚养、教育和保护被收养人的能力；

（三）未患有在医学上认为不应当收养子女的疾病；

（四）无不利于被收养人健康成长的违法犯罪记录；

（五）年满三十周岁。

第一千零九十九条 收养三代以内旁系同辈血亲的子女，可以不受本法第一千零九十三条第三项、第一千零九十四条第三项和第一千一百零二条规定的限制。

华侨收养三代以内旁系同辈血亲的子女，还可以不受本法第一千零九十八条第一项规定的限制。

第一千一百条 无子女的收养人可以收养两名子女；有子女的收养人只能收养一名子女。

收养孤儿、残疾未成年人或者儿童福利机构抚养的查找不到生父母的未成年人，可以不受前款和本法第一千零九十八条第一项规定的限制。

第一千一百零一条 有配偶者收养子女，应当夫妻共同收养。

第一千一百零二条 无配偶者收养异性子女的，收养人与被收养人的年龄应当相差四十周岁以上。

第一千一百零三条 继父或者继母经继子女的生父母同意，可以收养继子女，并可以不受本法第一千零九十三条第三项、第一千零九十四条第三项、第一千零九十八条和第一千一百条第一款规定的限制。

第一千一百零四条 收养人收养与送养人送养，应当双方自愿。收养八周岁以上未成年人的，应当征得被收养人的同意。

第一千一百零五条 收养应当向县级以上人民政府民政部门登记。收养关系自登记之日起成立。

收养查找不到生父母的未成年人的，办理登记的民政部门应当在登记前予以公告。

收养关系当事人愿意签订收养协议的，可以签订收养协议。

收养关系当事人各方或者一方要求办理收养公证的，应当办理收养公证。

县级以上人民政府民政部门应当依法进行收养评估。

第一千一百零六条 收养关系成立后，公安机关应当按照国家有关规定为被收养人办理户口登记。

第一千一百零七条 孤儿或者生父母无力抚养的子女，可以由生父母的亲属、朋友抚养；抚养人与被抚养人的关系不适用本章规定。

第一千一百零八条 配偶一方死亡，另一方送养未成年子女的，死亡一方的父母有优先抚养的权利。

第一千一百零九条 外国人依法可以在中华人民共和国收养子女。

外国人在中华人民共和国收养子女，应当经其所在国主管机关依照该国法律审查同意。收养人应当提供由其所在国有权机构出具的有关其年龄、婚姻、职业、财产、健康、有无受过刑事处罚等状况的证明材料，并与送养人签订书面协议，亲自向省、自治区、直辖市人民政府民政部门登记。

前款规定的证明材料应当经收养人所在国外交机关或者外交机关授权的机构认证，并经中华人民共和国驻该国使领馆认证，但是国家另有规定的除外。

第一千一百一十条 收养人、送养人要求保守收养秘密的，其他人应当尊重其意愿，不得泄露。

第二节　收养的效力

第一千一百一十一条 自收养关系成立之日起，养父母与养子女间的权利义务关系，适用本法关于父母子女关系的规定；养子女与养父母的近亲属间的权利义务关系，适用本法关于子女与父母的近亲属关系的规定。

养子女与生父母以及其他近亲属间的权利义务关系，因收养关系的成立而消除。

第一千一百一十二条 养子女可以随养父或者养母的姓氏，经当事人协商一致，也可以保留原姓氏。

第一千一百一十三条　有本法第一编关于民事法律行为无效规定情形或者违反本编规定的收养行为无效。

无效的收养行为自始没有法律约束力。

第三节　收养关系的解除

第一千一百一十四条　收养人在被收养人成年以前，不得解除收养关系，但是收养人、送养人双方协议解除的除外。养子女八周岁以上的，应当征得本人同意。

收养人不履行抚养义务，有虐待、遗弃等侵害未成年养子女合法权益行为的，送养人有权要求解除养父母与养子女间的收养关系。送养人、收养人不能达成解除收养关系协议的，可以向人民法院提起诉讼。

第一千一百一十五条　养父母与成年养子女关系恶化、无法共同生活的，可以协议解除收养关系。不能达成协议的，可以向人民法院提起诉讼。

第一千一百一十六条　当事人协议解除收养关系的，应当到民政部门办理解除收养关系登记。

第一千一百一十七条　收养关系解除后，养子女与养父母以及其他近亲属间的权利义务关系即行消除，与生父母以及其他近亲属间的权利义务关系自行恢复。但是，成年养子女与生父母以及其他近亲属间的权利义务关系是否恢复，可以协商确定。

第一千一百一十八条　收养关系解除后，经养父母抚养的成年养子女，对缺乏劳动能力又缺乏生活来源的养父母，应当给付生活费。因养子女成年后虐待、遗弃养父母而解除收养关系的，养父母可以要求养子女补偿收养期间支出的抚养费。

生父母要求解除收养关系的，养父母可以要求生父母适当补偿收养期间支出的抚养费；但是，因养父母虐待、遗弃养子女而解除收养关系的除外。

第六编　继　　承

第一章　一般规定

第一千一百一十九条　本编调整因继承产生的民事关系。

第一千一百二十条 国家保护自然人的继承权。

第一千一百二十一条 继承从被继承人死亡时开始。

相互有继承关系的数人在同一事件中死亡，难以确定死亡时间的，推定没有其他继承人的人先死亡。都有其他继承人，辈份不同的，推定长辈先死亡；辈份相同的，推定同时死亡，相互不发生继承。

第一千一百二十二条 遗产是自然人死亡时遗留的个人合法财产。

依照法律规定或者根据其性质不得继承的遗产，不得继承。

第一千一百二十三条 继承开始后，按照法定继承办理；有遗嘱的，按照遗嘱继承或者遗赠办理；有遗赠扶养协议的，按照协议办理。

第一千一百二十四条 继承开始后，继承人放弃继承的，应当在遗产处理前，以书面形式作出放弃继承的表示；没有表示的，视为接受继承。

受遗赠人应当在知道受遗赠后六十日内，作出接受或者放弃受遗赠的表示；到期没有表示的，视为放弃受遗赠。

第一千一百二十五条 继承人有下列行为之一的，丧失继承权：

（一）故意杀害被继承人；

（二）为争夺遗产而杀害其他继承人；

（三）遗弃被继承人，或者虐待被继承人情节严重；

（四）伪造、篡改、隐匿或者销毁遗嘱，情节严重；

（五）以欺诈、胁迫手段迫使或者妨碍被继承人设立、变更或者撤回遗嘱，情节严重。

继承人有前款第三项至第五项行为，确有悔改表现，被继承人表示宽恕或者事后在遗嘱中将其列为继承人的，该继承人不丧失继承权。

受遗赠人有本条第一款规定行为的，丧失受遗赠权。

第二章 法定继承

第一千一百二十六条 继承权男女平等。

第一千一百二十七条 遗产按照下列顺序继承：

（一）第一顺序：配偶、子女、父母；

（二）第二顺序：兄弟姐妹、祖父母、外祖父母。

继承开始后，由第一顺序继承人继承，第二顺序继承人不继承；没有第一顺序继承人继承的，由第二顺序继承人继承。

本编所称子女，包括婚生子女、非婚生子女、养子女和有扶养关系的继子女。

本编所称父母，包括生父母、养父母和有扶养关系的继父母。

本编所称兄弟姐妹，包括同父母的兄弟姐妹、同父异母或者同母异父的兄弟姐妹、养兄弟姐妹、有扶养关系的继兄弟姐妹。

第一千一百二十八条　被继承人的子女先于被继承人死亡的，由被继承人的子女的直系晚辈血亲代位继承。

被继承人的兄弟姐妹先于被继承人死亡的，由被继承人的兄弟姐妹的子女代位继承。

代位继承人一般只能继承被代位继承人有权继承的遗产份额。

第一千一百二十九条　丧偶儿媳对公婆，丧偶女婿对岳父母，尽了主要赡养义务的，作为第一顺序继承人。

第一千一百三十条　同一顺序继承人继承遗产的份额，一般应当均等。

对生活有特殊困难又缺乏劳动能力的继承人，分配遗产时，应当予以照顾。

对被继承人尽了主要扶养义务或者与被继承人共同生活的继承人，分配遗产时，可以多分。

有扶养能力和有扶养条件的继承人，不尽扶养义务的，分配遗产时，应当不分或者少分。

继承人协商同意的，也可以不均等。

第一千一百三十一条　对继承人以外的依靠被继承人扶养的人，或者继承人以外的对被继承人扶养较多的人，可以分给适当的遗产。

第一千一百三十二条　继承人应当本着互谅互让、和睦团结的精神，协商处理继承问题。遗产分割的时间、办法和份额，由继承人协商确定；协商不成的，可以由人民调解委员会调解或者向人民法院提起诉讼。

第三章　遗嘱继承和遗赠

第一千一百三十三条　自然人可以依照本法规定立遗嘱处分个人财产，并可以指定遗嘱执行人。

自然人可以立遗嘱将个人财产指定由法定继承人中的一人或者数人继承。

自然人可以立遗嘱将个人财产赠与国家、集体或者法定继承人以外的组织、个人。

自然人可以依法设立遗嘱信托。

第一千一百三十四条 自书遗嘱由遗嘱人亲笔书写，签名，注明年、月、日。

第一千一百三十五条 代书遗嘱应当有两个以上见证人在场见证，由其中一人代书，并由遗嘱人、代书人和其他见证人签名，注明年、月、日。

第一千一百三十六条 打印遗嘱应当有两个以上见证人在场见证。遗嘱人和见证人应当在遗嘱每一页签名，注明年、月、日。

第一千一百三十七条 以录音录像形式立的遗嘱，应当有两个以上见证人在场见证。遗嘱人和见证人应当在录音录像中记录其姓名或者肖像，以及年、月、日。

第一千一百三十八条 遗嘱人在危急情况下，可以立口头遗嘱。口头遗嘱应当有两个以上见证人在场见证。危急情况消除后，遗嘱人能够以书面或者录音录像形式立遗嘱的，所立的口头遗嘱无效。

第一千一百三十九条 公证遗嘱由遗嘱人经公证机构办理。

第一千一百四十条 下列人员不能作为遗嘱见证人：

（一）无民事行为能力人、限制民事行为能力人以及其他不具有见证能力的人；

（二）继承人、受遗赠人；

（三）与继承人、受遗赠人有利害关系的人。

第一千一百四十一条 遗嘱应当为缺乏劳动能力又没有生活来源的继承人保留必要的遗产份额。

第一千一百四十二条 遗嘱人可以撤回、变更自己所立的遗嘱。

立遗嘱后，遗嘱人实施与遗嘱内容相反的民事法律行为的，视为对遗嘱相关内容的撤回。

立有数份遗嘱，内容相抵触的，以最后的遗嘱为准。

第一千一百四十三条 无民事行为能力人或者限制民事行为能力人所立的遗嘱无效。

遗嘱必须表示遗嘱人的真实意思，受欺诈、胁迫所立的遗嘱无效。

伪造的遗嘱无效。

遗嘱被篡改的，篡改的内容无效。

第一千一百四十四条 遗嘱继承或者遗赠附有义务的，继承人或者受遗赠人应当履行义务。没有正当理由不履行义务的，经利害关系人或者有关组织请求，人民法院可以取消其接受附义务部分遗产的权利。

第四章　遗产的处理

第一千一百四十五条　继承开始后，遗嘱执行人为遗产管理人；没有遗嘱执行人的，继承人应当及时推选遗产管理人；继承人未推选的，由继承人共同担任遗产管理人；没有继承人或者继承人均放弃继承的，由被继承人生前住所地的民政部门或者村民委员会担任遗产管理人。

第一千一百四十六条　对遗产管理人的确定有争议的，利害关系人可以向人民法院申请指定遗产管理人。

第一千一百四十七条　遗产管理人应当履行下列职责：

（一）清理遗产并制作遗产清单；

（二）向继承人报告遗产情况；

（三）采取必要措施防止遗产毁损、灭失；

（四）处理被继承人的债权债务；

（五）按照遗嘱或者依照法律规定分割遗产；

（六）实施与管理遗产有关的其他必要行为。

第一千一百四十八条　遗产管理人应当依法履行职责，因故意或者重大过失造成继承人、受遗赠人、债权人损害的，应当承担民事责任。

第一千一百四十九条　遗产管理人可以依照法律规定或者按照约定获得报酬。

第一千一百五十条　继承开始后，知道被继承人死亡的继承人应当及时通知其他继承人和遗嘱执行人。继承人中无人知道被继承人死亡或者知道被继承人死亡而不能通知的，由被继承人生前所在单位或者住所地的居民委员会、村民委员会负责通知。

第一千一百五十一条　存有遗产的人，应当妥善保管遗产，任何组织或者个人不得侵吞或者争抢。

第一千一百五十二条　继承开始后，继承人于遗产分割前死亡，并没有放弃继承的，该继承人应当继承的遗产转给其继承人，但是遗嘱另有安排的除外。

第一千一百五十三条　夫妻共同所有的财产，除有约定的外，遗产分割时，应当先将共同所有的财产的一半分出为配偶所有，其余的为被继承人的遗产。

遗产在家庭共有财产之中的，遗产分割时，应当先分出他人的财产。

第一千一百五十四条 有下列情形之一的，遗产中的有关部分按照法定继承办理：

（一）遗嘱继承人放弃继承或者受遗赠人放弃受遗赠；

（二）遗嘱继承人丧失继承权或者受遗赠人丧失受遗赠权；

（三）遗嘱继承人、受遗赠人先于遗嘱人死亡或者终止；

（四）遗嘱无效部分所涉及的遗产；

（五）遗嘱未处分的遗产。

第一千一百五十五条 遗产分割时，应当保留胎儿的继承份额。胎儿娩出时是死体的，保留的份额按照法定继承办理。

第一千一百五十六条 遗产分割应当有利于生产和生活需要，不损害遗产的效用。

不宜分割的遗产，可以采取折价、适当补偿或者共有等方法处理。

第一千一百五十七条 夫妻一方死亡后另一方再婚的，有权处分所继承的财产，任何组织或者个人不得干涉。

第一千一百五十八条 自然人可以与继承人以外的组织或者个人签订遗赠扶养协议。按照协议，该组织或者个人承担该自然人生养死葬的义务，享有受遗赠的权利。

第一千一百五十九条 分割遗产，应当清偿被继承人依法应当缴纳的税款和债务；但是，应当为缺乏劳动能力又没有生活来源的继承人保留必要的遗产。

第一千一百六十条 无人继承又无人受遗赠的遗产，归国家所有，用于公益事业；死者生前是集体所有制组织成员的，归所在集体所有制组织所有。

第一千一百六十一条 继承人以所得遗产实际价值为限清偿被继承人依法应当缴纳的税款和债务。超过遗产实际价值部分，继承人自愿偿还的不在此限。

继承人放弃继承的，对被继承人依法应当缴纳的税款和债务可以不负清偿责任。

第一千一百六十二条 执行遗赠不得妨碍清偿遗赠人依法应当缴纳的税款和债务。

第一千一百六十三条 既有法定继承又有遗嘱继承、遗赠的，由法定继承人清偿被继承人依法应当缴纳的税款和债务；超过法定继承遗产实际价值部分，由遗嘱继承人和受遗赠人按比例以所得遗产清偿。

第七编　侵权责任

第一章　一般规定

第一千一百六十四条　本编调整因侵害民事权益产生的民事关系。

第一千一百六十五条　行为人因过错侵害他人民事权益造成损害的，应当承担侵权责任。

依照法律规定推定行为人有过错，其不能证明自己没有过错的，应当承担侵权责任。

第一千一百六十六条　行为人造成他人民事权益损害，不论行为人有无过错，法律规定应当承担侵权责任的，依照其规定。

第一千一百六十七条　侵权行为危及他人人身、财产安全的，被侵权人有权请求侵权人承担停止侵害、排除妨碍、消除危险等侵权责任。

第一千一百六十八条　二人以上共同实施侵权行为，造成他人损害的，应当承担连带责任。

第一千一百六十九条　教唆、帮助他人实施侵权行为的，应当与行为人承担连带责任。

教唆、帮助无民事行为能力人、限制民事行为能力人实施侵权行为的，应当承担侵权责任；该无民事行为能力人、限制民事行为能力人的监护人未尽到监护职责的，应当承担相应的责任。

第一千一百七十条　二人以上实施危及他人人身、财产安全的行为，其中一人或者数人的行为造成他人损害，能够确定具体侵权人的，由侵权人承担责任；不能确定具体侵权人的，行为人承担连带责任。

第一千一百七十一条　二人以上分别实施侵权行为造成同一损害，每个人的侵权行为都足以造成全部损害的，行为人承担连带责任。

第一千一百七十二条　二人以上分别实施侵权行为造成同一损害，能够确定责任大小的，各自承担相应的责任；难以确定责任大小的，平均承担责任。

第一千一百七十三条　被侵权人对同一损害的发生或者扩大有过错的，可以减轻侵权人的责任。

第一千一百七十四条 损害是因受害人故意造成的，行为人不承担责任。

第一千一百七十五条 损害是因第三人造成的，第三人应当承担侵权责任。

第一千一百七十六条 自愿参加具有一定风险的文体活动，因其他参加者的行为受到损害的，受害人不得请求其他参加者承担侵权责任；但是，其他参加者对损害的发生有故意或者重大过失的除外。

活动组织者的责任适用本法第一千一百九十八条至第一千二百零一条的规定。

第一千一百七十七条 合法权益受到侵害，情况紧迫且不能及时获得国家机关保护，不立即采取措施将使其合法权益受到难以弥补的损害的，受害人可以在保护自己合法权益的必要范围内采取扣留侵权人的财物等合理措施；但是，应当立即请求有关国家机关处理。

受害人采取的措施不当造成他人损害的，应当承担侵权责任。

第一千一百七十八条 本法和其他法律对不承担责任或者减轻责任的情形另有规定的，依照其规定。

第二章　损害赔偿

第一千一百七十九条 侵害他人造成人身损害的，应当赔偿医疗费、护理费、交通费、营养费、住院伙食补助费等为治疗和康复支出的合理费用，以及因误工减少的收入。造成残疾的，还应当赔偿辅助器具费和残疾赔偿金；造成死亡的，还应当赔偿丧葬费和死亡赔偿金。

第一千一百八十条 因同一侵权行为造成多人死亡的，可以以相同数额确定死亡赔偿金。

第一千一百八十一条 被侵权人死亡的，其近亲属有权请求侵权人承担侵权责任。被侵权人为组织，该组织分立、合并的，承继权利的组织有权请求侵权人承担侵权责任。

被侵权人死亡的，支付被侵权人医疗费、丧葬费等合理费用的人有权请求侵权人赔偿费用，但是侵权人已经支付该费用的除外。

第一千一百八十二条 侵害他人人身权益造成财产损失的，按照被侵权人因此受到的损失或者侵权人因此获得的利益赔偿；被侵权人因此受到的损失以及侵权人因此获得的利益难以确定，被侵权人和侵权人就赔偿数额协商不一致，向人民法院提起诉讼的，由人民法院根据实际情况确定赔偿数额。

第一千一百八十三条　侵害自然人人身权益造成严重精神损害的，被侵权人有权请求精神损害赔偿。

因故意或者重大过失侵害自然人具有人身意义的特定物造成严重精神损害的，被侵权人有权请求精神损害赔偿。

第一千一百八十四条　侵害他人财产的，财产损失按照损失发生时的市场价格或者其他合理方式计算。

第一千一百八十五条　故意侵害他人知识产权，情节严重的，被侵权人有权请求相应的惩罚性赔偿。

第一千一百八十六条　受害人和行为人对损害的发生都没有过错的，依照法律的规定由双方分担损失。

第一千一百八十七条　损害发生后，当事人可以协商赔偿费用的支付方式。协商不一致的，赔偿费用应当一次性支付；一次性支付确有困难的，可以分期支付，但是被侵权人有权请求提供相应的担保。

第三章　责任主体的特殊规定

第一千一百八十八条　无民事行为能力人、限制民事行为能力人造成他人损害的，由监护人承担侵权责任。监护人尽到监护职责的，可以减轻其侵权责任。

有财产的无民事行为能力人、限制民事行为能力人造成他人损害的，从本人财产中支付赔偿费用；不足部分，由监护人赔偿。

第一千一百八十九条　无民事行为能力人、限制民事行为能力人造成他人损害，监护人将监护职责委托给他人的，监护人应当承担侵权责任；受托人有过错的，承担相应的责任。

第一千一百九十条　完全民事行为能力人对自己的行为暂时没有意识或者失去控制造成他人损害有过错的，应当承担侵权责任；没有过错的，根据行为人的经济状况对受害人适当补偿。

完全民事行为能力人因醉酒、滥用麻醉药品或者精神药品对自己的行为暂时没有意识或者失去控制造成他人损害的，应当承担侵权责任。

第一千一百九十一条　用人单位的工作人员因执行工作任务造成他人损害的，由用人单位承担侵权责任。用人单位承担侵权责任后，可以向有故意或者重大过失的工作人员追偿。

劳务派遣期间，被派遣的工作人员因执行工作任务造成他人损害的，由接受劳务派遣的用工单位承担侵权责任；劳务派遣单位有过错的，承担相应的责任。

第一千一百九十二条 个人之间形成劳务关系，提供劳务一方因劳务造成他人损害的，由接受劳务一方承担侵权责任。接受劳务一方承担侵权责任后，可以向有故意或者重大过失的提供劳务一方追偿。提供劳务一方因劳务受到损害的，根据双方各自的过错承担相应的责任。

提供劳务期间，因第三人的行为造成提供劳务一方损害的，提供劳务一方有权请求第三人承担侵权责任，也有权请求接受劳务一方给予补偿。接受劳务一方补偿后，可以向第三人追偿。

第一千一百九十三条 承揽人在完成工作过程中造成第三人损害或者自己损害的，定作人不承担侵权责任。但是，定作人对定作、指示或者选任有过错的，应当承担相应的责任。

第一千一百九十四条 网络用户、网络服务提供者利用网络侵害他人民事权益的，应当承担侵权责任。法律另有规定的，依照其规定。

第一千一百九十五条 网络用户利用网络服务实施侵权行为的，权利人有权通知网络服务提供者采取删除、屏蔽、断开链接等必要措施。通知应当包括构成侵权的初步证据及权利人的真实身份信息。

网络服务提供者接到通知后，应当及时将该通知转送相关网络用户，并根据构成侵权的初步证据和服务类型采取必要措施；未及时采取必要措施的，对损害的扩大部分与该网络用户承担连带责任。

权利人因错误通知造成网络用户或者网络服务提供者损害的，应当承担侵权责任。法律另有规定的，依照其规定。

第一千一百九十六条 网络用户接到转送的通知后，可以向网络服务提供者提交不存在侵权行为的声明。声明应当包括不存在侵权行为的初步证据及网络用户的真实身份信息。

网络服务提供者接到声明后，应当将该声明转送发出通知的权利人，并告知其可以向有关部门投诉或者向人民法院提起诉讼。网络服务提供者在转送声明到达权利人后的合理期限内，未收到权利人已经投诉或者提起诉讼通知的，应当及时终止所采取的措施。

第一千一百九十七条 网络服务提供者知道或者应当知道网络用户利用其网络服务侵害他人民事权益，未采取必要措施的，与该网络用户承担连带责任。

第一千一百九十八条　宾馆、商场、银行、车站、机场、体育场馆、娱乐场所等经营场所、公共场所的经营者、管理者或者群众性活动的组织者，未尽到安全保障义务，造成他人损害的，应当承担侵权责任。

因第三人的行为造成他人损害的，由第三人承担侵权责任；经营者、管理者或者组织者未尽到安全保障义务的，承担相应的补充责任。经营者、管理者或者组织者承担补充责任后，可以向第三人追偿。

第一千一百九十九条　无民事行为能力人在幼儿园、学校或者其他教育机构学习、生活期间受到人身损害的，幼儿园、学校或者其他教育机构应当承担侵权责任；但是，能够证明尽到教育、管理职责的，不承担侵权责任。

第一千二百条　限制民事行为能力人在学校或者其他教育机构学习、生活期间受到人身损害，学校或者其他教育机构未尽到教育、管理职责的，应当承担侵权责任。

第一千二百零一条　无民事行为能力人或者限制民事行为能力人在幼儿园、学校或者其他教育机构学习、生活期间，受到幼儿园、学校或者其他教育机构以外的第三人人身损害的，由第三人承担侵权责任；幼儿园、学校或者其他教育机构未尽到管理职责的，承担相应的补充责任。幼儿园、学校或者其他教育机构承担补充责任后，可以向第三人追偿。

第四章　产品责任

第一千二百零二条　因产品存在缺陷造成他人损害的，生产者应当承担侵权责任。

第一千二百零三条　因产品存在缺陷造成他人损害的，被侵权人可以向产品的生产者请求赔偿，也可以向产品的销售者请求赔偿。

产品缺陷由生产者造成的，销售者赔偿后，有权向生产者追偿。因销售者的过错使产品存在缺陷的，生产者赔偿后，有权向销售者追偿。

第一千二百零四条　因运输者、仓储者等第三人的过错使产品存在缺陷，造成他人损害的，产品的生产者、销售者赔偿后，有权向第三人追偿。

第一千二百零五条　因产品缺陷危及他人人身、财产安全的，被侵权人有权请求生产者、销售者承担停止侵害、排除妨碍、消除危险等侵权责任。

第一千二百零六条　产品投入流通后发现存在缺陷的，生产者、销售者应当及时采取停止销售、警示、召回等补救措施；未及时采取补救措施或者补救措施不力造成损害扩大的，对扩大的损害也应当承担侵权责任。

依据前款规定采取召回措施的，生产者、销售者应当负担被侵权人因此支出的必要费用。

第一千二百零七条 明知产品存在缺陷仍然生产、销售，或者没有依据前条规定采取有效补救措施，造成他人死亡或者健康严重损害的，被侵权人有权请求相应的惩罚性赔偿。

第五章 机动车交通事故责任

第一千二百零八条 机动车发生交通事故造成损害的，依照道路交通安全法律和本法的有关规定承担赔偿责任。

第一千二百零九条 因租赁、借用等情形机动车所有人、管理人与使用人不是同一人时，发生交通事故造成损害，属于该机动车一方责任的，由机动车使用人承担赔偿责任；机动车所有人、管理人对损害的发生有过错的，承担相应的赔偿责任。

第一千二百一十条 当事人之间已经以买卖或者其他方式转让并交付机动车但是未办理登记，发生交通事故造成损害，属于该机动车一方责任的，由受让人承担赔偿责任。

第一千二百一十一条 以挂靠形式从事道路运输经营活动的机动车，发生交通事故造成损害，属于该机动车一方责任的，由挂靠人和被挂靠人承担连带责任。

第一千二百一十二条 未经允许驾驶他人机动车，发生交通事故造成损害，属于该机动车一方责任的，由机动车使用人承担赔偿责任；机动车所有人、管理人对损害的发生有过错的，承担相应的赔偿责任，但是本章另有规定的除外。

第一千二百一十三条 机动车发生交通事故造成损害，属于该机动车一方责任的，先由承保机动车强制保险的保险人在强制保险责任限额范围内予以赔偿；不足部分，由承保机动车商业保险的保险人按照保险合同的约定予以赔偿；仍然不足或者没有投保机动车商业保险的，由侵权人赔偿。

第一千二百一十四条 以买卖或者其他方式转让拼装或者已经达到报废标准的机动车，发生交通事故造成损害的，由转让人和受让人承担连带责任。

第一千二百一十五条 盗窃、抢劫或者抢夺的机动车发生交通事故造成损害的，由盗窃人、抢劫人或者抢夺人承担赔偿责任。盗窃人、抢劫人或者抢夺人与机动车使用人不是同一人，发生交通事故造成损害，属于该机动车一方责任的，由盗窃人、抢劫人或者抢夺人与机动车使用人承担连带责任。

保险人在机动车强制保险责任限额范围内垫付抢救费用的，有权向交通事故责任人追偿。

第一千二百一十六条　机动车驾驶人发生交通事故后逃逸，该机动车参加强制保险的，由保险人在机动车强制保险责任限额范围内予以赔偿；机动车不明、该机动车未参加强制保险或者抢救费用超过机动车强制保险责任限额，需要支付被侵权人人身伤亡的抢救、丧葬等费用的，由道路交通事故社会救助基金垫付。道路交通事故社会救助基金垫付后，其管理机构有权向交通事故责任人追偿。

第一千二百一十七条　非营运机动车发生交通事故造成无偿搭乘人损害，属于该机动车一方责任的，应当减轻其赔偿责任，但是机动车使用人有故意或者重大过失的除外。

第六章　医疗损害责任

第一千二百一十八条　患者在诊疗活动中受到损害，医疗机构或者其医务人员有过错的，由医疗机构承担赔偿责任。

第一千二百一十九条　医务人员在诊疗活动中应当向患者说明病情和医疗措施。需要实施手术、特殊检查、特殊治疗的，医务人员应当及时向患者具体说明医疗风险、替代医疗方案等情况，并取得其明确同意；不能或者不宜向患者说明的，应当向患者的近亲属说明，并取得其明确同意。

医务人员未尽到前款义务，造成患者损害的，医疗机构应当承担赔偿责任。

第一千二百二十条　因抢救生命垂危的患者等紧急情况，不能取得患者或者其近亲属意见的，经医疗机构负责人或者授权的负责人批准，可以立即实施相应的医疗措施。

第一千二百二十一条　医务人员在诊疗活动中未尽到与当时的医疗水平相应的诊疗义务，造成患者损害的，医疗机构应当承担赔偿责任。

第一千二百二十二条　患者在诊疗活动中受到损害，有下列情形之一的，推定医疗机构有过错：

（一）违反法律、行政法规、规章以及其他有关诊疗规范的规定；

（二）隐匿或者拒绝提供与纠纷有关的病历资料；

（三）遗失、伪造、篡改或者违法销毁病历资料。

第一千二百二十三条 因药品、消毒产品、医疗器械的缺陷，或者输入不合格的血液造成患者损害的，患者可以向药品上市许可持有人、生产者、血液提供机构请求赔偿，也可以向医疗机构请求赔偿。患者向医疗机构请求赔偿的，医疗机构赔偿后，有权向负有责任的药品上市许可持有人、生产者、血液提供机构追偿。

第一千二百二十四条 患者在诊疗活动中受到损害，有下列情形之一的，医疗机构不承担赔偿责任：

（一）患者或者其近亲属不配合医疗机构进行符合诊疗规范的诊疗；

（二）医务人员在抢救生命垂危的患者等紧急情况下已经尽到合理诊疗义务；

（三）限于当时的医疗水平难以诊疗。

前款第一项情形中，医疗机构或者其医务人员也有过错的，应当承担相应的赔偿责任。

第一千二百二十五条 医疗机构及其医务人员应当按照规定填写并妥善保管住院志、医嘱单、检验报告、手术及麻醉记录、病理资料、护理记录等病历资料。

患者要求查阅、复制前款规定的病历资料的，医疗机构应当及时提供。

第一千二百二十六条 医疗机构及其医务人员应当对患者的隐私和个人信息保密。泄露患者的隐私和个人信息，或者未经患者同意公开其病历资料的，应当承担侵权责任。

第一千二百二十七条 医疗机构及其医务人员不得违反诊疗规范实施不必要的检查。

第一千二百二十八条 医疗机构及其医务人员的合法权益受法律保护。

干扰医疗秩序，妨碍医务人员工作、生活，侵害医务人员合法权益的，应当依法承担法律责任。

第七章　环境污染和生态破坏责任

第一千二百二十九条 因污染环境、破坏生态造成他人损害的，侵权人应当承担侵权责任。

第一千二百三十条 因污染环境、破坏生态发生纠纷，行为人应当就法律规定的不承担责任或者减轻责任的情形及其行为与损害之间不存在因果关系承担举证责任。

第一千二百三十一条　两个以上侵权人污染环境、破坏生态的，承担责任的大小，根据污染物的种类、浓度、排放量，破坏生态的方式、范围、程度，以及行为对损害后果所起的作用等因素确定。

第一千二百三十二条　侵权人违反法律规定故意污染环境、破坏生态造成严重后果的，被侵权人有权请求相应的惩罚性赔偿。

第一千二百三十三条　因第三人的过错污染环境、破坏生态的，被侵权人可以向侵权人请求赔偿，也可以向第三人请求赔偿。侵权人赔偿后，有权向第三人追偿。

第一千二百三十四条　违反国家规定造成生态环境损害，生态环境能够修复的，国家规定的机关或者法律规定的组织有权请求侵权人在合理期限内承担修复责任。侵权人在期限内未修复的，国家规定的机关或者法律规定的组织可以自行或者委托他人进行修复，所需费用由侵权人负担。

第一千二百三十五条　违反国家规定造成生态环境损害的，国家规定的机关或者法律规定的组织有权请求侵权人赔偿下列损失和费用：

（一）生态环境受到损害至修复完成期间服务功能丧失导致的损失；

（二）生态环境功能永久性损害造成的损失；

（三）生态环境损害调查、鉴定评估等费用；

（四）清除污染、修复生态环境费用；

（五）防止损害的发生和扩大所支出的合理费用。

第八章　高度危险责任

第一千二百三十六条　从事高度危险作业造成他人损害的，应当承担侵权责任。

第一千二百三十七条　民用核设施或者运入运出核设施的核材料发生核事故造成他人损害的，民用核设施的营运单位应当承担侵权责任；但是，能够证明损害是因战争、武装冲突、暴乱等情形或者受害人故意造成的，不承担责任。

第一千二百三十八条　民用航空器造成他人损害的，民用航空器的经营者应当承担侵权责任；但是，能够证明损害是因受害人故意造成的，不承担责任。

第一千二百三十九条　占有或者使用易燃、易爆、剧毒、高放射性、强腐蚀性、高致病性等高度危险物造成他人损害的，占有人或者使用人应当承担侵权责任；但是，能够证明损害是因受害人故意或者不可抗力造成的，不承担责任。被侵权人对损害的发生有重大过失的，可以减轻占有人或者使用人的责任。

第一千二百四十条 从事高空、高压、地下挖掘活动或者使用高速轨道运输工具造成他人损害的，经营者应当承担侵权责任；但是，能够证明损害是因受害人故意或者不可抗力造成的，不承担责任。被侵权人对损害的发生有重大过失的，可以减轻经营者的责任。

第一千二百四十一条 遗失、抛弃高度危险物造成他人损害的，由所有人承担侵权责任。所有人将高度危险物交由他人管理的，由管理人承担侵权责任；所有人有过错的，与管理人承担连带责任。

第一千二百四十二条 非法占有高度危险物造成他人损害的，由非法占有人承担侵权责任。所有人、管理人不能证明对防止非法占有尽到高度注意义务的，与非法占有人承担连带责任。

第一千二百四十三条 未经许可进入高度危险活动区域或者高度危险物存放区域受到损害，管理人能够证明已经采取足够安全措施并尽到充分警示义务的，可以减轻或者不承担责任。

第一千二百四十四条 承担高度危险责任，法律规定赔偿限额的，依照其规定，但是行为人有故意或者重大过失的除外。

第九章 饲养动物损害责任

第一千二百四十五条 饲养的动物造成他人损害的，动物饲养人或者管理人应当承担侵权责任；但是，能够证明损害是因被侵权人故意或者重大过失造成的，可以不承担或者减轻责任。

第一千二百四十六条 违反管理规定，未对动物采取安全措施造成他人损害的，动物饲养人或者管理人应当承担侵权责任；但是，能够证明损害是因被侵权人故意造成的，可以减轻责任。

第一千二百四十七条 禁止饲养的烈性犬等危险动物造成他人损害的，动物饲养人或者管理人应当承担侵权责任。

第一千二百四十八条 动物园的动物造成他人损害的，动物园应当承担侵权责任；但是，能够证明尽到管理职责的，不承担侵权责任。

第一千二百四十九条 遗弃、逃逸的动物在遗弃、逃逸期间造成他人损害的，由动物原饲养人或者管理人承担侵权责任。